2020年国家社科基金年度项目"哲学直觉作为证据的合理性研究"成果（立项编号：20BZX102）

哲学直觉

作为证据的合理性研究

曹剑波 著

A STUDY ON THE RATIONALITY OF
PHILOSOPHICAL INTUITION
AS EVIDENCE

中国社会科学出版社

图书在版编目（CIP）数据

哲学直觉作为证据的合理性研究 / 曹剑波著. —
北京：中国社会科学出版社，2025.5. -- ISBN 978-7
-5227-4816-0

Ⅰ. B017

中国国家版本馆 CIP 数据核字第 2025F0S527 号

出 版 人	赵剑英
责任编辑	张　林
责任校对	禹　冰
责任印制	戴　宽

出　　版	中国社会科学出版社
社　　址	北京鼓楼西大街甲 158 号
邮　　编	100720
网　　址	http://www.csspw.cn
发 行 部	010-84083685
门 市 部	010-84029450
经　　销	新华书店及其他书店
印刷装订	北京君升印刷有限公司
版　　次	2025 年 5 月第 1 版
印　　次	2025 年 5 月第 1 次印刷
开　　本	710×1000　1/16
印　　张	21
字　　数	348 千字
定　　价	109.00 元

凡购买中国社会科学出版社图书，如有质量问题请与本社营销中心联系调换
电话：010-84083683
版权所有　侵权必究

目　　录

前言　哲学方法论的耻辱 …………………………………………（1）

第一章　什么是哲学直觉？ ………………………………………（1）
　　第一节　哲学直觉的本质 ……………………………………（1）
　　第二节　直觉的神经生理基础 ………………………………（32）

第二章　哲学直觉能否作为证据？ ………………………………（47）
　　第一节　挑战直觉能作为哲学理论证据的论证 ……………（49）
　　第二节　捍卫直觉能作为哲学理论的证据 …………………（68）
　　第三节　质疑直觉在哲学中地位的论证及回应 ……………（79）

第三章　哲学直觉的多样性挑战直觉方法吗？ …………………（99）
　　第一节　哲学直觉多样性的实证数据 ………………………（99）
　　第二节　哲学直觉多样性不能反驳诉诸直觉的方法 ………（105）
　　第三节　哲学直觉多样性的理论解释 ………………………（121）

第四章　哲学家的概念归赋为何更值得信赖？ …………………（141）
　　第一节　哲学直觉与概念能力 ………………………………（141）
　　第二节　原型范畴理论下的概念归赋 ………………………（145）
　　第三节　三类概念归赋及其优劣对比 ………………………（165）

第五章 何时应该相信哲学直觉？ …………………………………（191）
　第一节　直觉确证的本质：初步确证性 ……………………………（191）
　第二节　直觉偏误的辨别与防控 ……………………………………（203）
　第三节　直觉确证的过程：反思平衡 ………………………………（209）

附1　现有检测"知识归赋直觉"的最佳方法是什么？
　　　——以知识归赋是否有风险效应为例 …………………………（223）

附2　哲学中使用实验方法合理吗？ …………………………………（255）

参考文献 ………………………………………………………………（285）

后　记 …………………………………………………………………（315）

前　言

哲学方法论的耻辱

一　研究史的梳理

温伯格（Jonathan M. Weinberg）等人在 2001 年发表的《规范性与认知直觉》[①] 一文，是实验哲学产生的里程碑。该文一石激起千层浪，在 20 多年的时间里，实验哲学俨然已有显学之势：国内外哲学界成立了众多研究实验哲学的机构和学术团体，与此同时，也出版了大量关于实验哲学的论文和著作。实验哲学产生了许多有趣而又重要的发现，并系统地挑战了传统思辨哲学的一个重要前提，即哲学直觉作为证据是合理的。

诉诸直觉[②]（appeal to intuitions）是哲学家十分热衷而又擅长的。在哲学论证中，哲学家常常借助自己对某一特殊事例或某个思想实验的直觉得出结论，或者当争论无法进行下去时，在"理屈词穷"[③] 时，常会把自己立论的关键前提说成直觉的。哲学家诉诸直觉的标志是作出了这类主张："直觉地……""很显然……""众所周知……""人们通常认

[①] Jonathan M. Weinberg, Shaun Nichols & Stephen P. Stich, "Normativity and Epistemic Intuition", *Philosophical Topics*, 2001 (29: 1-2): 429-460.

[②] "诉诸直觉"（appeal to intuitions）不是诉诸直觉的本质，即理智表象，而是诉诸直觉判断（appeal to intuitive judgments）。除探讨直觉的本质外，本书中的直觉都指直觉判断或能产生直觉判断的直觉能力。

[③] 直觉判断是一种自动的、快速的、无意识的判断。如当听到"兄妹乱伦"时，大多数人凭借直觉立即得出"这是不对的"结论，随后才会为直觉判断寻找理由，甚至有人会说"我也不知道有什么理由，只是觉得这种行为确实是错的"。这种现象就是直觉的词穷（仿照海特的"moral dumbfounding"）。

为……""我们会说……""大多数人会同意……""毋庸置疑的是……""显然,这样的情况下,人们通常会说……""在这种情况下,我们可以肯定地说……""……这似乎是显而易见的"或者"说……将是自然的",等等。这类等同于"凭直觉获得 p（Intuitively, p）"的语言形式（例如,"'虐待无辜的幼儿取乐'显然是错误的""众所周知,'杀鸡取卵'是愚蠢的""很显然,'长方形没有 5 条边'""凭直觉可知,'我在这里'的确为真,在某种意义上,我们可以严格地说,它是普遍为真的"）,通常被用来表述普通大众的直觉。用这些语句的哲学家,并没有根据什么真实的实验数据或调查研究,就理所当然地认为,普通大众也会有省略号内的那种直觉,而不是只认为他们自己才有那种直觉,"这些主张最显著的特点是诉诸'我们'。诉诸个人自己的判断是很少见的。如果有人确实诉诸自己的判断,那么依据其语境,它的含义是,不仅我的判断是这样的,而且其他人的判断也是这样的。"[①] 这不同于"在我看来……"这种表述哲学家自己的意见或深思熟虑后的认知结果的语言形式。这种诉诸直觉的做法包含一个假设,即在通常情况下,如果"我们"有正常的理性能力,那么"我们"的直觉判断就基本相同,不需要进一步论证和检验。这些直觉判断可以作为常识来接受,并作为回答问题、构造论证和建构理论的最后证据。

诉诸直觉是一种最常用的认识方法,不仅在哲学中十分普遍,而且在其他学科中也十分普遍。自苏格拉底以降,直觉证据就被当作最常用的一类证据。由于基于直觉判断对所有人来说都是"明显的""理所当然的",因此,人们就认为直觉方法是合理的。然而,直觉就像"斯芬克斯之谜",充满神秘。人们对直觉的来源、性质、运行方式、目标等的理解都充满神秘主义的色彩。哲学家擅长刨根问底,喜欢溯根求源,并以能找到"根基"为傲,然而哲学家却把直觉证据这种来源不清、性质不明、理由不充分的方法,作为我们认识的出发点而不加反思。仿照康德把归

[①] Antti Kauppinen, "The Rise and Fall of Experimental Philosophy", *Philosophical Explorations*, 2007（10：2）：96.

纳法的合法性没有得到有效的辩护称为"哲学的耻辱"①，以及威廉姆森把分析哲学没有为直觉方法提供根据称为"看起来就像是一个方法论的耻辱"②，本书把直觉方法没有得到有效辩护称为哲学方法论上的耻辱。既然把哲学上使用直觉作为哲学方法论的一个耻辱，那么任何对直觉问题感兴趣且有哲学担当的学者都应设法把它消除。

要说清楚道明白哲学直觉，消除哲学方法论的耻辱，本书认为应该回答以下几个问题："什么是哲学直觉？""哲学直觉的性质和特征是什么？""哲学直觉是一种神秘的能力，还是一种一般的能力？""哲学直觉有经验和理论负载吗？""哲学直觉是先天的，还是后天的？""哲学直觉可以训练吗？""哲学直觉的产生只能基于理解吗？""哲学直觉是信念，还是表象？""普通直觉与哲学直觉不同吗？""哲学直觉在哲学中具有重要的地位吗？""直觉能作为哲学理论的证据或理由吗？""面对挑战，如何捍卫哲学直觉的证据地位？""多样性的直觉判断为什么是可以信赖的？""如何控制直觉偏差？""直觉确证的本质是什么？""直觉确证的过程是什么？"，等等。

中国哲学对直觉的研究源远流长、复杂多样，对此，张岱年有明确表述："中国哲学中，讲直觉的最多。"③ 中国哲学对直觉的分类、特征、范围、目标，以及与其他方法之间的关系，都有过系统的研究。用来表述直觉方法的哲学范畴有：直观、玄览、静观、反观、体道、睹道、尽心、存神、观心、见独、觉悟贯通等。国内学界对直觉问题的研究可分为思想家直觉思想研究、学科直觉研究和元直觉问题研究三类。

（1）思想家直觉思想研究，又可分为中国思想家直觉思想研究、外

---

① Immanue Kant, *Critic of Pure Reason*, N. K. Smith (Tr.), London: Macmillan, 1958, p. 34.
② Timothy Williamson, *The Philosophy of Philosophy*, New York: Routledge, 2007, p. 215.
Timothy Williamson, "Philosophical 'intuitions' and Skepticism about Judgment", *Dialectics*, 2004 (58: 1): 109.
虽然在威廉姆森看来，在"直觉的根据是什么""为什么赋予直觉重要的地位"等问题上"没有一致的意见""没有可接受的解释""没有大众欢迎的说明"，只是"看起来像"是哲学"方法论的耻辱"，但我们认为，基于直觉方法在哲学中的重要作用，以及在哲学中最长久、最经常地使用，哲学没有为直觉方法的合法性提供辩护的严重性，就像哲学没有为归纳法的合法性提供辩护的严重性一样，都可称得上是"哲学的耻辱"。
③ 张岱年：《中国哲学大纲》，商务印书馆2015年版，第807页。

国思想家直觉思想研究和中外直觉思想对比研究。研究中国思想家直觉思想的代表作有：胡军的《中国现代直觉论》[1]，分析了梁漱溟、熊十力、冯友兰、贺麟、牟宗三、方东美、唐君毅等人运用直觉方法来建构各自哲学思想体系的得失；陈永杰的《现代新儒家直觉观考察：以梁漱溟、冯友兰、熊十力、贺麟为中心》[2]，探讨了梁漱溟、冯友兰、熊十力和贺麟的直觉观；张祥龙的《逻辑之心和直觉方法：〈近代唯心论简释〉打通中西哲理的连环套？》[3]，介评了贺麟的直觉思想；杨泽波的《智的直觉与善相：牟宗三道德存有论及其对西方哲学的贡献》[4]，揭示了牟宗三对康德智的直觉概念的独特诠释。研究外国思想家直觉思想的代表作有：倪梁康的《心目：哥德尔的数学直觉与胡塞尔的观念直观》[5]，从胡塞尔的观念直观视角研究了哥德尔的数学直觉；桑靖宇的《莱布尼茨与现象学：莱布尼茨直觉理论研究》[6]，以胡塞尔、海德格尔等现象学家论述莱布尼茨哲学的资料为基础，对莱布尼茨直觉理论进行了新的阐释；任晓明和谷飙的《达米特对直觉主义逻辑的辩护》[7]，从证明论、模型论或语义学、意义理论三个层次梳理了达米特对直觉主义逻辑的辩护；钱捷的《彭加勒的数学直觉主义》[8]，探讨了数学基础中直觉主义流派的先驱者彭加勒的直觉主义数学观；尚杰的《形式、直觉与不确定性：从数学逻辑的观点看哲学》[9]，通过对 20 世纪逻辑与数学最重要的成果之一的哥德尔证

---

[1] 胡军：《中国现代直觉论研究》，北京大学出版社 2014 年版。

[2] 陈永杰：《现代新儒家直觉观考察：以梁漱溟、冯友兰、熊十力、贺麟为中心》，东方出版中心 2015 年版。

[3] 张祥龙：《逻辑之心和直觉方法：〈近代唯心论简释〉打通中西哲理的连环套？》，《吉林大学社会科学学报》2012 年第 2 期。

[4] 杨泽波：《智的直觉与善相：牟宗三道德存有论及其对西方哲学的贡献》，《中国社会科学》2013 年第 6 期。

[5] 倪梁康：《心目：哥德尔的数学直觉与胡塞尔的观念直观》，《学术研究》2015 年第 4 期。

[6] 桑靖宇：《莱布尼茨与现象学：莱布尼茨直觉理论研究》，中国社会科学出版社 2009 年版。

[7] 任晓明、谷飙：《达米特对直觉主义逻辑的辩护》，《南开学报》（哲学社会科学版）2007 年第 7 期。

[8] 钱捷：《彭加勒的数学直觉主义》，《自然辩证法通讯》2000 年第 2 期。

[9] 尚杰：《形式、直觉与不确定性：从数学逻辑的观点看哲学》，《浙江学刊》2011 年第 3 期。

明,以及德里达的思想进行介评,在消解形式思维问题上,探讨了哲学家如何殊途同归,以及在直觉、界限、超越等方面,如何贡献对理性的崭新理解。比较研究中西思想家直觉思想的代表作有:杨泽波的《康德意义的智的直觉与牟宗三理解的智的直觉》[①] 和《"觉他"的思维方式不是智的直觉:牟宗三的"觉他"与康德的智的直觉之关系辨析》[②],对牟宗三的直觉观与康德意义的智的直觉的关系进行了探讨。这些研究可为本书中的"直觉在哲学中具有重要的地位吗?"提供支持。

(2) 学科直觉研究。代表作有:叶闯的《对直觉语义不完全语句的一种流行释义的质疑》[③],从三条理由上质疑了直觉语义不完全语句的一种流行释义;梅剑华的《实验哲学、语义学直觉与文化风格》[④],考察指称理论的实验进路所引起的关于语义学直觉的争论;贾新奇的《论乔纳森·海特的社会直觉主义理论》[⑤],介评了当代美国社会心理学家乔纳森·海特的道德社会直觉主义理论;徐平和迟毓凯的《道德判断的社会直觉模型述评》[⑥],介评了道德判断的社会直觉模型理论;唐江伟等的《道德直觉决策及其机制探析》[⑦],从客观和主观两方面分析了道德直觉决策的一般性影响因素,探讨了道德直觉决策的加工机制;方立天的《中国佛教直觉思维的历史演变》[⑧],探讨了中国佛教的直觉思维方式的演变;李安的《司法过程的直觉及其偏差控制》[⑨],对司法过程中直觉的应用及直觉偏差的控制作了深入系统的论述。这些研究可为本书中的"什么是哲学直觉?""如何控制直觉偏差?""直觉确证的过程是什么?"等问题提供理论借鉴。

---

① 杨泽波:《康德意义的智的直觉与牟宗三理解的智的直觉》,《文史哲》2013年第4期。
② 杨泽波:《"觉他"的思维方式不是智的直觉:牟宗三的"觉他"与康德的智的直觉之关系辨析》,《哲学研究》第2013年第1期。
③ 叶闯:《对直觉语义不完全语句的一种流行释义的质疑》,《世界哲学》2017年第1期。
④ 梅剑华:《实验哲学、语义学直觉与文化风格》,《哲学研究》2011年第12期。
⑤ 贾新奇:《论乔纳森·海特的社会直觉主义理论》,《道德与文明》2010年第12期。
⑥ 徐平、迟毓凯:《道德判断的社会直觉模型述评》,《心理科学》2007年第3期。
⑦ 唐江伟、路红、刘毅、彭坚:《道德直觉决策及其机制探析》,《心理科学进展》2015年第10期。
⑧ 方立天:《中国佛教直觉思维的历史演变》,《哲学研究》2002年第1期。
方立天:《中国佛教直觉思维的历史演变(续)》,《哲学研究》2002年第2期。
⑨ 李安:《司法过程的直觉及其偏差控制》,《中国社会科学》2013年第5期。

（3）元直觉问题研究。这种研究集中在对直觉的分类、定义、特征、发生机制，以及对证据地位的反思等方面。这方面有大量的论著，值得一提的有《直觉研究述评》[1]，《论左手性思维：直觉能力、情感和自发性》[2]，《直觉作为证据的合理性与限度》[3]，《哲学直觉的证据地位：认知科学是否有一席之地》[4]，《直觉、自然主义与认识论：H. 科恩布里斯教授访谈》[5] 等。虽然这些研究为本成果把握直觉的本质和发生机制，以及加深对直觉证据地位的了解很有帮助，但是这些研究涉及诉诸哲学直觉作为证据的研究并不多，对直觉方法合理性问题的研究更是处于引介阶段。

国外学界一直关注直觉问题的研究，从来没有停止过探讨直觉的性质、作用、地位与价值。21 世纪以来，随着实验哲学的诞生，直觉问题的研究成了热门话题。研究直觉方法的最具代表性的著作有：德保罗（Michael R. DePaul）和拉姆齐（William Ramsey）主编的论文集《反思直觉：直觉心理学及其在哲学研究中的作用》[6]，这本论文集包含了 16 篇论文。这些论文有的对哲学中运用直觉方法进行了辩护，有的对哲学中运用直觉方法的地位与作用提出了质疑与批判。普斯特（Joel Pust）的专著《直觉作为证据》[7] 分析了哲学直觉的性质与作用，探讨了哲学直觉在当代分析哲学中的运用，并回应了几种怀疑主义，在此基础上进一步为直觉作为证据进行了辩护。卡普兰（Herman Cappelen）的《没有直觉的哲学》[8] 认为，直觉在作为哲学理论的证据上作用很有限，尤其在以思想实验为主要方法的当代分析哲学中，直觉根本就不起作用。布思（Anthony

---

[1] 周治金、赵晓川、刘昌：《直觉研究述评》，《心理科学进展》2005 年第 11 期。

[2] ［美］杰罗姆·布鲁纳著：《论左手性思维——直觉能力、情感和自发性》，彭正梅译，上海人民出版社 2004 年版。

[3] 孙保学：《直觉作为证据的合理性与限度》，《自然辩证法通讯》2016 年第 5 期。

[4] ［美］阿尔文·戈德曼著，郑伟平校：《哲学直觉的证据地位：认知科学是否有一席之地》，杨修志译，《厦门大学学报》（哲学社会科学版）2014 年第 5 期。

[5] ［美］H. 科恩布里斯：《直觉、自然主义与认识论：H. 科恩布里斯教授访谈》，方环非译，《世界哲学》2014 年第 4 期。

[6] Michael R. DePaul and William Ramsey (eds.), *Rethinking Intuition: The Psychology of Intuition and Its Role in Philosophy Inquiry*, Oxford: Rowman and Littlefied Publishers, 1998.

[7] Joel Pust, *Intuitions as Evidence*, New York: Garland Publishing, 2000.

[8] Herman Cappelen, *Philosophy without Intuitions*, Oxford: Oxford University Press, 2012.

Robert Booth）和罗巴敦（Darrell P. Rowbottom）主编的论文集《直觉》[1]是《反思直觉》的延续，14 篇由不同的作者撰写的观点不一的论文探讨了直觉的本体论和知识论的地位，如何使用直觉，以及实验哲学和思辨哲学对直觉驱动的哲学的挑战。杜尔歇（Max Deutsch）的专著《直觉的神话：实验哲学与哲学方法》[2]认为，分析哲学家在借助思想实验进行论证时是把论证而不是直觉当作证据，以此捍卫分析哲学的传统方法而反对来自实验哲学的挑战。尼科利（Serena Maria Nicoli）在《直觉在哲学方法论中的作用》[3]一书中通过思想实验和反思平衡中明确诉诸直觉来探讨哲学中使用直觉的问题，并结合哲学研究的目标和结果的性质来探讨诉诸直觉方法的合理性。此外，支持直觉在哲学中可以当作证据的讨论包括《哲学思想实验、直觉和认知平衡》[4]、《哲学直觉：它们的目标、来源和认知状态》[5]、《德性知识论：适切的信念与反思的知识》中的第三章"直觉"[6]、《实验哲学与哲学直觉》[7]和《捍卫直觉在哲学中的运用》[8]等。反对把直觉作为哲学证据的讨论有《如何从经验上挑战直觉而不冒怀疑主义的风险》[9]、《反对来自引用的论证》[10]、《对索

---

[1] Anthony Robert Booth and Darrell P. Rowbottom (eds.), *Intuitions*, Oxford: Oxford University Press, 2014.

[2] Max Deutsch, *The Myth of the Intuitive: Experimental Philosophy and Philosophical Method*, Cambridge, MA: MIT Press, 2015.

[3] Serena Maria Nicoli, *The Role of Intuitions in Philosophical Methodology*, United Kingdom: Palgrave Macmillan, 2016.

[4] Tamar Gendler, "Philosophical Thought Experiments, Intuitions, and Cognitive Equilibrium", *Midwest Studies in Philosophy*, 2007 (31): 68 – 89.

[5] Alvin Goldman, "Philosophical Intuitions: Their Target, Their Source and Their Epistemic Status", *Grazer Philosophiche Studien*, 2007 (74): 1 – 26.

[6] Ernest Sosa, *A Virtue Epistemology: Apt Belief and Reflective Knowledge*, Oxford: Oxford University Press, 2007, Chapter 3, "Intuitions".

[7] Ernest Sosa, "Experimental Philosophy and Philosophical Intuition", *Philosophical Studies*, 2007 (132: 1): 99 – 107.

[8] Ernest Sosa, "A Defense of the Use of Intuitions in Philosophy", in Dominic Murphy and Michael Bishop (eds.), *Stich and His Critics*, Malden, MA: Wiley-Blackwell, 2009, pp. 101 – 112.

[9] Jonathan Weinberg, "How to Challenge Intuitions Empirically Without Risking Scepticism", *Midwest Studies in Philosophy*, 2007 (31: 1): 318 – 343.

[10] Ron Mallon, Edouard Machery, Shaun Nichols and Stephen Stich, "Against arguments from reference", *Philosophy and Phenomenological Research*, 2009 (79): 332 – 356.

萨的回应》①、《哲学家是直觉专家吗?》② 和《在知识论中诉诸直觉的问题》③ 等。这些研究主要集中在"直觉的本质是什么"和"直觉能否作为哲学理论的证据"这两个问题上。

在"直觉的本质是什么"上,有两种竞争的观点,即信念论和表象论。信念论以因瓦根(Peter van Inwagen)、刘易斯(David Lewis)、路德维希(Kirk Ludwig)、戈德曼(Alvin Goldman)、威廉姆森(Timothy Williamson)、索萨(Ernest Sosa)④ 等为代表。信念论者认为,直觉是一种特殊的信念或相信的倾向。S 有直觉 p,就相信 p,或者倾向于相信 p。信念论者对直觉本质的看法有两种:①直觉是信念;②直觉是相信的倾向。表象论以比勒(George Bealer)、普斯特、胡莫(Michael Huemer)、普兰丁格(Alvin Plantinga)、丘德诺夫(Elijah Chudnoff)、丹西(Jonathan Dancy)等为代表。表象论者认为,直觉是非信念的,是一种先于信念的表象;直觉是事物向认知者的呈现,S 有直觉 p,就是 p 对 S 来说看上去是 p;人们可以有某种表象(直觉),却不相信或不倾向于相信它。表象论者强调直觉是一种不能还原为其他精神态度的特殊的精神状态(sui generis mental states),是一种理智表象(intellectual seemings⑤ 或 appearances),具有特殊的现象学特征。

根据"直觉能否作为哲学理论的证据"的不同回答,已有的研究可以区分为否定的、肯定的以及无意义的三种基本的立场。第一种立场是否定的立场,对"直觉能否作为哲学理论的证据"这个问题持否定的回答。代表人物有康明斯(Robert Cummins)、斯蒂奇(Stephen Stich)⑥、

---

① Stephen Stich, "Reply to Sosa", in Dominic Murphy and Michael Bishop (eds.), *Stich and His Critics*, Malden, MA: Wiley-Blackwell, 2009, pp. 228 – 236.

② Jonathan M. Weinberg, Chad Gonnerman, Cameron Buckner and Joshua Alexander, "Are Philosophers Expert Intuiters?", *Philosophical Psychology*, 2010 (23: 3): 331 – 355.

③ Adam Feltz, "Problems with the Appeal to Intuition in Epistemology", *Philosophical Explorations*, 2008 (11): 131 – 141.

④ 欧内斯特·索萨(Ernest Sosa)是大卫·索萨(David Sosa)的父亲,为表述统一,全书用"索萨"指父亲"欧内斯特·索萨","大卫·索萨"则用全称。

⑤ "seemings"有不同的中译,如表象、似真、呈现等。

⑥ Dominic Murphy and Michael Bishop (eds.), *Stich and His Critics*, Malden, MA: Wiley-Blackwell, 2009.

辛提卡（Jaakk Hintikka）、科恩布里斯（Hilary Kornblith）、戴维特（Michael Devitt）、威廉姆森[1]以及许多实验哲学家等方法论反直觉主义者（methodological anti-intuitionist）。他们挑战直觉的证据地位，反对诉诸直觉作为证据的传统哲学方法，主张抛弃或限制哲学直觉证据在哲学研究中的使用。否认直觉在哲学中的证据地位的主要论证有：没道明论证、无校正论证和多样性论证。

第二种立场是肯定的立场，对"直觉能否作为哲学理论的证据"这个问题持肯定的回答。代表人物有比勒、普斯特、索萨、大卫·索萨（David Sosa）[2]、戈德曼、邦久（Laurence BonJour）、普兰丁格、布朗（Jessica Brown）、路德维希等方法论直觉主义者（methodological intuitionist）。方法论直觉主义者捍卫哲学中诉诸直觉作为证据的传统方法，断言直觉判断是可靠的，可以作为哲学理论的证据。方法论直觉主义辩护直觉在哲学中的证据地位的重要论证有：自我击败论证、对比知觉论证、来自先验知识的论证、否认直觉有显著多样性的论证、否认直觉多样性重要的论证、否认直觉多样性会导致不可靠性的论证。

第三种立场对问题本身的意义持否定态度，认为"直觉能否作为哲学理论的证据"这个问题本身就是无意义的。代表人物是卡普兰、杜尔歇（Max Deutsch）和莫利纽（Bernard Molyneux）[3]。在他们看来，"直觉

---

[1] Timothy Williamson, *The Philosophy of Philosophy*, New York: Routledge, 2007.

[2] Ernest Sosa, *A Virtue Epistemology: Apt Belief and Reflective Knowledge*, Oxford: Oxford University Press, 2007.

[3] Max Deutsch, *The Myth of the Intuitive: Experimental Philosophy and Philosophical Method*, Cambridge, MA: MIT Press, 2015.

Herman Cappelen, *Philosophy without Intuitions*, Oxford: Oxford University Press, 2012.

Herman Cappelen, "X-phi without Intuitions?", in A. R. Booth and D. P. Rowbottom (eds.), *Intuitions*, Oxford: Oxford University Press, 2014.

Max Deutsch, "Intuitions, Counter-examples, and Experimental Philosophy", *Review of Philosophy and Psychology*, 2010 (1: 3): 447–460.

Max Deutsch, *The Myth of the Intuitive: Experimental Philosophy and Philosophical Method*, Cambridge, MA: MIT Press, 2015.

Joshua Earlenbaugh & Bernard Molyneux, "If Intuitions Must Be Evidential then Philosophy is in Big Trouble", *Studia Philosophica Estonica*, 2009 (2: 2): 35–53.

Bernard Molyneux, "New Arguments that Philosophers Don't Treat Intuitions As Evidence", *Metaphilosophy*, 2014 (45: 3): 441–461.

能否作为哲学理论的证据"是一个无意义的问题，因为直觉在作为哲学理论的证据上作用很有限，尤其在以思想实验为主要方法的当代分析哲学中，直觉根本就不起作用。他们断言，方法论直觉主义论证直觉的可靠性和直觉的证据地位，是多此一举；方法论反直觉主义反对直觉的地位是无的放矢，是在批判稻草人。

虽然学界对哲学直觉方法的合理性问题进行了广泛、深入而又富有启发的讨论，但是对"哲学直觉是什么？""直觉判断是否可以作为哲学理论的证据？"这些哲学直觉方法论基本问题，还没有形成清晰、完整、系统的论述。目前亟须结合实验心理学和实验哲学的最新研究成果，对哲学直觉方法论问题予以系统而深入的专门研究。

二 研究的主要内容

本书的研究对象是哲学直觉作为证据的合理性问题。哲学直觉作为证据方法所面临的挑战有三个：哲学直觉概念没有说清道明、哲学直觉确证不能校正和哲学直觉具有多样性。应对这三个挑战，论证哲学家的概念归赋更值得信赖，以及探讨如何应用哲学直觉作为哲学理论的证据，就构成了本成果的主要内容。因此本成果的总体框架如下：

导论　哲学方法论的耻辱

自苏格拉底以降，直觉证据就被当作哲学论证最常用的一类证据。在论证过程中，论证者在"理屈词穷"时，常常把自己立论的前提说成是符合直觉的。然而，直觉就像斯芬克斯之谜，充满神秘。已有对直觉的来源、性质、运行方式、目标等的理解大都充满神秘主义的色彩。哲学家擅长刨根问底，并以能找到"根基"为傲，然而却把直觉这种来源不清、性质不明、理由不充分的证据，作为我们认识的出发点而不加反思，这种做法可以称作"哲学方法论的耻辱"。

第一章　什么是哲学直觉？

哲学直觉是对哲学问题的直觉。哲学直觉与普通直觉没有本质的区分，也不应该有本质的区别，只是所针对的对象不同。以双过程认知神经生理学理论来研究哲学直觉的本质，本书将探讨"哲学直觉是信念还是表象？""哲学直觉是一种神秘的能力还是一般的能力？""哲学直觉是否有经验和理论负载？""哲学家使用直觉概念有没有特权？"等问题。本书主张直觉兼容论，认为哲学直觉是对抽象对象的直接呈现，是直接把握抽象对象的能力；哲学家在使用直觉概念上没有特权。

第二章　哲学直觉能否作为证据？

"直觉能否作为哲学理论的证据"有否定、肯定和无意义三种立场。否定立场反对诉诸直觉的哲学方法，主张抛弃或限制直觉在哲学研究中的使用。其主要论证有没道明论证、缺乏可校正性论证和多样性论证。肯定立场主张哲学直觉是可靠的，可以作为哲学理论的证据。其论证有自我击败论证、对比知觉论证、来自先验知识的论证等。无意义立场认为，直觉方法在哲学中的作用很有限。其主要论证有直觉非中心论和无关论。借鉴哲学直觉在当代哲学中具有重要作用的事实依据和理论依据，可捍卫直觉证据的重要地位。

第三章　哲学直觉的多样性挑战直觉方法吗？

实验哲学大量的数据表明，哲学直觉具有多样性。哲学直觉的多样性对哲学中诉诸直觉作为证据方法的合理性提出了挑战。本书认为，哲学直觉的多样性并不能反驳诉诸直觉的哲学方法的合理性，其论证有三：一是否认直觉有显著多样性的论证；二是否认直觉多样性重要的论证；三是否认直觉多样性会导致不可靠性的论证。对哲学直觉多样性，学界提出了不同的解释理论，它们是整体性/分析性差异理论，抽象/具体二分理论和认知聚焦效应理论，在分析这三种理论的基础上，本书将提出广义语境主义，并以此解释哲学概念归赋的多样性。

第四章　哲学家的概念归赋为何更值得信赖？

哲学研究的核心是概念研究，最基本的哲学直觉是概念归赋直觉。由罗什提出的原型范畴理论可表述为：范畴是对有不同"诊断值"的属性和不同"凸显度"的属性值的原型所做的编码。在对原型范畴理论进行修正的基础上，本书将借助演化心理学来证明直觉是可信赖的，并认为相比于普通大众的概念直觉，相关专家的概念直觉更可靠。本书认为，实验哲学中的概念归赋是大众概念归赋；专家概念归赋直觉与真理之间有可靠的联系；专家概念具有优越性，私人概念需要转化为大众概念，大众概念需要转化为专家概念；专家概念归赋比大众概念归赋更有认知价值。

第五章　何时应该相信哲学直觉？

虽然哲学直觉可以作为哲学理论构建的证据，但是我们不应该随时随地都相信哲学直觉，并以其为证据来支持和反驳哲学理论或假设。哲学直觉确证的本质是初步确证性，哲学直觉的确证是初步的。哲学直觉确证的过程包括形成哲学直觉判断、哲学直觉判断偏差检验和哲学直觉判断偏差修正三个过程。在参考罗尔斯、古德曼（Nelson Goodman）和莱肯的反思平衡论以及比勒提出的以直觉作为证据的"标准的确证程序"理论，并结合海特的社会直觉主义的道德理论后，本成果将提出标准的直觉确证的反思平衡理论，并认为只有通过反思平衡的哲学直觉，才能成为语境的最终确证。

附1　现有检测"知识归赋直觉"的最佳方法是什么？——以知识归赋是否有风险效应为例

由于哲学概念的种类繁多，检测哲学概念归赋直觉的方法千差万别，适合于检测不同哲学概念归赋直觉的最佳方法不可避免地会有天壤之别，因此很难找到检测哲学概念归赋直觉的最佳方法。虽然如此，本书认为，检测"知识归赋直觉"的最佳方法是"收回知识宣称的设计"。本章挑选最具代表性且最新的、对知识归赋的风险效应之争的两篇实证文章的实验方法的优缺点进行介评，反驳不存在说、可还原说和反事实说，为知识归赋的风险效应作辩护，并捍卫主流的、反理智主义知识论的合理性，同时证明，"收回知识宣称的设计"是现有检测"知识归赋直觉"的最佳方法。

附2　哲学中使用实验方法合理吗？

"数据无理论为空，理论无数据则盲"，实验哲学把哲学思辨与实验数据结合起来，为发展哲学方法论提供了新的思路。在仅20多年的发展中，实验哲学俨然已有成一显学之势。虽然如此，人们对哲学中使用实验方法的态度是"高度分化"的。对实验哲学方法有四大怀疑，即"实验与哲学可以兼容吗？""问卷调查适合研究哲学问题吗？""调查普通大众的哲学直觉合理吗？""实验方法会排斥分析方法吗？"。在分别介绍实验哲学的反对者对哲学实验方法质疑的同时，本书将结合他人的观点为哲学实验方法进行辩护。

三　研究的价值与创新

本书相对于已有研究的独到学术价值与创新表现在以下方面：

第一，本书是中外学者第一次明确地把对哲学直觉方法的合理性问题提升到哲学方法论耻辱的角度，并首次对哲学直觉方法论问题予以系统而又专门的研究。

第二，本书将结合实验哲学、实验语言学、实验心理学、道德心理学等学科的最新研究成果（如原型范畴理论、演化心理学理论、聚焦效应理论、社会直觉理论），对哲学直觉作为证据的合理性问题进行系统而又专精的研究。这与已有的把哲学直觉的研究建立在纯粹的哲学思辨，或者把哲学直觉的研究建立在实验心理学基础上的路径不同。

第三，在对直觉本质的理解上，存在直觉信念论和直觉表象论，前者主张直觉是信念或相信的倾向，后者主张直觉是理智表象。本书主张直觉兼容论，认为直觉是对抽象对象的直接呈现，是直接把握抽象对象的能力。作为理智表象而存在的直觉，既不同于信念，又不同于知觉表象，由于直觉的表象可能成为相信的证据基础，因此作为相信倾向的直觉与作为理智表象的直觉可以相互兼容。

第四，无论是日常直觉还是哲学直觉，都是直接对抽象概念的呈现，都是直接把握抽象概念的能力，其神经生理基础都是直觉系统，因此本书主张哲学家使用直觉概念没有特权，这不同于已有的研究。

第五，对于哲学直觉多样性的解释，以往主要有整体性/分析性差异理论和抽象/具体二分理论。本书将用聚焦效应理论来解释哲学直觉的多样性，主张是因为受试者对案例信息的注意焦点的不同，导致了哲学直觉的多样性。同时，提出广义语境主义理论来解释哲学概念归赋的多样性。

第六，主张哲学直觉的确证是初步确证，并借助修正的原型理论对哲学家的哲学直觉为何比普通大众的哲学直觉更可靠进行说明。在参考罗尔斯、古德曼和莱肯的反思平衡论，以及比勒提出的以直觉作为证据的"标准的确证程序"理论后，结合海特（Jonathan Haidt）的社会直觉主义的道德理论对直觉确证过程进行探讨。本书将提出标准的直觉确证的反思平衡理论，并认为只有通过反思平衡的哲学直觉，才能成为语境的最终确证的证据。

本书的完成，在直觉作为证据的方法问题上，将对中国学者话语权的提升具有一定的推进作用。希望本书就整个学界而言，所达到的水平与深度也将是出色的。

第 一 章

什么是哲学直觉？[①]

研究哲学直觉作为证据是否合理的问题，必然应先对哲学直觉进行概念分析，以探明哲学直觉的基本含义。本书主张，哲学直觉是对哲学问题的直觉。哲学直觉与普通直觉没有本质的区别，也不应该有本质的区别，只是所研究的对象不同。本成果用认知心理学的直觉定义来规范哲学研究中的直觉概念，以双过程认知神经生理学理论来研究哲学直觉的神经生理基础，并将探讨"哲学直觉是信念还是表象？""哲学直觉是一种神秘的能力还是一般的能力？""哲学直觉是否有经验和理论负载？""哲学家使用直觉概念有没有特权？"等问题。本书主张直觉兼容论，认为哲学直觉是哲学概念归赋的直接呈现，是直接把握抽象的哲学对象的能力；哲学家在使用直觉概念上没有特权。

第一节 哲学直觉的本质

不少哲学家主张，哲学的核心工作是概念分析或概念考查。例如，黑格尔认为"哲学是概念性的认识"[②]；维特根斯坦提出"哲学研究：概念研究"[③]，普林茨说"概念分析是哲学的核心工具"，并断言"我们称为

[①] 这部分内容主要根据《直觉是有理论负载的》[曹剑波：《直觉是有理论负载的》，《山西大学学报》（哲学社会科学版）2017 年第 4 期]和《哲学家使用直觉概念没有特权》[曹剑波：《哲学家使用直觉概念没有特权》，《徐州工程学院学报》（社会科学版）2017 年第 6 期]两篇论文的观点改写而成。

[②] ［德］黑格尔著：《小逻辑》，贺麟译，商务印书馆1980年版，第327页。

[③] Ludwig Wittgenstein, *Zettel*, Oxford: Basil Blackwell, 1967, p.458.

"哲学"的东西在很大部分展现了概念澄清工作。因此，毫不奇怪的是，最占主导地位的哲学方法之一是概念分析"①。概念分析的目标是澄清基本概念的意义。研究哲学直觉的相关问题必先对哲学直觉进行概念分析，以探究哲学直觉的基本含义。对"哲学直觉的本质是什么？"的问题，本书将分解为如下五个问题："哲学直觉不同于普通直觉吗？""直觉是一种神秘的能力吗？""直觉可以训练吗？""直觉只能产生于理解吗？""直觉是信念还是表象？"

一 哲学直觉不同于普通直觉吗？

很多哲学家认为，在"直觉"② 概念的使用上，哲学家的使用有特权，哲学家的"直觉"概念是一个理论术语，与日常生活中普通大众的使用不同，"哲学直觉"不同于"普通直觉"，它们之间有相当严格的现象的、认知的或心理的差别。比勒认为，哲学研究主要依赖"先验的直觉"（a priori intuitions），而科学思想实验引发的则是"物理的直觉"（physical intuitions），后者不同于前者在于前者是必然的，而后者不是。③ 威廉姆森也说："虽然我们可以决定把'直觉'这个术语限定在只陈述某些心理的或知识论的特征，但是这样的限定将不能解释在哲学实践中这个术语所起的更为混杂的作用。"④ 戈德曼赞同杰克逊（Frank Jackson）的观点，认为哲学直觉不同于普通直觉（garden-variety intuitions）之处，在于哲学直觉是分类直觉（classification intuitions，即关于案例是如何被

---

① Jesse J. Prinz, "Empirical Philosophy and Experimental Philosophy", in Joshua Knobe and Shaun Nichols (eds.), *Experimental Philosophy*, Oxford: Oxford University Press, 2008, p. 190.

② 日本人把"Intuition"译为"直观"，对此，在《论新学语之输入》一文中，王国维认为，虽然不"精确"，但并非不可用。他说："夫 Intuition 者，谓吾心直觉五官之感觉，故听、嗅、尝、触、苟于五官之作用外加以心之作用，皆谓之 Intuition，不独目之所观而已。""Intuition 之语源出于拉丁之 In 及 tuitus 二语，tuitus 者，观之意味也。盖观之作用，于五官中为最要，故悉取由他官之知觉，而以其最要之名名之也。"由于王国维错误地把直觉等同于五官感觉和心的作用，因此，与王国维不同，本书认为"Intuition"更精确的译法应该是"直觉"。

③ George Bealer, "Intuition and the Autonomy of Philosophy", in Michael R. DePaul and William Ramsey (eds.), *Rethinking Intuition: The Psychology of Intuition and Its Role in Philosophy Inquiry*, Oxford: Rowman and Littlefied Publishers, 1998, p. 205.

④ Timothy Williamson, *The Philosophy of Philosophy*, New York: Routledge, 2007, p. 218.

分类的或者各种范畴或概念是否应用到选定的案例），哲学直觉是理性直觉。[①]

本书认为，哲学直觉与普通直觉没有本质的区别，也不应该有本质的区别，只是所针对的对象不同而已。哲学直觉是针对哲学现象、哲学问题所产生的直觉。哲学来源于生活，也将服务于生活。哲学的语言不是一小群人在象牙塔中自娱自乐的私人语言，哲学的探究所获得的智慧绝非"地方性知识"，哲学的探究应该服务社会、引领时代潮流。正因如此，哲学家对哲学概念的定义应该具有公共性和普适性，与语言学家和科学家一样，目的是把难懂的词变得易懂。正如蒯因所说："定义不是惟独语言学家才有的活动。哲学家和科学家常常有必要给一个难懂的词'下定义'。"哲学家的定义工作与语言学家的定义工作在性质并无不同。[②] 哲学直觉与普通直觉没有本质的区分，这从卡普兰与内格尔的研究可以得到支持。

卡普兰在《没有直觉的哲学》[③] 一书中区分了直觉及其同源词的日常使用和哲学使用，认为它们并没有本质的区分。他通过搜索发现，在日常生活中"直觉的"和"直觉地"不仅被广泛地用来描述物体、事件或状态，而且也被用来描述句子、言语行为、命题或思维方式。它们的共同点是：描述的对象都是容易的、无须努力的、自动的、非反思的。[④]

卡普兰认为，虽然许多哲学家认为自己使用的"直觉"是一个理论术语，与日常生活中的使用不同，然而，他认为哲学家所创新的"直觉"是有缺陷的。为了证明他的观点，卡普兰先提出了某个学科中有缺陷的理论术语 T 的表现：

（1）在这个学科中，参与者对 T 的定义不一致。
（2）在这个学科中，参与者对哪些案例构成了 T 的外延的核心范例看法不一致。

[①] Alvin Goldman, "Philosophical Intuitions: Their Target, Their Source, and Their Epistemic Status", *Grazer Philosophiche Studien*, 2007 (74): 5.

[②] ［美］W. V. O. 蒯因（Willard Van Orman Quine）著：《从逻辑的观点看》，陈启伟、江天骥、张家龙、宋文淦译，中国人民大学出版社 2007 年版，第 26 页。

[③] Herman Cappelen, *Philosophy without Intuitions*, Oxford: Oxford University Press, 2012.

[④] Herman Cappelen, *Philosophy without Intuitions*, Oxford: Oxford University Press, 2012, pp. 25 – 49.

（3）在这个学科中，没有就 T 的理论地位达成一致。

（4）在这个学科中，就 T 本身存在大量的分歧和争论。①

卡普兰认为，尽管这四种表现并不是任何有缺陷的理论术语的充分条件或必要条件，然而它们能够成为什么出错了的可靠指示器。在他看来，哲学家对"直觉"的看法，对哪些案例构成了"直觉"的核心范例，对"直觉"在哲学中的作用以及对应该如何使用"直觉"都没有一致的看法。②

卡普兰用如下这 6 个典型的特征，概括了哲学家对"直觉"术语的草率使用：①对直觉的哲学使用不同于日常的使用；②对什么是直觉没有清楚的看法；③在直觉的使用上，没有统一的专家亚群体需要追随；④使用者同时就是以不同的方式使用"直觉"这个术语的亚群体中的一员；⑤在定义上没有达成一致；⑥在"直觉"术语的范例上没有达成一致。因此，对"直觉"的哲学使用在语用和语义上都是尴尬的。理由有二：一是它与直觉的日常使用不同，因此不能根据日常使用去理解它；二是在哲学领域中没有统一的使用，缺乏权威可以诉求。因此直觉的哲学使用是无意义的，在语言实践上是胡扯（gibberish）。③

在《朗文辞典》中，作为不可数名词的"直觉"被解释为无须有意识地推理、学习，通过本能就能知道某事某物的能力，即直觉力；作为可数名词的"直觉"被解释为通过本能的感觉而不是有意识的推理而知道的东西，即直觉感受的知识。④ 内格尔（Jennifer Nagel）发现，自 17 世纪开始，根据《牛津英语辞典》记录，"直觉的"这个词语特指那些直接理解而不需要任何推理的知识或知觉⑤。这表明，"直觉"是与有明确的

---

① Herman Cappelen, *Philosophy without Intuitions*, Oxford: Oxford University Press, 2012, p. 52.

② Herman Cappelen, *Philosophy without Intuitions*, Oxford: Oxford University Press, 2012, pp. 52–59.

③ Herman Cappelen, *Philosophy without Intuitions*, Oxford: Oxford University Press, 2012, pp. 59–60.

④ *Longman Dictionary of English Language and Culture*, London: Addison Wesley Longman, 1998.

⑤ Jennifer Nagel, "Intuition, Reflection, and Command of Knowledge", *Proceedings of the Aristotelian Society Supplementary Volume*, 2014（88：1）：226.

推理活动相对比的精神状态。认知心理学认为,直觉是一种无意识的,基于经验、技能以及各种隐性知识等综合作用而发生的,自动的、直接的、快速简化的、无须意志努力的,与有意识的推理和逻辑分析并列的思维方式与认知能力。① 概括地说,辞典中的"直觉"定义与心理学中的直觉定义都强调直觉是与有意识的推理相对立的。

综上所述,本书认为,哲学直觉与普通直觉没有本质的区分;哲学家使用直觉概念没有特权。在坚持"哲学直觉与普通直觉没有本质的区分,只是所针对的对象不同"的前提下,将用提问的方式,继续介评关于哲学直觉②本质的几个重要问题。

二 直觉是一种神秘的能力吗?

当把直觉看作一种认知能力时,对直觉能力的性质有"神秘能力说"和"一般能力说"两种对立的看法。"神秘能力说"通常用"顿悟"(insight)、"第六感"(sixth sense)、"灵感"(afflatus)、"洞察力"(clairvoyance)、"预感"(hunch 或 gut feeling)、"心斋"(purifying the heart)、"豁然开朗"[be suddenly enlightened/Aha! (eureka) effect]、"理智之眼"(eye of the mind)、"理性之光"(light of reason)、"理智直观"(intellectual intuition)等词语把直觉描述为某种神秘的能力。在神秘能力说看来,"直觉"即未经逻辑推理而得到的认知,是将"自己置于对象之内",交融于对象之中的体悟③,"此是置心在物中,究见其理"④,与知觉、推理等认知能力相比,直觉是一种特殊的认识能力,是更根本、更重要、更可靠的认识世界的方式,具有更高的认知地位。直到 20 世纪初,西方学界仍普遍地把直觉看作一种神秘主义的方法,"可以通过超理

---

① 周治金、赵晓川、刘昌:《直觉研究述评》,《心理科学进展》2005 年第 6 期。
② 由于哲学直觉与普通直觉没有本质区别,因此当我们说"直觉"时,自然包括"哲学直觉"和"普通直觉"。
③ 法国哲学家柏格森的"直觉"定义是:"所谓直觉,就是一种理智的交融,这种交融使人们自己置于对象之内,以便与其中独特的、从而是无法表达的东西相符合。"([法]柏格森著:《形而上学导言》,刘放桐译,商务印书馆 1963 年版,第 3—4 页。)
④ 《朱子语类》卷九十八。

智的、超感觉的直觉感官来达到真理"①。蒙塔古认为，有两类直觉：一类直觉作为灵魂的能力，具有超自然的性质；一类直觉作为本能和想象力，具有自然的性质。由于人脑是自然界长期进化的结果，因此个体会以本能的形式从种族记忆中获得具有"遗传倾向"的下意识。看似不可理解的直觉洞见，作为个人的经验背景，以种种先天倾向，自发地发挥作用，"正是来自遗传的和来自记忆的一系列倾向，它们不在意识里露面而经常控制着我们种种有意识的活动，并偶尔贡献种种创造性的观念和种种巧妙的灵感"②。

"一般能力说"认为，直觉既不是某种神秘的力量，也不是某种先天的认识能力或者特殊的精神状态，直觉是一种与知觉类似的、一般的认知能力，其运行的机制是可以阐明的。笛卡尔认为："我们研究理性直觉的最好方法是将它与我们普通的视觉作比较。"③ 他本人也是通过对比知觉来认识直觉的。在他看来，理性直觉只能把握一些清晰、简单的观念，如最简单的数学公理、"我思故我在"等知识的第一原理和基本原则。比勒明确主张直觉不是一种神秘的能力，他说：当我们说到直觉时，"我们并不是指一种神奇的力量或内在的声音或特殊的灵光或任何其他神秘的才能。当你有 A 的直觉时，A 就对你呈现。在这里，'呈现'……是作为一种真实的意识片段的短语使用"④。威廉姆森也认为，直觉是一种日常能力，"在哲学中所说的直觉仅仅是我们日常判断能力的运用"⑤。

本书赞成康明斯关于"哲学直觉是人工产品"（artifacts）⑥ 的观点，

---

① ［美］威廉·佩珀雷尔·蒙塔古著：《认识的途径》，吴士栋译，商务印书馆 2012 年版，第 28 页。

② ［美］威廉·佩珀雷尔·蒙塔古著：《认识的途径》，吴士栋译，商务印书馆 2012 年版，第 30 页。

③ John Cottingham, Robert Stoothoff and Dugald Murdoch (Trans.), *The Philosophical Writings of Descartes* (Vol.1), Cambridge: Cambridge University Press, 1985, p.33.

④ George Bealer, "Intuition and the Autonomy of Philosophy", in Michael R. DePaul and William Ramsey (eds.), *Rethinking Intuition: The Psychology of Intuition and Its Role in Philosophy Inquiry*, Oxford: Rowman and Littlefied Publishers, 1998, p.207.

⑤ Timothy Williamson, "Philosophical 'Intuitions' and Scepticism about Judgement", *Dialectica*, 2004 (58:1): 109.

⑥ Robert C. Cummins, "Reflection on Reflective Equilibrium", in Michael R. DePaul and William Ramsey (eds.), *Rethinking Intuition: The Psychology of Intuition and Its Role in Philosophy Inquiry*, Oxford: Rowman and Littlefied Publishers, 1998, p.118.

主张直觉是带有理论负载的非反思性判断能力。康明斯认为,哲学直觉只有 5 种相互关联的可能来源[①]:

(1) 明确的理论。哲学直觉是应用某种或多或少明确的理论的结果。例如,对重量相等的实心和空心两个铁球,同时从 100 米高处落下。哪将先落地?人们的结论只有:①实心的先落地;②同时落地。③不会有空心的先落地。如果你有"两个铁球同时落地"的判断,那么这个判断不是来自直觉的判断,而是来自深思熟虑的判断,来自你以前学过的相关的物理学的重力理论。

(2) 普通的信念。哲学直觉是人们基于教育、社会化等(如交谈、阅读、看电视)而显然相信的东西。关于公平的"直觉"就是这样的信念。

(3) 语言。哲学直觉是某人学习他的语言时,而获得的知识所产生的。这种观点认为,哲学直觉是关于某种是否应该称为"公平"或某个信念是否关于水的必需的语言直觉。对"我们挖沟是确保暴雨不冲垮道路"和"教授轻蔑的冷笑表明这个学生的回答是幼稚的"这两个句子的"直觉",就是基于语言的学习所获得的。

(4) 概念。哲学直觉由概念产生。无论把概念理解为心智的表征、认知过程,还是察觉过程或理论,概念都不能产生哲学直觉,除非它们有某种内容:它们必定是,或者指向目标属性的明确的或隐性的理论。

(5) 默会理论 (Tacit Theory)。哲学直觉是应用某种默会理论的结果,是由于进化所产生的天赋能力。我们有科学和哲学这类文化机构来克服我们天赋的限制,因此,没有好的理由认为可能成为哲学直觉基础的天赋默会理论是真的。默会理论可能产生不一致的直觉,这不仅是因为个人的默会知识会随着时间而改变,而且个人的默会知识是依情境的不同而变化,依赖提示和先前的活动。

本书认为,说直觉是一种天生的能力是错误的,因为直觉有经验的多样性。不同语言、不同文化的直觉不同;同一个人不同时间、不同场景的直觉也不同。而且如果直觉是天赋能力的表现,那么这种表现既控

[①] Robert C. Cummins, "Reflection on Reflective Equilibrium", in Michael R. DePaul and William Ramsey (eds.), *Rethinking Intuition: The Psychology of Intuition and Its Role in Philosophy Inquiry*, Oxford: Rowman and Littlefied Publishers, 1998, pp. 118 – 124.

制直觉的使用，又控制直觉的产生。然而，对"默会学习"（implicit learning）的研究发现，学习过程大都出现在"没有意识到过程或学习的结果"中①，这是对直觉是天生能力的否认。在语言学上，虽然有"提高任务的执行力与提高描述这个任务的能力相分离"②，但这只能说明对直觉能力的改变是艰难的，而并不能因此认为是不可能的，并不能因此得出"因此，有好的证据认为，在学习一种语言的默会学习中，学到的东西不是源于我们直觉的这些规则的表征"③。

戈登伯格（Elkhonon Goldberg）也强调直觉的经验性，认为："直觉是大量早先分析经验的凝聚；它是压缩的和具体化的分析……它是被浓缩的分析过程的产物。这种分析的过程被浓缩到如此程度以至于它的内在结构可能看不出个人是从哪儿获得它的……"④ 直觉自然主义也认为，认知直觉是有经验的和理论负载（theory-laden）的认知主体所获得的直接的、没有推理认知。德维特断言：

> 直觉判断是经验的、负载理论的中央处理器对现象的反应，这种反应不同于许多其他类型回应之处仅在于它是完全直接和非反思的（unreflective），几乎不以任何有意识的推理为基础。这些直觉在起源上的确部分是天生的，但经常是而且主要是对一生中现实经验的过去反思（reflection）的结果。⑤

在自然主义直觉观看来，直觉不是完全先天的，而主要是后天的，具有理论负载，是可以改变的。普通大众有常识，其概念建立在大众理

---

① Arthur S. Reber, "Implicit Learning", in L. Nadel (ed.), *Encyclopedia of Cognitive Science* (vol. 2), London: Nature Publishing Group, 2003, p. 486.

② Michael Devitt, "Intuitions in Linguistics", *The British Journal for the Philosophy of Science*, 2006 (57): 504.

③ Michael Devitt, "Intuitions in Linguistics", *The British Journal for the Philosophy of Science*, 2006 (57): 505.

④ Elkhonon Goldberg, *The Wisdom Paradox: How Your Mind Can Grow Stronger as Your Brain Grows Older*, New York: Gotham Books, 2005, p. 15.

⑤ Michael Devitt, "Intuitions in Linguistics", *The British Journal for the Philosophy of Science*, 2006 (57): 491.

解上；专家有专业理论，其概念建立在专业概念的理解上。直觉负载理论，不仅负载着与直觉判断直接相关的理论，而且负载着与直觉判断间接相关的背景理论。在理论进化的过程中，虽然那些负载着旧的、过时的理论的直觉会被那些负载着新的、更好理论的直觉代替，但直觉不会消失。

当把直觉当作是一种能力时，本书赞成用一般能力说来解释直觉能力。那么，为什么会有人提出神秘能力说呢？这与直觉的特点有关。直觉是自发而又快速的、不受意识的控制，"发生在个体内却没有被他们所控制"[1]，认知主体通常只能意识到直觉的结果而意识不到直觉如何发生的过程，不知一般的直觉结果是如何获得的，因此容易对直觉产生神秘主义的看法。当认知心理学将直觉产生的过程、机制、原理越来越清楚地揭示出来，直觉神秘主义就会渐渐退出历史的舞台。

三 直觉可以训练吗？

根据后天的训练是否会影响直觉判断，对直觉有两种不同的看法。不能训练论者认为，直觉能力是一种先天的本能，直觉判断不受后天训练影响的。例如，科恩（L. Jonathan Cohen）认为："关于 p 的直觉只是一个立即的、无思考的、无教育的断定 p（每个人面对同样的问题都会断定 p）的倾向，它是没有论证和推理的。"[2]

可训练论者认为，直觉判断是经验的，会受训练的影响。例如，戴维特认为，直觉不是先验的，而是经验的。他说："哲学家的直觉……不是先验的，而是经验的……自然主义者虽然没有否认扶手椅直觉在哲学中的作用，但是的确否认它们的作用必须被看作先验的：在辨别种类时，直觉反映一种经验的、有根基的专门技能。"[3] 博伊德（Richard N. Boyd）

---

[1] Hugo Mercier and Dan Sperber, "Intuitive and Reflective Inferences", in Jonathan St. B. T. Evans and Keith Frankish (eds), *In Two Minds: Dual Processes and Beyond*, Oxford: Oxford University Press, 2009, p. 153.

[2] L. Jonathan Cohen, *The Dialogue of Reason: An Analysis of Analytical Philosophy*, Oxford: Clarendon Press, 1986, p. 75.

[3] Michael Devitt, "Intuitions in Linguistics", *The British Journal for the Philosophy of Science*, 2006 (57): 494.

认为，直觉判断是通过训练获得的快速判断，"通过做大量的物理学实验，物理专业的学生获得了对实验案例的良好感觉，这些感觉就是直觉。……同样明显的是，良好的科学直觉的获得，不仅取决于对先进理论的学习，而且也取决于不断地实践和练习"①。道德直觉与科学直觉一样，也是后天获得的快速判断，"道德直觉与物理直觉一样，在反思平衡的可靠过程中，通过与理论和观察相连，在经验研究过程中扮演着有限却又重要的角色"②。他还认为，直觉判断与精确的推理判断相似，都具有后天的基础，都依赖于背景理论的精确性。他说："与精确的推理判断相似，科学直觉依赖于背景理论的精确性。"③ 这表明，有精确的背景理论，掌握了先进的理论和经受了不断实践与练习的专家，他们的直觉比普通大众的直觉更有价值。贺麟基于把直觉既当作一种经验，又当作一种方法，"直觉是一种经验，复是一种方法"④，主张直觉是可以训练的，他说："我想由此足见直觉法恐怕更是一种基于天才的艺术，而此种艺术之精粗工拙须以训练之酌熟与否为准。"⑤ "直觉的方法是在不断改进中，积理愈多，学识愈增进，涵养愈酌熟，而方法亦随之逐渐愈为完善"⑥。哈勒斯（Steven Hales）也强调教育和经验在哲学直觉中的作用，他认为：

> 直觉敏感于，而且应该敏感于相关领域的教育和训练。例如，职业物理学家的物理学直觉，就应该比大学生或在公交车站随机遇到的那些路人的物理学直觉，要可靠得多。物理学家有受教育和训练的物理学直觉，并且依赖这种直觉。这种直觉是受过训练和教育的，是有根有据的。基于这些理由，这些直觉是真理的可靠指针。与此类似，与缺乏经验的学生或"大众"的直觉相比，职业哲学家

---

① Richard N. Boyd, "How to Be a Moral Realist", *Contemporary Materialism*, 1988 (131: 1): 319.
② Richard N. Boyd, "How to Be a Moral Realist", *Contemporary Materialism*, 1988 (131: 1): 333.
③ Richard N. Boyd, "How to Be a Moral Realist", *Contemporary Materialism*, 1988 (131: 1): 319.
④ 张学智编：《贺麟选集》，吉林人民出版社2005年版，第63页。
⑤ 张学智编：《贺麟选集》，吉林人民出版社2005年版，第64页。
⑥ 张学智编：《贺麟选集》，吉林人民出版社2005年版，第64页。

的模态直觉（modal intuition）要可靠得多。①

在这些学者看来，与普通大众的哲学直觉相比，哲学家的哲学直觉更有理论价值，因为哲学家接受过专业训练，在相关概念和问题上思考更久、更透彻，对相关问题、相关概念和理论把握会更准确。马歇雷（Edouard Machevy）等人认为，哲学直觉"可能是哲学家自己的文化和学术训练的产物"②。哲学直觉是一种特殊的、"受过良好训练，且经过自我选择后的共同体直觉"③。哲学教师或哲学典籍可以教会哲学新手获得与哲学家一致的哲学直觉。与此同时，在新手成长为"熟手"的过程中，那些缺乏"主流哲学直觉"的新手可能被淘汰，从而使"后天习得"的哲学直觉变得"趋同"。正因如此，"由于哲学专业的本科生和研究生必须经受严格的选拔，且需要接受高强度的哲学训练，因此有充足的理由认为，所谓反思的直觉更可能是强化而来的直觉"④。威廉姆森也认为，哲学训练会使一个人的直觉判断比非哲学家的直觉判断更好、更可靠，他说："与思维实验相关的哲学训练可能具有有助于产生真正专业知识的三个特征中的两个半。"⑤ 这三个特征是：①用快速、准确的反馈重复练习；②将任务分解为子任务；③使用外部决策的辅助工具。

生活经验告诉我们，新生儿护理员、消防员或国际象棋大师等，无须有意识地思考各种观点、对比各种证据以及权衡各种利弊，就可以直接觉察到"某个婴儿患有败血症""火灾将会按某个途径蔓延""哪步棋是好棋"。这些专家的观点是瞬间出现在意识中的，因此是直觉的判断。这些直觉来源于后天的训练。

---

① Steven D. Hales, *Relativism and the Foundations of Philosophy*, Cambridge, MA: MIT Press, 2006, p. 171.
② Edouard Machery, Ron Mallon, Shaun Nichols & Stephen Stich, "Semantics, Cross-cultural style", *Cognition*, 2004 (92: 3): B9.
③ Jonathan M. Weinberg, Shaun Nichols and Stephen P. Stich, "Normativity and Epistemic Intuitions", *Philosophical Topics*, 2001 (29: 1-2): 438.
④ Edouard Machery, Ron Mallon, Shaun Nichols & Stephen Stich, "Semantics, cross-cultural style", *Cognition*, 2004 (92: 3): B9.
⑤ Timothy Williamson, "Philosophical Expertise and the Burden of Proof", *Metaphilosophy*, 2011 (42): 225.

从推理的分类来看，既有在系统1[①]中进行的不受意识监控的、快速的、自动的推理，这是一种逻辑自动化式的直觉，几乎不需要占用任何心理资源，直接并快捷地获得结论；又有在系统2中进行的缓慢的、受控的、需要在意识层面通过语义分析与规则推演来获得的推理。[②] 这表明，同样是运用逻辑手段来解决问题，是否有意识参与是有显著差别的。那些有丰富经验与专业技能的认知主体，既熟悉逻辑规则，又有丰富的知识经验，可以在系统1中自发地、无须意识监控的条件下，快捷而又轻松地获得最后的结论。不同于此，缺乏这方面知识经验的主体，所进行的推理只能在系统2中，在意识的指导下，依据逻辑规则而进行。这种不同之所以会出现，是否熟练起了决定性作用，正如谢夫林（Seana Shiffrin）所说，这种差异能否产生，关键在于特定的刺激事件与相应的心理过程匹配率是否高，高熟练性促使认知加工的自动化，甚至出现十分简单的"如果—那么"关系。[③] 启发式直觉依据直觉判断是来源于相似性还是易得性，可分为代表性启发式直觉和可得性启发式直觉。前者依据某一对象与某个类别的典范的相似性来作直觉判断。[④] 后者依据事件在知觉或记忆中的易得性程度来作出直觉判断，越易获得的被判定为越常见、越合理。[⑤] 在直觉判断中，相似度高的对象，易得性强的事件更容易被激活、被提取。训练导致的熟练度因此有助直觉判断的产生。

依据认知心理学对直觉认知过程的看法，本书赞同直觉可训练论，认为以经验为基础的直觉系统既可以无须有意识的计划和审慎的思考，无须借助命题的表达，只需通过默会的教化方式就可以缓慢地获得，又可以通过有意识的计划和审慎的思考，借助命题的表达，通过明确的教化方式就可以迅速地获得，并在直觉的过程中展示出来。无论是社会生活中的道德规范和文化

---

① 对系统1和系统2的介绍，请参见第一章第二节。
② Jonathan St. B. T. Evans, "In Two Minds: Dual-process Accounts of Reasoning", *Trends in Cognitive Sciences*, 2003 (7: 10): 454–459.
③ Seana Shiffrin, "Moral Autonomy and Agent-Centred Options", *Analysis*, 1991 (51: 4): 244–254.
④ Daniel Kahneman and Amos Tversky, "Subjective Probabilities: A Judgement of Representations", *Cognitive Psychology*, 1972 (3: 3): 432.
⑤ Amos Tversky and Daniel Kahneman, "Availability: A Heuristic for Judging Frequency and Probability", *Cognitive Psychology*, 1973 (5: 2): 211.

习俗，还是日常生活中的经验常识以及科学研究中的基本概念，都可以通过教化得以融入人们的血液中，从而最终影响人们的直觉判断。

四 直觉只能产生于理解吗？

许多学者主张以理解为基础的直觉观（understanding-based views of intuition），认为直觉是单纯基于理解而产生的。直觉到 p，必须而且只能以理解 p 为前提。① 直觉具有经验的独立性，其判断不依靠任何与之相关的知觉、内省和推理，而只依靠对某个抽象命题的充分理解就能把握到。例如，索萨的信念主义直觉理论认为，直觉是认知主体单纯基于理解能力而产生的信念或相信的倾向，直觉是不依赖任何推论、知觉、记忆、证词、内省来辩护的。② 在索萨看来，要获得对 p 的直觉，只需依赖对 p

---

① Ernest Sosa, "Intuitions: Their Nature and Epistemic Efficacy", *Grazer Philosophische Studien: Internationale Zeitschrift für Analytische Philosophie*, 2007 (74): 51–67.

Christopher Peacocke, *Truly Understood*, Oxford: Oxford University Press, 2008.

Kirk Ludwig, "The Epistemology of Thought Experiments: First Person versus Third Person Approaches", *Midwest Studies in Philosophy*, 2007 (31: 1): 128–159.

Carrie Ichikawa Jenkins, *Grounding Concepts*, Oxford: Oxford University Press, 2008.

Frank Jackson, *From Metaphysics to Ethics: A Defence of Conceptual Analysis*, Oxford: Oxford University Press, 1998.

George Bealer, "The Philosophical Limits of Scientific Essentialism", *Philosophical Perspectives*, 1987 (1): 289–365.

George Bealer, "Intuition and the Autonomy of Philosophy", in Michael R. DePaul and William Ramsey (eds.), *Rethinking Intuition: The Psychology of Intuition and Its Role in Philosophy Inquiry*, Oxford: Rowman and Littlefied Publishers, 1998, pp. 199–239.

Paul Boghossian, "Analyticity Reconsidered", *Noûs*, 1996 (30: 3): 360–391.

Marcus Giaquinto, *Visual Thinking in Mathematics: An Epistemological Study*, Oxford: Oxford University Press, 2007.

Alvin Goldman, "Philosophical Intuitions: Their Target, Their Source, and Their Epistemic Status", *Grazer Philosophiche Studien*, 2007 (74): 1–26.

Alvin Goldman and Joel Pust, "Philosophical Theory and Intuitional Evidence", in Michael R. DePaul and William Ramsey (eds.), *Rethinking Intuition: The Psychology of Intuition and Its Role in Philosophy Inquiry*, Oxford: Rowman and Littlefied Publishers, 1998.

Thomas Grundmann, "The Nature of Rational Intuitions and a Fresh Look at the Explanationist Objection", *Grazer Philosophische Studien*, 2007 (74: 1): 69–87.

② Ernest Sosa, "Minimal Intuition", in Michael R. DePaul and William Ramsey (eds.), *Rethinking Intuition: The Psychology of Intuition and Its Role in Philosophy Inquiry*, Oxford: Rowman and Littlefied Publishers, 1998, pp. 257–270.

的理解，而不需收集任何额外的关于 p 是否为真的信息。他说：

> 在理性上，S 直觉到 p，当且仅当 S 的直觉被吸引同意 p 可以被 S 辨别能力中的一种（认知能力或德性）所解释。这种辨别能力不依赖内省、感知、记忆、证词或推理（总之，不会依赖超过理解给定命题所需的任何东西），却能把它理解得足够好的内容区分开来，能把模态上强的（必然真的或必然假的）某个分支上的真从假中区分开来。①

索萨还曾给直觉下了一个定义：

> 在 t 时刻，S 有 p 的直觉，当且仅当：（a）在 t 时刻，如果 S 仅仅足够充分地理解了命题 p（没有相关的知觉、内省和推理），那么 S 就相信 p；（b）在 t 时刻，S 确实理解了命题 p；（c）命题 p 是一个抽象的命题；（d）在 t 时刻，S 正在思考命题 p（亲自的而不只是通过描述获得的）。②

这表明，在索萨看来，直觉是无须知觉、记忆、内省和推理的参与，纯粹通过理解抽象命题的内容就能使认知主体倾向于相信该命题的认识能力。奥笛（Robert Audi）也认为，直觉是理性的洞察，不以感觉、记忆或反省为基础，"是一种非推理的知识或把握。作为一个命题、概念或实体，直觉并不以感觉、记忆或反省为基础；而且凭借这样的认识能力是可能的……通常认为，在所有命题中只有不证自明的命题才是通过直觉可知的，在这里，直觉被认同为某种理智的或理性的洞察"③。

---

① Ernest Sosa, *A Virtue Epistemology: Apt Belief and Reflective Knowledge* (Vol. 1), Oxford: Oxford University Press, 2007, p. 61.

② Ernest Sosa, "Minimal Intuition", in Michael R. DePaul and William Ramsey (eds.), *Rethinking Intuition: The Psychology of Intuition and Its Role in Philosophy Inquiry*, Oxford: Rowman and Littlefied Publishers, 1998, p. 259.

③ Robert Audi, *The Cambridge Dictionary of Philosophy*, New York: Cambridge University Press, 1999, p. 442.

然而，也有学者认为，直觉的产生需要更多的基础。胡塞尔（Edmund Husserl）认为，我们的直觉是"建立在"我们的思想、感知和想象上的[1]。巴约尔（Amy L. Bayor）认为，直觉由推理、观念关系与直接性三种要素构成，是直接性背景下的推理与观念关系的表现。[2] 研究表明，个体意识有三个层次，即有意识、潜意识与无意识。推理既可以出现在有意识的层次，也可以出现在潜意识或者无意识的层次。在直接性的背景下表现为自动化的、无意识监控的推理，是不受意识监控的推理；在直接性背景下表现的观念关系则是直觉或顿悟。[3] 由于观念关系有隐喻、类推和演绎等形式，因此相应地有联想式直觉、启发式直觉和逻辑自动化式直觉等，它们都是在直接性的背景下，不受意识监控的、自动化的、不连续的信息加工能力。丘德诺夫（Elijah Chudnoff）也主张，直觉的产生离不开感知、想象和思考。他说："所有的直觉经验都是由其他诸如意识的思考、想象等经验构成。"[4] "直觉经验有其他精神状态作为其构成成分，而这些精神状态典型的是我们称为'反思'的认知和想象的经验。"[5] 他举例说[6]，在 $(a+b)^2 \geq 4ab$ 中，主体脑海中可能会操纵如下图像（见图1-1）。

然而，这个图像却不只是视觉图像，主体必须在特殊中"看见"一般。而在"如果 $a<1$，那么 $2-2a>0$"则没有视觉图像，只有一个思考过程。这些例子表明，在反思（思考、感知和想象）与直觉表象（intui-

---

[1] Edmund Husserl, *Logical Investigations* (Vol. 2, New edition), New York: Routledge, 2001, pp. 281 – 304.

[2] Amy L. Baylor, "A Three-Component Conception of Intuition: Immediacy, Sensing-Relationships, and Reason", *New Ideas in Psychology*, 1997 (15: 2): 186.

[3] Horace Barlow, "Conditions for Versatile Learning, Helmholtz's Unconscious Inference, and the Task of Perception", *Vision Research*, 1990 (30: 11): 1561 – 1571. 无意识推理（unconscious inference）这一术语为德国科学家 H. V. 赫尔姆霍茨于1885年首创。他认为这些推理原来是意识的，后因联想和反复演习而转化为无意识推理。从这种理论出发，我们可以推断，直觉过程并非没有推理，只是没有意识到而已。由于直觉过程中存在无意识的推理，因此，可以更进一步说，直觉过程并非完全非理性的。

[4] Elijah Chudnoff, *Intuition*, Oxford: Oxford University Press, 2014, p. 221.

[5] Elijah Chudnoff, *Intuition*, Oxford: Oxford University Press, 2014, p. 221.

[6] Elijah Chudnoff, "Intuitive Knowledge", *Philosophical Studies*, 2013 (162: 2): 370.

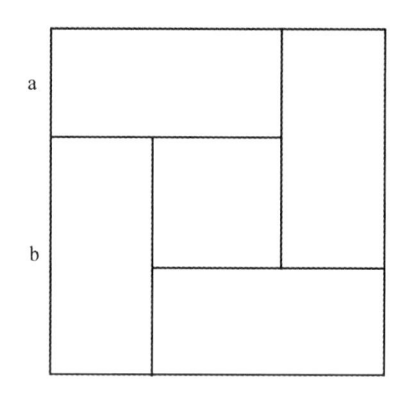

图 1-1 直觉中的几何图形

tive appearances）之间有一种亲密的联系。直觉表象从反思中"产生"。① "直觉表象不是伴随着思考（thoughts）、感知（perceptions）、想象（imaginings）的在意识流中的额外经验。相反，它们是由思考、感知和想象集合在一起构成的。"② 他断言：

> 有理由认为，思想和想象等与相关的直觉经验相关联，共同对直觉经验的现象学作出贡献。令 p 为命题"$(a+b+c)^3 \geq 27abc$，当 $a=b=c$ 时，$(a+b+c)^3=27abc$"。现在考虑两种直觉经验：第一种是，在直觉上，p 向你呈现，因为在想象中，你操作了一个三元的图解，这与先前直觉"$(a+b)^2 \geq 4ab$，当 $a=b$ 时，$(a+b)^2=4ab$"中使用的二元图解类似。第二种是，在直觉上，p 向你呈现，因为你有如下反思：正如边长为 a+a 的大正方形正好由 4 个 a×a 的正方形组成的一样，边长为 a+a+a 的大正方体正好由 27 个 a×a×a 的正方体组成；使这 27 个小正方体的边长不等的方法是唯一能在它们之间留有缝隙的方法。非常擅长形象化的有些人可能有第一种经验。对我们其他人来说，有第二种经验更有可能。③

---

① Elijah Chudnoff, "Intuitive knowledge", *Philosophical Studies*, 2013（162：2）：371.
② Elijah Chudnoff, "Intuitive knowledge", *Philosophical Studies*, 2013（162：2）：371.
③ Elijah Chudnoff, *Intuition*, Oxford：Oxford University Press, 2014, p.56. 丘德诺夫认为："非常擅长形象化的有些人可能有第一种经验。对我们其他人来说，有第二种经验更有可能。"我们怀疑在这里他刚好弄反了。

对"直觉基于理解",有几点需要注意:首先,虽然直觉基于理解,直觉必须在理解(一种理性的形式)之后,但是并不能因此认为直觉高于理性。虽然笛卡尔将直觉看作比推理更加确定可靠的一种认识方式,认为直觉不仅是整个知识大厦的根基,而且构成了知识的清晰标准,但是笛卡尔并不认为直觉高于理性。他曾指出,我们可能无法想象1000边形,但这并不阻止我们使用我们的智慧认识关于它的各种真理。[①] 类似地,我们可以说,我们无法直觉到1000边形的真理,但理性却可以。丘德诺夫还举了两个命题[②]:

(1) 如果 $a<1$,那么 $2-2a>0$

(2) $\sqrt{7}+\sqrt{10}>\sqrt{3}+\sqrt{17}$

在他看来,如果我们像他一样,命题(1)为真是显而易见的,是可以通过直觉把握的;命题(2)是否为真则需要通过计算,而不是显而易见的,不能用直觉把握。命题(1)的真假当然可用理性来把握,但命题(2)的真假则只能用理性来把握,而不能用直觉来把握。

其次,在直觉认知过程,虽然没有明确的理论出现在认知主体的意识中,但是,人们不能因此推断出在形成直觉判断的过程中没有相关的理论在起作用。直觉认知过程离不开长期记忆,有背景理论、概念框架、思维习惯、情感意志等在起作用。

再次,说"直觉基于理解",要把直觉与推理区分开来。在日常生活中,当人们说"直觉"时,典型的情形是产生了一些观念,却没有意识到有什么理由支持这些观念。正是在这个意义上,直觉的判断与推理的判断可以区分开来:基于可辨别的理由而产生的观念是推理的判断;没有可辨别的理由而产生的观念是直觉的判断。直觉判断不是有意识推理的结果,因为经验告诉我们,在直觉过程中,我们没有察觉到有意识的推理;直觉作为理论的最终根据,预设直觉是没有有意识推理的。"在哲学实践中,直觉证据是基本的,不需要进一步的推论来支持,任何真实

---

① John Cottingham, Robert Stoothoff and Dugald Murdoch (Trans.), *The Philosophical Writings of Descartes* (*Vol. 1*), Cambridge: Cambridge University Press, 1985, p.50.

② Elijah Chudnoff, "Intuitive knowledge", *Philosophical Studies*, 2013 (162: 2): 364.

的直觉都不是有意识推论的结果。"① 正因为直觉不同于有意识推理，因此直觉中不包括有意识推理。

最后，直觉认知不同于理性认知，也不同于作为理性认知的一种的反思。直觉与反思的不同只在于是否依赖工作记忆，而不在于它们的有效性、速度和精确性。反思过程的每步都需要工作记忆的参与，因此，认知主体能明显地意识到反思过程与理论之间的关系。由于直觉不同于反思，因此直觉中不包括反思。

五 直觉是信念还是表象？②

根据直觉的本质是否是信念的，在奥笛看来，对直觉的本质有两种不同的理解：直觉是信念的（doxastic）和直觉是非信念的（non-doxastic）。③ 直觉信念论者主张，直觉是一种信念或相信的倾向；直觉表象论者主张，直觉是一种理智表象。反信念论者质疑直觉与信念之间的对应性；反表象论者则质疑"理智表象"概念的合理性。众所周知，分析哲学家广泛使用直觉判断作为证据，且常自诩概念的清晰性与严密性。然而，直觉信念论和直觉表象论这两种相互竞争的直觉理论的共存表明，在对直觉本质的看法问题上，学界还没有可接受的共识。本成果提出的兼容论主张，直觉是相信的倾向与直觉是理智表象可以相互兼容。这种理论可以用来消除分析哲学在直觉概念上道不明说不清的这个耻辱。

（一）直觉信念论

以因瓦根、刘易斯、路德维希、戈德曼④、威廉姆森、索萨⑤等为代

---

① George Bealer, "On the Possibility of Philosophical Knowledge", *Philosophical Perspectives*, 1996 (10): 28 – 29, n. 6.

② 这部分内容主要根据《直觉是信念还是表象？》[甄晓英、曹剑波：《直觉是信念还是表象？》，《福建论坛》（人文社会科学版）2017 年第 2 期] 一文的观点改写而成。

③ Robert Audi, "Intuition, Inference, and Rational Disagreement in Ethics", *Ethic Theory Moral Practice*, 2008 (11): 477 – 478.

④ Alvin Goldman, "A Priori Warrant and Naturalistic Epistemology", *Noûs*, 1999 (33: s13): 1 – 28.
Alvin Goldman, "Philosophical Intuitions: Their Target, Their Source, and Their Epistemic Status", *Grazer Philosophische Studien*, 2007 (74): 1 – 26.

⑤ Ernest Sosa, "Minimal Intuition", in Michael R. DePaul and William Ramsey (eds.), *Rethinking Intuition: The Psychology of Intuition and Its Role in Philosophy Inquiry*, Oxford: Rowman and Littlefied Publishers, 1998, pp. 201 – 239.

表的信念论者主张，直觉是一种特殊的信念或相信的倾向。这种特殊性既可能指直觉的前理论性，也可能指直觉的自发性。S 有直觉 p，就相信 p，或者倾向于相信 p。直觉是一种信念或相信的倾向可表述为："在哲学的使用中，'A 有 p 的直觉'是真的，只有在 A 相信或（有意识地）倾向于相信 p。"[1] 因此，信念论者对直觉的看法有两种：①直觉是信念；②直觉是相信的倾向。

1. 作为信念的直觉

刘易斯认为直觉就是信念，他说："我们的'直觉'只是意见；我们的哲学理论也是一样的。有些是常识的，有些是复杂的；有些是特殊的，有些是普遍的；有些被更坚定地持有，有些则不太坚定地持有。然而，它们都是意见……"[2] 直觉是意见，而意见都是持有者所相信的，因此直觉就是信念。刘易斯的观点可以解释为：

I_1：S 有直觉 p，当且仅当 S 相信 p。

为什么要把直觉与信念等同，或者说，为什么要采用 I_1 呢？原因可能有二：一种可能的原因是出于思维经济原则。如果直觉是信念，那么就不需要承诺或接受新的心理状态，不必把直觉当作其他心理状态了，这样更加简约。另一种可能的原因是出于日常观察。在通常情况下，我们都会认为，直觉与信念之间有紧密的联系，有直觉 p，就会相信 p。然而，批评者认为，在悖论中，人们通常会有某种直觉，却不会同时相信这些悖论命题。例如，在米勒－莱尔错觉（Müller-Lyer illusion）中就是如此。人们可能重复量过米勒－莱尔错觉图的上下两条线段，发现它们是一样长的，这使我们不再相信其中的一条比另一条长，然而我们的直觉仍会得出一条比另一条长的结论。批评者因此认为，这表明直觉是独立于信念的，直觉 p 不是相信 p 的充分条件。而且批评者认为，人们常有某种信念，却不一定会有相应的直觉。例如，我们相信某个理论是真的，相信某个数学或逻辑命题是一个定理，相信某人饿了或者某人正在说话，却不拥有任何直觉。这表明相信 p 不是直觉 p 的充分条件。

正因如此，有心理学家和一些自然主义倾向的哲学家提出了一种有

---

[1] Herman Cappelen, *Philosophy without Intuitions*, Oxford: Oxford University Press, 2012, p. 84.
[2] David K. Lewis, *Philosophical Papers* (*Vol.*1), Oxford: Oxford University Press, 1983, p. x.

限制的信念论。他们主张，直觉是无意识或无反省的非推理的信念。① 这种直觉观可以解释为：

I_2：S 有直觉 p，当且仅当 S 形成信念 p 不是有意识地从其他信念中推出来的。

在 I_2 看来，通过有意识的推理获得的信念不是直觉。批评者认为，按照这种直觉信念论，一方面，非推理的知觉信念、记忆信念和内省的信念都是直觉；另一方面，这种理论仍存在像 I_1 一样的理论困境，即有直觉 p 却不相信 p。虽然可能通过进一步限制来规避前一个问题，但后一个问题却不那么容易规避。

路德维希为此提出了另一种信念论直觉定义：

I_3：S 有直觉 p，当且仅当 S 形成信念 p 完全建立在与 p 相关的概念能力上。②

的确，对 I_1 和 I_2 的批评，不能用到 I_3，而且反省、记忆或知觉也没有被当作直觉。这表明，路德维希的直觉定义更加合理。然而，如果所谈论的问题的概念不是矛盾的，这种直觉定义可能意味着直觉是不可错的，这与直觉是可错的事实矛盾。即使直觉是不可错的，如果 S 错误地拒绝构成悖论中的一个命题 p，似乎仍与 I_3 矛盾，因为 S 仍有直觉 p，却被 S 拒绝了。除此之外，只有少量的直觉是基于概念能力的，"有许多典范的直觉不是概念能力的产物"③。例如，语言直觉、道德直觉（以及其他规范直觉）、本体论直觉、现象学直觉、数学直觉、模态直觉④等，都不是概念的，都不是概念能力（conceptual competence）的产物。

---

① Michael Devitt, "Intuitions in Linguistics", *The British Journal for the Philosophy of Science*, 2006 (57): 491.

② Kirk Ludwig, "The Epistemology of Thought Experiments: First Person Versus Third Person Approaches", *Midwest Studies in Philosophy*, 2007 (31): 135.

③ David J. Chalmers, "Intuitions in Philosophy: A Minimal Defense", *Philosophical Studies*, 2014 (171: 3): 536.

④ 模态直觉分为先天的与后天的。先天的模态直觉有"已知的东西必须被相信""如果说话者和物体之间没有因果联系，那么说话者就不能直接指称物体""抽象实体没有因果力量""黄金可能缺乏与黄金相关的所有刻板特征""孔子不可能是一棵树"。后天的模态直觉即经验指导的模态直觉有"如果原序序数不为79，那么就不是金子""这张桌子（实验上就是用木头做的）不可能是用冰做的，而是用木头做的"，等等。

2. 作为相信倾向的直觉

因瓦根认为，直觉是一种相信的倾向。他说："我们的直觉只是我们的信念；在某些案例中或许是使某些信念吸引我们的倾向，是'促使'我们朝向接受某些命题而不使我们完全接受它们的倾向。（哲学家把他们的哲学信念称作直觉，因为与'信念'相比，'直觉'听上去更有权威。）"[①] 戈德曼也说："我把直觉（直觉状态）看作认知的、自发的判断。它们要么是信念，要么在没有其他独立信息否决它们的情况下能够产生信念。我认为是后者，即推动信念产生的状态。"[②] 威廉姆森虽然主张直觉信念论，但是仅仅把直觉当作一种潜在的相信倾向，而非实现了的信念。他以米勒－莱尔错觉为例加以说明。乍看起来，在米勒－莱尔错觉图中，上方线段比下方线段长，然而实际上却相等，只是箭头方向不同而已。这个错觉图会使人倾向于去相信"上方线段比下方线段长"，不过，相关的知识会帮助人们拒绝相信这个错觉。威廉姆森因此说："尽管我们被诱惑相信米勒－莱尔错觉图中一条线段比另一条长，但是当我们知道更好的答案时，我们会拒绝这个诱惑。"[③] 威廉姆森还说，直觉会使他对天真的完备性公理产生相信的倾向，但他会抵制这一倾向，他说："……我有意识地倾向于相信天真的完备性公理（the naive comprehension axiom），但是，我抵制这一倾向，因为我知道更好的。"[④] 直觉信念倾向论可以解释为：

I_4：S 有直觉 p，当且仅当 S 倾向于相信 p。

如果相信的倾向是一种命题的态度，那么这种定义将允许直觉是命题态度。与把直觉当作信念不同，它允许存在没有信念的直觉。然而，由于它没有限制倾向的性质或来源，因此太宽泛了。而且由于倾向是一种潜能，任何可形成信念的方式都可能产生相信的倾向。通过感官，就可能相信感觉到的东西；通过内省，就可能相信内在的感受；通过推理，

[①] Peter van Inwagen, "Materialism and the Psychological-Continuity Account of Personal Identity", *Philosophical Perspectives*, 1997（11）: 309.

[②] Alvin Goldman, "A Priori Warrant and Naturalistic Epistemology", *Noûs*, 1999（33: s13）: 20.

[③] Timothy Williamson, *The Philosophy of Philosophy*, New York: Routledge, 2007, p. 216.

[④] Timothy Williamson, *The Philosophy of Philosophy*, New York: Routledge, 2007, p. 217.

就可能相信推理的结果。形成这些相信倾向的东西，都不是来自直觉。此外，I₄蕴涵某人相信 p 无法用有直觉 p 来解释，甚至暗示直觉无法作为证据，因为相信的倾向不是信念。

为此，索萨提出了限制版的相信倾向的直觉观。他认为，直觉是认知主体单纯基于理解能力而产生的信念或相信的倾向，是不依赖任何推论、知觉、记忆、证词、内省的。他说："在理性上，S 直觉到 p，当且仅当 S 的直觉被吸引同意 p 可以被 S 辨别能力中的一种（认知能力或德性）所解释。这种辨别能力不依赖内省、感知、记忆、证词或推理。"① 他还曾给直觉下了一个定义："在 t 时刻，S 有 p 的直觉，当且仅当：在 t 时刻，如果 S 仅仅足够充分地理解了命题 p（没有相关的知觉、内省和推理），那么 S 就相信 p……"② 虽然索萨既赞同直觉是一种信念，也赞同直觉是一种相信的倾向，但是，从他的思想发展及他强调的观点看，他更赞同直觉是一种基于理解的相信倾向。在索萨看来，"直觉到 p 就是通过思考表征内容而趋向于赞同 p。直觉是合理的，当且仅当它来自一种能力，而且这种内容或明或暗是模态的（属于必要性或可能性）"③。索萨的观点可以解释为：

I₅：S 有直觉 p，当且仅当 S 仅仅基于理解 p 而倾向于相信 p。

批评者认为，这种直觉的定义表明，直觉发生在相关的有意识的心理状态中，这会导致很大的矛盾性。某人可能有直接的内省知识即某人有直觉 p，然而，此人却没有这种直接的内省知识，即关于某人基于纯粹理解而去相信的知识，尤其是此人处于非内省活动的倾向时。这与人们通常对直觉的理解或心理学家对直觉的理解不同。因为后者强调直觉的非意识性。

（二）直觉表象论

以比勒、普斯特、胡莫④、普兰丁格、丘德诺夫、丹西、卡皮尼恩

---

① Ernest Sosa, *A Virtue Epistemology: Apt Belief and Reflective Knowledge* (Vol. 1), Oxford: Oxford University Press, 2007, p. 61.

② Ernest Sosa, "Minimal Intuition", in Michael R. DePaul and William Ramsey (eds.), *Rethinking Intuition: The Psychology of Intuition and Its Role in Philosophy Inquiry*, Oxford: Rowman and Littlefied Publishers, 1998, p. 259.

③ Ernest Sosa, "Experimental Philosophy and Philosophical Intuition", in Joshua Knobe and Shaun Nichols (eds.), *Experimental Philosophy*, Oxford: Oxford University Press, 2008, p. 233.

④ Michael Huemer, *Ethical Intuitionism*, New York: Palgrave MacMillan, 2005.

(Antti Kauppinen)等①为代表的直觉表象论是非信念直觉论的主要形式。表象论者认为，直觉是非信念的，是一种先于信念的表象；直觉是事物向认知者的呈现，S 有直觉 p，p 对 S 来说看上去是 p；人们可以有某种表象（直觉），却不相信或不倾向于相信它。表象论者强调直觉是一种不能还原为其他精神态度的特殊的精神状态，是一种理智表象，具有特殊的现象学特征，"在逻辑上，直觉到什么是一种现象学上的独特经验：虽然它可能不能分析成其他更熟悉的经验，但是却是一种人们可以快速学会识别和标记的经验"②。直觉是"一种特殊的理智表象"③，"直觉最好被理解为理智表象或引人注目的东西"④。直觉是"类知觉的表象"（quasi-perceptual appearances），是一种非信念的、自发的、令人信服的、可以得到非推论性的辩护的表象⑤。作为表象论的最早也是最重要的代表，比勒对直觉表象论作了系统的论述。在比勒看来，直觉不是信念，而是一种理智表象，一种理智上"看上去如此"的经验，具有必然性，"在 t 时刻，S 理性地直觉到 p，当且仅当在 t 时刻，必然的 p 向 S 理智地呈现"⑥。比勒认为，作为特殊精神状态的直觉，其基本特征有：

首先，直觉是一种不可还原的精神状态，"直觉是一种特殊的、不可

---

① George Bealer, "Intuition and the Autonomy of Philosophy", in Michael R. DePaul and William Ramsey (eds.), *Rethinking Intuition: The Psychology of Intuition and Its Role in Philosophy Inquiry*, Oxford: Rowman and Littlefied Publishers, 1998, pp. 199 – 239.

Joel Pust, *Intuitions as Evidence*, New York: Garland Publishing, 2000.

Michel Huemer, "Compassionate Phenomenal Conservatism", *Philosophy and Phenomenological Research*, 2007 (74): 30 – 55.

Elijah Chudnoff, *Intuition*, Oxford: Oxford University Press, 2014.

② John Pollock, *Knowledge and Justification*, Princeton: Princeton University Press, 1974, p. 321.

③ Ernest Sosa, *A Virtue Epistemology: Apt Belief and Reflective Knowledge* (Vol. 1), Oxford: Oxford University Press, 2007, p. 60.

④ Ernest Sosa, "Intuitions: Their Nature and Probative Value", in Anthony Robert Booth and Darrell P. Rowbottom (eds.), *Intuitions*, Oxford: Oxford University Press, 2014, p. 47.

⑤ Antti Kauppinen, "A Humean Theory of Moral Intuition", *Canadian Journal of Philosophy*, 2013 (43: 3): 365.

⑥ 普斯特的概括。Joel Pust, *Intuitions as Evidence*, New York: Garland Publishing, 2000, p. 36.

还原的、自然的命题态度。它是短暂发生的,而没有特殊的'光亮'或其他'积极的'特质。"①

其次,直觉是一种表象,是"看上去如此"的经验,认知主体关于 p 的直觉就是 p 向认知主体的呈现。当我们说到直觉时,

> 我们并不是指一种神奇的力量或内在的声音或特殊的灵光或任何其他神秘的才能。当你有 A 的直觉时,A 就对你呈现(seem)。在这里,"呈现"不是作为一种提醒注意的或"避免做正面回答(hedging)"的短语使用,而是作为一种真实的意识片段的短语使用。例如,当你第一次考虑德摩根定律时,通常它看起来既不真也不假;然而,经过片刻沉思后,会出现:它现在看起来为真。②

直觉与猜测和预感这些精神状态不同,猜测和预感都不是表象。"在现象学上,猜测更像是选择,它们明显不是表象。预感类似于单纯被引起的、无基础的确信或者非推理的信念,它们也不是表象。"③ 猜测和预感都可能被有基础的信念取代,而"表象不是这样的,无论是理智表象,还是感性表象,它们都不会自动地被有基础的相反的信念所取代"。④ 在这里,比勒强调直觉表象的稳定性和不变性。

最后,直觉所呈现的内容具有必然性,理性直觉表征必然命题。直觉是理性的或先验的,而不是感觉的或物理的,"直觉是一种理智表象;

---

① George Bealer, "On the Possibility of Philosophical Knowledge", *Philosophical Perspectives*, 1996 (10): 28-29, n.6.

② George Bealer, "Intuition and the Autonomy of Philosophy", in Michael R. DePaul and William Ramsey (eds.), *Rethinking Intuition: The Psychology of Intuition and Its Role in Philosophy Inquiry*, Oxford: Rowman and Littlefied Publishers, 1998, p.207. 比勒主张,直觉必须"经过片刻沉思后"才会出现,这与"直觉没有有意识的推理"矛盾,因此是我们所反对的。

③ George Bealer, "Intuition and the Autonomy of Philosophy", in Michael R. DePaul and William Ramsey (eds.), *Rethinking Intuition: The Psychology of Intuition and Its Role in Philosophy Inquiry*, Oxford: Rowman and Littlefied Publishers, 1998, p.210.

④ George Bealer, "Intuition and the Autonomy of Philosophy", in Michael R. DePaul and William Ramsey (eds.), *Rethinking Intuition: The Psychology of Intuition and Its Role in Philosophy Inquiry*, Oxford: Rowman and Littlefied Publishers, 1998, p.210.

感官知觉是一种感性表象"①。因此,"直觉"更合理地说,应该是"理性的直觉"或者"先验的直觉",而不是物理的直觉。理性的直觉具有必然性,它"作为必然性而呈现出来:它这样呈现而不是那样呈现"②,"如果 x 直觉到 P,那么对 x 来说呈现 P,也必然是 P"③。像"如果 P,那么非非 P"这样的理性直觉,本身就是必然的,其他的情况不会向我们呈现,必定是"如果 P,那么非非 P"。

在《直觉作为证据》一书④中,普斯特发展了比勒的直觉理论。在赞同直觉是一种特殊的精神状态的基础上,她提出了描述直觉所必备的 8 个特征〔直觉是一种精神状态;与信念不同;是当下(occurrent)的或偶然的(episodic);是可错的;不是有意识推理的结果;与知觉和记忆不同⑤;直觉有程度的差异;理性直觉包含了某种程度的必然性〕。虽然普斯特与比勒、邦久⑥、索萨⑦等一样,都认为直觉到的内容是必然的真理,但与比勒不同,普斯特反对直觉要求当下就意识到作为其内容的命题必然为真,她说:"S 对 p 有一种理性的直觉,当且仅当(a)在考虑 p 时,S 有一种纯粹的理智经验 p;而且(b)在 t 时刻,如果 S 考虑 p 是否必然为真时,那么 S 将有必然 p 的那种纯粹的理智经验。"⑧ 对于"纯粹的理智经验"是什么,普斯特并没有给出明确的说明。刘易斯⑨、因瓦根⑩、

---

① George Bealer, "Intuition and the Autonomy of Philosophy", in Michael R. DePaul and William Ramsey (eds.), *Rethinking Intuition: The Psychology of Intuition and Its Role in Philosophy Inquiry*, Oxford: Rowman and Littlefied Publishers, 1998, p. 208.
② Joel Pust, *Intuitions as Evidence*, New York: Garland Publishing, 2000, p. 3.
③ George Bealer, "Intuition and the Autonomy of Philosophy", in Michael R. DePaul and William Ramsey (eds.), *Rethinking Intuition: The Psychology of Intuition and Its Role in Philosophy Inquiry*, Oxford: Rowman and Littlefied Publishers, 1998, p. 207.
④ Joel Pust, *Intuitions as Evidence*, New York: Garland Publishing, 2000.
⑤ 直觉不同于记忆,直觉没有"过去性",而记忆则有"过去性"。记忆的内容总是"发生过"的事情,而直觉的内容则是认知主体没有接触过的。
⑥ Laurence BonJour, *In Defense of Pure Reason*, Cambridge: Cambridge University Press, 1998.
⑦ Ernest Sosa, *A Virtue Epistemology: Apt Belief and Reflective Knowledge* (Vol. 1), Oxford: Oxford University Press, 2007.
⑧ Joel Pust, *Intuitions as Evidence*, New York: Garland Publishing, 2000, p. 39. 普斯特认为,理性直觉必须有"在考虑"这个条件,这也是我们所反对的。
⑨ David K. Lewis, *Philosophical Papers* (Vol. 1), Oxford: Oxford University Press, 1983.
⑩ Peter van Inwagen, "Materialism and the Psychological-Continuity Account of Personal Identity", *Philosophical Perspectives* 1997 (11): 305–319.

科恩布里斯[①]、温伯格[②]、阿姆斯特朗（Walter Sinnott-Armstrong）[③] 等人则认为直觉到的内容不必是必然的真理，概念能力也不是定义直觉的必要条件。正如前文所说，只有少部分直觉是基于概念能力的。

丹西也主张直觉表象论。在他看来，直觉与信念的不同，直觉既是具象的（reprenstational）又是表象的（presentational），而信念则只是具象的。表象是指一种状态："①不基于其他心灵状态；②有清晰或模糊的许多层次；③在本质上是非自愿的，恰好展现在我们面前；④是强制的，是否拥有不是由我们决定的；⑤是持久的，长期存在于人们的认知中。"[④]

他们的观点可以解释为：

I_6：S 有直觉 p，当且仅当 p 向 S 呈现（it seems to S that p）。

这种直觉观解释适合心理学的工作，然而却不足以区分有命题内容的记忆或内省的表象，而且如果知觉经验构成了合适的表象 p，那么就有知觉的直觉。一种有限制的说明是：

I_7：S 有直觉 p，当且仅当 p 向 S 理智地呈现。

然而，有学者主张哲学直觉与其他学科的直觉不同。例如，比勒认为，哲学研究主要依赖"先验的直觉"，而科学思想实验引发的则是"物理的直觉"，后者不同于前者在于前者是必然的，而后者不是。[⑤] 为了区分这两种直觉，可加以更强的限制，即：

I_8：S 有理性的直觉 p，当且仅当必然的 p 向 S 理智地呈现。

I_9：S 有理性的直觉 p，当且仅当要么 [A] p 向 S 理智地呈现以及如

[①] Hilary Kornblith, "The Role of Intuitions in Philosophical Enquiry: An Account with No Unnatural Ingredients", in Michael R. DePaul and William Ramsey (eds.), *Rethinking Intuition: The Psychology of Intuition and Its Role in Philosophy Inquiry*, Oxford: Rowman and Littlefied Publishers, 1998, pp. 129 – 141.

[②] Jonathan M. Weinberg, "How to Challenge Intuitions Empirically Without Risking Skepticism", *Midwest Studies in Philosophy*, 2007 (31: 1): 318 – 343.

[③] Walter Sinnott-Armstrong, "Abstract + Concrete = Paradox", in Joshua Knobe and Shaun Nichols (eds.), *Experimental Philosophy*, Oxford: Oxford University Press, 2008, pp. 209 – 230.

[④] Jonathan Dancy, "Intuition and Emotion", *Ethics*, 2014 (124: 4): 792.

[⑤] George Bealer, "Intuition and the Autonomy of Philosophy", in Michael R. DePaul and William Ramsey (eds.), *Rethinking Intuition: The Psychology of Intuition and Its Role in Philosophy Inquiry*, Oxford: Rowman and Littlefied Publishers, 1998, p. 165.

果 S 考虑 p 是否必然真，那么必然的 p 向 S 理智地呈现；要么［B］必然的 p 向 S 理智地呈现。

（三）直觉兼容论

当代著名知识论学家、德性知识论的开创者、美国人文艺术科学院院士索萨教授是方法论哲学直觉主义的坚定捍卫者。从他对直觉的多变看法就可以得知，哲学界对直觉的看法并没有统一。前文已经指出，索萨既赞同直觉是一种信念，又赞同直觉是一种相信的倾向。这表明，他主张直觉信念论。然而，他还认为，直觉是"一种特殊的理智表象"[①]，"直觉最好被理解为理智表象或引人注目的东西"[②]。这表明，他也主张直觉表象论。那么，直觉的本质是什么呢？信念论与表象论，谁才是解释直觉本质的更合理的理论？

1. 对直觉信念论的批驳与辩护

直觉信念论的反对者认为，直觉不同于信念或相信的倾向。理由有二：一是如果直觉是一种信念，那么直觉到 p 就一定会相信 p。然而，这与关于悖论的直觉相矛盾，因为虽然我们经常能直觉到与悖论相关的命题，但是却并不会相信这些命题。对此，索萨用沙丘悖论为例进行了说明。在沙丘悖论中，有两个命题：(a) 从沙丘上拿掉一粒沙子不会影响沙丘的存在；(b) 完全没有沙子的地方不会有沙丘。这两个抽象命题都是合适的直觉对象，只要理解了它们，就会相信它们中的每一个，而不需借助感知、内省或推理。我们可以直觉到 (a) 和 (b)，但是"即便连锁推理迫使我们相信 (a) 或 (b)，然而每个命题对我们来说仍然保持了直觉正确性的理智呈现"[③]。二是信念具有理由敏感性，而直觉却没有。在反直觉信念论者看来，认知者是否有某个信念，以是否有理由相信为依据，当理由发生变化，是否相信也可能会变化，因此信念对相信的理

---

① Ernest Sosa, *A Virtue Epistemology: Apt Belief and Reflective Knowledge* (Vol.1), Oxford: Oxford University Press, 2007, p. 60.

② Ernest Sosa, "Intuitions: Their Nature and Probative Value", in Anthony Booth and Darrell Rowbottom (eds.), *Intuitions*, Oxford: Oxford University Press, 2014, p. 47.

③ Ernest Sosa, "Minimal Intuition", in Michael R. DePaul and William Ramsey (eds.), *Rethinking Intuition: The Psychology of Intuition and Its Role in Philosophy Inquiry*, Oxford: Rowman and Littlefied Publishers, 1998, pp. 258-259.

由具有敏感性；直觉与知觉则是认知主体对认知对象的再现，是认知对象直接呈现在认知主体的头脑中，对证据不具敏感性，比信念要更"顽固"。比勒说：

> 直觉必定不同于信念，因为信念不是表象，而直觉却是。例如，存在许多我相信（因为我看到过证明）的数学定理，然而它们没有向我呈现出真，也没有向我呈现出假，我没有关于它们任何一方的直觉。相反，尽管事实上我不相信集合论的天真的完备性公理是真的（因为我知道集合悖论），然而，我却有它是真的直觉，而且这种直觉仍然向我呈现。①

对米勒-莱尔错觉图，也是如此。比勒说："尽管事实上我不相信两条线段的一条比另一条要长（因为我已经量过它们），但是两条线段的一条比另一条要长仍然向我呈现。"② 对这些案例，在比勒看来，"在每个案例中，尽管信念相反，表象却不变"③。与直觉相比，信念的可塑性更强。

> 信念具有高度的可塑性，直觉却不具有。对于几乎任意一个你相信的命题，权威、哄骗、恐吓等可能非常容易地巧妙引入某种怀疑，并因而在某些程度上可能会短暂地降低你的相信程度。然而，纵使有，这些手段也很少降低你的直觉强度……很明显，作为同类，直觉天生比相关的信念更能抵抗这些影响。④

---

① George Bealer, "Intuition and the Autonomy of Philosophy", in Michael R. DePaul and William Ramsey (eds.), *Rethinking Intuition: The Psychology of Intuition and Its Role in Philosophy Inquiry*, Oxford: Rowman and Littlefied Publishers, 1998, p. 208.

② George Bealer, "Intuition and the Autonomy of Philosophy", in Michael R. DePaul and William Ramsey (eds.), *Rethinking Intuition: The Psychology of Intuition and Its Role in Philosophy Inquiry*, Oxford: Rowman and Littlefied Publishers, 1998, p. 208.

③ George Bealer, "Intuition and the Autonomy of Philosophy", in Michael R. DePaul and William Ramsey (eds.), *Rethinking Intuition: The Psychology of Intuition and Its Role in Philosophy Inquiry*, Oxford: Rowman and Littlefied Publishers, 1998, p. 208.

④ George Bealer, "Intuition and the Autonomy of Philosophy", in Michael R. DePaul and William Ramsey (eds.), *Rethinking Intuition: The Psychology of Intuition and Its Role in Philosophy Inquiry*, Oxford: Rowman and Littlefied Publishers, 1998, p. 208.

这表明，纵使主体 S 不相信 p，S 也可能有 p 的直觉，而且 S 可能相信 p 而没有 p 的直觉。

那么，直觉信念论因此是错误的吗？本书认为不是，理由是纵使直觉在悖论中不成立，也只能得出结论说"直觉是一种信念"是错误的，而不能说"直觉是一种信念或相信的倾向"是错误的。况且虽然以连锁推理迫使我们放弃相信沙丘悖论的某个命题，但是并不会因此让我们放弃所有命题，而且不能因此让我们放弃我们相信的命题来自直觉。推理与直觉作为信念的不同来源，都可以产生信念，故而有来自推理的信念和来自直觉的信念。因此，反直觉信念论者主张"直觉不同于信念在于前者对证据不敏感，后者对证据敏感"，其错误在于没有认识到有来自直觉的信念。再者，即使经过长期的训练，人们的原始认知倾向难以改变，但直觉并非不能改变，只是需要较长的时间和较规律的环境而已，而且人们可以有意识地压制这些难以改变的原始倾向，形成正确的信念。此外，由于"倾向"可以表示潜能，而对于"倾向"是否存在并没有公认的可靠的评估标准，因此要驳倒"直觉是一种相信的倾向"是很难的，要驳倒"直觉是一种信念或相信的倾向"则更难。以比勒为代表的直觉表象论者虽然主张"直觉不是一种相信的倾向，或者一种伴随'光亮'或某种其他'积极的'特质的相信倾向"[①]，但是，在批驳"直觉是一种信念或相信的倾向"时，他们通常会犯两个错误：一个是把"直觉是一种信念或相信的倾向"等同于"直觉是一种信念"或"直觉是一种相信的倾向"；另一个是否定"来自直觉的信念"的合法性、独立性，认为当"来自直觉的信念"与"来自推理（或经验、权威、哄骗、恐吓等）的信念"对立时，就应该放弃前者，认为前一种信念必须依赖后一种信念的裁判。

2. 直觉表象论的批驳与辩护

威廉姆森与卡普兰都质疑对照"知觉表象"（sensory appearances）概念而创造的"理智表象"概念提法的合理性。威廉姆森认为，在理智表象中，"任何伴随的意象都是无关的""对我自己来说，除了在意识上倾向于

[①] George Bealer, "On the Possibility of Philosophical Knowledge", *Philosophical Perspectives*, 1996 (10): 28, n.6.

相信葛梯尔命题外，我没有意识到任何理智表象。类似地，除了在意识上倾向于相信天真的完备性公理外，我自己没有意识到任何理智表象"①。卡普兰也说："当我把知觉表象中的感觉部分拿走，并用理智代替后，剩下我能理解的就没有什么了。"② 卡普兰反对直觉表象论，认为直觉表象论会产生两个难解的问题：①如何确定哲学家群体在作出哲学直觉主张时伴随有这种表象？②纵使的确伴随有这种表象，如何确定这种伴随是有效的还是无意义的？卡普兰诉诸自己对集合论公理和葛梯尔思想实验的经验，认为他从来没有产生过这类特殊的心理现象。③ 通过否认"理智表象"概念提法的合理性，反直觉表象论者因而否认直觉是一种理智表象。

本书反对威廉姆森和卡普兰等人对"理智表象"概念的质疑，赞同丘德诺夫所说的"直觉是经验"④，认为直觉虽然类似知觉，但是研究的对象不同，他说："在使我们意识到它的主题方面，在使我们获得知识的处境上，直觉宣称是、有时的确是与感官知觉类似。""直觉经验可能包含感官经验，然而它是一种独特的经验。"⑤ "直觉的主题不是感官知觉的主题。"⑥ 丘德诺夫主张，直觉不同于知觉在于表象的内容不同。直觉的表象是理智表象，知觉的表象是知觉表象。知觉表象展现的对象是具体事物，理智表象展现的对象是抽象实在，不能混淆。例如，理智表象不能展现"稻花飘香"；知觉表象不能展现"两圆相交，最多有两个交点"⑦。他还说："如果'感知'这个术语是为感觉—知觉预留的，那么，我们可以用'直觉'这个术语来描述我们对共相（universals）的看法。"⑧ "感官知觉的主题包括具体的实在，不包括抽象的实在。"⑨ "直觉

---

① Timothy Williamson, *The Philosophy of Philosophy*, New York: Routledge, 2007, p. 217.
② Herman Cappelen, "Replies to Weatherson, Chalmers, Weinberg, and Bengson", *Philosophical Studies*, 2014（171：3）：595.
③ Herman Cappelen, *Philosophy without Intuitions*, Oxford: Oxford University Press, 2012, p. 117.
④ Elijah Chudnoff, *Intuition*, Oxford: Oxford University Press, 2014, p. 226.
⑤ Elijah Chudnoff, *Intuition*, Oxford: Oxford University Press, 2014, p. 228.
⑥ Elijah Chudnoff, *Intuition*, Oxford: Oxford University Press, 2014, p. 227.
⑦ Elijah Chudnoff, *Intuition*, Oxford: Oxford University Press, 2014, p. 50.
⑧ Panayot Butchvarov, *The Concept of Knowledge*, Evanston: Northwestern University Press, 1970, p. 179.
⑨ Elijah Chudnoff, *Intuition*, Oxford: Oxford University Press, 2014, p. 11.

的主题包括抽象的实在,不包括具体的实在。"① 丘德诺夫认为,作为直觉认识对象的抽象实在包括共相、命题、数字、功能、集合、自由、正义、美、合理性等。"直觉意识的对象有诸如属性和功能"②,除了数外,直觉的对象还有"自由、美、合理性、正义等"③,"直觉是确证的来源,特别是关于诸如数、形、自由、真理和美这类抽象问题的信念的确证来源"④。具体事物与抽象实在不同。具体事物包括固体、液体、气体、颗粒、有机体等,有时空位置,处于因果关系中。与此不同,抽象实在没有时空位置,不处于因果关系中。丘德诺夫断言:

> 抽象的实在包含着非时空的和无因果的必要性、规范性、无限性和抽象性。数学、形上学和道德学研究抽象实在。具体的实在中包着时间的和/或空间的和/或在因果上有效的偶然性、非规范性、有限性和具体性。物理学、心理学和历史学研究具体实在。⑤

本书赞同直觉是对抽象对象的直接呈现,是直接把握抽象对象的能力,并认为:与知觉判断一样,直觉判断把认知的结果直接呈现在意识中,而不呈现其过程,其运行不依赖工作记忆⑥,具有无意识的推论性,"与知觉判断相似,科学直觉不需要意识层面的推理"⑦。作为理智表象而存在的直觉,既不同于信念,又不同于知觉表象。本书认为,信念论与表象论是可以兼容的,因为"一种直觉的表象 p 可能成为相信 p 的证据基础"⑧。然而,由于表象是先于信念的,因此表象论与"直觉是一种信

---

① Elijah Chudnoff, *Intuition*, Oxford: Oxford University Press, 2014, p. 11.
② Elijah Chudnoff, *Intuition*, Oxford: Oxford University Press, 2014, p. 223.
③ Elijah Chudnoff, "Intuitive knowledge", *Philosophical Studies*, 2013 (162: 2): 376.
④ Elijah Chudnoff, "What Intuitions Are Like", *Philosophy and Phenomenological Research*, 2011 (82: 3): 625.
⑤ Elijah Chudnoff, *Intuition*, Oxford: Oxford University Press, 2014, p. 11.
⑥ Jonathan St. B. T. Evans, "Intuition and Reasoning: A Dual-Process Perspective", *Psychological Inquiry*, 2010 (21): 313–314.
⑦ Richard N. Boyd, "How to Be a Moral Realist", *Contemporary Materialism*, 1988 (131: 1): 319.
⑧ Robert Audi, "Intuition, Inference, and Rational Disagreement in Ethics", *Ethic Theory Moral Practice*, 2008 (11): 478.

念"相矛盾，但并不与"直觉是一种信念或相信的倾向"相矛盾。本书更赞成"直觉是一种相信的倾向"。直觉兼容论既可以解释"直觉是一种表象"，又可以解释"直觉是一种信念或相信的倾向"，因此这种理论可以消除分析哲学在直觉本质上莫衷一是的这个耻辱。

第二节 直觉的神经生理基础

在现有的学科中，认知心理学对直觉的研究最为深入、最为准确。本书赞成认知心理学家的这种主张，即"直觉的研究者不应投入较多的努力来回答直觉到底是什么，以及它是否比深思熟虑更好或更差"。本书认为，"调查更具体的关于不同的根基过程（underlying processes，即双过程：引者注）的假设更有成效"[①]。本书主张用认知心理学的直觉定义来规范哲学研究中的直觉概念，以此来正本清源，消除哲学实践中对直觉概念的误用，而无须担忧威廉姆森所说的"这样的规定将不能解释在哲学实践中这个术语所起的更为混杂的作用"。因为我们应该把这些"混杂的作用"当作是误用。李伯曼（Matthew D. Lieberman）认为，直觉的神经基础是根基神经节，"直觉的基础可能是内隐认知。因为：①内隐认知与直觉之间存在概念的对应性；②神经心理学、脑成像以及神经解剖等方面的证据表明，直觉的加工过程与内隐认知过程都有根基神经节作为共同的神经基础"[②]。本书认为，可以用认知心理学中的系统1或过程1来解释直觉，直觉的神经生理基础是系统1[③]。

一 双系统理论

双系统认知理论（Dual-system cognition theory）又称双过程理论

[①] Andreas Glöckner and Cilia Witteman, " Beyond Dual-process Models: A Categorisation of Processes Underlying Untuitive Judgement and Decision Making", *Thinking and Reasoning*, 2010 (16: 1): 19.

[②] Matthew D. Lieberman, "Intuition: A Social Cognitive Neuroscience Approach", *Psychology Bulletin*, 2000 (126: 1): 109.

[③] 要注意的是，也有学者不同意将直觉看作自动、快速、条件反射式的系统1，主张直觉具有收集、分析、应用信息的能力，是命题知识与外部世界结合的中介［Peter Railton, "The Affective Dog and Its Rational Tale: Intuition and Attunement", *Ethics*, 2014 (124 : 4): 813 – 859.］。

(Dual-processes theory),由认知心理科学和认知神经科学提出,并被广泛地用来解释直觉和推理这两种认知机制:人类天生有两套信息处理的认知系统,即系统1和系统2。系统1又称"经验—直觉"系统、直觉系统或启发系统,它是人与动物共有的。这一系统在信息收集不足的情况下也能运行,它占用的大脑资源较少,运行时不需要长期记忆的参与;它的加工模式是并行的,在模块化中封闭运行;它独立于正常智力,不受意识控制,认知主体通常只能意识到认知的结果而意识不到认知的过程;它易受无关信息、情感因素的影响,对背景相似的、刻板的印象敏感;它具有快速、自动、非反思、不费力、内隐等特点。系统2又称"理性—分析"系统或推理系统,它是人类独有的。这一系统需要收集大量信息,它占用的大脑资源较多,运行时需要工作记忆的参与;它的加工模式是串行的,在非模块化中运行;它依赖于正常智力,受意识控制,认知主体不仅可以意识到认知结果,而且可以意识到认知过程;它不易受无关信息、情感因素的影响,对背景相似的、刻板的印象不敏感;它具有慢速、非自动、反思、需要努力、外显等特点。这两个系统平行存在、相互影响。[①]

双系统模型认为,在判断、推理和决策过程中,两个系统都能起作用。然而,人的大脑爱"偷懒",通常不愿运行耗时费神的推理系统。在时间有限制、认知负荷过重以及缺乏激励等的条件下,认知过程为直觉系统主导;相反,则由推理系统主导。[②] 当直觉系统与推理系统作用的方向相同时,其认知结果既合乎理性又遵从直觉;当两个系统作用的方向

[①] John A. Bargh and Tanya L. Chartrand, "The Unbearable Automaticity of Being", *American psychologist*, 1999 (54: 7): 462.

Jonathan St. B. T. Evans, "Dual Processing Accounts of Reasoning, Judgment, and Social Cognition", *Annual Review of Psychology*, 2008 (59: 1): 255 – 278.

Jonathan St. B. T. Evansand Keith Frankish, "The Duality of Mind: An Historical Perspective", in Jonathan St. B. T. Evans and Keith Frankish (eds), *In Two Minds: Dual Processes and Beyond*, Oxford: Oxford University Press, 2009, pp. 1 – 26.

Ian A. Apperlyand Stephen A. Butterfill, "Do Humans Have Two Systems to Track Beliefs and Belief-Like States?", *Psychological Review*, 2009 (116: 4): 953 – 970.

[②] Nancy Eisenberg, "Emotion, Regulation, and Moral Development", *Annual Review of Psychology*, 2000 (51): 665 – 697.

不一致时，则存在竞争关系，直觉系统常常占优势。这是认识过程中出现非理性偏见的根源。在一定的程度内，加工时间与认知负荷只影响推理系统而不影响直觉系统，因此，限定加工时间或增加认知负荷，非理性偏见会增强[1]。

由于运作推理系统耗时费神，而运作直觉系统则轻松愉快，因此，人们通常更愿意运行直觉系统。在运行过程中，直觉系统通常比推理系统更占优势，对此产生的原因，有不同的理论来解释。从两个系统间的对比来看，有认知繁忙或认知懒惰假说。这种假说认为，信息加工的负荷过高导致的认知繁忙或缺乏认知动机导致的认知懒惰，是直觉系统比推理系统更占优势的原因。这种假说的实验基础是，有研究发现，在较低的信息加工负荷或较高的认知动机水平时，产生的非理性认知偏见较小，这表明在这种情况下是推理系统在起主导作用；而在较高的加工负荷或较低的认知动机水平时，产生的非理性偏见则较大，这表明在这种情况下是直觉系统在起主导作用。[2] 从影响直觉系统作用的原因来看，有直觉信心假说。这种学说认为，任何改变直觉信心强弱的因素都会影响直觉系统的作用，从而改变两个系统之间的竞争结果。这种假说的证据基础有：在要求受试者阅读内容完全一样，而印刷清晰度不同（都可辨认，但阅读辨认的容易程度不同）的材料时，结果发现，阅读清晰印刷材料的受试者由于产生了更强的直觉信心，直觉系统所起的作用更大，比阅读模糊材料的受试者出现了更多的非理性认知偏见。[3] 从推理系统的运作过程来看，有调整不足假说。这种假说认为，在运行推理系统后，

---

[1] Maxwell J. Roberts and Elizabeth J. Newton, "Inspection Times, the Change Task, and Rapid-response Selection Task", *Quarterly Journal of Experimental Psychology*, 2001 (54A: 4): 1031 – 1048.
Jonathan St. B. T. Evansand Jodie Curtis-Holmes, "Rapid Responding Increases Belief Bias: Evidence for the Dual Process Theory of Reasoning", *Thinking and Reasoning*, 2005 (11): 382 – 389.
Mario B. Ferreira, Leonel Garcia-Marques and Steven J. Sherman, "Automatic and Controlled Components of Judgment and Decision Making", *Journal of Personality and Social Psychology*, 2006 (91): 797 – 813.

[2] Richard E. Petty and Duane T. Wegener, "The Elaboration Likelihood Model: Current Status and Controversies", in S. Chaiken and Y. Trope, *Dual-process Theories in Social Psychology*, New York: Guilford Press, 1999, pp. 73 – 96.

[3] Joseph P. Simmons and Leif D. Nelson, "Intuitive Confidence: Choosing between Intuitive and Nonintuitive Alternatives", *Journal of Experimental Psychology: General*, 2006 (135: 3): 409 – 428.

由于调整的程度仍然不充分，未能使已有的信息相互一致①，其最后的认识结果仍取决于直觉系统的最初结果，表现出非理性的认知偏见。这种认知偏见是因为调整不足引起，这不是冲动错误（rash error），而是谨慎错误（cautious error）。②

直觉系统反应速度快、不受认知资源限制的影响；推理系统合乎理性规则，虽然其认知结果受认知主体个人的分析能力、背景知识及意愿付出的努力的影响，而且并不一定是"最优的"，但是它却能保证认知结论的合理性，因而通常是"更满意的"。这似乎表明：当两个系统的作用方向不同时，应该采用理性分析系统。事实上，正如埃文斯（Jonathan Evans）和斯坦诺维奇（Keith Stanovich）指出，在理解"双过程理论"的过程中，主张直觉比反思要差是最容易犯的，同时也是最固执的错误。③ 形成"直觉认知不如反思认知"这种错误看法的原因，是心理学家在研究直觉时，总是把场景设计为不适合直觉而适合反思。卫泽森（Brian Weatherson）提醒我们："我们不应无视这样的事实：这些很快速的探索方法（指直觉方法：引者注）是非常可靠的，可靠到足以对我们的理论进行独立的检查。"④ 对于这种错误看法，不少学者提出了批评。在他们看来，在认知上，推理系统并非总是优于直觉系统。他们的理由有：①推理系统不是一成不变地做得比直觉系统好。事实上，在某些情况下，快速和节约的直觉比深思熟虑更好。⑤ 这是因为有意识的推理系统加工速度较慢、加工容量有限，因此在处理复杂问题时，加工速度较快，不受加工容量限制的无意识直觉系统可能会更优。这个观点得到了一些实验的支持。例如，购买汽车属于复杂的决策。在购买汽车的模拟实验中，

---

① 在我们看来，由于在我们头脑中储存有许多原本并不一致的理论，想要获得一致的结论是不可能的。

② Nicholas Epley and Thomas Gilovich, "Are Adjustments Insufficient?", *Personality and Social Psychology Bulletin*, 2004 (30: 4): 447-460.

③ Jonathan St. B. T. Evans and Keith E. Stanovich, "Dual-Process Theories of Higher Cognition Advancing the Debate", *Perspectives on Psychological Science*, 2013 (8: 3): 229.

④ Brian Weatherson, "Centrality and Marginalisation", *Philosophical Studies*, 2014 (171): 520.

⑤ Gerd Gigerenzer, "On Narrow Norms and Vague Heuristics: A Reply to Kahneman and Tversky", *Psychological Review*, 1996 (103: 3): 592-596.

受试者在认知资源有限制的条件下作出的决策,优于认知资源没有限制的条件下作出的决策;立即作出的决策,优于思考一段时间后作出的决策,而且事后的主观满意度都更高。在购买诸如牙膏之类的简单商品上,情况恰好相反。[1] 在日常生活中,购买厨具配件之类的简单商品,经过思考后的购买行为事后满意度更高;购买整套家具之类的复杂商品,经过思考后的购买行为事后满意度却更低。[2] 这表明:理性思考某些简单问题会得到较好的结果,而对于某些复杂问题,直觉思考的结果会更好。[3] ②在某些情况下,推理系统借助其他的方式并不能完成认知任务且常常伴随着各种各样的偏见。例如,在四张卡片的选择任务中,如果推理系统被启动,经常会为最初的然而却是错误的判断提供虚构的合理化。[4] 当然,并不能因此说,在处理复杂任务时,直觉系统更优;在处理简单任务时,分析系统更优。事实上,当我们要面对重大而又复杂的决策时,我们更应依赖推理系统而不是直觉系统。[5] 而且量子力学、广义相对论和博弈论都是反直觉的科学。要获得关于它们的真理,我们不能依靠直觉系统。

由于直觉系统和推理系统是连续相互介入的,而"双系统"这个概念很容易让人误认为直觉系统和推理系统的运作是独立的、分散的,系统 2 并非仅仅起到一个补充或解释作用,很多时候,系统 2 甚至是在对系统 1 进行校正。[6] 因此,为了避免概念的混乱,现在人们大都赞同用"双过程"概念来描述它们,分别用来刻画直觉认知(类型 1 过程)和反思认知(类型 2 过程)。认知心理学家认为,对它们的划分,其根据不在于

---

[1] Ap Dijksterhuis, "Think Different: the Merits of Unconscious Thought in Preference Development and Decision Making", *Journal of Personality and Social Psychology*, 2004 (87: 5): 586 – 598.

[2] Ap Dijksterhuis, Maarten W. Bos, Loran F. Nordgren and Rick B. van Baaren, "On making the Right Choice: the Deliberation-without-attention Effect", *Science*, 2006 (311): 1005 – 1007.

[3] Ap Dijksterhuis, Maarten W. Bos, Loran F. Nordgren and Rick B. van Baaren, "On making the Right Choice: the Deliberation-without-attention Effect", *Science*, 2006 (311): 1005 – 1007.

[4] Jonathan St. B. T. Evans, "The Heuristic-analytic Theory of Reasoning: Extension and Evaluation", *Psychonomic Bulletin and Review*, 2006 (13: 3): 378 – 395.

[5] David Over, "Rationality and the Normative/Descriptive Distinction", in Derek J. Koehler and Nigel Harvey, *Blackwell Handbook of Judgment and Decision Making*, UK: Blackwell Publishing, 2004, pp. 3 – 18.

[6] Frank Hindriks, "Intuitions, Rationalizations, and Justification: A Defense of Sentimental Rationalism", *The Journal of Value Inquiry*, 2014 (48: 2): 209.

有效性、速度、精确度的差异,而在于"它们的工作机制是否基于工作记忆(working memory)"①。换言之,是否能意识到它们的认知过程是划分的标准。

结合他人的总结,可把过程 1 与过程 2 的区分概括如下②(见表 1-1)。

表 1-1　　　　　　　　　过程 1 与过程 2 的区别

	过程 1	过程 2
主观感受	非反思的、无意识的③	反思的、有意识的
	无目的	有目的
	自动的或直觉的	受控的或深思熟虑的
	过程不可通达,将结果当作事实来接受	过程意识可以通达且可见,将结果当作推理结论来接受
激发的因素	影像、声音等感性材料,具体场景,时间压力,认知资源缺乏	文字等语义材料、抽象场景、时间延迟、认知资源充足
运行的方式	并列加工	顺序加工
	类式匹配或补全	符号逻辑或命题推理
	隐喻的、整体的	保留的、分析的
运行的特点	快速	慢速
	不费力的	需要努力的
	不需要注意资源	需要注意资源,且是有限的

---

① Jennifer Nagel, "Intuition, Reflection, and Command of Knowledge", *Proceedings of the Aristotelian Society Supplementary Volume*: 2014 (88: 1): 228.

② Jennifer Nagel, "Intuition, Reflection, and Command of Knowledge", *Proceedings of the Aristotelian Society Supplementary Volume*: 2014 (88: 1): 227.

王凌皞:《发现、证立与司法想象力:双系统决策理论视角下的法律推理》,《浙江学刊》2016 年第 1 期。

Jonathan St. B. T. Evans and Keith E. Stanovich, "Dual-Process Theories of Higher Cognition Advancing the Debate", *Perspectives on Psychological Science*, 2013 (8: 3): 223-241.

Jonathan St. B. T. Evans, "In Two Minds: Dual-process Accounts of Reasoning", *Trends in Cognitive Sciences*, 2003 (7: 10): 454-459.

Jonathan Haidt, "The Emotional Dog and Its Rational Tail: A Social Intuitionist Approach to Moral Judgment", *Psychological Review*, 2001 (108): 814-834.

③ 有学者标新立异,主张直觉是一种特殊的有意识的经验。(Ole Koksvik, *Intuition as Conscious Experience*, New York: Routledge, 2020.)

续表

	过程1	过程2
获得的方式	通过联想默会学习	通过规则明确学习
获得的特点	习得缓慢	习得灵活
进化特征	比较古老、为所有哺乳动物共有	比较晚近、仅限于灵长类，超过2岁的人是一致的
调节效应	对潜意识刺激较为敏感 对认知负荷不敏感 对情感敏感	对潜意识刺激不太敏感 对认知负荷敏感 对情感不敏感
大脑区域	（与社会情绪和情感整合相关）杏仁核、腹内侧前额皮层、腹侧纹状体、背侧前扣带回、颞旁叶	（与意识控制和注意加工相关）背外侧前额皮层、右侧前额皮层、前额皮层中部、后顶叶外侧、后顶叶中部、前扣带回前部、颞叶内侧
所需平台	平台依赖（依赖于大脑和身体贮存）	平台自由（加工能够转换到任何伴随的机能或转换到机器的规则）

要注意的是：系统1又称为"经验—直觉"系统，是知觉和直觉（仅指理智直觉）的共同神经生理的基础。如果把直觉看作与理性推理相对的一种认知能力，那么直觉就包括知觉（称为物理直觉或感性直觉）和理智直觉。梁漱溟对此也是认同的，他说："直觉可分为两种：一是附于感觉的，一是附于理智的。"① 对于理智直觉，不仅可能被影像、声音等感性材料和具体场景激发，而且可能被文字等语义材料和抽象场景激发。理智直觉不同于感性直觉，理智直觉的表象是理智表象，感性直觉的表象是知觉表象。理智直觉虽然可能包含感性经验，然而它是一种独特的经验，它们的主题不同②。这也许是认知心理学失误之处。

二 双系统理论的证据

有大量的证据证明认知过程存在双过程，其中代表性的证据有合取谬论、析取洞察问题、信念偏见效应、沃森选择任务、球拍与球案例和

---

① 梁漱溟：《东西文化及其哲学》，商务印书馆1999年版，第81页。
② Elijah Chudnoff, *Intuition*, Oxford: Oxford University Press, 2014, pp. 227–228.

四张卡片实验等。

(一) 合取谬误

合取谬误 (conjunction fallacy) 是一种认为单个条件发生的概率比多个条件联合发生的概率要小的谬误。实验证明合取谬误是普遍存在的。合取谬论的经典场景是[1]：

> 琳达31岁、单身、健谈、非常聪明。她主修过哲学。当她还是一名学生时，就非常关心种族歧视和社会正义的问题，还参加过反核示威。

所问的问题是：琳达目前的职业是什么？她更可能是一名银行出纳呢，还是一名女权主义的银行出纳？89%的受试者会不加思索地回答说，她更可能是一名女权主义的银行出纳。按概率推理的基本原则，这个答案是错的，合取事件的概率不可能大于单独事件的概率。实验者给出了受试者进一步的问题，要求他们判断下面的两个论证哪个更为合理。

论证一：琳达更可能是一名银行出纳，而不是一名女权主义的银行出纳。因为虽然每一位女权主义的银行出纳一定是一名银行出纳，但是可能也有一些女权主义者不是银行出纳，琳达很可能就是这样的人。

论证二：琳达更可能是一名女权主义的银行出纳，而不是一名银行出纳，因为由背景资料可知，她更像是一名女权主义者，而不是一名银行出纳。

尽管"论证一"已经向受试者指出了摆脱"合取谬误"的思路，但是仍然有65%的受试者认为"论证二"更有理。[2]

有趣的是，当面对合取规则时，多数了解情况的受试者都会接受合

---

[1] Amos Tversky and Daniel Kahneman, "Judgments of and by Representativeness", in Daniel Kahneman, Paul Slovic and Amos Tversky (eds.), *Judgment under Uncertainty: Heuristics and Biases*, New York and Cambridge: Cambridge University Press, 1982, p. 92.

[2] Amos Tversky and Daniel Kahneman, "Judgments of and by Representativeness", in Daniel Kahneman, Paul Slovic and Amos Tversky (eds.), *Judgment under Uncertainty: Heuristics and Biases*, New York and Cambridge: Cambridge University Press, 1982, pp. 84 – 98.

取规则，并承认他们以前的判断是错误的，"结果表明，在统计上，了解情况的受试者，至少愿意承认，违反这条规则是一个令人遗憾的错误"[1]。受试者可能认识到他们的错误这个事实，证明双过程解释是正确的。根据这种解释，最初的直观判断可能被更为慎重的认知过程修改。

实验发现：①对其判断有说明义务的受试者，或者说被期待向观众证明其判断正确的受试者，做得比没有说明义务的受试者要好。[2] 这表明，有说明的任务引发了反思认知过程。②正确作答的受试者比不正确作答的受试者要慢。[3] 这表明，延迟与表现之间也有相关性。正确作答要求一种不同的、更慢的过程，这可以解释这种延迟结果。③当受试者的工作记忆同时被另一种任务所占用，那么表现就会显著降低。[4] 这表明，如果因为中央工作记忆资源的能力有限使反思认知过程不能获得时，受试者会采取直觉认知过程。④在做合取问题时，高工作记忆能力的个人比低工作记忆能力的个人要好。[5] 有高工作记忆能力的受试者表现更优秀，这可能表明对他们来说，用反思认知过程来抑制或操控直觉认知过程更容易[6]，也可能表明他们更有能力成功地完成反思认知过程。[7]

---

[1] Amos Tversky and Daniel Kahneman, "Judgments of and by Representativeness", in Daniel Kahneman, Paul Slovic and Amos Tversky (eds.), *Judgment under Uncertainty: Heuristics and Biases*, New York and Cambridge: Cambridge University Press, 1982, p. 95.

[2] Amos Tversky and Daniel Kahneman, "Judgments of and by Representativeness", in Daniel Kahneman, Paul Slovic and Amos Tversky (eds.), *Judgment under Uncertainty: Heuristics and Biases*, New York and Cambridge: Cambridge University Press, 1982, p. 95.

[3] Wey De Neys, "Automatic-heuristic and Executive-analytic Processing During Reasoning: Chronometric and Dual-task Considerations", *The Quarterly Journal of Experimental Psychology*, 2006 (59: 6): 1070–1100.

[4] Wey De Neys, "Automatic-heuristic and Executive-analytic Processing During Reasoning: Chronometric and Dual-task Considerations", *The Quarterly Journal of Experimental Psychology*, 2006 (59: 6): 1070–1100.

[5] Keith E. Stanovich and Richard F. West, "Individual Differences in Reasoning: Implications for the Rationality Debate?", *Behavioral and Brain Sciences*, 2000 (23): 645–726.

[6] Keith E. Stanovich, "Distinguishing the Reflective, Algorithmic and Reflective Minds: Time for a Tripartite Theory?", in Jonathan St. B. T. Evans and Keith Frankish (eds), *In Two Minds: Dual Processes and Beyond*, Oxford: Oxford University Press, 2009, pp. 89–107.

[7] Jonathan St. B. T. Evans, "Dual Processing Accounts of Reasoning, Judgment, and Social Cognition", *Annual Review of Psychology*, 2008 (59: 1): 265.

（二）析取洞察问题

析取洞察问题［disjunctive insight problem，也称析取推理问题（disjunctive reasoning problem）］，代表问题是婚姻问题：[1]

> 杰克正盯着安，而安正盯着乔治。杰克结婚了，但乔治却没有。是一个结了婚的人正盯着一个没有结婚的人吗？
> （A）是　　　　（B）不是　　　　（C）不能确定

正确的答案是 A。如果安未婚，杰克正盯着她是一个结婚了的人正盯着一个没有结婚的人。如果安已婚，她正盯着这个未婚的乔治。只有13%的受试者给出了正确的答案，86%的受试者给出了错误的答案 C。[2]

为了解答这个问题，受试者必须征用工作记忆的有序方式来考虑这个析取句。此外，他还必须补充这个隐含的信息，即安或者已婚或者未婚。这样做需要对这个问题的结构有某种描述，需要搜索和检索隐含的信息，并在这个问题上应用它们。这种应用可能是逐步的和有顺序的。这表明，在认知上，有效地利用反思认知过程去解答问题是有代价的。此外，确定答案 A 或 B，是不能由直觉认知过程的资源提供的。双过程理论解释了为什么受试者倾向于提供这个特定的错误答案 C。

（三）信念偏见效应

信念偏见效应（belief-bias effect）是指已有的知识信念对逻辑推理产生影响，使推断的结果不符合逻辑规则。埃文斯[3]以三段论推理为基础，设计了4个案例。

（1）论证有效，结论可信（无冲突），如：

---

[1] Maggie E. Toplak and Keith E. Stanovich, "Domain Specificity and Generality of Disjunctive Reasoning: Searching for a Generalizable Critical Thinking Skill", *Journal of Educational Psychology*, 2002（94：1）：201.

[2] Maggie E. Toplak and Keith E. Stanovich, "Domain Specificity and Generality of Disjunctive Reasoning: Searching for a Generalizable Critical Thinking Skill", *Journal of Educational Psychology*, 2002（94：1）：203.

[3] Jonathan St. B. T. Evans, "In Two Minds: Dual-process Accounts of Reasoning", *Trends in Cognitive Sciences*, 2003（7：10）：454–459.

没有警犬是凶恶的；

有些被严格训练过的犬是凶恶的；

因此，有些被严格训练过的犬不是警犬。

（2）论证有效，结论不可信（有冲突），如：

没有营养品是便宜的；

有些维生素药片便宜；

因此，维生素药片不是营养品。

（3）论证无效，结论可信（有冲突），如：

没有使人上瘾的东西是便宜的；

有些香烟便宜；

因此，有些使人上瘾的东西不是香烟。

（4）论证无效，结论不可信（无冲突），如：

没有大富翁是努力的员工；

有些富人是努力的员工；

因此，有些大富翁不是富人。

受试者没有受过逻辑训练，分别被给予了4个案例中的一个，要求根据案例的信息判断相应的三段论推理是否可以接受。实验结果发现，从案例1到案例4，对这4个三段论推理的接受情况分别为90％、55％、75％、10％。这表明，对三段论推理的接受程度受结论是否可信以及论证是否有效影响。[1]

---

[1] Jonathan St. B. T. Evans, "In Two Minds: Dual-process Accounts of Reasoning", *Trends in Cognitive Sciences*, 2003（7：10）：455.

(四)沃森选择任务

沃森选择任务(the Wason selection task)为认知推理的双过程解释提供了重要的证据,因为受试者在这个任务上的表现对提供的内容和语境敏感。抽象的、陈述的选择任务由4张卡片构成,这四张卡片上分别写了A、D、3、7,而且如果一面是字母,那么另一面就是数字。受试者要通过翻开相应的卡片来验证"如果卡片的一面是A,那么另一面是3"这个命题是否正确,问题是要翻开哪两张卡片才能验证。由于"如果p,那么q"等价于"如果非q,那么非p",即只要发现一面有A,而另一面无3,这个命题就是错的,因此正确的回答是翻开A和7,检验有A和7的卡片,是否对应3和D(非A)。然而,只有很少的受试者(10%—20%)的选择是正确的,绝大部分的受试者选择了问题中提到的A和3。这种人们倾向于把陈述中所给出的词汇内容看作相关信息,而忽视逻辑上相关的信息的做法,被称为匹配偏见(matching bias)。匹配偏见经常为有抽象内容的问题影响,而不会被已有的知识与信念激发。[1]

有实验发现,如果卡片的内容是具体的,那么受试者选择的正确率会大幅提高。实验中卡片上的内容是:喝啤酒、喝可乐、21岁、16岁,选择的内容为:"如果某人喝啤酒,那么此人必须超过21岁。"对这种现实的、义务的选择任务,大约有75%的受试者选择了喝啤酒和16岁这个正确的答案。[2] 人们在思考具有相同逻辑结构然而主题却不同的命题时,会体现出不同的推理能力。随着认知心理学的发展,人们发现越来越多的相关认知偏见,这些认知偏见包括处理概率问题时,过早下结论的偏见,等等。[3]

(五)球拍与球案例

"球拍和球"这个认知反思实验也是证明存在直觉认知过程和推理认知过程的经典实验。实验是:一个球拍和一个球总共花费1.1美元。这个

---

[1] Jonathan St. B. T. Evans, "In Two Minds: Dual-process Accounts of Reasoning", *Trends in Cognitive Sciences*, 2003 (7: 10): 456.

[2] Richard A. Griggs and James R. Cox, "The Elusive Materials Effect in The Wason Selection Task", *British Journal of Psychology*, 1982 (73): 416–417.

[3] Jonathan St. B. T. Evans, "In Two Minds: Dual-process Accounts of Reasoning", *Trends in Cognitive Sciences*, 2003 (7: 10): 456.

球拍比这个球贵 1 美元。问：这个球要多少钱？看完问题马上给出 0.1 美元的答案，这是通过直觉认知过程快速得到的。如果经过进一步思考，则会发现正确答案是 0.05 美元。此实验的发起人弗雷德里克（Shane Frederick）请上万名美国大学生回答了这个问题，结果发现：常青藤大学的 50% 以上的学生给出了直觉的错误答案，声誉稍差大学的学生超过 80% 答错。问题太简单使得受试者过于相信自己的直觉，而认为费神的思考在这个问题上没有必要。①

（六）四张卡片实验②

实验一：抽象的直言条件推理

>有四张卡片，每张卡片的一面是阿拉伯数字（表示偶数或奇数），另一面是英文字母（表示元音或辅音）。受试者可以看到下面的这四张卡片（但看不到卡片的另一面）：

>A　K　4　7

>受试者可知的条件句是："如果卡片的一面是元音，则另一面是偶数。"

>问：哪一张/些卡片，必须翻开看到另一面，才能决定这个条件句的真假值？

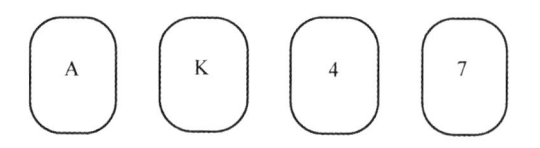

研究结果表明，受试者在类似的实验中表现非常糟糕，只有 4% 的受试者的选择正确③。只选择 A 卡的占 22%；同时选择了 A 卡和 4 卡的占 46%；同时选择 A 卡、4 卡和 7 卡的占 7%。康明斯的统计表明，1968—

---

① Shane Frederick, "Cognitive Reflection and Decision Making", *Journal of Economic Perspectives*, 2005 (19): 25-42.
② 四张卡片实验都是条件推理，其逻辑正确的答案是：选择符合条件句前件以及否定条件句后件的卡片。
③ 正确答案：选择 A 卡和 7 卡。

1985年，有13个类似的实验都一致地表明，只有极低比例的受试者的答案在逻辑上才是正确的。①

在进行了包括归纳推理在内的大量相关研究后，一些学者悲观地断定人类是不理性的。②

实验二：有内容的直言条件推理

> 有四个信封，给受试者看的是（每个信封只能看其中一面）：第一个是正面有贴邮票的信封，第二个是正面没有贴邮票的信封，第三个是反面有邮戳的信封，第四个是反面没有邮戳的信封。
>
> 受试者被告知下列条件句：如果信封反面有邮戳，则它的正面有贴邮票。
>
> 问：哪个/些信封，必须翻开看到另一面，才能决定这个条件句的真假值？

研究结果证明，在这类实验中给出逻辑正确回答③的受试者的比例有明显的提高。1971—1985年，在12个针对有具体内容的直言条件推理的实验中，受试者的表现差异较大，正确的比例从4%到62%不等。但总的说来，与抽象的直言条件推理实验的正确率相比，有内容的直言条件推理实验的正确率要高。④

以上的实验都是针对直言条件推理的，那么涉及规范的义务条件推理⑤的情况如何呢？

实验三：义务条件推理

> 有位警察正在查询某个酒吧里的客人是否违反了政府的规定：

---

① Robert Cummins, *Representations*, *Targets*, *and Attitudes*, Cambridge: MIT Press, 1996. 转引自彭孟尧《知识论》，台北：三民书局2009年版，第276—277页。

② Daniel Kahneman, Paul Slovic, Amos Tversky, *Judgment Under Uncertainty: Heuristics and Biases*, Cambridge: Cambridge University Press, 1982.

③ 正确答案：选择反面有邮戳的信封，以及正面没有贴邮票的信封。

④ 转引自彭孟尧《知识论》，台北：三民书局2009年版，第277页。

⑤ 与直言条件推理不同，义务条件推理的特点是：①内容是具体的，因为它涉及具体的规范；②是关于规范的推理，用到"应该"或"必须"之类的词，而不是真假的推理。

如果客人喝的是酒,则他必须年满19岁。有四位客人已知的情形如下:甲正在喝酒;乙正在喝可乐;丙现年16岁;丁现年22岁。

问:哪一个人,或哪一些人,一定要经过查询,才能判断是否违反政府的这项规定?

1972—1992年,有14个义务条件推理的实验表明,42%—96%的受试者的答案正确[1],而且其中9个实验有超过70%的受试者的答案正确。这表明与直言条件推理上的表现相比,人类在义务条件推理的表现更好。[2]

三类实验发现的两个重要现象及其解释是:第一,受试者在有具体内容的实验(实验二和实验三)中,其推理能力的表现要高于在只有抽象内容的实验(实验一)。这可用内容效应(或称主题促进效应)来解释:与进行抽象推理工作相比,人类进行具体内容的推理工作要容易得多。第二,与直言条件推理上的表现相比,受试者在义务条件推理实验的表现更好。这可用熟悉程度的差异来解释。实验一和实验二问题中使用了"真""假"概念,而在实验三中,受试者面对的是规则判定,与真假判定相比,在日常生活中规则判断更常见。实验一激发的是推理思维,实验三激发的是直觉思维;实验二介于两者之间。

综上所述,大量的证据证明认知过程存在"双系统"或"双过程",系统1或过程1是直觉的神经生理基础。作为对哲学问题的直觉,哲学直觉与普通直觉没有本质的区分,只有研究的对象不同,哲学家在使用直觉概念上没有特权。哲学直觉是哲学概念归赋的直接呈现,是直接把握抽象的哲学对象的能力。哲学直觉不是一种神秘的能力,而是基于理解、带有理论负载的非反思性判断能力,是在直接性的背景下,不受意识监控的、自动化的、不连续的信息加工能力。哲学直觉具有经验和理论负载,是可以训练的。直觉是对抽象对象的直接呈现,是直接把握抽象对象的能力,其运行不依赖工作记忆,具有无意识的推论性。

---

[1] 正确答案:选择喝啤酒的甲,以及只有16岁的丙。

[2] Robert Cummins, *Representations*, *Targets*, *and Attitudes*, Cambridge: MIT Press, 1996. 转引自彭孟尧《知识论》,台北:三民书局2009年版,第278页。

第 二 章

哲学直觉能否作为证据？[①]

诉诸直觉在所有学科中都是十分普遍的，在哲学分析和理论建构的论证中也被广泛地使用。直觉在论证中具有基础性地位，符合直觉的主张通常被认为是正确的、可接受的；反之，就被认为是错误的、要抛弃的。尽管"诉诸直觉是当前分析哲学家所喜爱的论证方法"，"诉诸直觉来建构、塑造、加工哲学观点，是哲学家都在做的事……大多数哲学家都公开且不加辩解地这样做。实际上，其他人也这样做，尽管他们中有些人可能会否认这一点"[②]。"当代哲学的工作充分地诉诸直觉。当哲学家想要了解知识、因果关系或自由意志的本质时，通常的做法是：首先构造一个案例，产生对这些现象本质的前反思判断。然后，把这些前反思的判断作为重要的证据来源。哲学家们已经非常熟练地把这种基本的方法应用到广泛的不同领域了。"[③] 然而，也有学者认为，"这些诉诸通常没有任何值得尊敬的理论基础"[④]，在哲学中使用直觉是"完全没有得到辩

[①] 这部分内容主要根据《哲学直觉方法的合理性之争》(曹剑波：《哲学直觉方法的合理性之争》，《世界哲学》2017年第6期)、《直觉在当代哲学中扮演着重要的角色吗？——对卡普兰直觉非中心性的批驳》(曹剑波：《直觉在当代哲学中扮演着重要的角色吗？——对卡普兰直觉非中心性的批驳》，《甘肃社会科学》2017年第2期)和《直觉在哲学中的重要地位合理吗？》[曹剑波：《直觉在哲学中的重要地位合理吗？》，《长沙理工大学学报》(社会科学版)2016年第2期]这3篇论文的观点改写而成。感谢普渡大学Michael Bergmann教授的"知识论"课程对这部分内容撰写的启发。

[②] See: Joshua Alexander, *Experimental Philosophy: An Introduction*, Cambridge: Polity Press, 2012, p. 11.

[③] Joshua Knobe, Wesley Buckwalter, Shaun Nichols, Philip Robbins, Hagop Sarkissian, and Tamler Sommers, "Experimental Philosophy", *Annual Review of Psychology*, 2012 (63): 82.

[④] Jaakko Hintikka, "The Emperor's New Intuitions", *Journal of Philosophy*, 1999 (96: 3): 127.

护的"①。很多学者基于直觉的多样性、可错性、可变性与不稳定性,开始不断质疑直觉作为证据的可靠性与合法性。索萨把它概括为一个"重要却没有被提及过"的问题,即"相对于经验科学,知觉享有的证据地位;相对于哲学,哲学直觉可以享有类似的证据地位吗?"。他更进一步地问:"直觉作为先天论证的一个基本来源,可以被清楚地理解并得到充分地捍卫吗?"②换言之,可以诉诸直觉作为哲学理论的证据吗?面对这些经由合法手段获得的反面证据,面对激进的实验哲学家咄咄逼人的架势,任何主张直觉在哲学中有重要地位的、负责任的哲学家都必须给出令人信服的回应,而非不负责任地简单否认,也不应该采取视而不见的方法进行逃避。

根据"直觉能否作为哲学理论的证据"的不同回答,可以区分否定、肯定以及无意义三种基本的理论立场。第一种立场是否定立场,对"直觉能否作为哲学理论的证据"这个问题持否定的回答。代表人物有康明斯、斯蒂奇、辛提卡、科恩布里斯、威廉姆森、戴维特,以及许多实验哲学家等方法论反直觉主义者。他们挑战直觉的证据地位,反对诉诸直觉的传统哲学方法,主张抛弃或限制直觉在哲学研究中的使用。否认哲学直觉的证据地位的主要论证有:没道明论证、缺乏可校正性论证和多样性论证。

第二种立场是肯定立场,对"直觉能否作为哲学理论的证据"这个问题持肯定的回答。代表人物有比勒、普斯特、索萨、大卫·索萨、戈德曼、邦久、普兰丁格、布朗、路德维希等方法论直觉主义者。他们坚信诉诸直觉的传统哲学方法的正确性,主张哲学直觉是可靠的,可以作为哲学理论的证据。方法论直觉主义辩护直觉在哲学中的证据地位的重要论证有:自我击败论证、对比知觉论证、来自先验知识的论证等。

第三种立场对问题本身的意义持否定态度,认为"直觉能否作为哲

---

① Jaakko Hintikka, "The Emperor's New Intuitions", *Journal of Philosophy*, 1999 (96: 3): 133.

② Ernest Sosa, "Experimental Philosophy and Philosophical Intuition", *Philosophical Studies*, 2007 (132: 1): 106.

学理论的证据"这个问题本身就无意义。其代表人物是卡普兰、杜尔歇和莫利纽。他们分别提出直觉非中心论和直觉无关论,并认为直觉方法在哲学中的作用很有限,在以思想实验为主要方法的当代分析哲学中,直觉根本不起作用。在他们看来,"直觉能否作为哲学理论的证据"是一个无意义的问题,因为直觉在作为哲学理论的证据上作用很有限,尤其在以思想实验为主要方法的当代分析哲学中,直觉根本就不起作用。他们断言,方法论直觉主义论证直觉的可靠性和直觉的证据地位,是多此一举;方法论反直觉主义反对直觉的地位是无的放矢,是在批判稻草人。

本章依否定立场、肯定立场和无意义立场的顺序加以介评,以此捍卫直觉能作为哲学理论的证据。

第一节 挑战直觉能作为哲学理论证据的论证

对"直觉能否作为哲学理论的证据",第一种立场是否定立场。这种观点否定直觉能作为哲学理论的证据,其论证主要有三个,即没道明论证、无校正论证和多样性论证。没道明论证(the argument from unclarity)基于人们对直觉的性质、来源、运行方式、目标等认识没有说清也没有道明,对直觉能作为哲学理论的证据提出了怀疑;无校正论证(the argument from uncalibratability)主张,任何证据都要有独立的校正手段,由于直觉缺乏可校正性,因此直觉不能作为证据。多样性论证(the argument from diversity)又可称不稳定性(unstability)论证、分歧(disagreement)论证或不恰当的敏感性(unapt sensitivity)论证,基于直觉认知的多样性、敏感性、可错性对直觉的可靠性提出了怀疑。

一 没道明论证

直觉不仅在分析哲学中扮演着重要的角色,在全部哲学中,甚至全部的学科中,都扮演着重要的角色。把直觉作为证据不仅自苏格拉底时代就已经开始了,而且是最常用的一种认识方法。然而,直觉就像斯芬克斯之谜,充满神秘。"什么是哲学直觉?""哲学直觉的本质是什么?""哲学直觉的特征是什么?""直觉是一种神秘的能力还一般的能力?""直觉是先天的还是后天的?""直觉可以训练吗?""直觉的产生仅只基于理解吗?""直觉是信念还是表象?""哲学直觉为何在哲学中具有重要地位?""哲学直觉能否作为哲学理论的证据吗?""多样性的直觉判断为什么可以信赖?""直觉确证的本质是什么?""直觉确证的过程是什么?"哲学家对与直觉相关的这些问题都不清楚,更没有一致的意见。哲学擅长刨根问底,然而哲学却把直觉这种来源不清、性质不明的方法,作为我们认识的根基而不加反思,这不能不说是哲学方法论的一个耻辱。查尔默斯说"与直觉判断相联的这种认知确证仍然有一些神秘性,我们没有这种确证的广泛接受的模型"[①]。威廉姆森在谈到直觉在哲学中的重要作用后,话锋一转说:"然而,在直觉是如何运行的问题上,还没有一致的意见,甚至还没有大众欢迎的说明;在'我们有直觉P'和'P是真的'之间希望得到的相互关联上,还没有可接受的解释。由于分析哲学标榜自身的严密性,在直觉根据上的这种空白看起来就像是一个方法论的耻辱。我们为什么在哲学上应该赋予直觉这么重要的地位呢?"[②] 在威廉姆森看来,在直觉的根据、为什么赋予直觉重要的地位等问题上"没有一致的意见""没有可接受的解释""没有大众欢迎的说明"是哲学"方法论的耻辱"。的确,仅仅因为直觉判断对哲学家来说是"明显的",就假定直觉在哲学上具有重要的地位,这是武断的;仅仅因为直觉方法在哲学上大量使用,就假定直觉方法在哲学上是合法的,这是不严肃的。作为反思典范的哲学,还要认真思考直觉为何在哲学中起重要作用,是否应该在哲学中起重要作用。[③]

本书第一章"什么是哲学直觉?"就是对"没道明论证"的回应。

[①] David J. Chalmers, "Intuitions in Philosophy: A Minimal Defense", *Philosophical Studies*, 2014 (171: 3): 543 – 544.

[②] Timothy Williamson, *The Philosophy of Philosophy*, New York: Routledge, 2007, p.215.
Timothy Williamson, "Philosophical 'intuitions' and Skepticism about Judgment", *Dialectics*, 2004 (58: 1): 109.

[③] Gaile Jr. Pohlhaus, "Different Voices, Perfect Storms, and Asking Grandma What She Thinks: Situating Experimental Philosophy in Relation to Feminist Philosophy", *Feminist Philosophy Quarterly*, 2015 (1: 1): 10.

二 无校正论证

在《反思反思平衡》[①]中,康明斯基于"校正"概念对直觉在哲学中的证据地位提出了挑战,认为没有独立检验直觉判断的手段,因此,很难独立检验直觉的有效性和可靠性。由于哲学直觉没有可校正性,因此哲学直觉不适合作为证据。康明斯的论证策略是:通过类比观察数据,主张相互冲突的证据需要校正,而直觉不具可校正性,因此直觉不能作为证据。由于对直觉来说独立的理由是非直觉的理由(如感觉、记忆、证词等),而这些理由都不能成为确证直觉的理由,因此缺乏独立校正的论证过程可以概括为:

[P1] 只有当某人有独立的理由相信假定的证据来源是可靠的时,才有理由相信假定的证据来源的内容。

[P2] 我们缺乏独立的理由相信直觉是可靠的,因此,

[C] 我们不能有理由地相信直觉的内容。

在康明斯看来,相互冲突的观察数据是不能作为证据的,作为证据的观察数据必须是被普遍认可的,具有主体间性,"只有当观察是主体间的,才有资格成为科学的证据"[②]。消除观察数据之间的相互冲突,从而获得准确的数据的过程,就是数据的校正(calibration)。数据作为证据的必要条件是数据能够被校正。[③] 校正必须是独立的,"既不依赖被测试的设备或程序,也不依赖新的观察所支持的理论"[④]。虽然不同案例间的校正可能各不一样,但是,康明斯以伽利略发明望远镜为例,来说明观察

[①] Robert C. Cummins, "Reflection on Reflective Equilibrium", in Michael R. DePaul and William Ramsey (eds.), *Rethinking Intuition: The Psychology of Intuition and Its Role in Philosophy Inquiry*, Oxford: Rowman and Littlefied Publishers, 1998, pp. 113 – 118.

[②] Robert C. Cummins, "Reflection on Reflective Equilibrium", in Michael R. DePaul and William Ramsey (eds.), *Rethinking Intuition: The Psychology of Intuition and Its Role in Philosophy Inquiry*, Oxford: Rowman and Littlefied Publishers, 1998, p. 115.

[③] Robert C. Cummins, "Reflection on Reflective Equilibrium", in Michael R. DePaul and William Ramsey (eds.), *Rethinking Intuition: The Psychology of Intuition and Its Role in Philosophy Inquiry*, Oxford: Rowman and Littlefied Publishers, 1998, pp. 113 – 117.

[④] Robert C. Cummins, "Reflection on Reflective Equilibrium", in Michael R. DePaul and William Ramsey (eds.), *Rethinking Intuition: The Psychology of Intuition and Its Role in Philosophy Inquiry*, Oxford: Rowman and Littlefied Publishers, 1998, p. 117.

数据是如何校正的。伽利略用望远镜观察月球时，看到像地球上山峰一样的污点，这与当时流行的月球是完美天体的看法不一致。因此，怀疑望远镜观察到的山峰是否是人为现象，这是合理的怀疑。对这种合理的怀疑，伽利略不能合法地诉诸待证的哥白尼天文学假说来排除。伽利略的回应是用望远镜观察一个大小、形状、颜色等属性都已知的对象，检验一下望远镜除了放大作用外，是否还会改变这个对象的图像，最终以此来解决观察结果与传统看法的冲突，从而证明观察的设备或实验的程序是没有问题的。

康明斯把直觉与观察相比，认为"不像科学观察，尽管哲学直觉确实能被校正，但是却从来没有被校正"。[1] 以关于公平案例的直觉为例，为了校正某人关于公平的直觉发生器（intuitor），我们需要有一个测试答案（test key），告诉我们什么分配是公平的，什么分配不是公平的。然而，困难是我们从哪里得到这个答案。我们可能借用每个人事先都没有争议的案例，然而，如果每个人都同意，这种测试就没有必要，也没有意义；如果答案只是相对一致的，那么这种一致性并不能保证答案不会相互冲突，"如果受试者的回答是'错误的'，那么这仅仅说明这个答案不在测试中"[2]。也许可以咨询专家的关于公平的最好理论而不必凭借他们关于公平的直觉。然而，由于有不同的关于公平的最好理论，专家也有意见的不一致。而且纵使专家们有一致的看法，他们仍可能出错。此外，如果追问专家的最好理论是如何得到的，很有可能的答案是由相应的直觉判断推论出来的，这是一种循环。这表明，不存在校正有差异的直觉的独立途径。康明斯承认，仅仅在假设有一些通往哲学直觉的目标的非直觉途径下，哲学直觉才是可以校正的。他主张，在某些案例中，有通往哲学直觉目标的非直觉途径。例如，他认为：

---

[1] Robert C. Cummins, "Reflection on Reflective Equilibrium", in Michael R. DePaul and William Ramsey (eds.), *Rethinking Intuition: The Psychology of Intuition and Its Role in Philosophy Inquiry*, Oxford: Rowman and Littlefied Publishers, 1998, p. 116.

[2] Robert C. Cummins, "Reflection on Reflective Equilibrium", in Michael R. DePaul and William Ramsey (eds.), *Rethinking Intuition: The Psychology of Intuition and Its Role in Philosophy Inquiry*, Oxford: Rowman and Littlefied Publishers, 1998, p. 117.

如果当前的物理学理论是正确的,并且是有解释力的,那么我们就可以放弃关于时空本质的直觉,取而代之地问兽类的时空可能是怎样的。如果当前的认知理论是正确的,并且是有解释力的,那么我们就可以放弃关于表征内容的直觉,取而代之地问表征可能是怎样的。①

不能校正的哲学直觉不能作为理论的证据,而能校正的直觉则不是理论所需要的,因此,"在知识论上,哲学直觉是无用的。因为只有在不需要直觉时,它才能被校正。当我们能识别直觉中的人造物和错误时,哲学就不再使用直觉"。② 康明斯的结论是,我们应该"把哲学直觉当作知识论上无价值的东西而不予考虑"③。

作为自然主义者的科恩布里斯,也是方法论反直觉主义者,是康明斯的同道。在他看来,在科学研究之始,在没有科学理论之前,虽然大众理论有它自己的价值,然而,无论在精确性上,还是在合理性上,大众理论远远低于科学理论,因此,

> 在没有坚实理论理解的情况下,必须认真地对待直觉。然而,除非先前直觉判断被这种坚实理论的发展所认可,否则一旦对坚实理论的理解形成了,先前直觉判断的重要性就会变小。某人的理论理解越重要,他可能分配给未受教育的(untutored)判断的重要性就越小。④

---

① Robert C. Cummins, "Reflection on Reflective Equilibrium", in Michael R. DePaul and William Ramsey (eds.), *Rethinking Intuition: The Psychology of Intuition and Its Role in Philosophy Inquiry*, Oxford: Rowman and Littlefied Publishers, 1998, pp. 117 – 118.

② Robert C. Cummins, "Reflection on Reflective Equilibrium", in Michael R. DePaul and William Ramsey (eds.), *Rethinking Intuition: The Psychology of Intuition and Its Role in Philosophy Inquiry*, Oxford: Rowman and Littlefied Publishers, 1998, p. 126.

③ Robert C. Cummins, "Reflection on Reflective Equilibrium", in Michael R. DePaul and William Ramsey (eds.), *Rethinking Intuition: The Psychology of Intuition and Its Role in Philosophy Inquiry*, Oxford: Rowman and Littlefied Publishers, 1998, p. 125.

④ Hilary Kornblith, "The Role of Intuitions in Philosophical Enquiry: An Account with No Unnatural Ingredients", in Michael R. DePaul and William Ramsey (eds.), *Rethinking Intuition: The Psychology of Intuition and Its Role in Philosophy Inquiry*, Oxford: Rowman and Littlefied Publishers, 1998, p. 135.

科恩布里斯赞成康明斯的观点，主张由于直觉不能校准，因此，诉诸直觉的方法是不值得信任的。他说：

> 如果说存在某种像我们能够校准科学仪器那样确保其可靠性的校正直觉的方式，那么就还有解决这些难题的希望。然而，康明斯早已给出了有力的论证，证明这些难题根本难以解决。一方面，对那些想为诉诸直觉的方法辩护的人来说，他们认为直觉是实现哲学理论探讨目标的唯一来源。如果真是如此，那么校正我们的直觉似乎就没什么可能性了，因为校正我们的直觉需要考察某些独立的来源。另一方面，如果真的存在实现哲学理论目标的独立途径，即某些无须要求使用直觉而我们有充分理由依赖的方法，那么对于实现哲学家所追求的那种知识来说，哲学的直觉就毫无必要。因此，康明斯认为如果直觉不能校准，直觉就根本不值得我们信任，或者如果直觉能校准，那么它们对哲学理论的探讨来说毫无必要。虽然康明斯的这个论证并没有被广泛接受，但是它却为诉诸直觉的方法提供了有力的批判。[①]

他还认为，由于直觉没有外部的检验，直觉是不可靠的，他说：

> 直觉恰好不会允许我们消除那些非常普遍的、或者对每个人来说都很常见的错误来源。为了做到这一点，人们需要追加对资料的检验，即追加科学业已成功地提供的检验。没有外部的检验，我们就没有理由根据表面的判断来接受我们的直觉。我们已经有足够的证据证明直觉的不可靠性。[②]

---

① ［美］H. 科恩布里斯、方环非：《直觉、自然主义与认识论：H. 科恩布里斯教授访谈》，《世界哲学》2014 年第 4 期。
② ［美］H. 科恩布里斯、方环非：《直觉、自然主义与认识论：H. 科恩布里斯教授访谈》，《世界哲学》2014 年第 4 期。

基于直觉的不可靠性，科恩布里斯主张，哲学的进步"所需要的是彻底放弃依赖直觉"①，"直觉不能作为任何证据的合理来源"②。

温伯格也接受了康明斯的"直觉不具可校正性"观点，把证据源（sources of evidence）分为"有希望的"（hopeful）和"无希望的"（hopeless）。他说："在实践中不是不可错的证据源是有希望的，是指在某种程度上我们有能力发现并纠正它的错误"，而"无希望的证据源"是指"我们的实践对它们的错误缺乏适当的敏感性，而且当错误被发现时缺乏纠正这些错误的能力"③。温伯格宣称，"任何没有希望的、想象的证据来源，都是不应该被相信的"。而哲学直觉是无希望的，因而是不应该被相信的。④ 温伯格认为，值得信任的证据源不必是不可错的，而必须对错误敏感且有纠正错误的能力，这样的证据源才是有希望的证据源。有希望的证据源有 4 种：①外在的校正；②内在的一致；③边缘的可侦测性（能侦测出不好的设备）；④理论说明（对设备能起作用时如何工作，以及对设备不起作用时为什么它们不起作用的理论说明）⑤。

戈德曼和索萨反对康明斯的校正观点，认为他的校正标准太高，会导致全面的怀疑主义。戈德曼认为，必定存在一些基本的程序或方法，它们是基本的证据源。知觉、记忆、内省、演绎推理和归纳推理这些精神能力都是基本的证据源。这些证据源被许多知识论学者看作真实的证据源，然而它们是基本的，却没有独立的能力或方法来确立它们的可靠性。以记忆为例，记忆是我们形成关于过去真信念的基本方法，然而由于"所有获得关于过去知识的方法都必须依赖记忆，因此这些方法不能

---

① ［美］H. 科恩布里斯、方环非：《直觉、自然主义与认识论：H. 科恩布里斯教授访谈》，《世界哲学》2014 年第 4 期。

② ［美］H. 科恩布里斯、方环非：《直觉、自然主义与认识论：H. 科恩布里斯教授访谈》，《世界哲学》2014 年第 4 期。

③ Jonathan M. Weinberg, "How to Challenge Intuitions Empirically Without Risking Skepticism", *Midwest Studies in Philosophy*, 2007（31：1）：327.

④ Jonathan M. Weinberg, "How to Challenge Intuitions Empirically Without Risking Skepticism", *Midwest Studies in Philosophy*, 2007（31：1）：327.

⑤ Jonathan M. Weinberg, "How to Challenge Intuitions Empirically Without Risking Skepticism", *Midwest Studies in Philosophy*, 2007（31：1）：330.

提供检验记忆可靠性的独立方法"①。由于所有获得关于过去知识的方法都依赖记忆,因此它们也不能为记忆提供独立的校正方法。记忆的可靠性不能由独立于记忆的方法来检验,因此记忆也不能获得校正。同理,知觉是我们获得外部世界知识的唯一来源,所有获得外部世界知识的方法都离不开知觉,因此,没有独立于知觉的方法来校正知觉,也没有独立于知觉的方法来检验知觉的可靠性。戈德曼由此断定,如果接受康明斯的证据源都必须满足校正的标准或者独立的证实标准,那么这些证据源都是不合法的,这会导致普遍的怀疑主义。因此,他的结论是"更好的做法是接受这个结论,即:基本的证据源不必满足校正或独立印证的限制。直觉可能属于基本的证据源"②。他提出的较弱的证据标准是否定性的,即"我们不确证地相信不可靠的假定性的证据源",其变体是"我们不确证地相信对其可靠性强烈怀疑的证据源"③。在我们看来,伽利略用已知的对象来检验望远镜的观察是否可靠,用的方法仍是用知觉校对知觉。如果这种策略可行,那么用更一般的每个人事先都没有争议的公平原则来校对公平案例也是可行的。

索萨也断言,康明斯的校正标准会导致知识论怀疑主义,因为"没有最终的自我依赖,没有什么能够被校正"④。索萨认为,如果不执着独立认知通道这个标准,这些基本的认知能力都是能够得到校正的。例如,知觉包含视觉、听觉和触觉等多种亚官能,它们中的任意一种官能的可靠性都可以借助另一种官能得到支持⑤。这种"分步解决"(divide and conquer)的策略也能用于直觉,因为不同主体的直觉,以及同一主体在

---

① Alvin Goldman, "Philosophical Intuitions: Their Target, Their Source and Their Epistemic Status", *Grazer Philosophiche Studien*, 2007 (74): 5.

② Alvin Goldman, "Philosophical Intuitions: Their Target, Their Source and Their Epistemic Status", *Grazer Philosophiche Studien*, 2007 (74): 5.

③ Alvin Goldman, "Philosophical Intuitions: Their Target, Their Source and Their Epistemic Status", *Grazer Philosophiche Studien*, 2007 (74): 5.

④ Ernest Sosa, *A Virtue Epistemology: Apt Belief and Reflective Knowledge* (Vol. 1), Oxford: Oxford University Press, 2007, p. 64.

⑤ 索萨强调是任意一种官能的可靠性可以借助另一种官能得到支持,而不是每一种官能的可靠性都可以借助另一种官能得到支持。没有这种强调,将面临作为整体的知觉的校正问题。(Ernest Sosa, *A Virtue Epistemology: Apt Belief and Reflective Knowledge* (Vol. 1), Oxford: Oxford University Press, 2007, p. 64.)

不同时刻、不同条件下的直觉，都可以相互校正，"因此，在证据上，个人可以让自己的直觉依赖于他人的直觉。或者，个人可以对自己的此时的直觉，与彼时的直觉之间作出类似的区分"①。本书认为，除了用不同时间、不同情境的以及不同人的直觉相互校正外，也许可以用日常直觉来校正哲学直觉，用反思或用经验来校正直觉。本书主张，普通大众的直觉可由专家直觉或理性来校正；相互冲突的负载理论的专家直觉可以由实验或更进步的理论来校正。随着认知直觉心理学对直觉产生的机制进行深入的研究，不追踪真理的影响直觉的因素将能得到更有效地排除，从而使直觉得到校正。

三 多样性论证

追求统一是大一流理论建构的前提，也是思维经济原则的要求，赞同多样性的理论，被当作"特设性假说"，不能被完美的理论容纳。"大写的"哲学家或后现代之前的哲学家都热衷于追求统一，甚至到了强迫症的状态：不能达到统一，就会产生无法忍受的痛苦。对多样性的直觉也存在过度的"焦虑"与"恐惧"，产生"多样性焦虑"与"多样性恐惧"（Diversphobia）。直觉作为证据需要有直觉具有稳定性和普遍性这个预设，即在通常情况下，对同一个问题，每个正常人②的直觉都是基本相同的，无须进一步检验，便可以作为公共的常识接受，从而作为判别问题、构造论证或建构理论等的证据。假设直觉具有稳定性和普遍性，是能诉诸直觉作为证据的前提，因为任何解释都要遵循经济原则，都是以不变解释万变，而且任何强说服力都以普遍同意和没有异议为标志。以稳定的和普遍的直觉为基础作出的哲学论证和构建的哲学理论才能必然具有稳定性和普遍性。与此类似，莱文（Janet Levin）说："对哲学理论来说，如果最佳证据是'我们深思熟虑后的'直觉（在我们对具体案例的直觉如何与其他直觉和理论承诺达到一致作了令人信服的深入思考后，

---

① Ernest Sosa, *A Virtue Epistemology: Apt Belief and Reflective Knowledge* (Vol. 1), Oxford: Oxford University Press, 2007, p. 64.

② 正常人是指具有最基本的反思能力，能够正确使用诸如"真理""信念""知识""确证"等这些概念的人。正常人既包括未受过哲学思维训练的普通大众，也包括受过哲学思维训练的学生和哲学家。

仍保持稳定的直觉），那么，我们就可以获得运用扶手椅方法的大多数证据了。"①

然而，直觉的多样性、分歧性是一个普遍而众所周知的现象。逻辑实证主义者费格尔（H. Feigl）很早就意识到"在直觉上令人信服的东西，很可能因人而异，或者因文化不同而不同"②。与东亚人相比，西方人更能接受"因果—历史"观，更倾向于用"因果性"而非"相似性"进行归类。东亚人与西方人的文化直觉差异"可以粗略地归在'整体性思维对比分析性思维'下"③。

道德直觉分歧是人们最经常用来反对直觉的认知地位的论证。其论证如下：

> 毋庸置疑地，人们对一些案例的道德看法是不一致的。因而，双方不可能都是正确的。所以，如果道德直觉是道德真理的一种可靠来源，那么一方或另一方必定缺少这个来源。因此，缺少这个来源的那一方就有一种错误的直觉……然而，直觉主义没有给我们判别两方中哪一方是错误直觉的方法。④

其推理过程可表述为：
（1）普通大众之间有持久的道德分歧。
（2）相互冲突的道德判断不可能全部正确。
（3）人群中持久的道德分歧，源于人群中持久的道德直觉的冲突。
（4）道德直觉是道德判断的可靠来源。
（5）相互冲突的道德直觉是不能调和的，因而不可能全部正确。⑤

---

① Janet Levin, "Experimental Philosophy", *Analysis*, 2009 (69: 4): 768.
② 费格尔：《维也纳学派在美国》，选自克拉夫特著《维也纳学派》，李步楼、陈维杭译，商务印书馆1998年版，第197页。
③ Richard E. Nisbett, Kaiping Peng, Incheol Choi & Ara Norenzayan, "Culture and Systems of thought: Holistic Versus Analytic Cognition", *Psychological Review*, 2001 (108: 2): 291–310.
④ R. M. Hare, *Sorting Out Ethics*, Oxford: Oxford University Press, 1997, p. 88.
⑤ 大卫·索萨说："如果对立的直觉是无法调和的，那么至少其中一个是不可靠的。"[David Sosa, "Scepticism About Intuition", *The Royal Institute of Philosophy Philosophy*, 2006 (81): 635.]

（6）没有办法分辨相互冲突的道德直觉，因此相互冲突的道德直觉是平权的、等价的。

（7）选择一种道德直觉而不选择与其冲突的另一种道德直觉是任意的或武断的。

（8）任何道德直觉的认知地位都是不值得重视的。

通常情况下，哲学家对哲学直觉的可靠性深信不疑。这种深信的源头可以追溯到柏拉图和苏格拉底。他们认为，哲学直觉是哲学家对隐藏在现象世界背后的真实的理念世界的直接洞见[1]。近代的理性主义哲学家也认为直觉是一种理智能力，人们通过直觉能够获得确定无疑的自明的真理，并以此作为一切知识的基础。实验哲学家对哲学直觉的可靠性提出了质疑，他们认为，借助实验来研究普通大众和哲学家的直觉，可以更好地把握直觉的本质，直觉的来源，以及哪些直觉应该得到信赖，什么时候应该得到信赖。哲学史和实验哲学的证据表明，哲学家很容易在一些哲学的直觉判断上犯错。哲学家理所当然地认为普通大众有的那些直觉，并不见得普通大众一定都有，哲学家的这种理所当然的看法（也是一种直觉）并不都是可靠的。弗吉尼亚大学心理学家的海特曾说："在读哲学著作时，让我感到沮丧的是，哲学著作是逻辑推理与单纯的直觉描述的混合，然而我的直觉经常与哲学家的直觉不同。"[2]实验哲学所获得的有些结果令人吃惊：许多直觉上认为理所当然的主张为实验所反驳。普通大众的直觉判断对哲学家没有想到是相关的那些因素极为敏感：某种行为的结果是坏的，比它是好的更可能被普通大众断定为是有意的；对什么是知识的构成的直觉判断，西方人和亚洲人有显著的不同；对在被决定论宇宙中当事者是否对道德负有责任的直觉判断，案例被具体描述比案例被抽象描述更可能得到肯定的回答。虽然这并没有证明在这些判断中存在错误，但它确实表明，在判断中有其他因素在起作用。

---

[1] Christopher Shea, "Against Intuition: Experimental Philosophers Emerge from the Shadows, But Skeptics Still Ask: Is This Philosophy?", *The Chronicle Review*, October 3, 2008. http://www.sel.eesc.usp.br/informatica/graduacao/material/etica/private/against_intuition.pdf.

[2] Christopher Shea, "Against Intuition: Experimental Philosophers Emerge from the Shadows, But Skeptics Still Ask: Is This Philosophy?", *The Chronicle Review*, October 3, 2008. http://www.sel.eesc.usp.br/informatica/graduacao/material/etica/private/against_intuition.pdf.

实验哲学的大量研究进一步凸显了直觉的多样性和分歧性，对直觉的可靠性提出了怀疑，对直觉的方法论地位提出了挑战。正如查尔默斯所说，"哲学上，在非推论和非反省的主张（即直觉判断：引者注）上存在的分歧是普遍的"，这导致了"一种显著的方法论挑战的出现"①。辛诺特-阿姆斯特朗也说："当某位哲学家诉诸直觉来支持某个悖论时，其他哲学家也可以诉诸其他直觉来反对这个悖论。"②

在 2001 年发表的实验哲学的开山作《规范性与认知直觉》一文中，温伯格、尼科尔斯和施蒂希用如下案例来研究罗格斯大学的学生：

> 鲍博的朋友吉尔驾驶一辆别克车多年了。鲍博因此认为，吉尔现在开的是一辆美国车。然而，鲍博并不知道的是，吉尔的别克车最近被偷了，而且他也不知道的是，吉尔买了一辆潘迪亚克车来替代它。潘迪亚克车是另一种美国车。鲍博真的知道，吉尔驾驶一辆美国车，还是他只是相信这一点？③

实验结果发现：大多数西方人同意，鲍博只相信，而不是真的知道"吉尔驾驶一辆美国车"。然而，大多数亚洲人认为，鲍博真的知道"吉尔驾驶一辆美国车"④。温伯格等人认为，这些差异的出现是由于文化差异。亚洲人比西方人更倾向于基于相似性来作出分类判断，而在描述世界和归类事物方面，西方人更倾向于关注因果性⑤。因此，与西方人相

---

① David J. Chalmers, "Intuitions in Philosophy: A Minimal Defense", *Philosophical Studies*, 2014 (171: 3): 544.

② Walter Sinnott-Armstrong, "Abstract + Concrete = Paradox", in Joshua Knobe and Shaun Nichols (eds.), *Experimental Philosophy*, Oxford: Oxford University Press, 2008, p. 209.

③ Jonathan M. Weinberg, Shaun Nichols and Stephen P. Stich, "Normativity and Epistemic Intuitions", in Joshua Knobe and Shaun Nichols (eds.), *Experimental Philosophy*, Oxford: Oxford University Press, 2008, p. 29.

④ Jonathan M. Weinberg, Shaun Nichols and Stephen P. Stich, "Normativity and Epistemic Intuitions", in Joshua Knobe and Shaun Nichols (eds.), *Experimental Philosophy*, Oxford: Oxford University Press, 2008, pp. 30 – 31.

⑤ Jonathan M. Weinberg, Shaun Nichols and Stephen P. Stich, "Normativity and Epistemic Intuitions", in Joshua Knobe and Shaun Nichols (eds.), *Experimental Philosophy*, Oxford: Oxford University Press, 2008, p. 28.

比，亚洲人不太否认鲍博真的知道"吉尔驾驶一辆美国车"。[1] 他们的结论是"在恒河河岸被看作知识的东西在密西西比河河岸则不是！"[2]。由于这些直觉的结果受文化背景影响，而文化背景并不追踪真理，因此，有不少实验哲学家认为直觉是不可靠的。

一石激起千层浪。实验哲学的研究如雨后春笋般迅猛发展，出现了大量成果。这些成果表明，哲学直觉是多样的、不稳定的，受种族、性别、年龄、性格、社会经济地位、所受的教育、案例叙述方式、案例排列顺序、问题的道德性、提问的方式和场景呈现的方式等因素的影响，具有不恰当的语境敏感性[3]。例如，有证据表明，年龄会影响某些认知判断：老年人不太可能把知识归于假谷仓案例[4]。

实验哲学发现的直觉的多样性对基于直觉的实践提出了挑战。康明斯断言："如果直觉不是为人们所共享，那么以直觉为基础的论证就是不稳固的"[5]。斯温等人发现，实验哲学家试图通过实验来发现人们对某些案例的一致直觉，然而结果却发现直觉具有多样性，这是对诉诸直觉的哲学实验的挑战。他们说："实验哲学家已经开始进行实证研究，以针对某些案例找出可能会产生的什么直觉。然而，这些研究的成果非但没有

---

[1] 我们认为，西方人与亚洲人的这种文化背景的差异，并不能解释他们在这个葛梯尔型案例上的判断差异。然而洛伦萨杨（Ara Norenzayan）等人的调查则可以。他们调查了不同文化背景下的受试者（东亚人、亚裔美国人和欧裔美国人）的推理方式。结果发现，东亚人喜欢采用直觉推理，欧裔美国人喜欢采用形式推理，亚裔美国人处于两者之间。［Ara Norenzayan, Edward E. Smith, Beom Jun Kimc, Richard E. Nisbett, "Cultural Preferences for Formal Versus Intuitive Reasoning", *Cognitive Science*, 2002（26：5）：653 – 684.］

[2] Jonathan M. Weinberg, Shaun Nichols and Stephen P. Stich, "Normativity and Epistemic Intuitions", in Joshua Knobe and Shaun Nichols (eds.), *Experimental Philosophy*, Oxford: Oxford University Press, 2008, p. 31.

[3] 对直觉的敏感性，直觉方法的捍卫者可以有两种不同的处理方式：一种是认为直觉敏感的这些因素其实都是追踪真理的，并因而论证直觉的这些敏感性是可接受的，甚至是受欢迎的。然而，由于这种处理方式必须建立在相对主义真理观之上，因此很少有人采用。另一种是取消不受欢迎的因素影响的直觉的证据地位，对基于直觉的认知实践加以适当的限制。

[4] David Colaço, Wesley Buckwalter, Stephen Stich and Edouard Machery, "Epistemic intuitions in fake-barn thought experiments", *Episteme*, 2014（11：2）：199 – 212.

[5] Robert C. Cummins, "Reflection on Reflective Equilibrium", in Michael R. DePaul and William Ramsey (eds.), *Rethinking Intuition: The Psychology of Intuition and Its Role in Philosophy Inquiry*, Oxford: Rowman and Rowlefied Publishers, 1998, p. 117.

支持和解释诉诸直觉作为证据的实践，反而挑战了诉诸直觉的合法性。"① 亚历山大也说："对我们基于直觉的实践来说，直觉的多样性提出了重大的挑战。任何人，只要他想要从那些在回应某个假定的具体案例时所产生的众多哲学直觉中选择出一种，那么他就不得不解释为什么其他的直觉要被忽视。"② 斯温等人也断言："基于直觉依据诸如文化的和教育的背景以及社会经济地位等因素而变化这个事实，越来越多的实证文献挑战哲学家依赖直觉作为证据的做法。"③

为什么直觉对众多因素敏感会挑战直觉作为证据的作用呢？斯温等人解释说：

> 在某种程度上，直觉对这些变量敏感，表明直觉不适合哲学家要求它们从事的工作。直觉不只追踪思想实验中的与哲学相关的内容，还追踪与思想实验试图解决的问题无关的因素。思考思想实验的个人的特定社会经济地位和文化背景应该与思想实验是否描述了一个知识案例无关。对无关因素的敏感性削弱了直觉作为证据的地位。④

由于我们所受到的文化教育、我们的种族、性别、年龄、性格、社会经济地位等在某种意义上是偶然的，并不追踪相关问题的真理，相反，可能还追踪谬误，"如果不同群体的人有精细巧妙的对不同因素敏感的直觉（而且，如果我们想要避免认知相对主义），那么某些人的直觉必定会

---

① Stacey Swain, Joshua Alexander and Jonathan Weinberg, "The Instability of Philosophical Intuitions: Running Hot and Cold on Truetemp", *Philosophical and Phenomenological Research*, 2008 (76: 1): 140.

② Joshua Alexander, *Experimental Philosophy: An Introduction*, Cambridge: Polity Press, 2012, p. 76.

③ Stacey Swain, Joshua Alexander and Jonathan Weinberg, "The Instability of Philosophical Intuitions: Running Hot and Cold on Truetemp", *Philosophical and Phenomenological Research*, 2008 (76: 1): 138–139.

④ Stacey Swain, Joshua Alexander and Jonathan Weinberg, "The Instability of Philosophical Intuitions: Running Hot and Cold on Truetemp", *Philosophical and Phenomenological Research*, 2008 (76: 1): 140–141.

证明对错误的东西敏感"①。由于这些因素既不是我们能预料的,也不是我们希望它们出现的,因此,直觉对错误东西的敏感是不恰当的。例如,当人们用某种仪器如温度计来测量某个对象的温度时,如果温度计上的读数不仅受温度影响,而且还受气压、湿度等其他因素影响,那么就没有人会认为它是一个好的测量温度的仪器。正如不能把坏的温度计看作好的测量温度的仪器一样,我们不能把直觉看作一种好的认识方法。科恩布里斯认为,"从心理学实验的结果来看,我们已经有理由认为:直觉经常会误导我们。……直觉在哪里会误导我们,在哪里可能成为一个好的向导,在我们对这些问题有较充分的了解之前,我们不能继续合理地使用它。一旦我们知道温度计经常给我们的读数是错误的,我们需要做的就是停止使用,或者如果必要的话,找到它会在哪里给予我们准确的温度信息。我认为对直觉也是如此。"② 伊希卡瓦把这种建立在直觉敏感性上的批判称为"任意性批判(arbitrariness critique):我们的种族和性别特征完全是任意的,因此我们的认知直觉也是任意的。如果我们的认知直觉是任意的,那么我们就不应该认为它们能导向真理"③。温伯格等人也指出,如果我们的直觉依赖我们碰巧所获得的种族或性别特征,那么"为什么我们应该赋予我们的直觉而非某些其他群体的直觉以特权呢?"④ 在《如何经验地挑战直觉而不遭受怀疑主义的损害》⑤ 和《直觉与校正》⑥ 中,温伯格等实验哲学家认为,由于直觉具有多样性,对不相

---

① Edouard Machery, Elizabeth O'Neill (eds.), *Current Controversies in Experimental Philosophy*, New York: Routledge, 2014, p. 132.
② [美] H. 科恩布里斯、方环非:《直觉、自然主义与认识论:H. 科恩布里斯教授访谈》,《世界哲学》2014 年第 4 期,第 92 页。
③ Jonathan Ichikawa, "Who Needs Intuitions? Two Experimentalist Critiques", in Anthony Robert Booth and Darrell P. Rowbottom (eds.), *Intuitions*, Oxford: Oxford University Press, 2014, pp. 232 – 256.
④ Jonathan M. Weinberg, Shaun Nichols and Stephen P. Stich, "Normativity and Epistemic Intuitions", in Joshua Knobe and Shaun Nichols (eds.), *Experimental Philosophy*, Oxford: Oxford University Press, 2008, p. 22.
⑤ Jonathan M. Weinberg, "How to Challenge Intuitions Empirically Without Risking Skepticism", *Midwest Studies in Philosophy*, 2007 (31: 1): 318 – 343.
⑥ Jonathan M. Weinberg, Stephen Crowley, Chad Gonnerman, Ian Vandewalker, Stacey Swain, "Intuition and Calibration", *Essays in Philosophy*, 2012 (13: 1): 256 – 283.

关、错误的因素敏感，没有纠正自身错误的能力，因此直觉不能作为证据。

具体地说，如果受试者的哲学直觉各不相同，直觉能否当作证据，能否作为可靠的标示就值得怀疑。通常，如果受试者对"是否"问题的回答是五五开，其结论中50%是正确的，50%是错误的，标示关系的可靠性只有50%，与随机的猜测一样。如果受试者中有65%回答"是"，35%回答"否"，那么至少35%是错误的，可靠性的标示仍然不高。65%的正确率虽然比50%的正确率要高，但并不能成为较强的证据。在一个受控的条件下测试受访者，当受试者人数适当时，其回答的正确率极少有达到100%的。其他的非"是否"问题的回答也是如此。直觉的多样性，成为质疑直觉作为可靠证据来源的理由。从实验哲学的研究成果推出哲学直觉不能作为证据的论证过程是：

E1：实验结果表明，对哲学案例的直觉判断显著地受种族、性别、年龄、性格、社会经济地位、所受的教育、问题的道德性、提问的方式和场景呈现的方式等因素的影响。

E2：种族、性别、年龄、性格、社会经济地位、所受的教育、问题的道德性、提问的方式和场景呈现的方式等因素不是追踪相关问题的真理的因素。

E3：对哲学案例的直觉判断受不追踪相关问题的真理的因素影响。

E4：如果对哲学案例的直觉判断受不追踪相关问题的真理的因素影响，那么其原因就是直觉p（对哲学案例的直觉判断）受不追踪p的真理的因素影响。[①]

E5：如果直觉p受不追踪p的真理的因素影响，那么直觉p就不能追踪p的真理。

E6：如果直觉p不能追踪p的真理，那么直觉p就是可错的。

E7：如果直觉p是可错的，那么直觉p就是不可靠的。

---

① 对前提E4的反驳有（Elijah Chudnoff, *Intuition*, Oxford: Oxford University Press, 2014, p.110）：
（A）宣称人们在调查中作出的判断可能有其他的来源而非直觉。
（B）宣称仅当条件X获得后，才能获得来自直觉的判断。
（C）宣称实验哲学家所做的调查没有给我们理由认为X条件获得了。

E8：如果直觉 p 是不可靠的，那么直觉 p 就不能为相信 p 提供初步的证据。

E9：直觉 p 不能为相信 p 提供初步的证据。

E10：直觉不具有证据的地位。

直觉的多样性，不仅对直觉的证据地位提出了怀疑，而且对直觉驱动的知识论（intuition-driven epistemology）的合理性提出了怀疑。温伯格等人断言："如果关于认知直觉的一个或多个经验假设被证明是真的，那么许多知识论的计划……将被严重地削弱。"[①] 查彭泰（Chris Zarpentine）等人认为，直觉的多样性论题（diversity thesis，即不同人有系统的不同的和不兼容的认知直觉），与证据论题（evidence thesis，即在正常环境下，p 的认知直觉是 p 是真的初步证据）蕴含着流沙问题[②]（the shifting-sands problem），并认为敏感性论题[③]（sensitivity thesis）将使流沙问题变得更具挑战性。因为如果建立知识论的证据是由不兼容的直觉构成，而这些不同的直觉支持不兼容的知识论理论，那么就难以建立统一的知识论理论。[④]

更为糟糕的是，由于我们对直觉认知的具体情况知之甚少，因此直觉对这些因素的敏感会使我们缺乏方法分辨"哪些直觉是正确的？"，是西方人的，还是东方人的？是男人的，还是女人的？是老年人的，还是年轻人的？我们也缺乏方法判定"在什么时候应该相信这些直觉？"，要确立直觉的证据地位，我们需要辨别证据多样性的方法，需要预测证据敏感性的方法，需要预防对多余证据敏感的方法。正如艾耶尔（A. J. Ayer）所主张，如果诉诸直觉作为证据有意义，那么必须有评判相互冲突的直觉的标准，"直觉主义承认：对某人而言看上去在直觉上确定

[①] Jonathan M. Weinberg, Shaun Nichols and Stephen P. Stich, "Normativity and Epistemic Intuitions", in Joshua Knobe and Shaun Nichols (eds.), *Experimental Philosophy*, Oxford: Oxford University Press, 2008, p.17.

[②] 流沙问题即如何在不一致的直觉基础上建构知识论理论？因为知识论的证据基础是重要的和系统不一致的直觉，我们的知识论理论是建立在流沙上，而不是坚实的基岩（firm bedrock）上。

[③] 敏感性论题即其他条件相同时，显著不兼容的认知直觉将支持显著不兼容的知识论理论。

[④] Chris Zarpentine, Heather Cipolletti and Michael Bishop, "WINO Epistemology and the Shifting-Sands Problem", *The Monist*, 2012 (95: 2): 311–312.

的，对其他人而言可能是可疑的甚至错误的。因此，除非能够提供一种评判相互冲突的直觉的标准，否则仅仅诉诸直觉是无法检验命题有效性的"[1]。面对多样性、语境敏感性对直觉可靠性的质疑，对直觉证据地位的挑战，如果我们要确立直觉的认知地位，我们必须回答的问题有：①谁的直觉才是可靠的？划分直觉可靠的标准是什么？区分直觉可靠的原则是什么？②如果直觉是可靠的，可以作为证据，是什么使直觉可靠？③直觉是否需要校正？如果需要，如何校正？用什么校正？④直觉作为证据是否有范围的限制，是否有强弱的差异？

基于直觉的多样性，直觉的不恰当的敏感性，以及直觉没有追踪真理，有哲学家极力主张限制直觉作为证据的方法，甚至主张摈弃以直觉为基础的哲学方法，在方法论上彻底消除哲学直觉，"实验哲学的成果应该看作强烈地限制把直觉当作证据来应用"[2]，"实验的证据似乎表明直觉充当证据是完全不合适的"[3]。施蒂希认为，证据表明"整个二十世纪以及之前的哲学家们使用的'依赖扶手椅上的直觉'的核心方法出了问题"[4]。有实验者甚至认为，直觉根本就不应该用来作为哲学理论的证据。纳罕姆（Eddy Nahmias）等人主张抛弃"哲学家们坐在扶手椅上咨询他们自己的直觉，并且假设他们代表的是日常的直觉"的哲学方法。[5] 斯温（Stacey Swain）等人认为，哲学直觉是不稳定的，在哲学论证中是不适合当证据的。[6] 康明斯认为，"在哲学上，诉诸直觉没有任何确证的作

---

[1] A. J. Ayer, *Language, Truth and Logic*, London: Courier Corporation, 1952, p.106.

[2] Joshua Alexander and Jonathan M. Weinberg, "Analytic Epistemology and Experimental Philosophy", *Philosophy Compass*, 2007（2）: 61.

[3] Joshua Alexander and Jonathan M. Weinberg, "Analytic Epistemology and Experimental Philosophy", *Philosophy Compass*, 2007（2）: 63.

[4] Christopher Shea, "Against Intuition: Experimental Philosophers Emerge from the Shadows, But Skeptics Still Ask: Is This Philosophy?" *The Chronicle Review*, October 3, 2008. http://www.sel.eesc.usp.br/informatica/graduacao/material/etica/private/against_intuition.pdf.

[5] Eddy Nahmias, Stephen G. Morris, Thomas Nadelhoffer & Jason Turner, "Is Incompatibilism Intuitive?" in Joshua Knobe and Shaun Nichols (eds.), *Experimental Philosophy*, Oxford: Oxford University Press, 2008, p.85.

[6] Stacey Swain, Joshua Alexander & Jonathan M. Weinberg, "The Instability of Philosophical Intuitions: Running Hot and Cold on Truetemp", *Philosophy and Phenomenological Research*, 2008（76）: 138-155.

用，相反，哲学事业需要构建理论来说明直觉，而直觉本身对理论没有任何证据的价值"[1]，他甚至断言："哲学直觉在知识论上是无用的"，只有"无直觉的哲学才是有希望的"[2]。

此外，无差别论证认为，哲学直觉是普通直觉的一个子类，与普通直觉一样，虽然也是以预感和推测为基础，但是没有自己独特的知识论地位，也不能当作证据。[3] 其论证过程可形式化为：

（P1）能当作证据的判断只能是不可错的；
（P2）可错的判断是不能当作证据的；
（P3）普通直觉是易错的；
（P4）普通直觉不能当作证据；
（P5）哲学直觉是普通直觉的一个子类，也是易错的；因此，
（C）哲学直觉也不能当作证据。

也有人从诉诸直觉问题上是否达到一致以及直觉是否追踪真理上来反驳诉诸直觉的证据地位。例如，同意直觉原则（the principle of agreement on intuition）认为："当哲学家诉诸于直觉时，相关哲学家就有关直觉的问题必须达成一致意见，否则，诉诸直觉就是弱的。"[4] "对强的诉诸直觉来说，同意直觉只是一个必要条件，而不是充分条件。另一个必要条件是理智直觉的可靠性。如果理智直觉不追踪真理，那么诉诸直觉就是弱的。"[5]

综上所述，多样性论证基于直觉认知的多样性、敏感性、可错性对直觉的可靠性以及直觉作为哲学理论的证据提出了怀疑。

---

[1] Robert Cummins, "Reflection on Reflective Equilibrium", in M. DePaul & W. Ramsey (eds.), *Rethinking Intuition: The Psychology intuition and its Role in Philosophical inquiry*, Lanham: Rowman & Littlefield, 1998, p. 125.

[2] Robert Cummins, "Reflection on Reflective Equilibrium", in M. DePaul & W. Ramsey (eds.), *Rethinking Intuition: The Psychology intuition and its Role in Philosophical inquiry*, Lanham: Rowman & Littlefield, 1998, p. 125.

[3] Alvin Goldman, "Philosophical Intuitions: Their Target, Their Source, and Their Epistemic Status", *Grazer Philosophiche Studien*, 2007（74）: 5.

[4] Moti Mizrahi, "Intuition Mongering", *The Reasoner*, 2012（6: 11）: 170.

[5] Moti Mizrahi, "More Intuition Mongering", *The Reasoner*, 2013（7: 1）: 5.

第二节 捍卫直觉能作为哲学理论的证据

本书认为，直觉在哲学中具有重要的认知地位，像知觉是重要而又合法的认知方法一样。为此，本书坚决维护直觉作为证据的认知地位，坚定捍卫直觉方法的合法性，主张直觉不仅可靠，而且不可或缺。为了捍卫直觉方法的合法性，本书将借用他山之石。这些策略概括地说有3项：自我击败论证；对比知觉论证；来自先验知识的论证[①]。

一 自我击败论证

自我击败论证（self-defeat argument）认为，任何用来反驳直觉证据地位的推理和论证，它们的基本概念和基本命题都来自直觉，因此，任何排除直觉证据地位的原则和方法都是自我击败的。在《经验主义的不一致性》[②]中，比勒认为：以奎因为代表的激进经验主义的核心原则有3条：

> 经验主义原则：个人的经验和/或观察构成了个人的初步（prima facie）证据。
>
> 整体主义原则：对某人来说，一个理论是确证的（可接受的；或者比它的竞争者更合理、更合法、得到更多担保），当且仅当它是或者属于最简单的综合理论（comprehensive theory）。这个综合理论能解释所有的，或大多数的这个人的经验和/或观察。
>
> 自然主义原则：自然科学（以及所需要的逻辑学和数学）构成了最简单的综合理论。这个综合理论能够解释所有，或者大多数的

[①] 反驳多样性论证的方法有"否认直觉有显著多样性的论证""否认直觉多样性重要的论证""否认直觉多样性会导致不可靠性的论证"。我们将在第四章"哲学直觉的多样性挑战诉诸直觉吗？"中的第二节"哲学直觉多样性不会带来方法论挑战"加以论述。

[②] George Bealer and P. F. Strawson , "The Incoherence of Empiricism", *Proceedings of the Aristotelian Society*, Supplementary Volumes, 1992 (66: 1): 99–138.

这个人的经验和/或观察。①

经验主义原则明确主张只有个人的经验或观察才能构成初步的证据，由于直觉既非个人的经验，也非个人的观察，因此直觉不能作为证据。然而，在比勒看来，排除直觉作为初步的证据是自我击败的，因为构成经验主义的核心原则即经验主义原则、自然主义原则和整体主义原则都必须以"观察""经验""确证"等术语的定义为前提，这些术语的定义最终的根据都是直觉，离开了直觉，经验主义的原则是没有根基的。他说：

> 事实上，经验主义者通过把关于什么可以算作和什么不可以算作"经验、观察、理论、确证、解释、简单"的直觉的初步证据，来回答这些问题。在他们实践中，经验主义者使用这些直觉作为证据来支持他们的理论，并说服其他人。②

一旦经验主义者以直觉作为思考的出发点，那么不管作为出发点的直觉是否可靠，经验主义的综合理论都会是不可靠的。理由有二：一是如果作为出发点的直觉不可靠，那么基于直觉所定义和区分的基础概念也不可靠，基于不可靠的基础概念构建的理论也会不可靠；二是如果作为出发点的直觉可靠，那么"什么可以算作和什么不可以算作'经验、观察、理论、确证、解释、简单'"问题的直觉回答也可靠，这表明对这些问题的直觉回答可以作为初步的证据。如果直觉可以作为初步的证据，那么经验主义原则就是有问题的，基于这个原则而建构的整个经验主义的综合理论也是有问题的。因此，经验主义是自我击败的。

在《直觉作为证据》③中，普斯特继承了比勒的理论，批评了以哈曼

---

① George Bealer and P. F. Strawson, "The Incoherence of Empiricism", *Proceedings of the Aristotelian Society*, Supplementary Volumes, 1992 (66: 1): 99.

② George Bealer and P. F. Strawson, "The Incoherence of Empiricism", *Proceedings of the Aristotelian Society*, Supplementary Volumes, 1992 (66: 1): 105.

③ Joel Pust, *Intuitions as Evidence*, New York: Garland Publishing, 2000.

(Gilbert Harman)为代表的经验解释主义否认直觉的证据地位的做法,认为任何对直觉的证据地位的否认都来自直觉判断,因此任何反对直觉的证据地位的主张都是自我击败的。经验解释主义者主张"[1#]除了表达观察内容的命题外,人们应该只接受对观察内容作出最佳解释的那些命题"①。经验解释主义者要求人们应该只接受有观察内容的命题和解释观察内容所必需的命题,由于直觉到的命题既不是有观察内容的命题,也不是解释观察内容所必需的命题,因此不应该接受直觉命题。普斯特反对经验解释主义的经验原则,认为经验原则作为一种认识规范,在知识论层面上,其辩护缺乏合理性。因为在普斯特看来,只有两种辩护[1#]的途径:第一种途径是直觉直接为[1#]提供辩护;第二种途径是[1#]的辩护来自某种归纳程序。由于归纳程序所归纳的是特殊案例的直觉,因此这种特殊案例的直觉"间接地"辩护了[1#]。无论是直接辩护还是间接辩护,都表明[1#]的辩护离不开直觉。由于[1#]蕴含直觉不能作为证据,因此可以得到一个自相矛盾的命题即"为否认直觉证据地位的证据原则提供辩护的是直觉"。结合普斯特的论述②,经验主义的证据原则不能得到辩护的论证过程可概括如下:

[a] 经验主义的证据原则主张"直觉不能作为证据"。

[b] 经验主义的证据原则需要得到辩护。

[c] 直觉、经验、观察或其他非直觉证据可能为经验主义的证据原则提供辩护。

[d] 经验主义的证据原则是一种认识规范。

[e] 认识规范不能由经验、观察或其他非直觉证据提供辩护。

[f] 只有直觉才能为经验主义的证据原则提供辩护。

[g] 经验主义证据原则的主张"直觉不能作为证据"与"直觉能为经验主义的证据原则提供辩护"相矛盾。

[h] 经验主义证据原则不能得到辩护。

[i] "直觉不能作为证据"不能得到辩护。

"经验主义证据原则不能得到辩护"的论证必须预设[d]和[e]

---

① Joel Pust, *Intuitions as Evidence*, New York: Garland Publishing, 2000, p. 74.
② Joel Pust, *Intuitions as Evidence*, New York: Garland Publishing, 2000, p. 88.

都正确,这种预设是否正确,可能受到怀疑。

二 对比知觉论证

在《最小限度的直觉》[①]、《比勒的理性直觉:关于它的本质和认知地位》[②]、《一种德性知识论:适切的信念和反思的知识》(第一卷)[③]、《实验哲学与哲学直觉》[④]、《捍卫在哲学中使用直觉》[⑤]、《直觉与意义分歧》[⑥] 等中,索萨批判了实验哲学对直觉的挑战和康明斯的"缺乏校正"论证,认为反直觉主义者虚构的直觉与知觉(或内省)之间存在可靠性和概念单薄性上的差异,事实上并不存在,主张直觉与知觉(或内省)在概念的丰富度和可靠性方面相同,并没有本质的差异。他说:

> 首先,纵使认同关于特殊种类问题的直觉是系统不可靠的,那又怎么样呢?在某种程度上,以某种方式进行的内省和知觉也同样不可靠。如果这类考量对直觉来说是一种严重的控告,那么当应用在内省或知觉上时,这种控告看起来就没有那么严重了。
>
> 其次,纵使我们最小限度的直觉概念非常单薄,最可捍卫的内省和知觉概念也会同样单薄。以此类推,任何基于单薄性对直觉的控告同样对内省和知觉有效。如果我们怀疑通过直觉可以知道抽象物,那么我们必须同样怀疑通过内省可以知道内部精神状态,或通

---

① Ernest Sosa, "Minimal Intuition", in Michael R. DePaul and William Ramsey (eds.), *Rethinking Intuition: The Psychology of Intuition and Its Role in Philosophy Inquiry*, Oxford: Rowman and Littlefied Publishers, 1998, pp. 257 – 269.

② Ernest Sosa, "Rational Intuition: Bealer on Its Nature and Epistemic Status", *Philosophical Studies*, 1996 (81): 151 – 162.

③ Ernest Sosa, *A Virtue Epistemology: Apt Belief and Reflective Knowledge* (Vol.1), Oxford: Oxford University Press, 2007, pp. 44 – 69.

④ Ernest Sosa, "Experimental Philosophy and Philosophical Intuition", *Philosophical Studies*, 2007 (132: 1): 99 – 107.

⑤ Ernest Sosa, "A Defense of the Use of Intuitions in Philosophy", in Dominic Murphy and Michael Bishop (eds.) *Stich and His Critics*, Malden, MA: Wiley-Blackwell, 2009, pp. 101 – 112.

⑥ Ernest Sosa, "Intuitions and Meaning Divergence", *Philosophical Psychology*, 2010 (23: 4): 419 – 426.

过知觉可以知道外部世界。①

在索萨看来，知觉的对象是外部世界的可被感知的属性；内省的对象是内部的精神状态；直觉的对象是抽象的实体。知觉、内省和直觉的对象虽然不同，但是，从这种不同中不能推断出直觉在可靠性上与知觉和内省不同。直觉是可错的，这种可错性不是由粗心大意或者仓促思考造成的，而是系统性的，这当然可以表明直觉能力是有瑕疵的。与此相似，如果我们稍微考查一下知觉和内省，就会发现，它们同样是可错的。非但如此，在特定的条件下，它们甚至会系统性地出错。正如知觉和内省虽具有系统性而非偶然的或随机的出错可能性，却仍可以作证据一样，直觉虽具有系统性的出错可能性，也同样可以作证据。就像我们不能说色盲的人是盲人一样，我们也不能因直觉在某些情况下出错就说直觉没有证据地位。反直觉主义者对直觉的可错性反应过度，因直觉的可错性而反对直觉的证据地位在说理上极为微弱，在道义上极为不公。

比勒论证直觉是初步的证据的方法，也是建立在直觉与知觉的对比上的。他认为，初步的证据必须同时满足三个基本的条件，即一致性（consistency）、印证性（corroboration）和证实性（confirmation）②。直觉是初步的证据，因为直觉能满足初步证据的三个基本条件：①个人的直觉大体是相互一致的。即便个人的直觉之间偶尔会出现矛盾，然而我们的观察、记忆甚至纯粹的感官经验也会如此。正如我们不会把观察、记忆和感官经验排除出证据源外一样，我们也不能因此把直觉排除在外。②尽管不同人之间的确有时有相互冲突的直觉，然而在初等逻辑的、数学的、概念的和模态的直觉上，不同人之间的一致性得到了令人印象深刻的印证。况且不同人之间有时在观察方面也有冲突，然而，人们并没有因此拒绝把观察作为一种证据源。相反，尽管有偶尔的冲突，人们之间观察的一致性却得到了令人印象深刻的印证。③很少有直觉被经验和观察证伪（disconfirmed），主

---

① Ernest Sosa, "Minimal Intuition", in Michael R. DePaul and William Ramsey (eds.), *Rethinking Intuition: The Psychology of Intuition and Its Role in Philosophy Inquiry*, Oxford: Rowman and Littlefied Publishers, 1998, p. 268.

② George Bealer and P. F. Strawson, "The Incoherence of Empiricism", *Proceedings of the Aristotelian Society*, Supplementary Volumes, 1992 (66: 1): 109–110.

要原因在于直觉的内容大都独立于我们观察和经验的内容（与此类似，感官经验的内容与情感经验的内容也大都是相互独立的）。由于个人的直觉之间是一致的，不同人之间的直觉被相互印证是一致的，直觉很少会被其他证据源证伪，因此，直觉是初步的证据源。①

在《哲学理论和直觉证据》一文中，戈德曼和普斯特也认为，视觉表象（visual seemings）、听觉表象（auditory seemings）和记忆表象（memory seemings）都是基本的证据源（basic evidential source），当它们产生于有利的环境时，它们的精神状态将成为它们的内容是真的初步证据，"仅当 M 类型的精神状态产生于有利 M 的环境中，M 的状态是其内容（或相关内容）真值的可靠指示器时，M 状态才是一个基本证据源。"② 在他们看来，直觉也是一种基本的证据源，当直觉发生在有利的环境中时，我们也可以把直觉作为证据。

三　来自先验知识的论证

大卫·索萨认为，可以用来自先验知识论证来证明直觉可以作为证据，他反对对直觉证据地位的怀疑。其论证过程是③：

（1）这里有一些先验知识，如 2 + 2 = 4，任何东西都是自身同一的。

（2）如果（1），那么就有一种特殊的能力（称之为"直觉"），为某些知识提供基础。

（3）有一种特殊的直觉能力，为某些知识提供基础。

大卫·索萨认为，这个论证是有效的，因为前提（1）是不可能被否认

---

① George Bealer and P. F. Strawson, "The Incoherence of Empiricism", *Proceedings of the Aristotelian Society*, Supplementary Volumes, 1992 (66: 1): 110–111.

② Alvin Goldman and Joel Pust, "Philosophical Theory and Intuitional Evidence", in DePaul and Ramsey, *Rethinking Intuition: The Psychology of Intuition and Its Role in Philosophy Inquiry*, Oxford: Rowman and Littlefied Publishers, 1998, p. 180.

③ David Sosa, "Scepticism About Intuition", *The Royal Institute of Philosophy Philosophy*, 2006 (81): 646.

的事实，前提（3）的可靠性由"直觉是直接把握抽象对象的能力"的本质所保证。基于对直觉本质的这种理解，如果有人想反对（3），那么，他要求承担起找到一个替代概念，用它来支持（2）的不同可能性的责任。①

大卫·索萨的这种论证方法，有三个前提：一是有先验知识；二是直觉是直接把握抽象对象的能力；三是先验知识由直觉提供基础。在这些前提下，他的论证有很强的说服力。然而，由于这个论证不能直接反驳分歧论证，因此，最多只是一个与分歧论证相互竞争的理论。分歧论证有来自基于人口学因素的多样性论证和来自基于个体内部多样性的敏感性论证这两类。哲学直觉的多样性，被用来挑战传统哲学中诉诸直觉作为证据的论证过程是：

D1. 传统哲学用直觉来研究哲学上重要的范畴（例如"知识"）来确定这些范畴的本质。

D2. 知识（像许多其他哲学范畴一样）具有单一的性质。不能说希腊的"知识"概念不同于中国的"知识"概念。

D3. 关于哲学范畴的直觉在不同的人群（如文化）中会有系统性的变化。

D4. 直觉的多样性不能通过赋予一个群体的直觉特权而被忽视。

然而，这些说法都受到了质疑。一些人认为哲学家不应该或者没有依赖直觉（因此拒绝R1）；与R4相反，另一些人认为有些人群如职业哲学家的直觉非常可靠。另一种化解挑战的方法是争论（与R2相反），我们不需要假设知识具有单一的性质，而是允许一种多元主义。例如，"知识"可能会在不同的群体中有不同的认知概念。多元主义者可能会允许，甚至庆幸这种多样性。即使其他群体的认知价值与我们不同，这也不需要削弱我们对知识的重视，因为它在我们的群体中被解释②。对于一个多元主义者来说，对多样性的实证证明不需要破坏传统的哲学方法，反而可能揭示我们错过的重要的认知特征。对于这一挑战，更保守的回应是，在很大程度上不触及传统哲学，质疑在关于哲学范畴的直觉上，人群之

---

① David Sosa, "Scepticism About Intuition", *The Royal Institute of Philosophy Philosophy*, 2006 (81): 646–647.

② Ernest Sosa, "A Defense of the Use of Intuitions in Philosophy", in Dominic Murphy and Michael Bishop (eds), *Stich and his Critics*, Malden, MA: Wiley-Blackwell, 2009, p.109.

间是否真的存在多样性。发展这种策略的一种方法是声称不同人群的参与者可能只是以不同的方式解释这些场景；在这种情况下，我们可以解释他们的不同答案，说他们是在回答不同的问题。

更重要的是，越来越多的经验性证据开始质疑这样一种说法，即不同人群之间的哲学直觉真的存在巨大差异。一些关于文化差异的原始发现不能被重复[1]；同样，许多关于性别差异的原始发现也不能重复[2]。这些发现提供了强有力的理由，让我们相信早期实验哲学研究所揭示的一些影响可能实际上根本不存在。此外，实验哲学家还发现了强大的跨文化的一致性。例如，最近的一项跨文化研究考察了四种非常不同的文化（巴西、印度、日本和美国）对葛梯尔案例的直觉，所有群体的参与者都倾向于否认对葛梯尔案例中的主人公有知识。这表明可能存在一种普遍的"核心的大众知识论"[3]。无论如何，这些结果表明，哲学直觉的多样性比之前所认为的要少。

实验哲学家还使用个体内部的多样性来破坏传统哲学诉诸直觉的方法，这种论证方法被称为来自敏感性的论证[4]。实验哲学家发现，人们对

---

[1] Jennifer Nagel, Valerie San Juan & Raymond A. Mar, "Lay Denial of Knowledge for Justified True Beliefs", *Cognition*, 2013 (129: 3): 652 – 661.
Minsun Kim & Yuan Yuan, "No Cross-Cultural Differences in the Gettier Car Case Intuition: a Replication Study of Weinberg et al. 2001", *Episteme*, 2015 (12: 3): 355 – 361.

[2] Hamid Seyedsayamdost, "On Gender and Philosophical Intuition: Failure of Replication and Other Negative Results", *Philosophical Psychology*, 2015 (28: 5): 642 – 673.
Toni Adleberg, Morgan Thompson & Eddy Nahmias, "Do Men and Women Have Different Philosophical Intuitions? Further Data", *Philosophical Psychology*, 2015 (28: 5): 615 – 641.

[3] Edouard Machery, Stephen Stich, David Rose, Amita Chatterjee, Kaori Karasawa, Noel Struchiner, Smita Sirker, Naoki Usui, & Takaaki Hashimoto, "Gettier Across Cultures", *Noûs*, 2015 (51: 3): 645 – 664.

[4] Stacey Swain, Joshua Alexander & Jonathan M. Weinberg, "The Instability of Philosophical Intuitions: Running Hot and Cold on Truetemp", *Philosophy and Phenomenological Research*, 2008 (76: 1): 138 – 155.
Walter Sinnott-Armstrong, "Framing Moral Intuitions", in Walter Sinnott-Armstrong (ed.), *Moral Psychology*, Volume 2: The Cognitive Science of Morality, Cambridge, MA: MIT Press, 2008, pp. 47 – 76.
Jonathan M. Weinberg, "Going Positive by Going Negative", in Justin Sytsma & Wesley Buckwalter (eds.), *A Companion to Experimental Philosophy*, Malden, MA and Oxford: John Wiley & Sons, 2016, pp. 72 – 86.

哲学案例的判断对各种语境因素很敏感，而这些因素在哲学上似乎无关紧要。同一个人会根据明显无关的陈述因素给出不同的回答。人们对案例的判断受无关的情绪诱导[1]、案例呈现的顺序[2]以及描述结果的方式[3]的影响。

对语境因素的敏感性已被用来挑战直觉的哲学运用，这在某种程度上有别于多样性的论点。这个挑战同样以直觉在哲学中的作用的假设开始，但随后采用了一些不同的考虑：

S1. 传统哲学用直觉来研究哲学上重要的范畴（例如"知识"），来确定这些范畴的本质。

S2. 哲学案例的个人判断对诸如呈现顺序之类的语境因素很敏感。

S3. 在认知上，对这些因素敏感是不恰当的。

S4. 这种不恰当的敏感性不能通过赋予某一群体（如哲学家）的直觉特权而被消除。

S5. 坐在扶手椅上，我们无法分辨哪些判断在这种情况下是不恰当的敏感。

这一套主张提出了一个挑战，因为似乎即使是哲学家也容易受到这些认知上不恰当的影响，我们无法判断我们的哪一种直觉是可信的。因此，当哲学家们依靠自己的直觉试图收集哲学真理时，他们的认知基础是不可靠的。

---

[1] C. Daryl Cameron, B. Keith Payne & John M. Doris, "Morality in High Definition: Emotion Differentiation Calibrates the Influence of Incidental Disgust on Moral Judgments", *Journal of Experimental Social Psychology*, 2013 (49: 4): 719 – 725.

[2] Lewis Petrinovich & Patricia O'Neill, "Influence of Wording and Framing Effects on Moral Intuitions", *Ethology and Sociobiology*, 1996 (17: 3): 145 – 171.

Stacey Swain, Joshua Alexander & Jonathan M. Weinberg, "The Instability of Philosophical Intuitions: Running Hot and Cold on Truetemp", *Philosophy and Phenomenological Research*, 2008 (76: 1): 138 – 155.

Jennifer C. Wright, "On Intuitional Stability: the Clear, the Strong, and the Paradigmatic", *Cognition*, 2010 (115: 3): 491 – 503.

[3] Lewis Petrinovich & Patricia O'Neill, "Influence of Wording and Framing Effects on Moral Intuitions", *Ethology and Sociobiology*, 1996 (17: 3): 145 – 171.

Eric Schwitzgebel & Fiery Cushman, "Philosophers' Biased Judgments Persist Despite Training, Expertise and Reflection", *Cognition*, 2015 (141): 127 – 137.

显然，根据问题的类别和敏感性的证据，来自敏感性的论证以不同的方式被提出。尽管语境因素的影响存在可重复的影响，但 S2 中的许多影响似乎都太小，不足以威胁到依赖直觉的做法。在 7 分的评分标准中，这种影响可能相当于 2.2—2.5 的差异。很难看出这样的差异会如何威胁到依赖直觉的实践。

在某些情况下，语境因素有更明显的影响，确实会导致受试者对案例判断发生变化。例如，对某些道德困境的判断和对某些认知案例的判断会根据以前见过的案例而改变①。然而，受试者对一个案例的反应可能不同，因为语境差异实际上为改变一个人的判断提供了认识上适当的基础。例如，在顺序效应的研究中，由于案例表述的顺序不同，因此纵使表述的内容相同，其不同的直觉反应都可以看作适当的反应②。有心理学实验问受试者两个问题："上个月你约会了几次？""你有多快乐？"。实验结果发现这两个问题的相关程度取决于呈现的顺序：当先呈现约会问题时，两者的相关度为 0.66；当先呈现快乐问题时，两者的相关度为 0.12③。这是因为受试者在先回答约会问题再进行幸福感测量时，他们已经注意到了约会问题，而且人们通常认为约会能增加幸福感，因而约会主导了幸福感的预测。根据这种观点，我们可以承认受试者改变了他们的判断，但否认他们这样做的方式在认知上是不合适的。

最后，即使人们的判断在认知上确实发生了不恰当的变化，人们也可能能够识别出哪些判断是特别值得信赖的。例如，只有一些思想实验容易受到顺序效应的影响，结果表明，在这些思想实验中，人们对自己

---

① Lewis Petrinovich & Patricia O'Neill, "Influence of Wording and Framing Effects on Moral Intuitions", *Ethology and Sociobiology*, 1996 (17: 3): 145-171.
Stacey Swain, Joshua Alexander & Jonathan M. Weinberg, "The Instability of Philosophical Intuitions: Running Hot and Cold on Truetemp", *Philosophy and Phenomenological Research*, 2008 (76: 1): 138-155.

② Zachary Horne & Jonathan Livengood, "Ordering Effects, Updating Effects, and the Specter of Global Skepticism", *Synthese*, 2017 (194: 4): 1189-1218.

③ Christopher K. Hsee, Jiao Zhang and Junsong Chen, "Internal and Substantive Inconsistencies in Decision-Making", in Derek J. Koehler and Nigel Harvey, *Blackwell Handbook of Judgment and Decision Making*, Oxford: Blackwell, 2004, pp. 360-378.

的反应的信心较低[①]。这表明（与 D5 相反）可能存在一种内在的资源（即信心）可以用来辨别哪些判断是认知上不稳定的。

因此，要捍卫直觉方法的认知地位，必须直接反驳分歧论证。"否认直觉有显著多样性的论证""否认直觉多样性重要的论证"和"否认直觉多样性会导致不可靠性的论证"都是对分歧论证的直接反驳。本书将在第四章"哲学直觉的多样性挑战诉诸直觉吗？"中的第二节"哲学直觉多样性不会带来方法论挑战"加以论述。

在直觉认知上，本成果主张语境主义，认为直觉认知具有语境敏感性，受多种语境因素的影响，是多样的、可变的、可错的。直觉的可错性并不必然导致直觉不可靠，也不必然挑战直觉的证据地位。在何时、何处把哪些因素当作是不追踪真理的、应该给予消除的因素上，要依据认知的目的、认知的理想等因素来确定。本成果既不认为所有导致直觉差异性的因素都是合理的，也不认为所有这些因素都是不合理的、应消除的。作为证据的一种来源，本成果承认直觉在哲学中的重要地位，也承认直觉的语境敏感性和可错性，认为正如知觉在认知中的重要地位一样，直觉是一种合法的认知方法。

在处理流沙问题上，本成果赞同查彭泰等人提出的策略。这种策略赞同多样性论题和证据论题，反对敏感性论题，主张知识论的理论化不应该对直觉证据敏感，没有流沙，不一致的直觉可用其他证据源来校正。在这种策略看来，解决流沙问题最好办法是大幅度地扩大知识论的证据基础。如果直觉是知识论的主要的，甚至是唯一的证据来源，那么流沙问题就是毁灭性的。如果直觉只是我们知识论理论的许多不同证据中的一种，那么就可以用其他的证据来校正不一致的直觉。[②] 第六章提到的标准的直觉确证的反思平衡就是对这种策略的具体化和深化。

[①] Jennifer C. Wright, "On Intuitional Stability: the Clear, the Strong, and the Paradigmatic", *Cognition*, 2010 (115: 3): 491-503.
Jennifer L. Zamzow & Shaun Nichols, "Variations in Ethical Intuitions", *Philosophical Issues*, 2009 (19: 1): 368-388.

[②] Chris Zarpentine, Heather Cipolletti and Michael Bishop, "WINO Epistemology and the Shifting-Sands Problem", *The Monist*, 2012 (95: 2): 325.

第三节 质疑直觉在哲学中地位的论证及回应

对"直觉能否作为哲学理论的证据"这个问题,第三种立场即否定问题本身的意义。卡普兰的"直觉非中心论"和杜尔歇的"直觉无关论"就是这种观点。他们认为,直觉方法在哲学中的作用很有限,在以思想实验为主要方法的当代分析哲学中,直觉根本不起作用。引证他人对哲学直觉非中心论和无关论的批判,以及哲学直觉在当代哲学中具有重要作用的事实依据和理论依据的基础上,本书将捍卫直觉证据在当代哲学中的重要地位。

对于直觉在哲学中的作用,有少数哲学家提出了怀疑,他们否认哲学直觉在哲学中的重要认知地位[①]。科恩布里斯认为,哲学直觉对哲学实践来说,并不十分重要,虽然它们可以作为一种出发点,指导我们哲学研究的方向,但是这个出发点应该"给更直接地研究外部现象的经验让路"[②]。杜尔歇主张,虽然反例在当代哲学中起重要的作用,但是我们关于这些反例的直觉并不起重要的作用。他还认为,是否某人有关于一个给定的反例为真的直觉,纯粹是一个心理学的问题,忘记这一事实确实是那种使实验哲学家在讨论哲学方法论时有所收获的东西。[③] 市川(Jonathan Ichikawa)也反对当代哲学依赖哲学直觉的这种看法,并提出虽然哲学家依赖直觉命题,但是他们并不将直觉当作证据,他们依赖直觉信念更不是因为它们是直觉的。在他看来,当哲学家诉诸直觉命题时,他们

---

① Joshua Earlenbaugh and Bernard Molyneux, "Intuitions Are Inclinations to Believe", *Philosophical Studies*, 2009 (145: 1): 89 – 109.

Max Deutsch, "Intuitions, Counter-examples, and Experimental Philosophy", *Review of Philosophy and Psychology*, 2010 (1: 3): 447 – 460.

Herman Cappelen, *Philosophy Without Intuitions*, Oxford: Oxford University Press, 2012.

② Hilary Kornblith, "The Role of Intuition in Philosophical Inquiry: An Account with No Unnatural Ingredients", in Michael R. DePaul and William Ramsey (eds.), *Rethinking Intuition: The Psychology of Intuition and Its Role in Philosophy Inquiry*, Oxford: Rowman and Littlefied Publishers, 1998, p. 135.

③ Max Deutsch, "Intuitions, Counter-Examples, and Experimental Philosophy", *Review of Philosophy and Psychology*, 2010 (1: 3): 447 – 460.

试图仅是以此来辩论,而不是将它们当作证据。① 在《没有直觉的哲学》② 一书中,卡普兰系统地提出了他振聋发聩的独特看法:"哲学家广泛地(或甚至是有一点地)依赖直觉作为证据是不正确的。"③ 在他看来,直觉在作为哲学理论的证据上作用微乎其微,尤其在以思想实验为主要方法的当代分析哲学中,直觉根本就不起作用。在他看来,虽然方法论直觉主义和方法论反直觉主义在"哲学中是否应该诉诸直觉"问题上针锋相对,但是,无论是方法论直觉主义还是方法论反直觉主义,它们都是以当代哲学中的直觉中心性(centrality of intuitions),即"当代分析哲学依赖直觉作为哲学理论的证据(或作为证据源)"④ 为前提,都认为直觉在以思想实验为主要方法的当代分析哲学中起重要的作用。不可否认,"如果中心性问题正确,那么我们应该探讨哲学家诉诸的直觉是否可靠,是否有代表性"⑤,然而,如果是错误的,那么谈论直觉能否作为哲学理论的证据,就是无意义的,至少意义不大。鉴于直觉无关论与直觉非中心论的论证类似,且后者比前者论证更精致,故下文仅选直觉非中心论介绍。

一 直觉非中心论

在卡普兰看来,支持直觉中心性的论证主要有"来自谈论'直觉'的论证(The argument from 'intuition'-talk)"与"来自哲学实践的论证"(The argument from philosophical practice)。在认真检验了这两种论证后,卡普兰断言:直觉中心性是一个未加反思的假命题,在哲学中直觉根本不占重要地位,方法论直觉主义与方法论反直觉主义之间的争论是建立

---

① Jonathan Ichikawa, "Who Needs Intuitions? Two Experimentalist Critiques", in Anthony Robert Booth and Darrell P. Rowbottom (eds.), *Intuitions*, Oxford: Oxford University Press, 2014, pp. 232 – 256.

② Herman Cappelen, *Philosophy without Intuitions*, Oxford: Oxford University Press, 2012.

③ Herman Cappelen, *Philosophy without Intuitions*, Oxford: Oxford University Press, 2012, p. 1.

④ Herman Cappelen, *Philosophy without Intuitions*, Oxford: Oxford University Press, 2012, p. 3.

⑤ Herman Cappelen, *Philosophy without Intuitions*, Oxford: Oxford University Press, 2012, p. 220.

在流沙之上的。因此，方法论直觉主义论证直觉的可靠性和直觉的证据地位，是多此一举；方法论反直觉主义反对直觉的地位是无的放矢，在批判稻草人。

（一）批驳"来自谈论'直觉'的论证"

"来自谈论'直觉'的论证"这种论证方法是通过探讨哲学文献中存在大量的"直觉"语词的使用，并因而证明在哲学研究中大量依赖直觉作为证据。在卡普兰看来，如果要用"来自谈论'直觉'的论证"来证明直觉的中心性，那么就要回答以下三个问题：

（1）数量问题：在多大程度上哲学家谈论"直觉"？

（2）中心问题：谈论"直觉"在哲学家的论证中的重要性如何？在论证过程中，直觉是关键的，还是边缘的或者是可消除的？

（3）解释问题：当这些语言出现时，把它解释为支持直觉中心性是否正确？有可能尽管使用了"直觉"这个词，却不是在支持直觉中心性上使用的（换言之，它的使用并不指称作为证据或证据源的判断或精神状态）。[1]

卡普兰没有对数量问题和中心问题作过多的研究，因为它们需要经验性研究，需要对"直觉"在哲学文献中出现的频率及其地位进行统计学研究。如果要对这两个问题进行研究，那么就需要巨大的时间与精力的投入。卡普兰认为，这两个问题是直觉中心性的支持者应该研究的，由于他们没有进行过这样的工作，因此无法回答这两个问题。

与卡普兰相似，在哲学中直觉应起的作用上，戴维特主张限制直觉的使用，认为直觉判断是一种有理论负载的非反思性判断，诉诸直觉虽然可以作为一种间接的研究哲学的方法，但是作用有限。在经验科学盛行的今天，应该限制诉诸直觉的作用。在他看来，直觉虽然是好的证据，但不是主要的证据，科学调查才是主要的证据来源，并能修正直觉。他说："说直觉……是好的证据，不是说它们是唯一的，或者是主要的证

---

[1] Herman Cappelen, *Philosophy without Intuitions*, Oxford: Oxford University Press, 2012, p. 25.

据。……直觉……经常是好的证据。因此，它们应该被使用。"[①] "对现实的科学调查而不是对现实的直觉，是证据的主要来源。这种调查可能促使我们修正我们最初的某些直觉。"[②]

卡普兰主要研究了解释问题，考察在哲学家使用"直觉"时是否支持了直觉中心性。他区分了直觉（和其同源词语）的日常使用和哲学使用，认为它们并没有本质的区分，并概括了的哲学家对"直觉"术语的草率使用的 6 个典型的特征[③]。

卡普兰提出了仁慈地重新解释直觉的三种策略：

策略 1：无条件地删除。在许多案例中，最好的做法就是删除"直觉的/直觉地"和同类术语。这对论证没有任何实质性的影响，然而论证的明晰性和论证的严格性却得到了显著的提升。[④]

策略 2：立即接受（Snap）。使用"直觉到 p"的描述几乎没有获得反思或推理得到的那样的判断或理解。使用"直觉到 p"的描述既能用描述的方式使用，也能作为模糊的措辞（hedge）使用。

策略 3：前理论的使用。使用"直觉到 p"把 p 描述成先于或独立于所讨论的问题的研究，从而得到的一个结论。说话者经常会认为 p 是先于理论化的共同基础。它既能用描述的方式使用，也能作为模糊的措辞使用。[⑤]

卡普兰认为，通过单一地或混合地使用这三种策略，能够解释哲学家在使用直觉或同类词时，表达的意思是什么，然而这三种重新解释策略都不能支持"来自谈论'直觉'的论证"。首先，无条件地删除策略不支持直觉中心性，因为如果采取这个策略时，"来自谈论'直觉'的论

[①] Michael Devitt, "Intuitions in Linguistics", *The British Journal for the Philosophy of Science*, 2006 (57): 500.

[②] Michael Devitt, "Intuitions in Linguistics", *The British Journal for the Philosophy of Science*, 2006 (57): 493.

[③] 详细理由及其概括的哲学家对"直觉"术语的草率使用的 6 个典型的特征，请参考本书第一章第一节第一小节"哲学直觉不同于普通直觉吗？"。

[④] Herman Cappelen, *Philosophy without Intuitions*, Oxford: Oxford University Press, 2012, p. 61.

[⑤] Herman Cappelen, *Philosophy without Intuitions*, Oxford: Oxford University Press, 2012, p. 62.

证"就失去了基础。其次，如果我们把"直觉"当作一个模糊的措辞而不是一个明确的断言，那么就不能称直觉能作为证据或证据源。再次，当"直觉"被当作"前理论的"来使用时，说话者认为，他所说的内容会先于或独立于所讨论的问题的研究而得到的一个结论，这并没有为所说的内容确认一个证据源，也没有说明所说的内容是如何得到辩护的。最后，当我们说一个主张是立即接受的或没有仔细考虑的，从构成证据源的意义上来说，这并不是什么好的特征。立即接受的、自发的、未经仔细考虑的判断可以成为证据，这是一种荒谬的观点。卡普兰声称："我们哲学家尤其以我们能够论证我们的观点，能够对任何事情进行仔细而又系统的思考而自豪。对作为一个群体的我们来说，认为不经仔细思考而获得的信念，可能有特殊的理论（与实践的相反）价值，这是奇怪的。"[1]

卡普兰认为，无论是直觉的日常使用，还是直觉的有缺陷的哲学使用，都不能用来支持直觉中心性。非但如此，试图通过对直觉有缺陷的哲学使用进行重新解释，来弥补直觉在哲学使用中的相关缺陷，这种策略也不支持直觉中心性。因此，"来自谈论'直觉'的论证"是错误的。

（二）批驳"来自哲学实践的论证"

用来支持直觉中心性的来自哲学实践的论证主要有"直觉与案例方法""扶手椅活动和先验性""直觉与概念分析"和"论证的最低起点"[2]。这些来自哲学实践的论证是通过对哲学实际的研究方法的探究来检验直觉中心性。这种论证认为思想实验中对直觉的运用就是直觉中心性的证据。直觉中心性的支持者就是这样描述思想实验的："某个哲学论题 X 的理论 T 是充分的，仅当它能说明（或解释或预测）在实际的或可能的案例中关于 X 的直觉。"[3] 由于思想实验的哲学方法就是案例分析方法，因此，要从哲学实践上证明直觉中心性就是要证明方法论直觉中心性："当哲学家对案例作出判断时，他们（以某种知识论上重要的方式）

---

[1] Herman Cappelen, *Philosophy without Intuitions*, Oxford: Oxford University Press, 2012, p. 82.

[2] Herman Cappelen, *Philosophy without Intuitions*, Oxford: Oxford University Press, 2012, pp. 6–7.

[3] Herman Cappelen, *Philosophy without Intuitions*, Oxford: Oxford University Press, 2012, p. 96.

依赖直觉。"①

卡普兰要证明来自哲学实践论证是失败的，只需要证明方法论直觉中心性是错误的。要弄清方法论直觉中心性涉及哲学思想实验是否需要哲学直觉的问题，先要知道哲学家的直觉概念是什么。由于哲学中直觉概念没有公认的定义和范例，其使用是有缺陷的，因此，卡普兰要做的工作步骤有二：第一步是从直觉理论家的使用中总结、归纳出直觉的特征；第二步是检验经典哲学思想实验中使用的方法是否满足直觉的这些特征。

卡普兰认为直觉至少有三个重要的特征②：

F1：呈现为真/特殊的现象。在大多数直觉理论家看来，直觉判断有独特的现象。

F2：基石（Rock）。大多数的直觉理论家认为，直觉判断有特殊的认知地位。在哲学论证中，直觉判断为确证提供基石的作用。直觉判断提供确证，但是它们不需要被确证。它们拥有"缺席确证的地位（default justificatory status）"。

如何得知一个主张拥有缺席确证的地位呢？卡普兰提出了两个标准：

F2.1：非推论的标准和非经验的标准。即使诉诸经验（记忆、知觉等）在判断命题 p 时没有起明显的证据作用，而且命题 p 不是从其他前提中推论出来的，如果命题 p 被当作是确证的，那么命题 p 就会被当作具备了基石这个特征，从而占据特殊的认知地位。

F2.2：抵抗证据的（evidence recalcitrance）标准。对主体 S 来说，在这些条件下我们可以说命题 p 是抵抗证据的：(i) S 倾向于相信命题 p。(ii) S 对命题 p 有一些论证 A。(iii) 然而，如果最终 A 不是命题 p 的有效论证，这并不能去除 S 认可命题 p 的倾向。如果命

---

① Herman Cappelen, *Philosophy without Intuitions*, Oxford: Oxford University Press, 2012, p. 96.

② Herman Cappelen, *Philosophy without Intuitions*, Oxford: Oxford University Press, 2012, pp. 112 – 113.

题 p 表现出了 (i) — (iii),那么对 S 来说命题 p 有基石地位。

F3:单纯基于概念能力。在大多数直觉理论家看来,仅当一个(正确的)判断命题 p 仅仅为主体概念的或语言的能力所确证时,它才能看作凭直觉获知的。①

直觉命题具有基石特征,是指直觉命题可以作为其他命题的证据,然而自身却不需要辩护。卡普兰认为,直觉命题的基石特征与论证的公设或常识难以明确区分开来。F2.1 主张,非推论的和非经验的命题具有基石特征,然而这只是命题具备基石特征的必要条件而非充分条件。此外,非推论的和非经验的命题具有基石特征既可以是事实性主张,也可能是规范性主张,在使用它时要需要特别小心。

卡普兰认为,用"抵抗证据的"来描述直觉的基石特征面临两个问题:①抵抗证据的直觉是否存在需要进行大规模的调查。②当哲学家得知其论证的命题 p 错误时,他会如何反应是难以判断的。因为他可能采取理智上的不诚实,不愿放弃个人的观点。②

哲学家对"基于概念能力的确证"有广泛的争论,表现在:①是否有单纯基于概念能力的确证;②在认可有基于概念能力的确证的哲学家中,他们对"概念是什么"和"概念能力是什么"没有共识;③对哪些命题获得了概念能力的确证,没有一致看法。③

卡普兰认为,如果支持直觉是一种特殊的精神状态的哲学家,不能给出这种精神状态的详细说明,并论证哲学实践确实依赖满足诸如 F1—F3 描述的直觉,且以这些直觉作为哲学理论的证据,而只是提出了一个规范性的命题,主张哲学实践应该以满足诸如 F1—F3 描述的直觉作为证据,那么,我们就可以有充分的理由认为,他们仅仅虚构了一个规范性命题,并没有为直觉的证据地位提供任何合理的理由。果真如此,这种

---

① Herman Cappelen, *Philosophy without Intuitions*, Oxford: Oxford University Press, 2012, pp. 112–113.
② Herman Cappelen, *Philosophy without Intuitions*, Oxford: Oxford University Press, 2012, pp. 118–122.
③ Herman Cappelen, *Philosophy without Intuitions*, Oxford: Oxford University Press, 2012, pp. 122–129.

解释就是毫无意义的。在详细检验了电车案例、风湿病案例、真温案例在内的 10 个重要的思想实验后,卡普兰断言,这些思想实验并不具备 F1—F3 的直觉特征,因此这些思想实验不依赖直觉。[①] 当然,值得注意的是,卡普兰的直觉概念是非常狭窄的,他认为"直觉判断必须完全建立在概念能力的基础上"[②]。

二 捍卫直觉的中心性

卡普兰冒天下之大不韪否认直觉中心性的合理性,这从根本上否认了在哲学上谈论直觉的意义,是本成果所不认可的。本书可以从"引证他人对直觉非中心论和无关论的批判""直觉在当代哲学中具有重要作用的事实依据"和"直觉在当代哲学中具有重要作用的理论依据"这三个方面来论证直觉在当代哲学中的重要性。

(一) 引证他人对直觉非中心论和无关论的批判

不难想到,由于否认直觉中心性的合理性,会从根本上否认在哲学上谈直觉的意义,这自然会受到来自方法论直觉主义和方法论反直觉主义两方面的猛烈批评。下面本书将引证他人对卡普兰的"直觉在当代哲学中不重要的论证"的批判。

本森(John Bengson)的《哲学家如何使用直觉和"直觉"》[③]、查尔默斯(David Chalmers)的《哲学中的直觉:最小限度的辩护》[④]、卫泽森的《中心化与边缘化》[⑤]、温伯格的《卡普兰左右为难》[⑥]、克莱门卡

[①] Herman Cappelen, *Philosophy without Intuitions*, Oxford: Oxford University Press, 2012, pp. 132 – 187.

[②] Herman Cappelen, *Philosophy without Intuitions*, Oxford: Oxford University Press, 2012, p. 9.

[③] John Bengson, "How Philosophers Use Intuition and 'intuition'", *Philosophical Studies*, 2014 (171): 555 – 576.

John Bengson, "Experimental Attacks on Intuitions and Answers", *Philosophy and Phenomenological Research*, 2013 (86: 3): 495 – 532.

[④] David J. Chalmers, "Intuitions in Philosophy: A Minimal Defense", *Philosophical Studies*, 2014 (171: 3): 535 – 544.

[⑤] Brian Weatherson, "Centrality and Marginalisation", *Philosophical Studies*, 2014 (171): 517 – 533.

[⑥] Jonathan M. Weinberg, "Cappelen Between Rock and a Hard Place", *Philosophical Studies*, 2014 (171): 455 – 464.

(Nevin Climenhaga)的《在哲学中直觉被用作证据》① 和莱肯（William G. Lycan）的《哲学中的证据》② 等都捍卫了直觉的中心性。

本森认为，卡普兰的"来自谈论'直觉'的论证"不能支持直觉中心性，仅仅考查了直觉的日常和术语语用，却没有穷尽使用"直觉"的全部方式。在"直觉"的使用上，还有有区分地使用（discriminative use），它是一种反思的日常语用。把直觉看作理智表象，这就是对直觉的有区分的使用。这种使用可以支持直觉的中心性。③

在《哲学中的直觉：最小的辩护》中，查尔默斯把卡普兰的直觉观概括为三点："（F1）它们有特殊的现象学；（F2）它们可确证却不需要被确证、有特殊的认知地位；（F3）它们只基于概念能力。"④ 他认为，在对来自哲学实践的论证进行批驳时，卡普兰所理解的直觉概念过分严格，诉诸直觉不需要满足 F1—F3 这三个特征，他断言："这三个特征是否捕捉到了哲学讨论中直觉概念的核心特征，是不明显的。"⑤ 事实上，这三个特征对直觉的描述可以归于比勒的直觉理论，但大多数的哲学家都不认同这种直觉理论。查尔默斯提出了自己对直觉的看法，主张：①大多数哲学家认为，直觉没有特殊的现象学；②仅仅有少量的直觉是基于概念能力，"存在许多经典的直觉不是概念能力的产物"⑥。道德直觉（以及其他规范直觉）、现象学直觉、模态直觉、语言直觉、本体论直觉、数学直觉等，都不是概念的，都不来源于概念能力；③直觉有下表层的（under-the-surface）推理认知确证。⑦ 的确，卡普兰对来自谈论"直觉"

---

① Nevin Climenhaga, "Intuitions are used as evidence in philosophy", *Mind*, 2018（127：505）：69-104.

② William G. Lycan, *On Evidence in Philosophy*, Oxford：Oxford University Press, 2019.

③ John Bengson, "How Philosophers Use Intuition and 'intuition'", *Philosophical Studies*, 2014（171）：560.

④ David J. Chalmers, "Intuitions in Philosophy：A Minimal Defense", *Philosophical Studies*, 2014（171：3）：535.

⑤ David J. Chalmers, "Intuitions in Philosophy：A Minimal Defense", *Philosophical Studies*, 2014（171：3）：536.

⑥ David J. Chalmers, "Intuitions in Philosophy：A Minimal Defense", *Philosophical Studies*, 2014（171：3）：536.

⑦ David J. Chalmers, "Intuitions in Philosophy：A Minimal Defense", *Philosophical Studies*, 2014（171：3）：536-538.

的论证和来自哲学实践的论证的检验，驳倒了满足 F1—F3 的苛刻的直觉中心性，然而却没有驳倒只满足 F2 的宽松的直觉中心性。满足 F1—F3 的直觉在哲学实践中很难找到，而且也不需要找到，因为 F1—F3 并非都是直觉的必要条件。由于 F2 可以弱化，从宽容的角度去理解直觉，本成果可以为直觉在哲学中的地位作辩护。

卫泽森认为，卡普兰对直觉中心性的考察集中在对哲学文本的梳理和考察上，然而哲学文本并不必然囊括哲学家的哲学实践，哲学实践并非全部可以还原成哲学文本。哲学实践不仅需要有能用命题知识表述的技能，而且需要有超出命题知识的表述技能。这些技能常被心理学家叫做"启发式"（heuristics）认知能力。直觉就是这种启发式的认知能力中的一种。[①] 如果把直觉看作一种理智能力，那么可以为直觉的证据地位提供最小限度的辩护。

在哲学中，直觉的重要认知地位，除了前文有对哲学家自己实践和论述的引证外，本书还可以从以下几个方面来考察：

首先，通常承认，只有先理解了我们关于事物的概念，我们才能更好地理解事物自身，而且任何哲学研究都离不开预设。对概念的把握和预设的合理性都是由直觉来确认的。因此，要证明哲学直觉没有什么哲学上的重要性，还需要更多有说服力的理由。

其次，如何判别某种观点来自直觉？当一个理智而又清醒的说话者对某个问题提出自己的观点，在作出了努力思考后，诚实地告知，他不知道提出这种观点的理由，那么，我们就可以说他的观点来自直觉。从直觉产生的主体看，从不严格的意义上划分，直觉有四种来源：①说话者自己的直觉（这仅凭自己的智德就可以证明）；②大众的直觉（这需要调查大众，是不是大多数人都有）；③专家的直觉（这也需要调查）；④某一位权威的直觉（这需要引经据典，证明这位权威提出过这个观点，但没有给出任何理由，全凭直觉、灵感或天启）。对这四种直觉的凭借，只要听者相信了任何一种，以此接受了说话者的观点，那么这就是以直觉作为证据成功的例子。如果听者对这四种凭借都不相信，那就是直觉

---

① Brian Weatherson, "Centrality and Marginalisation", *Philosophical Studies*, 2014 (171): 520.

作为证据不成功的案例，要说服这些听者相信，就必须另谋他路（如经验—理智之路）。本书认为，通过检测直觉的四种来源，可以判断哲学直觉是否在当代哲学中扮演重要的角色。

（二）直觉在当代哲学中具有重要作用的事实依据

诉诸直觉在哲学尤其在分析哲学中非常普遍。诉诸直觉通常是指以直觉判断为基础来解答某个问题，评判某种主张。诉诸直觉在英美哲学中发挥核心作用已经超过半世纪了。分析哲学喜好思想实验，其中，哲学直觉起重要作用。在某些现实案例和思想实验中，哲学家经常欢迎描述真实的或者假想的情景[①]，并问在这个情景中描述的某些人物或事件是否在哲学上表现出一些有趣的属性或关系。例如："主角知道自己不是缸中之脑吗？""描述的这个行动在道德上是错误的吗？""描述的这个人知道他不会中彩票吗？""当故事中的说话者使用'水'这个词时，这个词是指H_2O吗？""'中文小屋'中的这个人真的懂中文吗？"等等。在哲学的许多研究方案中，当援用一种直觉时，通常假定直觉命题的内容是真的，因而把这个命题当作证据来使用。通常情况下，哲学家和他的听众都会同意，答案在直觉上是明显的，而且可被当作证据用来支持或反对某个哲学命题。如果我们有这种直觉，即在葛梯尔思想实验中，主角不知道 p（p 是他相信的并且是确证为真的命题），那么这是反对"确证的真信念是知识"的定义的证据[②]。在治安官和暴民的思想实验中[③]，如果我们有这种直觉，即这位警察长在道德上不允许诬陷一个无辜者来中止一场骚乱，那么这就是反对某些版本的行动功利主义的证据。在当代分析哲学的论著中，读者会遇到许多诉诸直觉的实例。直觉判断通常被当作证据来使用：与直觉内容兼容的哲学理论得到了支持，而与直觉内容冲突的哲学理论则遇到了挑战。哲学直觉在哲学思想实验中发挥重要的作用。

---

① 哲学中的思想实验通常是假想中的，而非现实中的。

② Edmund L. Gettier, "Is Justified True Belief Knowledge?", *Analysis*, 1963 (23): 121 – 123.

③ John Jamieson Carswell Smart, "An Outline of a System of Utilitarian Ethics", in John Jamieson Carswell Smart amd Bernard A. O. Williams (eds.), *Utilitarianism: For and Against*, Cambridge: Cambridge University Press, 1973, pp. 3 – 47.

然而，值得注意的是，虽然使用"直觉"一词作为自发回应哲学思想实验的标签是一种相对新的现象，然而，这种实践本身可以追溯到西方哲学的开端。在柏拉图的《理想国》中，克法洛斯（Cephalus）提出了一种正义的解释，认为正义要求说真话和偿还应还的债务。苏格拉底用一个思想实验加以回应，并提出一个问题："假如一个朋友在他头脑清醒时把武器交给我保存，在他头脑不清醒时要我交还给他，我应该把它们还给他吗？"接着他自己回答说："没有人会说，我应该这样做，或者这样做将会是正确的，他们更会说，我应该在某人心智正常时总是对他讲真话。"① 克法洛斯同意苏格拉底的说法。用当代的术语来说，苏格拉底的思想实验旨在引出这种直觉，即在这种情况下，归还武器和说实话不是道德上的必然要求。这种思想实验的方法不仅成功地说服了古希腊时期的许多人，而且也说服当代的许多读者，成为说理论证的一种重要方式。

作为分析和论证的一种来源，哲学直觉为概念分析提供证据的支持，为思想实验提供辩护的理由，为反思平衡提供融贯的基础，在哲学理论的构建与辩护中发挥着重要的作用。对于直觉在哲学中的作用，很多哲学家都有明确的论述。

首先，直觉是辩护的理由，是重要的证据来源。戈德曼指出："赋予直觉的证据权重往往是很高的。"② 奥迪宣称："在任何情况下，我们的理性能力，我们的理性直觉……为简单的真信念提供理由的来源。"③ 克里普克（Saul Kripke）认为，直觉是重要的证据，他说："当然，有些哲学家认为，在支持某事上，直觉证据是毫无说服力。在我看来，直觉证据是支持任何事情的十分重要的证据。事实上，我真的不知道，对任何事情，人们最终会有什么更有说服力的证据。我主张，无论如何，认为关于偶然属性的概念不是凭直觉获得的那些人，正好是凭直觉才这

---

① Plato, *The Republic in The Dialogues of Plato* (*Vol. 1*), Benjamin Jowett (trans.), New York: Random House, 1937, p.595.

② Alvin Goldman, "Philosophical Intuitions: Their Target, Their Source, and Their Epistemic Status", *Grazer Philosophiche Studien*, 2007 (74): 1.

③ Robert Audi, *Epistemology: A Contemporary Introduction to the Theory of Knowledge*, New York: Routledge Press, 2003, p.116.

样的。"① 亚历山大（Joshua Alexander）宣称：

> 当哲学家想要了解知识或道德责任等对象的性质时，他们经常构造出一些假定的案例用来揭示我们关于这些对象的哲学直觉。这些直觉在哲学中起重要的作用，帮助哲学家确定提出哪些理论，为哪些理论辩护，并帮助提供这样做的一种手段。②

他还说：

> 在当代哲学中，哲学直觉起着十分重要的作用。哲学直觉不仅为我们的哲学理论提供了所需解释的材料，而且为我们提供论证这些理论正确所援引的证据，为我们提供相信这些理论正确所依凭的理由。在这种方式上，在哲学中，直觉证据的角色及其相应的认知地位与科学中知觉证据的角色及其相应的认知地位类似。③

丘德诺夫主张，直觉推理"是基于直觉的推理"，"它可以涉及记忆、证词、演绎、归纳和混合模态三段论"④。通过直觉推理，我们可以为知识的确定性提供保障。这些学者的观点，与笛卡尔的观点相似，他说：

> 如果我们直觉到一些简单的命题，并由它们推断出其他命题，借助它们用一种持续的、完全不间断的思路链，去反思它们的相互关系，形成一个关于它们的独特的、同时尽可能同时发生的概念，这似乎是有用的。因为通过这种方法，我们的知识会变得更加确定，我们的心理能力会大幅地增高。⑤

---

① Saul Kripke, *Naming and Necessity*, Cambridge: Harvard University, 1980, p. 42.
② Joshua Alexander, *Experimental Philosophy: An Introduction*, Cambridge: Polity Press, 2012, p. 28.
③ Joshua Alexander, *Experimental Philosophy: An Introduction*, Cambridge: Polity Press, 2012, p. 11.
④ Elijah Chudnoff, *Intuition*, Oxford: Oxford University Press, 2014, p. 16.
⑤ John Cottingham, Robert Stoothoff and Dugald Murdoch (Trans.), *The Philosophical Writings of Descartes (Vol. 1)*, Cambridge: Cambridge University Press, 1985, p. 37.

直觉判断，辅之以有较高信度和实证价值的观察与实验数据，再配合逻辑分析，就可更好地验证或推翻假设与理论。

其次，直觉是确定概念的根据，是建构理论的基础。邦久认为，直觉是确定知识概念必不可少的根据，他说："我们关于各种知识案例的常识直觉……是我们决定知识概念的真正构成的主要的和不可或缺的基础。"[1] 任何理论的建构，都要先确立其非经验的、自明的基础概念以及自明的公设，并以此为基础进行推理。科恩说："我们必须承认如下事实：哲学分析经常基于从默认的或公开承认的直觉中推导出的前提，这个直觉是关于把什么看作什么的理由的直觉。"[2] 科恩布里斯也强调直觉在构建理论中的基础性作用，他说："我们的直觉为我们提供了可以构建知识论理论的材料"[3]，"在很多哲学理论的建构中，诉诸直觉发挥着基础性作用"[4]。他还说，很多哲学家都"诉诸于直觉来建构、塑造、改造他们的哲学观点"[5]。戴维特也说："在理论化的过程中，直觉经常是一种非常方便的捷径。"[6] 比勒也认为，好的哲学理论一定符合"标准的确证程序"（standard justificatory procedure），而直觉在其中发挥关键的作用，"根据我们标准的确证程序，直觉被当作证据（或者理由）。在哲学中把直觉当作证据来使用是十分普遍的现象"[7]。索萨指出，哲学直觉的作用类似于在科学理论提供证据的观察或感知的作用，正如经验理论必须

---

[1] Laurence BonJour, *Epistemology: Classic Problems and Contemporary Responses*, Lanham: Rowman and Lttlefield Publishers, 2002, p. 48.

[2] 乔纳森·科恩著：《理性的对话：分析哲学的分析》，邱仁宗译，社会科学文献出版社1998年版，第82页。

[3] Hilary Kornblith, "Appeals to Intuition and the Ambition of Epistemology", in Stephen Hetherington (ed.), *Epistemology Futures*, Oxford: Oxford University Press, 2006, p. 10.

[4] Hilary Kornblith, "Naturalism and Intuition", in Hilary Kornblith (ed.), *A Naturalistic Epistemology: Selected Papers*, Oxford: Oxford University Press, 2015, p. 159.

[5] Hilary Kornblith, "The Role of Intuitions in Philosophical Enquiry: An Account with No Unnatural Ingredients", in Michael R. DePaul and William Ramsey (eds.), *Rethinking Intuition: The Psychology of Intuition and Its Role in Philosophy Inquiry*, Oxford: Rowman and Littlefied Publishers, 1998, p. 129.

[6] Michael Devitt, "Intuitions in Linguistics", *The British Journal for the Philosophy of Science*, 2006 (57): 500.

[7] George Bealer, "On the Possibility of Philosophical Knowledge", *Philosophical Perspectives*, 1996 (10): 4.

很好地符合观察，哲学理论也必须很好地符合直觉，"在知识论和在哲学中，直觉被期望起作用的方式，通常更普遍地……类似于在经验科学中观察被期望起作用的方式。经验理论必须足够好地符合科学的观察判决"①。

最后，直觉是判断正误的标准，是解答难题的方法。通常，那些符合直觉的信念会被认为是正确的、可以接受的；反之，则会被认为是错误的或不可接受的。戈德曼在论证可靠主义时就是以是否符合直觉作为对错的标准，他说："我认为这些回答都是错误的。因为这些答案似乎都没有满足我们关于确证的直觉。"② "读者现在会明白，在恶魔案例中，对正常世界的可靠性解释，是十分自然地符合我们的直觉。"③ 提出、捍卫、确证哲学理论的基础通常是以与哲学直觉一致为标准，主张哲学直觉在哲学研究中具有重要的作用："我们提出的哲学理论，它们的基础就是它们能解释我们哲学直觉的能力；我们捍卫它们的真理性，其基础就是它们与我们的哲学直觉的总体一致；我们确证我们的哲学信念，其基础就是它们与我们的哲学直觉一致。"④ 哲学家大都赞成，与很多人的直觉相冲突的理论至少有一种必须被其他的优势理论取代的缺陷，而与相关直觉判断相符的理论则具有"占座权"（squatter's rights）。⑤ 温伯格等认为，"在分析哲学中，对难解的案例诉诸直觉判断的实践"是"长期以来的标准"。⑥ 邦久认为，直觉是解答哲学难题的重要方法，他描述道：

---

① Ernest Sosa, "Experimental Philosophy and Philosophical Intuition", *Philosophical Studies*, 2007 (132: 1): 107.

② Alvin Goldman, *Epistemology and Cognition*, Cambridge, MA: Harvard University Press, 1986, p. 107.

③ Alvin Goldman, *Epistemology and Cognition*, Cambridge, MA: Harvard University Press, 1986, p. 107.

④ Joshua Alexander, *Experimental Philosophy: An Introduction*, Cambridge: Polity Press, 2012, p. 1.

⑤ Eddy Nahmias, Stephen G. Morris, Thomas Nadelhoffer and Jason Turner, "Is Incompatibilism Intuitive?", in Joshua Knobe and Shaun Nichols (eds.), *Experimental Philosophy*, Oxford: Oxford University Press, 2008, pp. 85-86.

⑥ Jonathan M. Weinberg, Stephen Crowley, Chad Gonnerman, Ian Vandewalker, Stacey Swain, "Intuition and Calibration", *Essays in Philosophy*, 2012 (13: 1): 256.

> 我对这个……僵局的解答，是尽可能地把僵局引向直觉层面。通过考察一系列的这类案例，我将……最终充分地证明，在认知的合理性上，外在主义违反了基本的直觉。虽然这种直觉可能对外在主义不会构成决定性的反驳，但是我认为这种反驳足以把举证的责任完完全全地推给外在主义者。①

直觉在当代哲学尤其是当代分析哲学中发挥重要的作用，威廉姆森宣称直觉在当代分析哲学中发挥着基础性作用，"在广义的被称为'分析哲学'的传统上，当前方法论的一个明显独特的特性是诉诸直觉"②，普斯特把当代哲学中最常见的诉诸直觉的分析形式概括为③：

（1）S 知道 p，当且仅当_____。
（2）S 确证地相信 p，当且仅当_____。
（3）物理的或功能的状态 X 有意向内容 c，当且仅当_____。
（4）行动 X 在道德上是正确的，当且仅当_____。
（5）行动 X 是合理的，当且仅当_____。
（6）t_2 时的人物$_2$与 t_1 时的人物$_1$是同一个人，当且仅当_____。
（7）X 解释 Y，当且仅当_____。

在以上这些形式中，①与知识论中的葛梯尔案例有关；②与知识论中的千里眼案例有关；③与心灵哲学中的孪生地球案例有关；④与道德哲学中的无辜者惩罚案例有关；⑤与道德哲学中的纽科姆难题有关；⑥与形而上学中的时空转换机案例有关；⑦与科学哲学中的旗杆案例有关。它们都涉及相关哲学分支的基本命题。我们对它们的充分必要条件的把握，都是基于在这些问题上我们的直觉，并以此直觉评估、支持、批评或建构其他的答案。

在 2011 年发表的针对专业哲学家的调查中发现，超过半数的哲学家（50.9%）认为，直觉在论证哲学理论时是有用的，而且近四分之一的受

---

① Roderick M. Chisholm, *The Foundations of Knowing*, Minnesota: University of Minnesota Press, 1982, p. 37.
② Timothy Williamson, *The Philosophy of Philosophy*, New York: Routledge, 2007, p. 2.
③ Joel Pust, *Intuitions as Evidence*, New York: Garland Publishing, 2000, pp. 3–8.

试者（23.5%）认为，直觉在论证哲学理论时是必要的。这些受试者表示，他们不会放弃一个有用的方法，更不用说必要的方法。①

（三）直觉在当代哲学中具有重要作用的理论依据

诉诸直觉是区分哲学方法与科学方法的标准，在哲学研究中扮演重要的角色。在戈德曼看来，哲学方法不同于科学方法之处，在于大量依赖直觉，他说：

> 哲学方法大量而公开地依赖直觉，这是哲学方法与科学方法的不同之所在。尤其是，当哲学家在进行哲学"分析"时，他们经常诉诸直觉。为了确定什么是知识，什么是指称，什么是同一性，什么是因果性（或者知识、指称、同一性和因果性的概念是什么）时，哲学家通常都会考虑一些现实的或假设的案例，并追问这些案例是否为目标范畴或概念提供了实例。对这些实例的心理反应，人们通常称之为"直觉"，并把这些直觉当作正确答案的证据。就最低限度而言，它们是这些案例是或不是知识、指称、因果性等实例的证据。因此，直觉在哲学活动的某些领域发挥尤其关键的作用。②

查尔默斯也断言，"在某种程度上，人类研究的所有领域都依赖直觉"，然而，与其他领域相比，在哲学中使用直觉"更广泛、更重要，且更易产生分歧"③。康明斯宣称，很多哲学方法的权威"依赖直觉判断"④。莱文指出，"哲学直觉是我们确证实践的一个标准部分"这个事实，是哲学方法论具有独特性的决定因素，"在整部哲学史上，面对直觉上令人信服的反例而否定或修改论题的过程一直是哲学论证的特点，也

---

① Justin Sytsma and Jonathan Livengood, *The Theory and Practice of Experimental Philosophy*, Broadview, 2015, pp. 81–112.

② Alvin Goldman, "Philosophical Intuitions: Their Target, Their Source, and Their Epistemic Status", *Grazer Philosophiche Studien*, 2007 (74): 1.

③ David J. Chalmers, "Intuitions in Philosophy: A Minimal Defense", *Philosophical Studies*, 2014 (171: 3): 543.

④ Robert C. Cummins, "Reflection on Reflective Equilibrium", in Michael R. DePaul and William Ramsey (eds.), *Rethinking Intuition: The Psychology of Intuition and Its Role in Philosophy Inquiry*, Oxford: Rowman and Littlefied Publishers, 1998, p. 125.

许还是它的决定性因素"①。

与经济学家和物理学家等其他学者相比,哲学家更普遍地使用"直觉"(或其同源词语)的原因在于:哲学所解答的问题是更基本的、前理论的且没有标准答案的问题,因此需要依赖直觉的理由。对哲学论证中必须诉诸直觉的原因,查尔默斯作了详细的说明,他说:

> 毕竟,所有的论证都必须有一个起点。一些前提会有背景的支持,但即使人们揭示出这个支持,似乎仍会有未被争论的前提没有推理的支持。有记忆和证词支持的前提似乎依赖以前更基本的各种支持,所以人们需要非推理的、非记忆的和非证词的支持来作为起点。知觉和内省的支持可能起一些作用,然而,来自感知和反思的推理在许多情况下不足以让人得到一个坚实的哲学结论,这是可以论证的。因此,为了获得这些坚实的结论,哲学论证将在某种程度上广泛依赖非推理的(直觉的)理由。②

他还主张,"甚至我们接受基本的推理规则在某种程度上也需要直觉的支持"。③ 威廉姆森则强调哲学直觉在解答深奥的哲学问题中的最后一根稻草的作用,他说:"当当代分析哲学家用光理由后,他们诉诸直觉。似乎有时可以说,任何哲学的争论往后推得足够远时,都会变成关于最终前提的一个直觉冲突:'最终,我们必须继续的是我们的直觉。'"④ "'直觉'在当代分析哲学的自我理解中起重要的作用。"⑤ 在亚历山大看来,"哲学直觉不仅为我们的哲学理论提供了所需解释的材料,而且为我们提供论证这些理论正确所援引的证据,为我们提供相信这些理论正确所依凭的理由。在这种方式上,在哲学中,直觉证据的角色及其相应的

---

① Janet Levin, "The Evidential Status of Philosophical Intuition", *Philosophical Studies*, 2005 (121): 193.

② David J. Chalmers, "Intuitions in Philosophy: A Minimal Defense", *Philosophical Studies*, 2014 (171: 3): 542.

③ David J. Chalmers, "Intuitions in Philosophy: A Minimal Defense", *Philosophical Studies*, 2014 (171: 3): 543.

④ Timothy Williamson, *The Philosophy of Philosophy*, New York: Routledge, 2007, p. 214.

⑤ Timothy Williamson, *The Philosophy of Philosophy*, New York: Routledge, 2007, p. 215.

认知地位与科学中知觉证据的角色及其相应的认知地位类似",因此"哲学直觉在当代哲学中扮演着一个重要的角色。"[1]

在本书看来,哲学直觉是不是确实在当代哲学中扮演着一个重要的角色,这是一个社会学的问题,而且在很大程度上依赖于我们如何解释诉诸我们会说什么或对我们来说事物呈现是怎样的,同时还依赖于在我们看来当哲学家诉诸于那种东西时他们要做的是什么。[2] 杜尔歇认为,哲学直觉在哲学中没有扮演重要的角色,因为大多数的哲学讨论并没有明确地表明是对哲学直觉的援引。[3] 然而,戈德曼则认为,哲学家没有明确用直觉来论证并不意味着他们没有用直觉来论证,而且一旦我们弄清楚了哲学家论证的方式,就会发现直觉确实在论证中扮演核心的角色,即使"直觉"这个概念并没有出现:

> 作为一个历史事实,哲学家并不总是用直觉语言来描述他们的方法论。实际上,这似乎是近期才出现的做法。雅克·辛提卡(1999年)将对"直觉"的哲学用法追溯到了乔姆斯基对语言学方法论的描述。在哲学史中,甚至在分析哲学的早年,这个术语都是找不到的……这并不是说历史上的哲学家和20世纪初期的哲学家并没有做出类似的哲学行动。他们确实有这样的行动,他们只是不用"直觉"一词来描述它们。[4]

戈德曼的回答启示我们,要研究直觉在当代分析哲学中是否重要,必须确立如何判别某种观点是来自直觉的标准。正如本书前面所主张,当一个理智而又清醒的说话者对某个问题提出自己的观点,在作出了努力思考后,诚实地告知,他不知道提出这种观点的理由,那么,我们就

---

[1] Joshua Alexander, *Experimental Philosophy: An Introduction*, Cambridge: Polity Press, 2012, p. 1.

[2] Joshua Alexander, *Experimental Philosophy: An Introduction*, Cambridge: Polity Press, 2012, p. 101.

[3] Max Deutsch, "Intuitions, Counter-Examples, and Experimental Philosophy", *Review of Philosophy and Psychology*, 2010 (1:3): 447–460.

[4] Alvin Goldman, "Philosophical Intuitions: Their Target, Their Source, and Their Epistemic Status", *Grazer Philosophiche Studien*, 2007 (74): 2.

可以说他的观点来自直觉。

  当然，哲学直觉确实在哲学中扮演着重要角色这一事实并不意味着它们应该扮演这个角色，或者需要扮演这一角色。但作为事实，我们不应该无视，更不应该否认它在当代哲学中的重要角色。

第 三 章

哲学直觉的多样性挑战直觉方法吗?

实验数据充分表明,哲学直觉具有多样性。哲学直觉的多样性挑战了哲学中诉诸直觉作为证据的方法的合理性。然而,本书认为,哲学直觉的多样性并不能反驳诉诸直觉的哲学方法的合理性,其论证有三:一是否认直觉有显著多样性的论证;二是否认直觉多样性重要的论证;三是否认直觉多样性会导致不可靠性的论证。对于哲学直觉多样性,学界提出了不同的解释理论,它们是整体性/分析性差异理论、抽象/具体二分理论和认知聚焦效应理论。在介评这三种理论的基础上,本书将提出广义语境主义,并以此解释哲学概念归赋的多样性。

第一节 哲学直觉多样性的实证数据

主流的分析哲学者通常认为,概念归赋只受被归赋主体的理智特征影响,而不受被归赋的命题的风险高低、错误凸显与否、道德性以及归赋的场景和归赋者的人口统计学变量影响。然而,最近 20 多年出现的实验哲学在对非哲学家的普通大众做了许多问卷调查后发现:哲学概念归赋直觉具有风险效应、凸显效应、认知副作用效应、场景呈现效应、人口统计学变量效应等[1]。

非但普通大众的哲学概念归赋直觉受多种语境影响,而且有证据表

---

[1] 对知识归赋直觉多样性,请参见曹剑波《实验知识论研究》,厦门大学出版社 2018 年版,第 32—235 页。对美学、行动哲学、语言哲学、法哲学、宗教哲学、科学哲学、伦理学、形上学等哲学概念归赋直觉多样性,可参考 https://philpapers.org/browse/experimental-philosophy。

明，哲学家对核心哲学问题的直觉也具有多样性。2009年，布尔热（David Bourget）和查尔默斯[1]通过PhilPapers调查了1972位哲学教师对30个核心哲学问题的看法，结果发现当代职业哲学家对核心哲学问题的直觉判断[2]具有多样性。其结果是：①先验知识：有71.1%，没有18.4%，其他10.5%；②抽象对象：柏拉图主义39.3%，唯名论37.7%，其他23.0%；③美的价值：客观的41.0%，主观的34.5%，其他24.5%；④分析与综合的区分：有64.9%，没有27.1%，其他8.1%；⑤认知的确证：外在主义42.7%，内在主义26.4%，其他30.8%；⑥外部世界：非怀疑主义实在论81.6%，怀疑主义4.8%，唯心主义4.3%，其他9.2%；⑦自由意志：兼容主义59.1%，自由主义13.7%，没有自由意志12.2%，其他14.9%；⑧上帝：无神论72.8%，有神论14.6%，其他12.6%；⑨知识主张：语境主义40.1%，不变主义31.1%，相对主义2.9%，其他25.9%；⑩知识：经验主义35.0%，理性主义27.8%，其他37.2%；⑪自然律：非休谟式的57.1%；休谟式的24.7%，其他18.2%；⑫逻辑：经典的51.6%，非经典的15.4%，其他33.1%；⑬心理的内容：外在主义51.1%，内在主义20.0%，其他28.9%；⑭元伦理学：道德实在论56.4%，道德反实在论27.7%，其他15.9%；⑮元哲学：自然主义49.8%，非自然主义25.9%，其他24.3%；⑯心灵：物理主义56.5%，非物理主义27.1%，其他16.4%；⑰道德判断：认知主义65.7%，非认知主义17.0%，其他17.3%；⑱道德动机：内在主义34.9%，外在主义29.8%，其他35.3%；⑲纽康问题：两盒31.4%，一盒21.3%，其他47.4%；⑳规范伦理学：道义论25.9%，结果论23.6%，美德伦理学18.2%，其他32.3%；㉑感知经

---

[1] David Bourget & David Chalmers, "What do philosophers believe?", *Philosophical Studies*, 2014（170：3）：465 – 500.

[2] 虽然在布尔热和查尔默斯的问卷中设计了对每一个选择的评论，似乎是要调查反思判断，但是，他们对评论的调查只是任选项，有评论是受欢迎的。基于以下理由，我们认为，他们的问卷主要调查的是直觉判断而非反思判断，这些理由有：①问卷调查量很大，除了30个哲学问题外，还有大量的人口统计学问题。很少有人会通过仔细思考去做这些问卷。②问卷调查没有给报酬。无报酬且"隐姓埋名"之类的匿名问卷调查，很难让人有动力花太多时间和精力去做。③调查对象是哲学教师，鉴于实验哲学在哲学界并不太认可，大多数人不会花时间，也可能无兴趣认真做问卷。从实际上只有47%的人即931人完成了问卷可以说明，受试者大都是用系统1，因为这样更省心省力省时。

验：表象主义31.5%，感受性理论12.2%，析取论11.0%，感觉材料论3.1%，其他42.2%；㉒人格同一性：心理观33.6%，生物观16.9%，进一步事实观12.2%，其他37.3%；㉓政治哲学：平均主义34.8%，社群主义14.3%，自由主义9.9%，其他41.0%；㉔专名：密尔式34.5%，弗雷格式28.7%，其他36.8%；㉕科学：科学实在论75.1%，科学反实在论11.6%，其他13.3%；㉖远程传送的人：活着36.2%，死了31.1%，其他32.7%；㉗时间：B理论26.3%，A理论15.5%，其他58.2%；㉘电车难题：扳68.2%，不扳7.6%，其他24.2%；㉙真理：符合论50.8%，冗余论24.8%，认知的6.9%，其他17.5%；㉚僵尸：可以想象的，但没有形而上的可能35.6%，有形而上的可能23.3%，不可想象16.0%，其他25.1%。[1]

10年后，2020年，布尔热和查尔默斯[2]再次通过PhilPapers调查了7685名主要来自北美、欧洲和大洋洲的哲学家（专业的哲学从业者）对各种哲学问题的看法，其中1785人（23%）[3]完成了调查。在这些完成调查的人中，522人完成了50道题，338人完成了51—99题，925人完成了全部100道题。与2009年的调查相比，在原来的30个研究问题的基础上，多增加了10个主要问题以及60个衍生问题。

为了表述方便，结果中只列出"排他的"（exclusive）（只勾选某个选项，而没有同时接受其他选项的受试者数据），没有标"包容的"（inclusive）数据（选择某选项的受试者同时可能选择了其他选项，即受试者可能同时接受多种立场）。此外，为简单起见，只给出排他数据中，数据偏差大于3%的数据。数据如下：①先验知识：有72.8%，没有18.5%，其他8.7%；②抽象对象：柏拉图主义38.4%，唯名论41.9%，其他19.7%；③美的价值：客观的43.5%，主观的40.6%，其他18.9%；排他的数据是：客观的40.2%，主观的37.2%；④哲学的目标（哪个最重要?）：真理/知识42.2%，理解55.8%，智慧31.2%，幸福12.6%，好/正义22.7%，其他10.8%；排他的数据是：真理/知识17.7%，理解

---

[1] David Bourget & David Chalmers, "What do philosophers believe?", *Philosophical Studies*, 2014（170: 3）: 475–477.

[2] https://philarchive.org/archive/BOUPOP-3.

[3] 在回答了所属国家的1739位受试者中，1004人是美国人，204人是英国人，123人是加拿大人。回答属于男性的1365人，女性的357人，女性占20.7%。

29.6%，智慧 10.1%，幸福 1.4%，好/正义 3.1%；⑤分析与综合的区分：有 62.5%，没有 25.8%，其他 11.9%。⑥食用动物和动物产品（在一般情况下是否允许食用动物和/或动物产品？）：杂食主义（是的和是的）48.0%，素食主义（不是的和是的）26.5%，纯素食主义（不是的和不是的）18.4%，其他 9.9%；⑦认知的确证：外在主义 45.3%，内在主义 35.7%，其他 18.0%；排他的数据是：外在主义 30.4%，内在主义 45.3%；⑧体验机器（你想进入？）：想 13.3%，不想 76.9%，其他 9.7%；⑨外部世界：非怀疑主义实在论 79.5%，怀疑主义 5.4%，唯心主义 6.6%，其他 9.8%；⑩天桥案例（把某人推下桥能救下另外五个人，该怎么做？）：推 22.0%，不推 56.0%，其他 22.0%；⑪自由意志：兼容主义 59.2%，自由主义 18.8%，没有自由意志 11.2%，其他 11.4%；⑫社会性别：生物的 29.0%，心理的 21.5%，社会的 63.1%，不真实的 4.2%，其他 14.8%；排他的数据是：生物的 15.1%，心理的 4.3%，社会的 43.0%，不真实的 1.6%；⑬上帝：无神论 66.9%，有神论 18.9%，其他 14.0%；⑭知识主张：语境主义 54.6%，不变主义 25.5%，相对主义 5.4%，其他 16.4%；⑮知识：经验主义 43.9%，理性主义 33.5%，其他 27.6%；排他的数据是：经验主义 37.3%，理性主义 26.8%；⑯自然律：非休谟式的 54.3%；休谟式的 31.3%，其他 14.9%；⑰逻辑：经典的 53.6%，非经典的 26.4%，其他 24.2%；排他的数据是：经典的 48.7%，非经典的 21.8%；⑱人生的意义：主观的 33.0%，客观的 32.1%，不存在 16.1%，其他 23.6%；排他的数据是：主观的 28.3%，客观的 27.6%，不存在 14.9%；⑲心理的内容：外在主义 58.1%，内在主义 26.4%，其他 19.6%；排他的数据是：外在主义 53.8%，内在主义 21.9%；⑳元伦理学：道德实在论 62.1%，道德反实在论 26.1%，其他 11.8%；㉑元哲学：自然主义 50.2%，非自然主义 31.1%，其他 19.1%；㉒心灵：物理主义 51.9%，非物理主义 32.1%，其他 15.9%；㉓)道德判断：认知主义 69.3%，非认知主义 20.7%，其他 10.3%；㉔道德动机：内在主义 41.0%，外在主义 39.3%，其他 22.0%；㉕纽康问题：两盒 39.0%，一盒 31.2%，其他 30.2%；㉖规范伦理学：道义论 32.1%，结果论 30.6%，美德伦理学 37.0%，其他 18.2%；排他的数据是：道义论 19.7%，结果论 21.4%，美德伦理学 25.0%；㉗感知经验：表象主义

39.3%，感受性理论 15.1%，析取论 15.6%，感觉材料论 5.0%，其他 28.1%；排他的数据是：表象主义 36.1%，感受性理论 13.3%，析取论 13.8%，感觉材料论 3.9%；㉘人格同一性：心理观 43.7%，生物观 19.1%，进一步事实观 14.9%，其他 26.6%；排他的数据是：心理观 39.4%，生物观 15.6%，进一步事实观 13.4%；㉙哲学的进步（是否有）：没有 3.8%，有一点 46.6%，有很多 41.7%，其他 8.4%；㉚政治哲学：平均主义 44.0%，社群主义 27.3%，自由主义 13.4%，其他 20.5%；排他的数据是：平均主义 38.3%，社群主义 22.1%，自由主义 10.3%；㉛专名：密尔式 38.7%，弗雷格式 36.1%，其他 25.5%；㉜种族：生物的 18.7%，社会的 63.4%，不真实的 15.0%，其他 13.3%；排他的数据是：生物的 11.5%，社会的 52.8%，不真实的 11.4%；㉝科学：科学实在论 72.4%，科学反实在论 15.0%，其他 12.8%；㉞远程传送的人（新事物）：活着 35.2%，死了 40.1%，其他 24.8%；㉟时间：B 理论 38.2%，A 理论 27.2%，其他 36.2%；㊱电车难题（五人在正前方，一个在侧轨，转弯需要扳动，应该怎么做？）：扳 63.4%，不扳 13.3%，其他 23.4%；㊲真理：符合论 51.4%，冗余论 24.5%，认知的 10.2%，其他 16.8%；排他的数据是：符合论 48.3%，冗余论 22.2%，认知的 8.8%；㊳模糊性：认知的 24.2%，形而上的 20.8%，语义的 52.1%，其他 15.6%；排他的数据是：认知的 16.3%，形而上学的 15.2%，语义的 42.6%；㊴僵尸：可以想象的，但没有形而上的可能 36.5%，有形而上的可能 24.4%，不可想象 16.4%，其他 22.5%；㊵哲学的方法（哪些方法最有用/最重要？）：概念分析 70.9%，概念设计 39.5%，经验主义的哲学 60.0%，实验哲学 32.6%，形式哲学 55.5%，基于直觉的哲学 49.5%，语言哲学 46.2%，其他 7.2%；排他的数据是：概念分析 11.6%，概念设计 20.6%，经验主义的哲学 14.5%，实验哲学 35.9%，形式哲学 12.9%，基于直觉的哲学 29.0%，语言哲学 21.5%。

新增部分问题的调查结果是：①81.7% 的受试者认为堕胎在一些情况下可以被允许；②75.1% 的受试者认为不应允许死刑；③关于意识，支持人数占比最高的观点是功能主义，有 33% 的受试者支持这一观点；④有 51.3% 的受试者接受可延展心灵理论的部分版本；⑤50.9% 的受试者赞同修改性别种类；⑥40.4% 的受试者赞同取消种族种类；⑦64.2% 的受试者认为关于人类的基因工程在一定情况下可以被允许;⑧44.9%的受试者愿意承认灵魂不朽,41.3%的受试者不愿意,还有13.6%的受试者选择了"其他"选项;⑨在元伦理学领域,自然主义实在论压倒了非自然主义实在论与建构主义,成为最为流行的立场;⑩约30%的受试者支持资本主义,而53%的受试者支持社会主义,还有接近20%的受试者选择了"其他"选项;⑪56%的受试者认为哲学知识"有很多",32.5%认为则认为"极少",而尽管该回答自身存在悖论,但是仍然没有阻止有3.6%的人认为"不存在"哲学知识;⑫认为时间旅行在形而上学上可能和不可能的受试者几乎各占一半;⑬仅有2%的受试者认为微观粒子可能是有意识的;⑭知识的分析:确证的真信念23.6%,其他分析32.2%,无分析30.6%,其他13.9%;⑮信念还是信任(哪个更基本?):信念30.6%,信任31.3%,两者都不是19.5%,其他19.3%;⑯确证:一致主义23.7%,无限主义2.0%,非可靠主义者的基础主义25.2%,可靠主义33.6%,其他21.8%;排他的数据:一致主义19.2%,无限主义1.5%,非可靠主义者的基础主义21.8%,可靠主义28.8%;⑰命题态度:倾向的31.5%,现象的6.9%,表象的46.5%,不存在3.5%,其他18.9%;排他的数据:倾向的25.8%,现象的4.4%,表象的40.9%,不存在3.3%;⑱命题:集合8.4%,结构化实体38.3%,简单实体6.9%,行动8.1%,不存在15.4%,其他25.0%;⑲合理的分歧(两人有相同的证据能有合理的分歧吗?):非放纵主义19.4%,放纵主义70.2%,其他10.5%;⑳回应外部世界的怀疑主义(最有力的是哪种?):溯因的22.1%,语境主义的10.7%,独断论的13.4%,认知外在主义的18.9%,语义外在主义的8.4%,实用主义的22.8%,其他17.2%;排他的数据:溯因的17.2%,语境主义的7.7%,独断论的10.1%,认知外在主义的14.6%,语义外在主义的5.4%,实用主义的18.3%;㉑科学的价值(理想的科学推理是否必然对非认知的价值敏感或不敏感?):必然价值中立17.7%,必然价值负载44.0%,可以是任意一个31.1%,其他7.2%。

2009—2020年,所有参与者波动幅度最大的有:①逻辑:非经典逻辑增加13.4%;②知识主张:不变主义减少11.2%;③道德动机:外在主义增加8.7%;④自然律:休谟主义增加8.5%;⑤先验知识:有先给知识,增加了

8.5%；⑥知识主张:语境主义增加7.6%；⑦审美价值:主观的增加6.9%；⑧电车难题:不扳增加6.3%；⑨元伦理学:道德实在论增加5.4%；⑩自由意志:兼容主义增加5.3%。

2009—2020年，同一参与者波动幅度最大的有：①电车难题:不扳的人数增加11.9%；②逻辑:非经典的增加9.5%；③道德判断:非认知主义增加8.3%；④知识主张:不变主义减少8.2%；⑤知识主张:语境主义增加6.1%；⑥抽象对象:柏拉图主义增加7.7%；⑦规范伦理:美德伦理增加6.5%；⑧规范伦理学:后果论减少5.9%；⑨自由意志:没有自由意志减少5.9%；⑩元哲学:自然主义增加5.6%。

以上数据表明，不仅普通大众而且哲学家的哲学直觉也具有多样性。虽然基于操作错误或干扰，可以较小规模地消除普通大众和哲学家的哲学概念归赋直觉的多样性和不稳定性，然而，随着实验范围的进一步扩大，实验操作越来越精细，实验方法越来越科学，收集的数据越来越多，普通大众的哲学概念归赋受众多非认知因素的影响将得到更充分的证实，借操作错误或干扰来消除不一致的数据的做法将越来越不可行。哲学直觉的多样性对哲学直觉作为证据方法的合理性提出了挑战（具体论述请参见第二章第一节第三小节"多样性论证"）。

第二节 哲学直觉多样性不能反驳诉诸直觉的方法

从本书第二章第一节第一小节"多样性论证"中，可以看到，哲学直觉的多样性，挑战了诉诸直觉作为哲学理论的证据的直觉主义方法论。要捍卫直觉方法的认知地位，必须直接反驳多样性论证。下文将提出反驳多样性论证的三个论证：否认直觉有显著多样性的论证、否认直觉多样性重要的论证和否认直觉多样性会导致不可靠性的论证。

一 否认直觉有显著多样性的论证

否认直觉有显著的多样性是对分歧论证的前提E1的直接反驳。这种方法可分为三种：一致的直觉多于分歧的直觉；直觉的多样性是假象，源于外在的因素，而非必然的因素，直觉的分歧有方法消除；实验哲学研究直觉建立在可能错误的预设上。

第一种否认直觉有显著多样性的论证是，有些哲学家认为，直觉具有多样性和语境敏感性，并不是说对所有案例，对所有的问题，直觉都是多样的，都具有语境敏感性。对某个案例，可能有多样的甚至冲突的直觉，但多样的、冲突的直觉只是少数，更多的直觉是相同的。例如，"所有单身汉都未婚""所有雌狐都是雌的""1+2=3""所有的立方体都有12条边""对于任何命题P与Q，若P或Q为真，且P为假，那么Q为真""没有任何表面能够同时全部呈现红色和蓝色""如果X是一堆沙子，那么即使取走1粒沙子X仍然是一堆沙子""仅当S能采取其他行动时，S采取行动A才是自由的""任何两个在所有非道德方面都完全一样的可能行动，必定在所有的道德方面都完全一样"。对这些命题，任何理解这些命题的人都会有共同的直觉。杰克逊因此认为，我们的直觉基本上是一致的、共享的，以直觉为基础，我们可以建立共享的一致理论，"在某种程度上，我们的直觉是一致的，这种一致性可以解释为什么我们有共享的理论。在一定程度上，我们的直觉与大众的直觉是相互一致的，它们揭示的正是大众的理论"[1]。博义德（Kenneth Boyd）和内格尔断定："当代知识学者虽然有相互冲突的竞争理论，然而对哲学上感兴趣的案例却有相当多的共同直觉。"[2] 他们认为，即使挑战认知直觉可靠的实验哲学家有时也明确承认可能有一种共享的和可靠的直觉这种"公共核心"（common core）。[3] 例如，实验哲学家设计来证明"知道"与"单纯相信"不同的案例如"抛硬币"案例，是建立在直觉是可信赖的预设上。因为在这些案例中，几乎所有的受试者都会认为"抛硬币"案例不是知识，实验哲学家会认为这些大众直觉（folk intuitions）是可靠的，并依赖这些直觉才能深入论证。承认背景不同的受试者对某些案例表现出来的一致

---

[1] Frank Jackson, *From Metaphysics to Ethics: A Defense of Conceptual Analysis*, Oxford: Oxford University Press, 1998, p. 32.

[2] Kenneth Boyd and Jennifer Nagel, "The Reliability of Epistemic Intuitions", in Edouard Machery, Elizabeth O'Neill (eds.), *Current Controversies in Experimental Philosophy*, New York: Routledge, 2014, p. 124.

[3] Kenneth Boyd and Jennifer Nagel, "The Reliability of Epistemic Intuitions", in Edouard Machery, Elizabeth O'Neill (eds.), *Current Controversies in Experimental Philosophy*, New York: Routledge, 2014, p. 112.

性是基于一种"特殊感觉"[1]，这恰好是大众知识论的核心。不承认受试者之间在基本预设中有相互同意的直觉判断，接下来的对比研究就无法进行，因而承认有一些相同的直觉判断是实验哲学得以成立的前提。索萨批评极端的实验哲学家用实验的方法貌似可以不诉诸直觉，却终难逃迟早诉诸直觉的命运。[2]

实验哲学家亚历山大和温伯格也承认认知直觉通常是可靠的，他们说：

> 我们认为，对哲学家来说，尤其是对实验哲学家来说，它（全面捍卫我们大众认知直觉的基本准确性：引者注）是一个非常不错的值得追求项目，我们普遍倾向于同意他们对我们的大众认知直觉通常总体上说是可靠的评估。我们称它为普遍可靠性的论题（the general reliability thesis）。[3]

如果一致的直觉多于分歧的直觉，那么直觉的多样性就不能说是显著的，直觉就不是显著地受不追踪真理的因素影响。这样一来，分歧论证的前提 E1 就不成立，分歧论证因此也就失去了说服力，至少部分失去了说服力。然而，这种捍卫直觉地位的方法，说服力有限。我们真的可以认为直觉的分歧真的只是少数吗？对同一个哲学问题，通常有多种不同的，甚至完成对立的理论。如果对立的哲学理论源于各自根基的不同，而理论根基的不同源于不同的直觉，那么这不是说直觉的分歧并不是少数吗？纵使直觉的分歧是少数，我们是否能因此忽视作为少数人的直觉呢？在反对文化沙文主义，反对大多数人对少数人的霸权，高扬个体化的今天，无视少数人的直觉，把它们断定为不合法，这种做法是不合理的、不可取的。

---

[1] S. Matthew liao, "A Defence of Intuitions", *Philosophical Studies*, 2008 (140: 2): 247 – 262.

[2] Ernest Sosa, "A Defense of the Use of Intuitions in Philosophy", in Dominic Murphy and Michael Bishop (eds.), *Stich and His Critics*, Malden, MA: Wiley-Blackwell, 2009, pp. 101 – 112.

[3] Edouard Machery, Elizabeth O'Neill (eds.), *Current Controversies in Experimental Philosophy*, New York: Routledge, 2014, p. 130.

虽然查尔默斯认为，"在哲学中，相关的直觉经常存在着广泛分歧，而且从长远来看这种分歧不会消除"①，然而，有另一种否认直觉具有显著的多样性的方法，它通过质疑实验的可靠性，认为直觉的多样性是假象，源于外在的偶然因素，而非内在的必然因素，主张直觉分歧可以通过科学的方法来减少，甚至消除。确实，有实验证明，直觉的多样性可以减少。例如，赖特（Jennifer Cole Wright）发现，在受试者报告有高信心的情况下，认知直觉稳定性更强；在受试者信心低的情况下，认知直觉不稳定。因此，在直觉认知过程中，检查认知者的信心，可以作为衡量认知直觉的条件是否正常的标准。② 直觉判断的一般特性是，在个体和种群间，更有信心的直觉更具稳定性③。

又如，哲学家往往不会认为一种行为是否故意取决于其道德地位。诺布效应则揭示了行为副效果的非对称性。当一种行为的副效果有负面的道德价值时，人们倾向于认为这种行为的副效果是故意造成的；当一种行为的副效果有正面的道德价值时，人们倾向于认为这种行为的副效果是无意造成的。皮尼洛斯（Ángel Pinillos）和他的同事们在用诺布的案例进行调查之前，对受试者作了认知反思测试。他们发现，这样做大幅度地减少诺布效应。其结果支持了他们的意识假设（awareness hypothesis）：受试者意识到他们对一个问题的最初回答可能出错时，不太可能出现诺布效应。④ 的确，通过了认知反思测试后，我们不仅意识到最初的回答可能出错，而且也意识到，为了找到正确的答案，必须认真思考问题问的是什么。这样受试者在再做诺布效应的调查时，就会认真思考问题的答案了，这会导致诺布效应的降低。

第二种否认直觉有显著多样性的论证是，直觉方法的捍卫者还可以

---

① David J. Chalmers, "Intuitions in Philosophy: A Minimal Defense", *Philosophical Studies*, 2014 (171: 3): 543.

② Jennifer Cole Wright, "On Intuitional Stability: The Clear, the Strong, and the Paradigmatic", *Cognition*, 2010 (115): 491–503.

③ Asher Koriat, "The Self-Consistency Model of Subjective Confidence", *Psychological Review*, 2012 (119: 1): 80–113.

④ Ángel Pinillos, Nick Smith, G. Shyam Nair, Cecilea Mun, and Peter Marchetto, "Philosophy's New Challenge: Experiments and Intentional Action", *Mind and Language*, 2011 (26: 1): 120.

质疑实验哲学证明直觉多样性的实验可能有设计的缺陷[1]：它们可能没有清楚地揭示人们的判断[2]；它们可能没有揭示出人们的适切判断[3]；它们的目标判断可能与哲学无关[4]。例如，科恩布里斯怀疑远离现实甚至反事实的思想实验能可靠地导向我们想要分析的概念，"对这类案例（虚构的案例：引者注）的直觉似乎特别容易受到启动效应（priming effect）、强调和凸显的特征以及个体的背景看法的独特性的干扰。与接近生活的案例相比，它们很少揭示我们的概念的轮廓"[5]。内格尔在理论上和经验上力求证明，知识论中重要的案例并不显著地受不追踪真理的人口变量影响[6]。内格尔等人用多元文化的北美受试者重复温伯格等人的葛梯尔案例时，没有检测到种族因素对葛梯尔案例的影响。[7] 谢耶德萨亚姆朵斯特（Hamid Seyedsayamdost）对多文化的英国受试者进行调查，也没有发现种族因素的差异性[8]。图里（John Turri）报告说在调查西方受试者与印度次大陆受试者以及男女受试者时，在葛梯尔案例上也没有发现显著的差异。[9] 斯塔曼斯（Christina Starmansa）和弗里德曼（Ori Friedman）的研

---

[1] Kirk Ludwig, "The Epistemology of Thought Experiments: First Person Versus Third Person Approaches", *Midwest Studies in Philosophy*, 2007 (31): 128 – 159.

[2] John Turri, "A Conspicuous Art: Putting Gettier to the Test", *Philosophers' Imprint*, 2013 (13: 10): 1 – 16.

[3] Michael Devitt, "Experimental Semantics", *Philosophy and Phenomenological Research*, 2011 (82: 2): 418 – 435.

[4] Genoveva Martí, "Against Semantic Multi-culturalism", *Analysis*, 2009 (69: 1): 42 – 48. Edouard Machery, Ron Mallon, Shaun Nichols and Stephen P. Stich, "If Intuitions Vary, Then What?", *Philosophy and Phenomenological Research*, 2013 (86: 3): 618 – 635.

[5] Hilary Kornblith, "Naturalism and Intuitions", *Grazer Philosophische Studien*, 2007 (74: 1): 45.

[6] Jennifer Nagel, "Intuitions and Experiments: A Defense of the Case Method in Epistemology", *Philosophy and Phenomenological Research*, 2012 (85: 3): 495 – 527.
Jennifer Nagel, "Defending the Evidential Value of Epistemic Intuitions: A Reply to Stich", *Philosophy and Phenomenological Research*, 2013 (87: 1): 177 – 189.

[7] Jennifer Nagel, San Juan Valerie and A. Mar Raymond, "Lay Denial of Knowledge for Justified True Beliefs", *Cognition*, 2013 (129: 3): 652 – 661.

[8] Hamid Seyedsayamdost, "On Gender and Philosophical Intuition: Failure of Replication and Other Negative Results", *Philosophical Psychology*, 2015 (28: 5): 642 – 673.

[9] John Turri, "A Conspicuous Art: Putting Gettier to the Test", *Philosophers' Imprint*, 2013 (13: 10): 1 – 16.

究曾发现在葛梯尔案例直觉中存在性别差异[1],后续的重复实验却没有发现这个差异[2]。他们在后来的论文中表示,早先的发现不能代表男女的表现,在最近的一个更详细的研究中,他们肯定地说在认知直觉上没有性别差异。[3]

第三种否认直觉有显著多样性的论证认为,实验哲学研究直觉建立在可能错误的假设上。实验哲学对直觉多样性的发现,是建立在"被激发的回答等于哲学直觉"这个假设上。在本森看来,实验哲学通过问卷调查来研究哲学直觉,表明实验哲学预设了受试者对思想实验的回答就是哲学直觉的回答。在实验中,受试者阅读相关场景的描述,并回答"场景所描述的是否是 X 的一个案例"。这种回答是被激发的回答(prompted answers)。在实验哲学中,被激发的回答等价地用来代表直觉判断,这个预设就是回答表达直觉论题(Answers-Express-Intuitions Thesis):"受试者被激发的回答表达了受试者的直觉。"[4] 反实验主义者会怀疑"受试者被激发的回答表达了受试者的直觉"这个假设的可靠性。有什么理由、什么方法使我们分辨出被激发的回答表达的只是受试者的直觉而非受试者推理的结果吗?

以上这些哲学家或通过加入自信度检测,或进行认知反思测试来减少直觉的多样性,或借有些实验不能重复出相同的实验结果,来断言直觉的多样性是实验操作失误的结果,认为直觉不具多样性,并认为有些直觉因为出错了应该被忽视。的确,直觉会出错,直觉出错的方式有:我们可能被手边案例误导,或者没有关于它们的充分信息;我们可能会忘记或者忽略这个案例中的相关细节;我们关于这个案例的直觉判断可

---

[1] Christina Starmansa and Ori Friedman, "Is Knowledge Subjective? A Sex Difference in Adults", Paper presented at the 6th Biennial Meeting of the Cognitive Development Society, San Antonio, Texas, 2009.

[2] Hamid Seyedsayamdost, "On Gender and Philosophical Intuition: Failure of Replication and Other Negative Results", *Philosophical Psychology*, 2015 (28: 5): 642 – 673.

[3] Christina Starmansa and Ori Friedman, "The Folk Conception of Knowledge", *Cognition*, 2012 (124): 272 – 283.

[4] John Bengson, "Experimental Attacks on Intuitions and Answers", *Philosophy and Phenomenological Research*, 2013 (86: 3): 504.

能受到我们的理论预设遮蔽。① 对于这类出错的直觉,我们必须忽视。但这类出错,在严格的实验下,是小规模的、不稳定的,而且是难以重复的。对那些大规模的、系统的直觉多样性,把哪些直觉忽略而只取其中一种,并把它称为是正确的,则是困难的。因此我们认为,借出错的直觉可以减少来为直觉的证据地位辩护虽然具有一定的可信度,但说服力不够。在实验中加入自信度检测或认知反思测试虽然是一种减少直觉分歧的有效方法,但不能最终消除直觉的多样性,依然面临为何少数的直觉必须忽略的难题。借有些实验不能重复出相同的实验结果,就认为发现直觉多样性的实验操作有误,显然有点武断。因为我们也可怀疑他们的实验操作是否有误,而且有很多实验得到了可重复的实验结果。诺布效应众多的可重复就是证明。人们常说"说有容易,说无难"。用在直觉的多样性上,我们可以说"说直觉有多样性容易,说直觉无多样性难"。

的确,如果不能证明被激发的回答表达的只是受试者的直觉而非受试者推理的结果,那么就不能说实验哲学揭示的回答的多样性就是直觉的多样性。其实,这个问题用神经心理学的理论可以解决。神经心理学发现,人脑爱"偷懒",通常不愿运行耗时费神的推理系统,而爱运行轻松愉快的直觉系统。因此,在问卷调查过程中,当在"导言"中提醒受试者不要思考时,除掉那些不负责的胡乱填写,可以肯定,通常获得的数据是直觉的而非推理的。而辨别哪些回答是胡乱填写的,统计学有有效的方法。

鉴于社会调查方法和认知心理学的广泛有效的运用,本书赞同《哲学心理学》的评论,即"实验哲学家所采用的方法不应该像它通常被认为的那样是有争议的"②。

二 否认直觉多样性重要的论证

直觉的多样性不能由直觉分类的多样性或直觉定义的多样性来解释,

---

① Alvin Goldman, "Philosophical Intuitions: Their Target, Their Source and Their Epistemic Status", *Grazer Philosophische Studien*, 2007 (74): 1–26.

② Joshua May, "Review of Experimental Philosophy Ed. By Knobe and Nichols", *Philosophical Psychology*, 2010 (23: 5): 713.

也不能由大众直觉与专家直觉的分类差异来说明,更不能把某种直觉断定为不真实来排除。为此,有学者提出否认直觉多样性重要的论证。这种观点主张,直觉的多样性只是表面的,源于归赋概念的多样性。戈德曼认为,直觉的多样性反映了个人概念的多样性,个人概念的多样性导致了直觉的多样性,并不会因此产生什么难题。由个人之间直觉的可变性或冲突所产生的对直觉认知地位的挑战,可以由个人心理意义上概念的不同来化解。甲的直觉即"F 适用于 x"是证据,仅仅是对他个人的 F 概念来说的;乙的直觉即"F 不适用于 x"是证据,仅仅是对她个人的 F 概念来说的。当甲直觉到某个葛梯尔案例是知识,而乙直觉到它不是,他们之间的直觉冲突是可以被消除,因为这两种直觉都是相对于他们自己的个人概念才有证据性的意义,而个人的概念是可能不同的。[①] 索萨认为,直觉的分歧可能只是言语上的,源于概念的多样性。正如对颜色的判断出现分歧一样,我们需要认可拥有可导向真理的优良视觉的人的感官能力,而对那些错误的认识,可归因于照明条件不好或有缺陷的认知主体(失明、色盲或视力不好)[②]。由于语境的不同和歧义可能造成言语的差异,言语上相同的语词因此并不一定表示相同的概念,言语上的差异不一定是实质性的、真实的概念上的差异。东西方人在葛梯尔案例上表现的直觉差异,可能是东西方人的"知识"这个词表达的内容不相同,东亚人的"知识"概念包含了社会共同的因素,而西方人的"知识"概念却没有。因此,东亚受试者断定在直觉上为真的命题,与西方受试者断定在直觉上为假的命题,其含义并不是完全相同的。[③]

在索萨看来,伦理学上的直觉分歧,也可以用言语分歧来解释。尼科尔斯和诺布发现,对自由意志与决定论问题的直觉判断严重地受到情

---

① Alvin Goldman, "Philosophical Intuitions: Their Target, Their Source and Their Epistemic Status", *Grazer Philosophische Studien*, 2007 (74): 13.
② Ernest Sosa, "Experimental Philosophy and Philosophical Intuition", in Joshua Knobe and Shaun Nichols (eds.), *Experimental Philosophy*, Oxford: Oxford University Press, 2008, p. 234.
③ Ernest Sosa, "A Defense of the Use of Intuitions in Philosophy", in Dominic Murphy and Michael Bishop (eds.), *Stich and His Critics*, Malden, MA: Wiley-Blackwell, 2009, pp. 108–109.

感的影响。① 他们的实验把一个完全决定论的世界 D 和一个非决定论的世界 I 呈现给受试者,有 90% 的受试者报道说,我们自己的世界更像 I 而不是更像 D。其结果是:当受试者被问到"在 D 世界中的当事人是否在道德上负有完全的责任"这个抽象的问题时,有 86% 的人说他们并不负有完全的责任:没有一个当事人可以因做了被完全决定了的事而在道德上负有完全的责任。然而,当一个邪恶的行为带着丰富的细节被归结于 D 中的一个特定的当事人,那些相同的受试者被问到那个当事人是否在道德上负有完全责任时,72% 的人说,在他们看来,他是负有完全责任的。尼科尔斯和诺布认为某些执行错误要对此负责是最合理的。他们提出,不管这种相关的能力是记忆还是知觉、推理等,情感通常都会降低智力的执行。然而,索萨则认为言语分歧导致了这种直觉的分歧②。在他看来,"道德责任"至少有两种含义:可归赋意义即责任可归赋性(attributability-responsibility)和可说明意义即责任可说明性(accountability-responsibility)。在可归赋者看来,说 S 对行为 A 负有责任,是说作为他自己的行为,A 可归赋于 S,而且作为一种揭示 S 的性格的某种行为,A 可归赋于 S。在可说明者看来,说 S 对行为 A 负有责任,是说 S 恰当地对 A 有责任或负责,在这样的一种方式中各种好的(或坏的)事情可能会因为做了 A 而由 S 承担。在索萨看来,受情感影响的直觉者(对邪恶行为的具体描述作出回应的人)是唤起了可归赋责任观,而冷静的理论直觉者(对是否有任何当事人在 D 中可以负责这个抽象的问题作出回应的人)是唤起了可说明责任观。③ 索萨认为,某个概念(如道德责任)的某种含义(如可说明的道德责任)更容易被从具体案例中引起的情感唤起,而另一种含义(如可归赋的道德责任)更容易被关于抽象问题的冷静推理

---

① Shaun Nichols and Joshua Knobe, "Moral Responsibility and Determinism: The Cognitive Science of Folk Intuitions", *Noûs*, 2007 (41: 4): 663 - 685.
② Ernest Sosa, "Experimental Philosophy and Philosophical Intuition", in Joshua Knobe and Shaun Nichols (eds.), *Experimental Philosophy*, Oxford: Oxford University Press, 2008, p. 236.
③ Ernest Sosa, "Experimental Philosophy and Philosophical Intuition", in Joshua Knobe and Shaun Nichols (eds.), *Experimental Philosophy*, Oxford: Oxford University Press, 2008, p. 236.

唤起。①

用概念的多样性来解释直觉的多样性，的确具有一定的解释力，然而却可能导致令人憎恶的哲学相对主义，而且可能把"哲学告诉我们的是一些关于这个世界的东西"，转换成"哲学告诉我们的是某些关于我们思考这个世界的方式的东西"。②

三 否认直觉多样性会导致不可靠性的论证

否认 E7，即主张直觉的多样性、可错性并不必然导致直觉不可靠、不值得信赖，这可有力地反驳分歧论证。这种方法是通过把直觉与知觉类比③，借知觉的可信赖性来论证直觉的可信赖性，认为认知直觉受语境的影响本身不应成为认知直觉不值得信任的（distrust）理由，因为我们依赖的其他能力如知觉能力也有类似直觉的不稳定性，然而我们却通常认为知觉是值得信任的（trustworth）。直觉像视觉、触觉等知觉一样，是一种基本的证据来源，它们都是"法理意义上的"（nomologically）可靠证据。在一般的认知条件下它们都是可靠的，即使会出现错误，也不应该否定它们可以作为一种可靠的基本的证据来源。持这种观点的学者很多。例如，哥德尔认为，我们对直觉可靠性的信心，应该与对感知可靠的信心相同。他说：

---

① Ernest Sosa, "Experimental Philosophy and Philosophical Intuition", in Joshua Knobe and Shaun Nichols (eds.), *Experimental Philosophy*, Oxford: Oxford University Press, 2008, p.237.

② Joshua Alexander, *Experimental Philosophy: An Introduction*, Cambridge: Polity Press, 2012, p.77.

③ 知觉—直觉类比最著名的支持者是丘德诺夫，支持以下知觉知识和直觉知识之间的类比："知觉知识：如果一个知觉使基于它的一个信念 p 成为知识，那么它能做到的原因是：①是一种经验，在这种经验中，你在知觉上看到 p；②是一种经验，在这种经验中，你在感觉上意识到一个对象 o；③这样 o 使 p 为真。""直觉知识：如果一个直觉使基于它的一个信念 p 成为知识，那么它能做到的原因是：①是一种经验，在这种经验中，你直觉地看到 p；②是一种经验，在这种经验中，你在理智上意识到一个对象 o；③因此 o 使 p 为真。"[Elijah Chudnoff, "Intuitive Knowledge", *Philosophical Studies*, 2013 (162: 2): 362-364.]

丘德诺夫认为知觉知识与直觉知识显然是类似的："知觉知识与直觉知识之间的结构相似应该是明显的。不同之处在于直觉的表象取代了知觉的表象，理智的意识取代了感觉的意识。"[Elijah Chudnoff, "Intuitive Knowledge", *Philosophical Studies*, 2013 (162: 2): 364.]

从感觉经验看，尽管集合论研究的对象很遥远，然而它们中的确有某种类似知觉的东西，就像公理把它们的真强加在我们身上这个事实所见的那样。我看不到有任何理由认为我们应该在这种感知上缺少信心，即对数学直觉的信心比感官知觉的信心要弱。①

索萨父子也通过类比直觉与知觉来捍卫直觉方法的认知地位。索萨认为："直觉与它们在先验知识中的角色在重要性上似乎仍然类似于感知与它们在经验知识中的角色。"② 他还通过直觉证据与知觉证据的对比，建议我们要更加仔细地对待我们使用直觉的方式：

当然，主要的、框架式的以及其他这类语境因素的作用会普遍地影响直觉的认知地位，正如它们普遍地影响知觉观察的认知地位那样。人们认为，在面对知觉判断的这些影响时维持知觉在认知上的重要性的方法，也以一种类似方式适用于在面对直觉判断的这些影响时维持直觉在认知上的重要性。结论是，在如何使用直觉的方式上，我们必须小心谨慎，而不是说直觉无用。③

在他看来，我们应该以我们处理知觉的认知地位的方式来处理哲学直觉的认知地位。因为有些知觉的敏感性也是有问题（如知觉的错觉或幻觉），然而我们并不认为我们基于知觉的实践受到了这一事实的重大挑战。相反，对于我们使用的知觉证据是什么以及什么时候使用它，我们是很仔细的。

大卫·索萨通过类比知觉信念，认为直觉信念的多样性和可错性并不能成为直觉信念不可靠、不值得信赖的根据。他说：

---

① Kurt Gödel, *Collected Works*: Volume Ⅱ : Publications 1938 – 1974 (*Collected Works*), Oxford: Oxford University Press, 2001, p. 268.
② Ernest Sosa, "Intuitions: Their Nature and Probative Value", in Anthony Booth and Darrell Rowbottom (eds.), *Intuitions*, Oxford: Oxford University Press, 2014, p. 47.
③ Ernest Sosa, "Experimental Philosophy and Philosophical Intuition", *Philosophical Studies*, 2007 (132: 1): 105.

直觉在认知上可靠地把握了抽象对象，正如知觉在认知上可靠地把握了具体对象一样。直觉由它所揭示的实在的本质所决定，这与知觉类似。感觉就是这样被因果决定的……这两类状态都是独立的、客观的实在的可靠指示物。①

他认为，直觉间的表面冲突可以像经验间的表面冲突那样解决②。"可错性不是不可靠的证据"③，因为"直觉信念，就像知觉信念一样，作出一种客观的断言"④。

博义德和内格尔也说：

即使所有相关的事实清楚地表明，如果认知直觉仍然在某些案例上随着个体而不同，那么这并不一定意味着直觉通常是不可靠的。如果某些人对某些类型的问题有一种色盲，那么把所有人的直觉都看作不可靠的，将是草率的结论。⑤

他们还说：

在直觉不同的案例中，直觉可以用更清楚的和更少模糊的案例重新检测；直觉也可以被逻辑学、心理学、语义学和哲学本身的理论的或经验的工作所证实或纠正。认知直觉不是不可错的，但在目前看起来，它足够可靠到仍然执行其传统的、为我们提供有价值的、

---

① David Sosa, "Scepticism About Intuition", *The Royal Institute of Philosophy Philosophy*, 2006(81): 646.
② David Sosa, "Scepticism About Intuition", *The Royal Institute of Philosophy Philosophy*, 2006(81): 636.
③ David Sosa, "Scepticism About Intuition", *The Royal Institute of Philosophy Philosophy*, 2006(81): 637.
④ David Sosa, "Scepticism About Intuition", *The Royal Institute of Philosophy Philosophy*, 2006(81): 637.
⑤ Kenneth Boyd and Jennifer Nagel, "The Reliability of Epistemic Intuitions", in Edouard Machery, Elizabeth O'Neill (eds.), *Current Controversies in Experimental Philosophy*, New York: Routledge, 2014, p. 124.

关于知识本质的证据的功能。①

詹金斯（C. S. I. Jenkinst）指出：

> 基于直觉有时出错，为了论证直觉是不可靠的（用任何在认知上有问题的方法），并不比基于我们有时会遭受视错觉，而认为视觉是不可靠的（在一个认识问题的方法）要好。②

威廉姆森断言：

> 众所周知，目击者经常会在描述最近的事件时出现根本的分歧，如果因此下结论说，知觉不是知识的来源，或者不要考虑目击者的报告，那么这样做是愚蠢的。忽视思想实验的证据是同样错误的，只是程度不同而已。在处理目击者的报告与思想实验时，由于出现了分歧，因此我们要更加谨慎地提供理由。在哲学上，这种谨慎是很平常的。人们不必因此惊慌而作出更极端的反应。③

的确，很多证据的来源都有某些任意性。例如，感官知觉就具有个人差异性，我们不能因为没有共同的感官知觉就下结论说感官知觉不能作为证据源。由于遗传或环境的影响，性别或种族因素可能对某些问题影响较大，例如，女性的颜色识别能力比男性强，但这并不能因此否认基于这些差异性的群体的知觉缺乏证据的价值。直觉证据的差异性就像知觉证据的差异性一样，由于有差异的知觉可以作证据，因此有差异的直觉也可以作证据。

方法论直觉主义者认为，直觉与知觉都是人类基本的证据源，其可

---

① Kenneth Boyd and Jennifer Nagel, "The Reliability of Epistemic Intuitions", in Edouard Machery, Elizabeth O'Neill (eds.), *Current Controversies in Experimental Philosophy*, New York: Routledge, 2014, p. 124.

② C. S. I. Jenkinst, "Intuition, 'Intuition', Concepts and the A Priori", in Anthony Booth and Darrell Rowbottom (eds.), *Intuitions*, Oxford: Oxford University Press, 2014, p. 112.

③ Timothy Williamson, *The Philosophy of Philosophy*, New York: Routledge, 2007, p. 192.

错性不会影响其认知功能的可靠性,也不是影响它们的证据地位。对此,方法论反直觉主义者会说,直觉与知觉或记忆之间的类比是不成立的。因为,知觉和记忆①虽然也是可错的,但是,我们知道有利于可靠的知觉产生的条件,知道知觉对错误的敏感性。与此不同,我们仍然不知道产生可靠直觉的条件是什么,仍然不知道直觉的内容在什么条件下是真的。例如,我们知道有利于视觉感知能力产生的条件是"正常的视力""正常的照明条件""对象足够大""距离适当"等。在昏暗的环境或对象在较远距离时,视觉认知很容易出错。此外,人们大都能意识到在不利环境下,视觉出错的可能会增大,因而在这些不利的环境下,人们会谨慎对待自己的视觉认知。与此相同,当回忆较久前的事情时,人们会不太信赖记忆。对知觉和记忆的深入研究,越来越准确地告知主体知觉和记忆出错的不利条件,为主体的正确认知提供指南。然而,我们现在还不知道与正常的感知条件相似的直觉条件是什么,"我们不知道什么条件使直觉可靠或不可靠"②。

不可否认,无论是索萨父子,还是威廉姆森,都没有提供方法论上的可操作主张,都只是建议在遇到直觉的差异性时要谨慎处理。在利用有差异的直觉作为证据时,我们确实需要小心,虽然并非所有的直觉差异都能通过小心谨慎来消除,虽然许多差异并不是粗心的结果,正如并非所有的知觉差异都可以通过小心谨慎来消除一样。

虽然如此,随着实验研究的深入,我们可以尽快地知道正常的直觉条件有哪些。一旦我们发现了哪些因素影响我们的认知直觉,把不追踪真理的因素从直觉认知中排除出去,在直觉的"正常光照条件"下,就可以用正常的直觉功能来认知世界。处理由直觉的差异性和不确定性所带来的挑战,不仅需要我们重视直觉的差异,还要进行方法的调整,其

---

① 心理学大量证据证明,人们有时记得的事情实际上是从来没有发生过的。D. L. Schacter, "Memory Distortion: History and Current Status", In J. T. Coyle (ed.), *Memory Distortion: How Minds, Brains, and Societies Reconstruct the Past*, Cambridge, MA: Harvard University Press, 1995, pp. 1–43.

② Stacey Swain, Joshua Alexander and Jonathan Weinberg, "The Instability of Philosophical Intuitions: Running Hot and Cold on Truetemp", *Philosophical and Phenomenological Research*, 2008 (76: 1): 148.

至革新知识论的根基。

在直觉的证据地位上,本书反对基于直觉的可错性来否认直觉可以被当作证据的做法。非但如此,本书反对基于可错性来否认某种证据源可以被当作证据的做法,因为所有的证据都是可错的,如果可错的证据不能当作证据,那么必然导致全面的怀疑主义。全面的怀疑主义是任何赞同有知识的知识论者都力图要避免的。这表明,因直觉是可错的就把它们抛弃是不妥的。

本书也反对康明斯的看法,他借"我们没有充分的理由证明哲学直觉是通向真理的可靠向导",来否认哲学直觉可以被当作证据。[1] 在本书看来,除非我们依赖哲学直觉,否则无法建立哲学直觉的可靠性。因为没有充分的理由证明哲学直觉的可靠性,从而抛弃哲学直觉,会导致全面的怀疑主义。正如以知觉、内省、佐证等作为证据一样,它们的可靠性的证明离不开它们自己。哲学直觉也是如此。事实上,最自然地证明某种证据源可靠的方法,就是基于那种证据源给出的已有准确报道所作的归纳论证,这种循环的方法是不可避免的。如果要避免认知循环来证明哲学直觉PI的可靠性,那么必须诉诸其他的证据如E1,而不是哲学直觉PI。当然,除非我们证明E1是可靠的,否则无法将它作为证据。这样一来,为了证明哲学直觉的可靠性我们诉诸E1,为了知道E1的可靠性我们诉诸另一证据源E2。这样,我们就被指派了一个不可能完成的任务,要么我们会进入武断,要么我们会进入无穷回溯,要么我们会进入循环论证。康明斯认为,除非我们知道哲学直觉是可靠的,否则我们不能将它当作证据。然而,为了知道任一证据源是可靠的,我们不得不先知道某一(某些)假定的证据是可靠的。这在时间上是不可能的,在现实中也是不可能完成的。

本书认为,可作为证据的信念必须通过可靠的信念形成过程而形成。可靠的信念形成过程是指输出真信念比输出假信念高的过程。那么,比值究竟必须达到多高,这个信念形成的过程才是可靠的呢?也许是75%,

---

[1] Robert C. Cummins, "Reflection on Reflective Equilibrium", in Michael R. DePaul and William Ramsey (eds.), *Rethinking Intuition: The Psychology of Intuition and Its Role in Philosophy Inquiry*, Oxford: Rowman and Littlefied Publishers, 1998, pp. 113 – 128.

也许是90%，至少应该是大于50%。在对直觉与可靠性的看法上，本书赞同戈德曼的观点，并主张直觉虽然可错，但直觉可靠，可以作为证据：

> 如果我们希望去评估哲学家们所使用的直觉方法的可靠性，那么我们必须考虑到哲学家们通常在下结论时并不是单纯基于他们自己的个人判断，而是基于对每一个单独的例子做出回应的许多哲学家的判断资料。即使人们持有一个非常悲观的看法，即当直觉者（独立地）同意正确的分类时，每一个个体直觉者的可靠度仅仅在一个适中的程度上：0.55 或 0.60，他们共同正确的概率也能够远高于他们个体正确的概率。事实上，如果我们只考虑一个群体中大多数人的意见，那么这大多数人可能的正确性可以显著地超过每个个体直觉者单独持有的可能的正确性。这就是著名的由法国启蒙人物孔多塞侯爵（Marquis de Condorcet）提出的"陪审团定理"（Jury Theorem）的一个结果。如果一个群体中所有成员都拥有高于 0.50 概率的正确性，那么，如果他们彼此独立地做判断，则他们大多数人同时正确的概率随着该群体规模的增加而很快接近 1.0，这是孔多塞定理（the Condorcet theorem）的一个结论。一旦我们意识到哲学需要利用群体共同发生的直觉，这就可以大幅提高直觉方法在哲学上的证据价值。[①]

在直觉认知上，本书主张语境主义，认为直觉认知具有语境敏感性，受多种语境因素的影响，是多样的、可变的、可错的。直觉的可错性并不必然导致直觉不可靠，也不必然挑战直觉的证据地位。在何时、何处把哪些因素当作是不追踪真理的、应该给予消除的因素上，要依据认知的目的、认知的理想等因素来确定。本书既不认为所有导致直觉差异性的因素都是合理的，也不认为所有这些因素都是不合理的、应消除的。作为证据的一种来源，本书承认直觉在哲学中的重要地位，也承认直觉的语境敏感性和可错性，认为正如知觉在认知中的重要地位一样，直觉

---

① ［美］阿尔文·戈德曼著，郑伟平校：《哲学直觉的证据地位：认知科学是否有一席之地》，杨修志译，《厦门大学学报》（哲学社会科学版）2014 年第 5 期。

是一种合法的认知方法,在哲学中具有重要地位。

在处理直觉的多样性与直觉的证据地位冲突的问题上,正确的做法是,全面考察基于直觉的实践,并有限地使用直觉方法。一方面,直觉在哲学中的证据作用是毋庸置疑的;另一方面,直觉的多样性难以否认,而且对哲学直觉我们所知甚少。因此,我们要花时间和精力来揭示影响直觉的因素,解释直觉的敏感性,思考该使用哪种直觉证据以及什么时候使用哲学直觉,清除那些成问题的哲学直觉,保持我们基于直觉的实践不受影响。

第三节 哲学直觉多样性的理论解释

实验哲学不仅发现并验证了"在不同群体中,哲学直觉是有差异的"这一表面上不合理的事实,而且对不同群体为何有变化的和不稳定的哲学直觉给出不同的解释。不同的群体有不同的认知关注点,对不同语境或认知向量(epistemic vectors)有不同的敏感性,这些差异都可以追溯到不同群体之间深层的、重要的差异。学术界对这些深层的、重要的差异提出了三种主要的理论,它们是整体性/分析性差异理论、抽象/具体二分理论和认知聚焦效应理论。在介评这三种理论的基础上,本书将提出广义语境主义,并以此解释哲学概念归赋的多样性。

一 整体性/分析性差异理论

在《文化与思想体系:整体认知对比分析认知》一文中,尼斯比特(Richard Nisbett)与他的合作者用数据证明:在包括感知、注意和记忆等在内的基本认知过程中,东方人与西方人之间存在大量系统性的差异。在描述、预测和解释事情的方式上,在分类对象的方式上,在根据新的论证和证据来修正信念的方式上,这些群体之间也存在着差异。他们的工作证明,在推理和信念形成的方式上,不同文化群体是非常不同的。[1]根据他们的观点,这些哲学概念归赋直觉的差异性"能够笼统地归在

---

[1] Richard E. Nisbett, Kaiping Peng, Incheol Choi and Ara Norenzayan, "Culture and Systems of Thought: Holistic vs. Analytic Cognition", *Psychological Review*, 2001 (108:2):291-310.

'整体性思维对比分析性思维'这个标题下"。西方人明显比东方人更个人主义化，而东方人则更倾向于相互依赖和"集体主义"。因此，与西方人相比，东方人更关注团体的和谐与意见的一致。东方人占统治地位的整体性思维，可以描述为"涉及对作为整体的背景或场所的适应，其中包括对重点对象与场所之间关系的重视，以及在这些关系之上的对各种事件进行解释和预测的偏好"；与此不同，西方人占主导地位的分析性思维，可以描述为"把一个对象从它的背景中分离出来，其目的在于把对象进行归类而关注对象的某些属性，并用分类的规则来解释和预测对象的行为偏好"[1]。东方人比西方人更倾向于以相似性为基础进行分类判断；与此不同，在描述实际和分类事物方面，西方人更愿意关注因果性[2]。东方人有整体性思想倾向，在描述和回忆事件时，表现为更加关注时间性而非因果性。与此相反，在这些任务中，西方人则更关注因果性。西方人有更强的个体感和独立感，东方人则更认可社会的和谐。在东方社会，个人强烈地感到自己是一个巨大复杂的社会有机体的一部分，身处其中，一定要遵从行为规范，一定要严格遵守角色义务[3]。基于此，尼斯比特和他的同事们认为，在这两个文化传统中，存在相当大的认知实践的文化差异：在两种文化中，人们用非常不同的方式形成信念，进行分类，构建论证，作出推理。

在《规范性与认知直觉》[4]一文中，温伯格、尼科尔斯和施蒂希对真温案例、葛梯尔案例、癌症阴谋案例和斑马案例做了实验研究。结果证明西方人与东亚人在知识归赋直觉上有显著差异。他们以罗格斯大学的本科生为受试者，来研究认知直觉的外在主义，他们的实验用到了如下改写版的"真温案例"：

---

[1] Richard E. Nisbett, Kaiping Peng, Incheol Choi and Ara Norenzayan, "Culture and Systems of Thought: Holistic vs. Analytic Cognition", *Psychological Review*, 2001 (108: 2): 293.

[2] Ara Norenzayan, Edward E. Smith, Beom Jun Kim & Richard E. Nisbett, "Cultural preferences for formal versus intuitive reasoning", *Cognitive Science*, 2002 (26: 5): 653–684.

[3] Richard E. Nisbett, Kaiping Peng, Incheol Choi and Ara Norenzayan, "Culture and Systems of Thought: Holistic vs. Analytic Cognition", *Psychological Review*, 2001 (108: 2): 292–293.

[4] Jonathan M. Weinberg, Shaun Nichols & Stephen P. Stich, "Normativity and Epistemic Intuitions", in Joshua Knobe & Shaun Nichols (eds.), *Experimental Philosophy*, Oxford: Oxford University Press, 2008, pp. 17–46.

有一天，查尔斯突然被一块掉下来的石头砸中了，他的大脑随之发生了重大变化，以致无论什么时候估计他所在地的温度时，他总是绝对正确的。查尔斯完全没有意识到他的大脑已经发生了这样的变化。几周后，这个变化的大脑使他认为他房间的温度是 71 华氏度。事实上，当时他的房间温度就是 71 华氏度。

查尔斯真的知道他房间的温度是 71 华氏度吗？或者他只是相信这一点？[①]

虽然查尔斯的信念是通过一个可靠的机制产生的，但是由于他完全没有意识到这种可靠性，所以他的可靠性在知识论上是外在的。因此，如果受试者不愿把知识归于查尔斯，那么，就可以表明受试者偏爱内在主义。思想实验表明，几乎所有的知识论者都主张，像查尔斯这样的真温式的主体并没有确证他们的信念。由于确证是知识的必要条件，因此大多数知识论者都认为真温式的主体没有知识。然而，温伯格等人的调查却发现，虽然两组不同的受试者都倾向于否认真温式的主体有知识，但是，与西方受试者相比，东亚受试者的比例更大。在西方受试者中，有 68% 的受试者否认查尔斯有知识；在东亚受试者中，否认的比例更大，为 88%（参见表 3-1[②]）。而且东亚人与西方人的认知直觉反应有显著的统计学差异。

表 3-1　　　西方人和东亚人对查尔斯是"真的知道"还是"只是相信"的人数与比例对比

个人主义的真温案例	真的知道		只是相信	
	人数	百分比（%）	人数	百分比（%）
西方人	61	32	128	68
东亚人	3	12	22	88

[①] Jonathan M. Weinberg, Shaun Nichols & Stephen P. Stich, "Normativity and Epistemic Intuitions", in Joshua Knobe & Shaun Nichols (eds.), *Experimental Philosophy*, Oxford: Oxford University Press, 2008, p. 26.

[②] Jonathan M. Weinberg, Shaun Nichols & Stephen P. Stich, "Normativity and Epistemic Intuitions", in Joshua Knobe & Shaun Nichols (eds.), *Experimental Philosophy*, Oxford: Oxford University Press, 2008, p. 27, p. 40.

查尔斯认知状况的一个主要特点是,他的信念形成过程没有为他所在社区中的其他人所共有。社会心理学的研究发现,与西方人相比,东亚人的文化往往强调集体主义,较少离开他们的整体语境来认识对象。为此,温伯格等人设计了一个不太个人主义的真温案例(长者案例),以此来验证社会心理学的发现在知识论上是否正确。在个人主义的真温案例中,给查尔斯新的感知能力的是石头,在较集体主义的真温案例里,给约翰新的感知能力的是一群善意的科学家,这群科学家是由约翰所在社区的长者邀请的。场景因此变成了:

> 有一天,约翰突然被由他所在社区的长者带来的一群善意的科学家敲昏了,他的大脑随之发生了重大变化,以致无论什么时候估计他所在地的温度时,他总是绝对正确的。约翰完全没有意识到他的大脑已经发生了这样的变化。几周后,这个变化的大脑使他认为他房间的温度是 71 华氏度。事实上,当时他的房间温度就是 71 华氏度。
>
> 约翰真的知道他的房间温度是 71 华氏度吗?或者他只是相信这一点?[1]

在较集体主义的真温案例中,有某种社区认可的因素(长者带来的一群善意的科学家)被引入。结果发现,75% 的东亚人说,约翰只是相信正在谈论的问题;65% 的西方人说,与他自己的社区共享新的知觉过程的约翰只是相信而不是真的知道(参见表 3-2[2])。

---

[1] Jonathan M. Weinberg, Shaun Nichols & Stephen P. Stich, "Normativity and Epistemic Intuitions", in Joshua Knobe & Shaun Nichols (eds.), *Experimental Philosophy*, Oxford: Oxford University Press, 2008, p. 27.

[2] Jonathan M. Weinberg, Shaun Nichols & Stephen P. Stich, "Normativity and Epistemic Intuitions", in Joshua Knobe & Shaun Nichols (eds.), *Experimental Philosophy*, Oxford: Oxford University Press, 2008, p. 28, p. 41.

表 3-2　　　西方人和东亚人对约翰是"真的知道"
　　　　　　还是"只是相信"的人数与比例对比

较集体主义的	真的知道		只是相信	
真温案例	人数	百分比（%）	人数	百分比（%）
西方人	77	35	140	65
东亚人	5	25	15	75

与个人主义的真温案例相比，较集体主义的真温案例中更具集体性，因此，温伯格等人猜想，东亚人认为"真温案例的主角真的知道"的比例，由12%增加到25%，是因为他们强调集体主义。受较集体主义案例的鼓舞，温伯格等人设计了一个更集体主义的真温案例。在这个案例中，整个社区都有这种可靠地产生真信念的机制，场景变成了：

在一个孤岛上，有一个非常团结的大社区。有一天，一颗有辐射性的流星击中了这个小岛，并且对小岛上的法卢基人产生了重要的影响：它改变了他们大脑的化学构成，以致无论什么时候估计他们所在地的温度时，他们总是绝对正确的。法卢基人完全没有意识到他们的大脑已经发生了这样的变化。卡尔是法卢基社区的一个成员。在流星撞击的几周之后，当卡尔在海边散步时，变化了的大脑使他认为他所在地方的温度是71华氏度。除了这个结论外，他没有其他理由认为当下的温度是71华氏度。事实上，卡尔所在地的温度当时正好是71华氏度。

卡尔真的知道温度是71华氏度，或者他只是相信这一点？[1]

在集体主义案例中，整个社区都有了这种产生真信念的机制，温伯格等人的实验出现了一个令人感兴趣的结果：东亚人回答"真的知道"

---

[1] Jonathan M. Weinberg, Shaun Nichols & Stephen P. Stich, "Normativity and Epistemic Intuitions", in Joshua Knobe & Shaun Nichols (eds.), *Experimental Philosophy*, Oxford: Oxford University Press, 2008, pp. 27-28.

的比例是32%，要大于回答"真的知道"的比例为20%的西方人，这与个人主义的真温案例正好相反（参见表3-3[①]）。

表3-3　　　　西方人和东亚人对卡尔是"真的知道"
还是"只是相信"的人数与比例对比

集体主义的真温案例	真的知道		只是相信	
	人数	百分比（%）	人数	百分比（%）
西方人	2	20	8	80
东亚人	10	32	21	68

在个人主义的真温案例中出现的东亚人与西方人之间的认知直觉差异，在较集体主义的真温案例中减小了，在集体主义的真温案例中则反向了。

概括以上的结论是：东亚人重集体主义，西方人重个人主义，可用来解释三个真温案例的实验结果：真温案例从个人主义到较集体主义，再到集体主义版本，东亚人认为主角真的知道的比例依次为12%、25%、32%。

葛梯尔案例的实验结果发现：大多数西方人（75%）给出了标准答案，即"只是相信"；而多数东亚人（58%）认为鲍勃真的知道，印第次大陆人有大多数（61%）也认为鲍勃真的知道。癌症阴谋案例的实验结果发现：大多数西方人（90%）给出了"只是相信"的回答；而只有70%的印第次大陆人给出了"只是相信"的回答。斑马案例的实验结果发现：大多数西方人（69%）给出了"只是相信"的回答；而只有50%的印第次大陆人给出了"只是相信"的回答。温伯格等人认为，以上关于知识归赋直觉的种族或文化差异，都可以用东西方人在整体性/分析性上的差异理论来解释。[②]

仔细分析温伯格等人的问卷，本书对他们用整体性/分析性差异理论

[①] Jonathan M. Weinberg, Shaun Nichols & Stephen P. Stich, "Normativity and Epistemic Intuitions", in Joshua Knobe & Shaun Nichols (eds.), *Experimental Philosophy*, Oxford: Oxford University Press, 2008, p. 29, p. 41.

[②] Jonathan M. Weinberg, Shaun Nichols & Stephen P. Stich, "Normativity and Epistemic Intuitions", in Joshua Knobe & Shaun Nichols (eds.), *Experimental Philosophy*, Oxford: Oxford University Press, 2008, pp. 29-33.

来解释哲学直觉的多样性的看法提出几点怀疑：

第一，用东亚人重集体主义，西方人重个人主义，并不能完全解释他们的实验结果。因为真温案例类型从个人主义到较集体主义，再到集体主义，西方人认为主角真的知道的比例分别为32%、35%、20%。从个人主义案例到较集体主义的案例，重个人主义的西方人认为主角真知道的比例应该下降，而结果却是上升，这没有合理的解释。

第二，受试者中的东亚人分别只有26人、20人和31人，在更集体主义的真温案例中，西方人只有10人，受试者太少，不能代表东方人和西方人。再者，所谓东亚人，都是罗格斯大学的本科生，他们能到罗格斯大学上学，必然深受西方文化的影响，而且他们离乡背井，对集体的认同感很强烈，很难真正代表东亚人。

第三，在一个重复个人主义的真温案例的实验中，卡伦要求西方受试者在"查尔斯知道"和"查尔斯不知道"之间，而不是"查尔斯真的知道"和"查尔斯只是相信"之间作出选择。结果发现，57%的受试者回答说查尔斯知道，这个人数，几乎两倍于在温伯格等人最初实验中宣称查尔斯真的知道的人数。[①] 因此，对原实验所提问题的恰当性提出了怀疑。

二 抽象/具体二分理论

抽象/具体二分理论的提出源于存在处于矛盾状态的两种记忆。心理学大量实验证明，人有两种独立的记忆系统即情景记忆系统和语义记忆系统。情景记忆系统记特定事件或具体的个人行动；语义记忆系统记更抽象的属性或一般特征。这两个系统的独立性在一位失去一个系统而保留了另一个系统的脑损伤患者那里得到了证明。当我们去认识一个人时，这两个系统按照一定的顺序起作用。当我们第一次遇到一个人时，我们对他毫无成见，也没有听过什么传闻，我们倾向于用情景记忆来记住能够说明这个人性格的特定事件或具体行动。当我们有了较多关于这个人的记忆，以致对我们来说难以用容易获得的情景记忆来将它们全部储存起来时，只要这些记忆适合一种足够稳定的模式，那么我们对这个人从多种多样的记忆中抽象、

[①] Simon Cullen, "Survey-Driven Romanticism", *Review of Philosophy and Psychology*, 2010 (1: 2): 288-289.

形成一种存储在语义记忆中的一般特征概要如"他是有礼貌的"。通过存储特征概要我们的记忆系统压缩了例证特定事件的记忆,从而为新的情景记忆腾出空间。然而,我们仍然记忆与这种特征概要不一致的情景(诸如这个人是不礼貌的情景),而且当我们回忆起这个人时,我们除了回忆这种特征概要外,还回忆与这些特征不一致的情景。这些不一致的情景记忆服务于约束这种特征概要过度地扩展到将导致不准确的行为预测的领域中。这个双系统通过在语义记忆中使用特征概要和在情景记忆中保留不一致的经验,在速度和效率之间达到一种平衡。[1]

与此类似,在认知领域,人类有抽象直觉能力和具体直觉能力两种直觉能力,它们为所有人类心灵所固有,且天然地彼此冲突。情景记忆和语义记忆可以分别看作具体直觉能力和抽象直觉能力;左右脑两个半球的抽象思维与形象思维也可以粗略地分别看作抽象直觉能力和具体直觉能力。不同的个人和群体因气质、训练和文化的不同而有不同的直觉能力,也有为辅的直觉能力,在受到不同场景刺激后,也会产生不同的直觉。由于任何案例都有不同程度的抽象性和具体性,由于抽象直觉能力和具体直觉能力相互依存地存在于矛盾体中,因此几乎任何案例都会激发不同的直觉;由于语境的构架、事先提供的信息、案例中的情感因素都会影响直觉能力,因此抽象直觉与具体直觉在不同的场景中以复杂的方式表现出来。这种有心理根基的对立直觉能力,能够合理地解释众多的哲学争论为何可以持续上千年之久。

有独立的心理学证据表明,用一种抽象的、枯燥的方法提到一种可能性,实际上会压制凸显性。奥本海默(Daniel Oppenheimer)证明,当人们认为对某种认识有另外的可能解释时,人们会自动地对这种认识的可能性打折扣。[2] 谢尔曼(Stephen Sherman)等证明,要人们去想象一种抽象的场景,会使他们认为这种场景可能性更少。[3] 内格尔总结相关的数

---

[1] Walter Sinnott-Armstrong, "Abstract + Concrete = Paradox", in Joshua Knobe and Shaun Nichols (eds.), *Experimental Philosophy*, Oxford: Oxford University Press, 2008, pp. 222 - 223.

[2] Daniel Oppenheimer, "Spontaneous Discounting of Availability in Frequency Judgment Tasks", *Psychological Science*, 2004 (15): 100 - 105.

[3] Stephen Sherman, Robert Cialdini, Donna Schwartzmann & Kim Reynolds, "Imagining can Heighten Or Lower the Perceived Likelihood of Contracting a Disease", *Personality and Social Psychology Bulletin*, 1985 (11): 118 - 127.

据后说:"当面对详细的描述时,类似的自动打折扣会发生在许多类型的判断中。"① 在实验哲学研究中,有些实验没有检测出知识归赋的某个效应,可能是案例描述太抽象和枯燥,没有使相关因素凸显出来。为了检测某个效应,必须把相关因素用具体而又生动的方法表述出来。

在《抽象+具体=悖论》中,辛诺特-阿姆斯特朗用抽象度不同的两个问题来测试受试者②。其中抽象的问题是:

> 有时,人们会在没有充分理由的情况下相信某事。例如,在人们没有充分的理由信任一位政治家说的东西时,他们有时会相信这位政治家就经济问题所说的话。我们的问题是关于知识的:如果一个人不能对相信一个主张提供任何充分的理由,那么这个人知道这个主张是正确的,这是可能的吗?

具体的问题是:

> 如果你不能给出任何充分的理由,你相信是你母亲的这个人真的是你的母亲,那么你知道她是你的母亲是可能的吗?

结果发现,25个受试者中,有13人(占52%)对抽象的问题回答"是";25个受试者中,有22人(占88%)对具体的问题回答"是"。在辛诺特-阿姆斯特朗看来,两个问题之间的差别在于前者是抽象的问题,后者是具体的问题,因此,他的结论是:"这些初步的调查结果表明,抽象性和具体性影响哲学的直觉。"③ 在他看来,虽然情感在某些诸如责任的案例中也很重要,但在当不涉及情感的案例中,情感说明不能解释关于知识的直觉,因此他认为,在解释哲学直觉上,从解释力上说,抽象/

---

① Jennifer Nagel, "Knowledge Ascriptions and the Psychological Consequences of Thinking About Error", *Philosophical Quarterly*, 2010 (239: 60): 297.

② Walter Sinnott-Armstrong, "Abstract + Concrete = Paradox", in Joshua Knobe and Shaun Nichols (eds.), *Experimental Philosophy*, Oxford: Oxford University Press, 2008, pp. 220–221.

③ Walter Sinnott-Armstrong, "Abstract + Concrete = Paradox", in Joshua Knobe and Shaun Nichols (eds.), *Experimental Philosophy*, Oxford: Oxford University Press, 2008, p. 221.

具体说明比情感说明更有力。

抽象/具体二分理论可以对认知直觉具有种族差异性进行解释。在这种解释看来，西方人用抽象范畴和规则来思考，这些范畴和规则把个体对象同它们的具体环境剥离开来，而东亚人更多地在具体的语境中思考具体对象的关系。由于倾向抽象思维的西方人具有更强的抽象思维能力，因此比倾向具体思维的东方人更多地拒绝"鲍博真的知道，吉尔驾驶一辆美国车"这个判断，因为这个判断是知识的三元定义所否认的。认知直觉的其他种族差异性也可以用抽象思维能力与具体思维能力的高低来解释。具体解释如下：

(1) 对认知直觉受生理性别影响的解释。虽然对男女性别差异是否合理、是否男性气质优于女性气质可以争论，但男女之间的事实差异则是不可否认的。与我们的问题相关的是，男性倾向于理性、抽象、分析；女性倾向于情感、具象、综合。正因为女性与男性在思维倾向上类似于东方人与西方人在思维倾向上的具体思维与抽象思维的关系，因此，抽象/具体二分理论对认知直觉的种族多样性解释也适合于对认知直觉的性别差异性解释。审美、道德、现实关怀等，更能激发女性的具体思维。在"我是否知道我不是缸中之脑"问题上，由于缸中之脑只是假设，女性立足于现实中知道自己有手，便可以得出她们不是无手的缸中之脑的判断。通过移情，便倾向于得出"主角知道他们不是无身体的缸中之脑"。斑马案例也可作类似的解释。

(2) 对认知直觉受社会经济地位的影响的解释。低社会经济地位的受试者比高社会经济地位的受试者更多地相信"主角真的知道那只动物是一匹斑马"，"吉姆真的知道食用尼古丁不会增加得癌症的可能性"。这种现象可能反映低社会经济地位的受试者抽象思维能力较低，且更关注现实世界，更希望坚实地扎根在真实的具体世界。与高社会经济地位的受试者不同，低社会经济地位的受试者更不会考虑"巧妙伪装的骡子是可能的"这类可能性在现实生活中极低，甚至是不可能的主张。

(3) 对认知直觉受所上哲学课程数目影响的解释。哲学教育有助于抽象思维的训练，这常为我们的哲学教育实践所证明，也可以用较精确的实验来验证。有共时态和历时态两种基本的实验设计思路。共时态设计是指在同一个时间段内，对同一年级不同学科的学生的抽象思维能力进行测试；历时态设计是指在学生上有助于抽象思维训练的哲学课（如分析哲学课、逻辑学课等）前，对一年级大学生的抽象思维能力进行测试，然后在大学 1—4 年级结束时，再分别进行测试。当然，也可以把两种设计结合来做。通过实验，可以检查哲学训练的数量和种类，与抽象思维能力之间的相互关系，同时还可以把训练的影响与天生倾向的影响区分开来。数学教育和逻辑教育也有助于抽象思维的训练，而文学素养和艺术素养的提升标志着形象思维较强，测试用不同专业的学生也可以证实或证伪这种经验性看法。抽象思维能力越强，越能接受可能性小的（甚至反事实的）假设，越能遵循逻辑，故在一定的程度上，上哲学课越多，越会否认缸中之脑假设中的主角知道他有腿。

（4）对认知直觉受问题的道德性影响的解释。同一程度的危害与帮助对人的心理影响是不同的，在当今环境问题日趋严重的情况下，危害比帮助更能激起人们的情感，更能引发具体思维。在董事长案例①中，受试者选择董事在危害中知道的比例，显著高于在帮助中的比例，就是因为危害比帮助更能引发人们的具体思维。可以预测，如果还有一个中性的对照项即"我们的新计划对环境没有影响"，并问"董事长知道新计划对环境没有影响吗"，那么我们可以肯定地说，由于危害和帮助会导致情绪反应，而中性的结果却不会，因此中性的对照不会激发具体思维，故回答"董事长知道新计划对环境没有影响"的人的比例，肯定低于知道危害或帮助环境的人的比例。

（5）对认知直觉部分地依赖提问的方式的解释。辛诺特－阿姆斯特

---

① 毕比和巴克沃尔特在《认知副作用效用》中，通过改造的"董事长案例"，发现了知识归赋的道德效应。受试者读的场景（括号内的内容是另一个场景中的）是：

某公司的副总裁走到董事长跟前说："我们正在考虑开始一项新的计划。我们肯定它将帮助我们增加利润，而且它将帮助（或危害）环境。"董事长回答说："我才不管什么帮助（或危害）环境。我只是想尽可能地获得利润。让我们开始这项计划吧。"他们开始了这项计划。果然，帮助（或危害）了环境。受试者被问："董事长知道新计划会帮助（或危害）环境吗？"

结果发现，即使人们对董事长的行为会带来某种副作用有相同强度的证据，然而，与副作用是好的（帮助环境）相比，当副作用是坏的（危害环境）时，受试者更倾向于认为董事长知道他的行动会带来的副作用。受试者在危害的条件下选择董事长有知识（回答"3"）的最强的肯定人数（67.5%），几乎是在帮助条件下（35.5%）的 2 倍，在危害条件下选择 1、2 或 3 的回答的受试者的百分比（90%）显著高于在帮助条件受试者选择 1、2 或 3 的百分比（61%）。[James Beebe & Wesley Buckwalter, "The Epistemic Side-Effect Effect", *Mind & Language*, 2010（25：4）：475-477.]

朗提出的抽象问题与具体问题出现的认知直觉的差异，正好例证了抽象/具体二分理论的正确性。我们还可以对比哲学家的直觉与普通大众的直觉来说明。对于抽象的问题"如果一个人不能为相信一个主张提供任何充分的理由，那么这个人知道这个主张是正确的，这是可能的吗？"坚持知识必须有充分理由的哲学家对这个问题的肯定回答的比例应该是0，普通大众之所以有52%的人回答"是"，是受这个问题前面的开场白的影响。这个开场白是："有时，人们会在没有充分理由的情况下相信某事。例如，在人们没有充分的理由信任一位政治家说的东西时，他们有时会相信这位政治家就经济所说的话。"具体的问题，会使普通大众更远离抽象思维，并为具体思维所吸引，从而导致更偏离理想的理性答案，出现了88%的比例回答"是"。我们可以大胆预测，在性别、教育和提问方式三个因素组合的情况下，对这个问题回答"是"的比例，从高到低依次为：男性哲学家对抽象问题的回答、女性哲学家对抽象问题的回答、女性普通大众对抽象问题的回答、女性普通大众对具体问题的回答（共8种，仅举4种）。

年龄、情绪的影响也可以由抽象/具体二分理论来解释，年龄与抽象思维能力有一定的联系；情绪与具体的因素是相互作用的，情绪会引发具体的表征，而抽象的描述则倾向于减缓情绪。

由于在某些只涉及性别差异、顺序差异、非情绪描述等的案例中，也发现了认知直觉差异，而这些认知直觉差异的产生，无法全部由整体性/分析性差异理论和情绪说明理论合理解释，因此相比而言，用抽象/具体二分理论来解释哲学直觉的多样性更为合理。

三 认知聚焦效应理论

认知的聚焦效应（focal effect）认为，认识主体在进行判断时，经常只能将注意集中在已有的某些认知信息上，使这些信息获得更高的权重，从而产生放大的认知结果。对于这种高估焦点资源而低估同时存在的其他信息的认知聚焦效应，有人称为认知聚焦偏见（epistemic focal bias）[1]，

---

[1] Mikkel Gerken, "Epistemic Focal Bias", *Australasian Journal of Philosophy*, 2013（91：1）：41-61.

有人称为认知聚焦错觉(epistemic focal illusion)①。因为聚焦效应作为一种无意识的过程,可以通过有意识地减少焦点信息带来的影响在一定程度上加以校正,例如,减少对焦点信息的思考;重构信息排序;触发能与焦点信息结果相抵制的情感反应等②。

基于以下的理由,本书并不把认知聚焦效应称为认知聚焦错觉或认知聚焦偏见:①任何认知主体的认知能力都是有限的,没有神目,不可能全知,因此认知的结果都是有限的;②任何认知主体所获得的认识资源都是有限的、片面的,纵使获得了全部证据,由非充分决定性理论可知,这些证据也不能充分地决定其结论;③任何认识都是有其语境的,都是可错的;④聚焦效应是人类认知的普遍现象,是调动尽量减少认知成本的认知过程:"聚焦偏见把所有这些趋向结合起来,形成这种基本观念,即信息的处理强烈地倾向于只处理最容易被构建的认知模型"③。与系统 2 过程相比,认知聚焦现象在系统 1 过程中更明显。

知识归赋也是一种认知,因此也有认知聚焦效应。由于认知上相关的选择项并非一定是归赋者所关注的,因此按照知识归赋的聚焦效应,归赋者基于关注的选择项而作出认知判断,而非基于认知相关选择项。④

对话的凸显并不必然在心理上对归赋者凸显,而且在心理上对归赋者凸显的因素也许在语境上并不凸显。凸显与认知相关选择项并不相同,因为"语境上凸显的选择项(contextually salient alternatives)可能是认知上不相关的,而认知上相关的选择项(epistemically relevant alternatives)可能是不凸显的(non-salient)"⑤。只有在心理上凸显的选择项,才能成

---

① David Schkade and Daniel Kahneman, "Does Living in California Make People Happy? A Focusing Illusion in Judgments of Life Satisfaction", *Psychological Science*, 1998 (9: 5): 340 – 346.

② David Schkade and Daniel Kahneman, "Does Living in California Make People Happy? A Focusing Illusion in Judgments of Life Satisfaction", *Psychological Science*, 1998 (9: 5): 340 – 346.

③ Keith E. Stanovich, "Distinguishing the Reflective, Algorithmic and Reflective Minds: Time for a Tripartite Theory?", in Jonathan St. B. T. Evans and Keith Frankish (eds), *In Two Minds: Dual Processes and Beyond*, Oxford: Oxford University Press, 2009, p. 69.

④ Mikkel Gerken, "Epistemic Focal Bias", *Australasian Journal of Philosophy*, 2013 (91: 1): 49.

⑤ Mikkel Gerken, "Epistemic Focal Bias", *Australasian Journal of Philosophy*, 2013 (91: 1): 52.

为认知上相关的选择项。如果归赋者认为主体 S 不能排除相关选择项，则会把主体 S 看作非知者（non-knower）。

认知聚焦效应可用心理学中的更普遍的双重过程理论（the dual process theory）来解释。格肯提出了两个原则与双重过程理论是一致的，可用来说明如何用聚焦效应来解释知识归赋的可变性。语境凸显原则（principle of contextual salience）是一个定性原则，表明什么在形成正常的认知判断中有关。它主张："通常情况下，对主体 A 来说，q 对 S 的知识 p 是一个语境凸显的选择项，当且仅当，对 S 的知识 p 来说，A 把 q 当作一个认知相关的选择项。"[①] "根据语境凸显原则，如果选择项 q 在语境上对 A 凸显，那么 A 通常会把它看作与 S 知道 p 不相容，除非 A 认为 S 有能力排除 q。因此，除非这是真的，否则 A 通常会要求一种初步的理由认为 S 是非知者。"[②]

认知满意原则（principle of epistemic satisficing）是一个定量原则，表明在作出一个判断前，需要多少证据。它主张："通常情况下，主体 A，只基于初步的理由形成认知判断。这里初步的理由是 A 可获得证据中的有限的一部分。"[③] "根据认知满意原则，一旦获得作出判断的初步理由，认知的过程通常就会停止。即 A 通常不会基于她的背景信念或进一步的证据去批判地评估凸显的选择项而作进一步的认知。"[④]

认知聚焦效应解释直觉的多样性的优势在于：其本身有实验的根据、解释更简单、更少特设、可对怀疑主义持否定立场。知识归赋的心理解释与语用解释并不是竞争者，而是全面解释的合作者。因为"语用的考虑有助于详细说明什么样的会话特性会使选择项在心理上凸显出来"。[⑤]

[①] Mikkel Gerken, "Epistemic Focal Bias", *Australasian Journal of Philosophy*, 2013 (91: 1): 50.

[②] Mikkel Gerken, "Epistemic Focal Bias", *Australasian Journal of Philosophy*, 2013 (91: 1): 54.

[③] Mikkel Gerken, "Epistemic Focal Bias", *Australasian Journal of Philosophy*, 2013 (91: 1): 51.

[④] Mikkel Gerken, "Epistemic Focal Bias", *Australasian Journal of Philosophy*, 2013 (91: 1): 54.

[⑤] Mikkel Gerken, "Epistemic Focal Bias", *Australasian Journal of Philosophy*, 2013 (91: 1): 56 – 57.

四 概念归赋的广义语境主义[①]

本书认为，概念归赋是被归赋者、被归赋者的语境、主体的语境和归赋者的语境共同影响的结果，是这四类因素共同作用的产物。

影响概念归赋的归赋者语境因素种类繁多，每一类因素又有多种可能的变化。如果用 a_{ij} 表示归赋者的某类语境因素中的某一种情况（其中 i 表示归赋者第 i 类语境因素，j 表示第 i 类语境因素中的第 j 种可能情况），那么所有归赋者的可能语境因素 AC 可以用行列式表示为：

$$A_C = \begin{vmatrix} a_{11} & \cdots & a_{1j} & \cdots & a_{1g} \\ \cdots & \cdots & \cdots & \cdots & \cdots \\ a_{i1} & \cdots & a_{ij} & \cdots & a_{ig} \\ \cdots & \cdots & \cdots & \cdots & \cdots \\ a_{n1} & \cdots & a_{nj} & \cdots & a_{ng} \end{vmatrix} \quad （式4-1）$$

其中 i、j、n 和 g 为大于或等于 1 的自然数，$g > j$。a_i 可表示归赋标准、归赋者视角、注意力、归赋者的风险、背景知识、理性能力等。

所有归赋者的第 i 类语境因素的可能变化集合体 A_i 可表示为：

$$A_i = a_{i1} + a_{i2} + \cdots + a_{ij} + \cdots + a_{ig} = \sum_{j=1}^{g} a_{ij} \quad （式4-2）$$

例如，就归赋标准而言，所有的可能归赋标准有日常的归赋标准、科学的归赋标准和怀疑主义的归赋标准。

A_i 还可以用集合表示：

$$A_i = (a_{i1}, a_{i2}, \cdots, a_{ij}, \cdots, a_{ig}) \quad （式4-3）$$

某个特定的归赋者的语境因素集 A_j 是唯一的，可表示为：

$$A_C = A_j = \begin{vmatrix} a_{1j} \\ \cdots \\ a_{ij} \\ \cdots \\ a_{nj} \end{vmatrix} \quad （式4-4）$$

[①] 此段内容是在《知识与语境：当代西方知识论对怀疑主义难题的解答》一书基础上发展出来的。参见曹剑波《知识与语境：当代西方知识论对怀疑主义难题的解答》，上海人民出版社 2009 年版，第 305—308 页。

或用集合表示为：

$$A_C = (a_{1j}, a_{2j}, \cdots, a_{ij}, \cdots, a_{nj}) \qquad (式4-5)$$

例如，某个归赋者的特定语境因素是：归赋标准为日常的，视角为可错主义的，注意力不集中，风险低，出错的可能性小，背景知识为不熟悉知识论，理性能力弱等。

主体可能的语境因素 SC 也可以用类似（式4-1）的式子表示为：

$$S_C = \begin{vmatrix} s_{11} & \cdots & s_{1j} & \cdots & s_{1h} \\ \cdots & \cdots & \cdots & \cdots & \cdots \\ s_{i1} & \cdots & s_{ij} & \cdots & s_{ih} \\ \cdots & \cdots & \cdots & \cdots & \cdots \\ s_{m1} & \cdots & a_{mj} & \cdots & a_{mh} \end{vmatrix} \qquad (式4-6)$$

某个特定的主体的语境因素集合也是唯一的，Sc 可表示为：

$$S_C = \begin{vmatrix} s_{1j} \\ \cdots \\ s_{ij} \\ \cdots \\ s_{mj} \end{vmatrix} \qquad (式4-7)$$

或用集合表示为：

$$S_C = (s_{1j}, s_{2j}, \cdots, s_{ij}, \cdots, s_{nj}) \qquad (式4-8)$$

例如，被归赋的主体的特定语境是：归赋标准为怀疑主义的，视角为不可错主义的，注意力集中，风险高，出错的可能性大，背景知识为熟悉知识论，理性能力强等。

同理，特定的被归赋者 P 的语境因素的集合也是唯一的，P_C 可表示为：

$$P_C = \begin{vmatrix} p_{1j} \\ \cdots \\ p_{ij} \\ \cdots \\ p_{lj} \end{vmatrix} \qquad (式4-9)$$

或用集合表示为：

$$P_C = (p_{1j}, p_{2j}, \cdots, p_{ij}, \cdots, p_{nj}) \qquad (式4-10)$$

例如，特定的被归赋者 P 的特定语境为：风险高，出错的可能性小，中文，主体间，表述具体生动等。

如果用 AR_C 表示某次概念归赋结果，A_C 表示某一归赋者语境因素，S_C 表示主体语境因素，P 表示被归赋的语句即被归赋者，P_C 表示被归赋者 P 的语境因素，f 为函数式表达符号，那么某个归赋者对 P 进行概念归赋的结果可以用函数式表示为：

$$AR_C = f(A_C, S_C, P_C, P) \qquad (式4-11)$$

$AR_C = f(A_C, S_C, P_C, P)$ 表明，概念归赋的结果 AR_C 是 A_C、S_C、P_C 和 P 的四元函数。式 4-11 说明，语境因素是概念归赋中不可或缺的、内在的因素，而非外在的、可有可无的因素。

以往的不变主义概念归赋观有两种，一种是完全否认 A_C、S_C 和 P_C 的作用，把 $AR = f(A_C, S_C, P_C, P)$ 变成 $AR = f(P)$，由于 P 的真值不受 A_C、S_C 和 P_C 的影响，因此概念归赋结果只有一种，这是绝对主义的概念归赋观。另一种是理想主义的概念归赋观，主张存在一种客观的、标准的 A_{C0}、S_{C0} 和 P_{C0}（之所以用"0"来下标，是为了表示有第 0 种语境因素，即客观的、标准的语境因素），它们可分别表示为：

$$A_{C0} = \begin{vmatrix} a_{10} \\ \cdots \\ a_{i0} \\ \cdots \\ a_{n0} \end{vmatrix} \quad S_{C0} = \begin{vmatrix} s_{10} \\ \cdots \\ s_{i0} \\ \cdots \\ s_{m0} \end{vmatrix} \quad P_{C0} = \begin{vmatrix} p_{10} \\ \cdots \\ p_{i0} \\ \cdots \\ p_{l0} \end{vmatrix}$$

由于 A_{C0}、S_{C0} 和 P_{C0} 中的各类语境因素都没有变化，都只有一种，它们的语境因素的组合只有一种，因此概念归赋的结果也只有一种。

在知识归赋中，归赋者语境主义主要只看到了归赋者的语境因素，尤其是只看到归赋者的知识标准、风险和出错的可能性大小的作用，把 $AR_C = f(A_C, S_C, P_C, P)$ 变成 $AR_C = f(A_C, P)$，因而是片面的。主体敏感的知识不变主义主要只看到了主体的语境因素，尤其是只看到主体的风险和出错的可能性大小的作用，把 $AR_C = f(A_C, S_C, P_C, P)$ 变成 $AR_C = f(S_C, P)$，因而也是片面的。

广义语境主义认为概念归赋受归赋者语境、主体语境、被归赋语境和被归赋者的影响,是A_C、S_C、P_C和P的四元函数。每一次特定的概念归赋都是特定的归赋者在特定的被归赋者语境下,对特定主体是否知道P的判断:

$$AR_C = f(A_C, S_C, P_C, P)$$

在某个概念归赋过程中,由于归赋者是某个特定的人,主体、被归赋者语境和被归赋者都是唯一的,因此某次特定的概念归赋的结果是唯一的。

在进行实验哲学研究时,由于评价者作为受试者参加,其完整的、肯定的语言表达结构,以知识概念归赋为例,是"评价者E同意:'归赋者A说:"主体S知道P"'"。因此,概念归赋的评价结果用函数式可表示为:$ER_C = f(E_C, A_C, S_C, P_C, P)$。其中$ER_C$表示某个特定概念归赋的评价结果,$E_C$表示概念归赋的评价者语境因素,可用集合表示为:$E_C = E_j = e_j = (e_{1j}, e_{2j}, \cdots, e_{ij}, \cdots, e_{nj})$,$A_C$表示归赋者语境因素,$S_C$表示主体语境因素,$P_C$表示归赋条件语境因素,$f$为函数式表达符号。$ER_C = f(E_C, A_C, S_C, P_C, P)$表明,概念归赋的评价结果$ER_C$是$E_C$、$A_C$、$S_C$、$P_C$和$P$的五元函数。

概念归赋的多元语境敏感性,可用实验哲学发现的影响概念归赋的多种因素来证明:①在(知识)概念归赋的风险效应中的风险,既可以是主体的,也可以是归赋者的,还可以是评价者的,证明了E_C、A_C和S_C对概念归赋的评价结果的影响。正因为概念归赋的评价结果受评价者语境因素、归赋者语境因素和主体语境因素的影响,因此,在本书看来,在知识概念归赋中,只强调主体风险的利益相关的不变主义是片面的。从主体的角度看,由于风险的提高会导致认知焦虑,认知焦虑会导致自信心的下降,从而需要收集更多和更强的证据,证据力量的提升与认知标准的升高一致,因此风险的大小通常与认知标准的高低是一致的。从归赋者和评价者的角度看,在知识归赋中,当主体有较大的风险时,归赋者和评价者通常会期望主体在得到确定的信念前寻求更多的证据,他们对主体的概念归赋判断就有较少的信心。这些都证明,在知识概念归赋中,作为主流的归赋者语境主义由于只强调概念归赋对归赋者的认知标准敏感,因而也是片面的。②概念归赋的认知副作用效应是由评价者或归赋者对命题P所涉及内容的道德性引起的,属于评价者或归赋者语境因素。③在知识概念归赋中，概念归赋评价结果中发现的出错可能的凸显效应，其凸显来自案例中出错可能性的凸显，属于被归赋者语境因素。凸显效应证明被归赋者语境因素在概念归赋中的作用。由于凸显效应在概念归赋的评价结果中要能体现出来，评价者必须聚焦出错的可能性，而评价者能否聚焦，也与归赋者或主体是否注意到出错的可能性有关，因此在实验中没有发现凸显效应是很正常的。由于有时没有凸显效应，且不能很好地解释这些实验现象，因而归赋者语境主义和主体敏感的不变主义片面地各执一端。④概念归赋的场景呈现效应属于被归赋者语境因素和评价者语境因素。⑤影响概念归赋的评价者的人口统计学因素属于评价者语境因素。我们预测，随着实验哲学的发展，越来越多的影响概念归赋的因素将会被发现，概念归赋的语境敏感性将会为越来越多的实验所证实。总之，事件的风险、主体或归赋者利益的大小、出错的代价和出错的可能性等语境因素的改变，会导致认知焦虑的改变，认知焦虑的大小会影响形成信念的自信水平。要提升信念的自信水平，就需要收集更多和更强的证据，而证据力量的提升与认知标准的升高通常一致。因此，风险和利益的大小，出错的代价和出错的可能性，通常与认知标准的高低是一致的。当然，这一切都必须以意识到这些语境为前提。在问卷调查中，受试者是否意识到这些语境因素也与聚焦效应相关。

"概念归赋结果 AR_C 是 A_C、S_C、P_C 和 P 的四元函数"以及"概念归赋的评价结果 ER_C 是 E_C、A_C、S_C、P_C 和 P 的五元函数"表明：概念归赋的各种语境因素在概念归赋中是必然的、不可或缺的、内在的因素，而非偶然的、可有可无的、外在的因素。以知识概念归赋为例，其语境因素是内在于"归赋者 A 说：'主体 S 知道 p'"中的，是内在于"评价者 E 同意：'归赋者 A 说："主体 S 知道 P"'"中的，是不可或缺的、必然的因素。

由于 A_C 的所有语境因素的组合数为 $g \times n$，S_C 所有语境因素的组合数为 $h \times m$，P_C 所有语境因素的组合数为 $l \times k$，因此，概念归赋结果的可能有 $gnhmlk$ 个。如果我们设定 E_C 的所有语境因素的组合数为 $x \times y$，那么概念归赋的评价结果的可能有 $gnhmlkxy$ 个。对于概念归赋的结果和概念归赋的评价结果的多样性，有人可能会担忧，如此多的概念归赋结果和概念归赋的评价结果会使我们的知识体系成为"一种松散的、或多或少的、无关的案例的集合体"①。对于这种担心,可以用我们提出的概念归赋的语境分析法②来消除。

对于概念归赋的广义语境主义,反对者可能会说它太泛,不够精细,不利于正确描述概念归赋的现象。本书反对这种批判,因为本书的这种语境主义,把更多的影响因素都包含在内,再结合我们提出的概念归赋的语境分析法,更能细致地描述各类概念归赋中的敏感性,而且还可以避免建构不必要的繁多理论,避免各种烦琐的理论之争。

---

① Michael Williams, *Unnatural Doubts: Epistemological Realism and the Basis of Scepticism*, Princeton: Princeton University Press, 1996, p. 102.

② 曹剑波:《知识与语境:当代西方知识论对怀疑主义难题的解答》,上海人民出版社2009年版,第314—321页。

第 四 章

哲学家的概念归赋为何更值得信赖?

直觉在哲学论证中扮演着十分重要的证据角色,然而,正如卡根所说:"任何想要依赖直觉的人(我想也许是我们所有的人)都需要事先解释为什么我们有充分的理由认为直觉是非常可靠的。我认为这是辩护上的一个负担,还没有被令人满意地排除掉。"① 哲学研究的核心是概念研究,最基本的哲学直觉是概念归赋直觉。在本章中,本书将探讨哲学直觉与概念能力的关系,认为哲学概念归赋是一种重要的研究哲学问题的方式,是哲学直觉区分其他直觉的标志。在对原型范畴理论进行介评的基础上,从不同的认知对某个概念把握的差异性来说明为何专家的概念优于大众的概念,大众的概念为何优于私人的概念,并主张概念的发展要经过从私人概念发展到大众概念,再到专家概念的过程。最后,借助受过哲学训练的人反思能力更强的实验数据,论证哲学家的概念归赋为何更值得信赖。

第一节 哲学直觉与概念能力

概念归赋 (concept attribute/ascription)② 即对某个(类)对象是否

---

① Shelly Kagan, "Thinking About Cases", *Social Philosophy and Policy*, 2001 (18: 2): 62.
② 概念归赋不同于概念化,前者已经形成了概念,后者则是要形成概念。概念化(conceptualization)亦即范畴化(categorization),是根据事物的性质、形状、功能等属性,对事物进行分辨从而形成概念的过程。概念化是用概念把非语言世界的客体进行分类。有两类范畴化即专家范畴化(expert categorization)和大众范畴化(folk categorization)。有相关专业知识的专家运用专业知识,用充分必要条件为标准来范畴化,称作专家范畴化;普通大众基于自身的经验,以典型成员的属性来范畴化,称作大众范畴化。这两种范畴化方式在现实生活中共存,有些范畴可以用一组充分必要条件来范畴化,也可以用一些典型成员的属性为参照来范畴化。(F. Ungerer and H. J. Schmid, *An Introduction to Cognitive Linguistics*, Addison Wesley: Longman Limited, 1996, p. 74.)

属于某个概念的判断（它是仿照"知识归赋"术语创造的）。判断"鲸"概念是否属于"鱼"概念，判断鲸是否属于"鲸"，判断鲸是否为"鱼"的一种，判断某种巨型的海洋生物是否属于"鲸"，等等，都是概念归赋。在现实生活中，常常有判断水果店里的某种红色的、圆形的水果是否为苹果，判断动物园里的鸵鸟是否是鸟的表述形式。虽然它们通常没有用"某个对象是否属于某个概念"这种形式来表述，但是，都可以转换为这种表述形式。本书认为，概念归赋是一种重要的认识世界的方式；哲学概念归赋是一种重要的研究哲学问题的方式；哲学概念归赋能力是哲学直觉的基础；哲学概念归赋直觉是哲学直觉区分其他直觉的标志。

概念归赋是一种重要的认识世界的方式，"这个世界是一个非常令人困惑和混乱的地方。如果我们不能用概念来把对象、观点、人等组织成某种有条理的秩序，那么这个世界就会变得更加混乱。概念让我们能把它们组合成连贯的范畴，归纳新的物品，并形成关于新物品的推理"[1]。

概念归赋直觉是研究的前提，因为只有先辨别对象才能作出进一步的研究，"当我们从零开始时，我们需要基本直觉，但我们并不需要更丰富的直觉。这不是说我们不应该使用它们。在我们的调查将发现对象是什么上，它们可能成为有用的向导；它们是'经验假设的一种来源'"[2]。戴维特把直觉分为最基本的直觉和内容更丰富的直觉两类，认为最基本的直觉即概念归赋直觉是辨别对象是什么的直觉，如"这只是针鼹鼠，那只不是"。为了有这些最基本的直觉，认知主体必须有适当的概念，如果你没有 F 的概念，你就不能辨别 F。内容更丰富的直觉是建立在概念归赋直觉的基础上的，能在辨别的基础上提供更多信息的直觉，如"针鼹鼠像豪猪""内容更丰富的直觉可能没有基本直觉可靠：一个人可能擅长于认出某些对象而不能可靠地说些关于它们的任何东西；这非常像普通

---

[1] Matthew J. Dry and Gert Storms, "Features of Graded Category Structure: Generalizing the Family Resemblance and Polymorphous Concept Models", *Acta Psychologica*, 2010 (133): 244.

[2] Michael Devitt, "Intuitions in Linguistics", *The British Journal for the Philosophy of Science*, 2006 (57): 492.

大众对疼的看法这种情况"①。

　　哲学研究的核心和实质是概念研究，概念研究是借概念能力得以进行的。对"哲学研究的核心和实质是概念研究"这种主张，不少哲学家都有明确说明。黑格尔指出，"哲学是概念性的认识"②；维特根斯坦断言，"哲学研究：概念研究"③。

　　概念归赋能力（概念能力）是哲学直觉的基础。路德维希认为，只有当判断适当地以概念能力为基础时，它才能是直觉判断。他宣称，他"用'直觉'表示完全基于对场景问题回答的概念能力所形成的偶然发生的判断，或者纯粹是完全基于概念能力所形成的偶然发生的判断"④，并说："仅当一个判断只表达所包含的概念以及概念的组合方式时，它才可以看作对概念真理或先验真理的理解。只要我们认为直觉是对概念真理的洞察，那么它们将被看作判断或信念，这些判断或信念是展现这些概念能力的产物。"⑤ 威廉姆森把"纯粹的概念确证"（purely conceptual justification）这个短语解释为"是关于知识或确证的特权地位的。这种知识或确证是一个句子或者一种想法有凭借理解构成它的语词或拥有构成它的概念这些条件"⑥，并主张"语言哲学家或概念哲学家把直觉……看作描述语言能力或概念能力"⑦。卡普兰宣称，"单纯基于概念能力"是直觉的一个重要特征，"在大多数直觉理论家看来，仅当一个（正确的）判断 p 纯粹被主体概念的或语言的能力所确证时，它才能看作凭直觉获知的"⑧。罗素断言："人们可能有诸如'单身汉是未婚的'命题是真的直

---

① Michael Devitt, "Intuitions in Linguistics", *The British Journal for the Philosophy of Science*, 2006 (57): 492.
② [德] 黑格尔著：《小逻辑》，贺麟译，商务印书馆1980年版，第327页。
③ Ludwig Wittgenstein, *Zettel*, Oxford: Basil Blackwell, 1967, §458.
④ Kirk Ludwig, "The Epistemology of Thought Experiments: First Person versus Third Person Approaches", *Midwest Studies in Philosophy*, 2007 (31: 1): 135.
⑤ Kirk Ludwig, "Intuitions and Relativity", *Philosophical Psychology*, 2010 (23): 433.
⑥ Timothy Williamson, *The Philosophy of Philosophy*, New York: Routledge, 2007, p. 52.
⑦ Timothy Williamson, *The Philosophy of Philosophy*, New York: Routledge, 2007, p. 23.
⑧ Herman Cappelen, *Philosophy without Intuitions*, Oxford: Oxford University Press, 2012, p. 113.

觉，这是建立在对相关概念的理解上。"①

哲学概念归赋直觉是哲学直觉区分其他直觉的标志。亚历山大认为，从病原学的观点看，哲学直觉与其他精神状态的区分在于概念能力所起的作用：

> 有人认为真正的哲学直觉是纯粹基于概念能力而作出的判断；有人提出哲学直觉是一种基于概念理解而作出判断的倾向；有人主张哲学直觉是拥有确定概念的产物；有人提出哲学直觉是相关概念的合格使用者在充分理想的条件下（在这里他们的判断仅仅受到语义方面考虑的影响）会说出的东西。它们的共同点是可以通过查看概念能力在个别直觉判断的形成中扮演的角色，而区分哲学直觉和其他种类的精神状态。②

戈德曼断言，哲学直觉不同于普通直觉之处在于哲学直觉是分类直觉或应用直觉，它们是关于案例是如何被分类的或者各种范畴或概念是否能应用到挑选的案例上的。③ 戈德曼的分类直觉或应用直觉就是概念归赋直觉，即对某个（类）对象是否属于某个概念的直觉判断。无论是戈德曼和普斯特所说的，关于某个具体概念是否适用于某个具体案例的判断是一种直觉判断④，还是卡皮尼恩所说的"大致地说，概念直觉……是把概念应用于某些特定的案例或场景，而不把它们应用于其他的前理论的（pre-theoretical）立场"⑤，他们所说的把概念应用于案例的直觉判断

---

① Bruce Russell, "A Priori Justification and Knowledge", *Stanford Encyclopedia of Philosophy*, 2007, § 3. http://stanford.library.usyd.edu.au/archives/win2007/entries/apriori/.

② Joshua Alexander, *Experimental Philosophy: An Introduction*, Cambridge: Polity Press, 2012, p. 24.

③ Alvin Goldman, "Philosophical Intuitions: Their Target, Their Source, and Their Epistemic Status", *Grazer Philosophiche Studien*, 2007 (74): 5.

④ Alvin Goldman and Joel Pust, "Philosophical Theory and Intuitional Evidence", in DePaul and Ramsey, *Rethinking Intuition: The Psychology of Intuition and Its Role in Philosophy Inquiry*, Oxford: Rowman and Littlefied Publishers, 1998, p. 182.

⑤ Anniti Kauppinen, "The Rise And Fall of Experimental Philosophy", in Joshua Knobe and Shaun Nichols (eds.), *Experimental Philosophy* (Vol. 2), Oxford: Oxford University Press, 2014, p. 4.

都是对哲学概念进行归赋的直觉判断。在这里，本书反对"概念归赋直觉是哲学直觉区分其他直觉的标志"，因为在本书看来，蝙蝠不是"鸟"也是概念归赋，但这种概念归赋不是哲学研究的对象，因此，本书仅把哲学概念归赋直觉当作哲学直觉区分其他直觉的标志。

总之，哲学直觉以概念归赋能力为基础，主要是一种概念归赋直觉。要探讨哲学直觉如何运作，必须对概念归赋作深入的理解。探讨哲学中的概念归赋，本书所凭借的不是经典的概念理论，而是新型的原型概念理论。

第二节 原型范畴理论下的概念归赋

要探讨概念归赋，必须先理解现有的概念理论。现有的概念理论有经典的范畴理论和新型的原型概念理论。在解释概念归赋的多样性上，本书赞同用有程度化的原型概念理论来取代本质化的经典范畴理论。

一 原型范畴理论对比经典范畴理论

原型范畴[①]理论（prototype category theory）产生于20世纪70年代，由著名的加州伯克利分校女心理学家罗什（Eleanor Rosch）提出，并在心理学、语言学和认知科学等中都有广泛的运用。

原型范畴理论可表述为：范畴是对有不同"诊断值"的属性和不同"凸显度"的属性值的原型所做的编码[②]。原型范畴理论提出的理论基础是维特根斯坦的家庭相似的范畴理论，提出的实证基础是对概念研究发现许多范畴都有等级结构。尽管狗、大象和蝙蝠都是哺乳动物范畴的成员，然而人们通常认为，与大象相比，狗是更典型的哺乳动物；与蝙蝠

[①] 范畴是人类高级形态的思维成果中具有高度概括性、结构稳定的最基本、最一般的概念。物质、运动、意识、质、量、原因、结果、自由、公平、形式、内容、本质、现象、必然性、偶然性、可能性、现实性、普遍性、特殊性等，都是范畴的例子。从"范畴"的定义可以看出，范畴是一种概念。由于原型范畴理论所谈的"范畴"，都是自然类的"苹果""自行车"之类。按照范畴的哲学定义，自然类的"苹果""自行车"之类根本不配称"范畴"。在本书中，我们对"范畴"与"概念"不作区分。

[②] 具体概念如"原型""属性值""凸显度""诊断值"的解释请参见本章第二节第二小节。

相比，大象则更典型。在水果范畴内，典型性（typicality）依次减弱的顺序是：苹果、菠萝、大黄。概念的典型性等级无处不在，包括自然种类范畴（如动物、植物和金属）、人造物范畴（如家具、玩具和交通工具）、行动范畴（如运动、职业和爱好），甚至形式范畴（如数字、国家和货币）在内的范畴都具有等级性。① 研究证明，越典型的范畴，学会也越容易，辨认出来更准确，被归赋也越快而且越准确，回忆起来越容易，在语言上编码越有效，等等。②

原型范畴理论不同于由亚里士多德提出的经典范畴理论。原型范畴理论认为：充分必要条件的本质特性不是概念划分的依据；范畴内的成员地位不同，范畴中最典型的成员是原型；原型在范畴中具有特权地位，其他成员依据与原型的相似程度，确定其在范畴中的地位；与原型的相似度越高，越处于范畴的中心，地位越高；相反，越处于范畴的边缘，则地位越低；范畴内的成员因为有家族相似③而聚集在一起；范畴的边界是模糊的，而不是清晰明确的。经典范畴理论把事物的特性看成事物本身所客观具有的，有本质与非本质之分，范畴归赋以本质为充分必要条件。传统范畴理论对本质的规定过于理想化，只适用于部分自然科学范畴，与我们日常生活中对范畴的实际应用不符。与此不同，原型理论不主张区分事物的本质特性和非本质特性，只主张不同的属性在范畴归赋过程中有不同的分量。④ 原型范畴理论反对将共有属性（所谓的本质）作为范畴归赋的充分必要条件，主张判定认知对象是否属于某个范畴的标准，是根据认知对象与这个范畴的原型是否足够相似来判断的。虽然如

---

① Matthew J. Dry and Gert Storms, "Features of Graded Category Structure: Generalizing the Family Resemblance and Polymorphous Concept Models", *Acta Psychologica*, 2010 (133): 244.

② Carolyn B. Mervis and Eleanor Rosch Mervis, "Categorization of natural objects", *Annual Review of Psychology*, 1981 (32): 89 – 115.

③ 原型理论是对维特根斯坦的"家族相似"理论的经验证实，正如在罗什和莫维丝（Carolyn B. Mervis）合著的《家族相似：范畴的内在结构研究》中所说："这种研究对维特根斯坦在《哲学研究》中所作的论证来说，是一种经验的证实。他的论证是：[对范畴的把握来说]形式的标准既不在逻辑上必要，也不在心理上必要。那些看来没有标准属性的范畴关系……可以按照家族相似的原则来理解。"[Eleanor Rosch and Carolyn B. Mervis, "Family Resemblance: Studies in the Internal Structures of Categories", *Cognitive Psychology*, 1975 (7): 602.]

④ Taylor John, *Linguistic Categorization: Prototypes in Linguistic Theory* (2nd ed), Oxford: Oxford University Press, 1995, pp. 59 – 63.

此，原型范畴理论并不否认共有属性在范畴归赋中的重要作用，在范畴归赋过程中赋予共有属性较大的权重。原型范畴理论的范畴归赋十分灵活，主要表现在：用原型的属性代替了传统范畴论中的"本质"概念；用"足够相似"这个或然性概念代替"当且仅当具有某某特性"这个绝对概念。因此，原型范畴理论可称为"或然性概念观"（probabilistic view of concepts）[1]。

依据他人的成果，可以概括原型范畴理论与经典范畴理论的不同，[2]如表 4-1 所示。

表 4-1　　　　　　　原型范畴理论与经典范畴理论的不同

经典范畴理论	原型范畴理论
判定标准是特性（property）。特性是事物具有的客观的、固有的本质，同一范畴的全部成员有相同的特性。	判定标准是属性（attribute）。属性是事物特性在人们心理上的表现。同一范畴内的成员的属性具有家庭相似性。
特性是二分的，下位概念的特性相同。	属性有程度差异，下位概念之间的属性家族相似。
范畴的成员是确定的；范畴的边界明确；范畴对其成员提供了充要条件的说明，范畴成员数是闭合的。	范畴的成员不是确定的；范畴的边界是模糊的，相邻范畴相互渗透、相互重叠；范畴没有对其成员提供充要条件的说明，范畴成员数是开放的；范畴中的所有成员通过一个相互交叉的相似性网络连接在一起。
范畴内的所有成员地位平等，没有中心和边缘之分；范畴内所有成员的代表性相同。	范畴成员之间的地位不平等，有等级差异；范畴成员之间有典型与非典型之分，隶属程度有别；范畴成员有中心成员与边缘成员的区分，成员越接近中心，与这个范畴的属性相似性就越多，代表性越大；原型与这个范畴的成员共有的属性较多，与相邻范畴的成员共有的属性则较少。
特性有先天性。	属性是后天获得的。

[1] James A. Hampton, "Psychological Representation of Concepts", Martin Conway (ed), *Cognitive Models of Memory*, Hove: Psychology Press, 1997, p. 88.
[2] John R. Taylor, *Linguistic Categorization: Prototypes in Linguistic Theory* (2nd ed), Oxford: Oxford University Press, 1995, pp. 23-24.

原型范畴理论与经典范畴理论虽然有众多的差异，然而它们并非决然不同。与经典范畴理论相同，原型范畴理论坚持：范畴的划分不是随意的，本位范畴（basic level categories）是概念归赋的基础。经典范畴的定义可以看作原型范畴定义的理想状态，是相似度为1的特例。由于相似度的范围在[0，1]，即 $0 \leqslant \text{Sim} \leqslant 1$，因此，我们可以把经典范畴理论看作原型范畴理论的特例。这样，科学中的概念如奇数，因为都是建立在充分必要条件下的，因此都可以被看作属性种类数为1，属性值只有1个，凸显度固定不变的概念。在私人概念归赋过程中，属性的数量是可变的，依据语境而变化。在某些语境下，当某种（些）属性在概念的对比中作用很小时，可让它缺省或赋值为0。

魏斯毕卡（Anna Wierzbicka）告诚我们："把原型范畴理论当作一把万能钥匙，认为它可以解决一切问题，这种看法很可能是有害的。"[1] 虽然如此，原型范畴理论的作用不容小觑，它不仅能帮助我们进行概念归赋，而且还可以帮助我们比较不同对象的相似程度，在解释直觉的运行特征上有很大的说服力。下面在介绍原型范畴理论的基本概念后，本书将探讨它在概念归赋中的运用。

二 原型范畴理论在概念归赋中的运用

本节中我们将先解释原型范畴理论的几个基本概念，如"原型""属性值""属性值的凸显度""属性的诊断值"，随后以自然类简单概念"苹果"和自然类复合概念"红苹果"为例，介评原型范畴理论在概念归赋中的应用。

（一）原型范畴理论的基本概念

要理解原型范畴理论在概念归赋中的运用，必须先了解几个基本概念[2]。

1. 原型

"原型"这个术语有两种不同的解释，一是指范畴中最典型的、最具

---

[1] Anna Wierzbicka, *Semantics: Primes and Universal*, Oxford: Oxford University Press, 1996, p.167.

[2] Edward E. Smith, Daniel N. Osherson, Lance J. Rips, Margaret Keane, "Combining Prototypes: A Selective Modification Model", *Cognitive Science*, 1988 (12: 4): 485–527.

代表性的、最常见的、使用频率最高的成员,是范畴中具有最家族相似性的代表,因此又称为典型成员或中心成员。本书称这类原型为成员原型。罗什的原型就是成员原型。她断言,原型是"一个范畴中最典型的、最具代表性的成员"①。二是指从范畴成员中概括出来的图式表征。在《合并原型:一个选择修正的模型》一文中,斯密斯(Edward E. Smith)等人就把原型解释为是对范畴内成员进行概括所得到的图式。他们说:"原型是与这个概念的实例相连的惯常特性(usual properties)的预存表征(representation)。"② 这类原型,本书把它们称为特性原型。

与罗什相似,与斯密斯不同,朗格克(Ronald W. Langacker)认为原型是范畴中的典型实例,图式是范畴中的抽象特性,"原型是范畴中的一个典型实例,其他成分被吸收到这个范畴中是基于它们在感知上与原型的相似性;成员度(degrees of membership)基于相似度。相比之下,图式是一种抽象的特性,它与这个范畴定义中的所有成员完全兼容"③。

无论原型是典型成员还是图式表征,原型居于范畴的中心,具有认知上的显著性,最容易被识别、掌握、记住和回忆,它是概念归赋的参照点。为了论述的方便,可以把从范畴中抽象出来的典型特性,依据认知目的不同,对其重要性进行有序排列,从而形成特性原型。特性原型是典型特性的集合体,是属性簇的信息值(information value of attribute clusters)最大化的范畴,在现实生活中不一定有实例,而且由于认知目的不同,并非特性原型中的任何特性都为范畴内的所有成员同等地拥有。

2. 属性值(attribute-value)

属性是被认知事物的特性。属性通常有四类:部分、物理特性(如颜色、形状、大小)、关系(如更高)和功能(如游泳)。④ 对象的特性

---

① Eleanor Rosch, "On the Internal Structure of Perceptual and Semantic Categories", in T. E. Moore (ed.), *Cognitive Development and the Acquisition of Language*, New York: Academic Press, 1973, p. 135.

② Edward E. Smith, Daniel N. Osherson, Lance J. Rips, Margaret Keane, "Combining Prototypes: A Selective Modification Model", *Cognitive Science*, 1988 (12: 4): 487.

③ Ronald W. Langacker, *Foundations of Cognitive Grammar* (Vol. 1), *Theoretical Prerequisites*, Stanford: Stanford University Press, 1987, p. 371.

④ Carolyn B. Mervis and Eleanor Rosch Mervis, "Categorization of natural objects", *Annual Review of Psychology*, 1981 (32): 108.

(property) 可分为由"属性—属性值对"构成的集合。例如,苹果原型的属性—属性值对有颜色—红、形状—圆、质地—光滑等。属性由属性值集合构成,例如,"颜色"属性由红、绿、蓝、黄、棕等颜色值构成。要掌握"苹果"概念,必须先掌握"颜色""形状"等属性名,并在记忆系统中标记这些属性和相关的属性值。"苹果"概念的属性种类和属性值见表4-2。

表4-2　　　　　　　　"苹果"概念的属性种类和属性值

属性种类	属性值
颜色	红、绿、蓝、黄、棕等
形状	圆、圆柱、方等
质地	光滑、粗糙、坑洼等
味道	甜、酸、苦等

对于像"红色"这类高度抽象的概念,也可以作如下分析(见表4-3)。

表4-3　　　　　　　　"红色"的属性种类和属性值

属性种类	属性值
色相(hue)	特种颜色值(红、绿、蓝、黄、棕等)
明度(brightness)	亮或暗
饱和度(saturation)	饱和或不饱和

3. 属性值的凸显度

对某个具体的认知对象来说,其属性值的凸显度(salience)不同。凸显度越大的属性值,越易、越快被记起、被识别,在概念归赋时就越重要。例如,在苹果的颜色属性中,"红"比"绿"的凸显度要大,因此,提到"苹果"时,更容易想到红苹果。属性值的凸显度还可以跨属性比较,例如,在"苹果"概念中,"红"比"圆"更凸显,因此,在学习"苹果"概念时,红而非圆的苹果,要比圆而非红的苹果更适合做范例。在心理学的测试中,属性值的凸显度取决于两个更基本的变量:①在受试者面前,这类对象的这种属性值出现的频率,因此与受试者接触这类对象的历史相关;②在受试者的知觉系统中,这种属性值可被知觉的程度，因此与受试者的知觉能力相关。

4. 属性的诊断值

对象的每个属性都有诊断值。属性诊断值（attribute diagnosticity）是用来衡量不同属性在概念归赋中作用大小的。属性的诊断值越大，表明这个属性在概念归赋中作用就越大。例如，对苹果来说，颜色属性比质地属性的价值更大，从颜色的角度区分苹果与其他水果，会比从质地的角度作出区分更容易。属性的诊断价值和属性值的凸显度都可用统计学的方法测试出来。

概念归赋以目标范畴中最具代表性的原型作为参照点，在概念归赋的过程中，人们会有意或无意地比较要归赋的对象与头脑中已有的目标范畴原型，根据相似程度来判断它属于该范畴的程度。①

然而，当一个概念具有多个属性时，并不总是出现频率更高的属性更有代表性。例如，当问"好莱坞的女影星，是离过四次婚的人多，还是投票给民主党的人多？"时，有83%的受试者回答说是"投票给民主党的女影星更多"。然而，当问"对好莱坞的女影星来说，是'离婚四次'更具代表性，还是'投票给民主党'更具代表性？"时，有65%说是前者更具代表性。在这里，代表性与出现的频率表现出差异。背后的原因在于，从出现的频率看，"离婚四次"这个属性虽然低于"投票给民主党"这个属性，但在"好莱坞女影星"这个概念中的出现频率却要高于"美国女教师"之类的其他概念中的出现频率，因此，"离婚四次"这个属性具有某种"诊断性"特征，是否拥有这个属性，是我们归赋"好莱

---

① 对某个范畴进行归赋，不仅可以通过比较它与本位概念内的成员之间的相似性得到很好的评估，而且也可以通过比较它与对比概念（contrast concepts，即该本位概念的其他上位概念的下位概念，如"麻雀"这个本位概念的上位概念是"鸟"，它的其他上位概念可能是"兽""鱼"或"虫"。"鱼"的下位概念有"鲫鱼""鲤鱼"等）内的成员之间的不相似性得到很好的评估。例如，与企鹅相比，麻雀是更典型的鸟类。这不仅因为麻雀与乌鸦、燕子之类的本位范畴内的成员（都有翅膀，且能飞行）更相似，因而可以对麻雀作为鸟类的典型性作出很好的评估；而且由于企鹅会游泳不会飞，与鲫鱼相似，而麻雀则会飞行，因此，与企鹅相比，麻雀更具鸟的典型性。实验证明："高典型性范例不仅与它们自己范畴的其他成员高度相似，而且也倾向于与位于相同的上位范畴的其他范畴的成员或原型高度不相似。"［Matthew J. Dry and Gert Storms，"Features of Graded Category Structure: Generalizing the Family Resemblance and Polymorphous Concept Models"，*Acta Psychologica*，2010（133）：251.］

坞女影星"这个概念的有效的诊断线索。①

在"琳达职业判定"的心理学实验中,之所以会出现合取谬误,原因在于:在受试者获得了关于琳达的背景信息后,琳达的形象与他们关于"女性主义者"的原型十分契合,因此,包含了"女性主义者"语义内容的职业,就成了受试者预测琳达职业的自然偏好,而在背景信息中,"银行出纳员"没有得到支持,因此没有被选中。

(二) 自然类简单概念的概念归赋：以苹果为例

下面以 3 个苹果实例（红苹果 I_1、棕苹果 I_2 和坑洼苹果 I_3）为例,来说明概念归赋是如何操作的。

首先,用社会调查的方法②,获得苹果原型 A 和 3 种苹果实例的所有相关属性的诊断值和属性值的凸显度（见表 4-4）。

表 4-4　　苹果原型 A 和 3 种苹果实例的所有相关属性的诊断值及凸显度（只列出 3 种重要的属性）

属性的种类	属性的诊断值	苹果原型 A 属性值的凸显度	红苹果实例 I_1 属性值的凸显度	棕苹果实例 I_2 属性值的凸显度	坑洼苹果实例 I_3 属性值的凸显度
颜色	1	红（25） 绿（5） 棕 ……	红（30） 绿 棕 ……	红 绿 棕（30） ……	红（30） 绿 棕 ……
形状	0.5	圆（15） 方 圆柱（5） ……	圆（20） 方 圆柱 ……	圆（20） 方 圆柱 ……	圆（20） 方 圆柱 ……

---

① 转引自徐英瑾《从演化论角度为"合取谬误"祛谬》,《复旦学报》（社会科学版）2014 年第 2 期。

② "水果"的属性,按投票从高到低分别是：外在的颜色、外在的质地、味道、如何吃、如何生长、种子、形状、果汁、内在的颜色、大小、果核、内在的质地、原初品种（original identity）、哪里生长、外皮（skin）、茎、品种、副作用（side-effects）、什么时候生长、包皮（container）、营养价值、叶子、喜爱的消费者、非食物的用途、价格、气味。其中外在的颜色投票为 503,气味为 0。[Edward E. Smith, Daniel N. Osherson, Lance J. Rips, Margaret Keane, "Combining Prototypes: A Selective Modification Model", *Cognitive Science*, 1988 (12: 4): 500.]

续表

		苹果原型 A	红苹果实例 I₁	棕苹果实例 I₂	坑洼苹果实例 I₃
质地	0.25	光滑（25）	光滑（30）	光滑（30）	光滑
		粗糙（5）	粗糙	粗糙	粗糙
		坑洼	坑洼	坑洼	坑洼（30）
		……	……	……	……
……	……	……	……	……	……

由表 4 - 4 可以看出：①苹果的不同属性的诊断值不同；②同种属性的诊断值虽然一样（如颜色属性的诊断值都是 1），但是不同苹果的各自属性值的凸显度却不同。由于世上没有两个完全一样的苹果，因此虽然都是苹果，其属性的诊断值和属性值的凸显度也不同。从数字上看，"红苹果实例 I₁"比"苹果原型 A"更红、更圆、更光滑。借助这种方法，在理论上我们可以对任意一个苹果进行定量分析。

接着，算出实例与原型在相关属性上的相似度。

为了判定某个实例在某个概念中的代表性（判定这个实例在多大的程度上可归为这个概念，如判定蝙蝠在多大的程度上属于"鸟"），可用相似度来衡量。衡量相似度采用的是忒沃斯基（Tversky）的"对比律"（contrast rule）[①]：

$$\text{Sim}(P, I) = af(P \cap I) - bf(P - I) - cf(I - P)$$

其中，"P"表示原型（prototype），"I"表示某一个实例（instance）；"Sim（P, I）"即"相似度（P, I）"，表示原型与实例的相似程度；"P∩I"表示在这个属性中原型与实例的相同量。例如，在苹果原型 A 的颜色值中，"红"的凸显度为 25，在红苹果实例 I₁ 的颜色值中，"红"的凸显度为 30，在"红"颜色值上，原型与实例之间的相同量是 25。"P - I"表示实例不同于原型的属性量，即实例有而原型没有的属性量，即 5（30 - 25）。"I - P"表示原型不同于实例的属性量，即原型有而实例没有的值量，即 5（绿）。"f"即衡量这些属性量的函数，a、b、c 表示"P∩I""P - I"和"I - P"各自的权重。通常，$0 \leq a$、b、$c \leq 1$。

---

① Amos Tversky, "Features of Similarity", *Psychological Review*, 1977（84：4）：327 - 352.

如果 $a>b=c=0$，那么，相似度纯粹是基于共有的属性；如果 b、$c>a=0$，那么，相似度纯粹基于独特的属性。

为了计算的方便，可假设 $a=b=c=1$。上面公式在计算苹果原型 A 与红苹果实例 I_1 在"颜色"属性上的相似度：

$$Sim(A_色, I_{1色}) = a[f(A_色 \cap I_{1色}) - f(A_色 - I_{1色}) - f(I_{1色} - A_色)]$$
$$= 25 - 5 - 5 = 15$$

苹果的形状属性的诊断值为 0.5，因此苹果原型 A 与红苹果实例 I_1 在形状属性上的相似值为：

$$Sim(A_色, I_{1色}) = 0.5 \times (15 - 5 - 5) = 2.5$$

苹果的质地属性的诊断值为 0.25，因此苹果原型 A 与红苹果实例 I_1 在质地属性上的相似值为：

$$Sim(A_质, I_{1质}) = 0.25 \times (25 - 5 - 5) = 3.75$$

最后，累加实例与原型的各种相关属性的相似度，算出它们与原型的相似度。

要计算原型与实例的相似性，既要考虑主要属性的相似性，又要考虑其他所有相关属性的相似性。以苹果原型和红苹果实例为例，既要考虑它们在颜色上的相似性，又要考虑它们在形状和质地上的相似性，把所有相似值加起来，就是苹果原型 A 和红苹果实例 I_1 的相似性，即：

$$Sim(A, I_1) = Sim(A_色, I_{1色}) + Sim(A_形, I_{1形}) + Sim(A_质, I_{1质})$$
$$= 15 + 2.5 + 3.75$$
$$= 21.25$$

把这个公式普遍化，假设原型的属性数量为 n，那么 i 为第 i 号属性，原型 P 与实例 I 的相似值的计算公式为：

$$Sim(P, I) = \sum_{i=1}^{n} [af_i(P \cap I) - bf_i(P - I) - cf_i(I - P)]$$

借助上面这个公式，可以计算出任意两个对象之间相似程度。例如，苹果原型 A 与棕苹果实例 I_2 的相似度为：

$$Sim(A, I_2) = 1 \times (0 - 30 - 30) + 0.5 \times (15 - 5 - 5) +$$
$$0.25 \times (25 - 5 - 5) = -53.75$$

苹果原型 A 与坑洼苹果实例 I_3 的相似度为：

$$Sim(A, I_3) = 1 \times (25 - 5 - 5) + 0.5 \times (15 - 5 - 5) +$$

$$0.25 \times (-25 - 5 - 30) = 2.5$$

红苹果 I_1、棕苹果 I_2 和坑洼苹果 I_3 与苹果原型 A 的相似度分别为 21.25、-53.75 和 2.5，因此，在以苹果原型 A 为中心的苹果家族中，红苹果 I_1 最接近中心，坑洼苹果 I_3 较接近中心，棕苹果 I_2 在最边缘，它们在苹果家庭中的地位依次降低，属于"苹果"范畴的程度就越小。棕苹果 I_2 与苹果原型 A 的相似度为负数，按照当下苹果图式原型的范畴，不是"苹果"。

(三) 自然类复合概念的概念归赋：以红苹果为例

原型理论可推广应用到自然类的上位概念①和下位概念。根据概念的层次不同，概念区分为上位概念（superordinate level concept）、本位概念（basic level concept）和下位概念（subordinate level concept）。与"狗""马""猫"等本位概念相比，"动物"属于上位概念，"牧羊狗""哈巴狗"属于下位概念。与"苹果""梨""桃"等本位概念相比，"水果""果实"等是上位概念，"红苹果""又红又甜的苹果""坑洼苹果"等都是下位概念。从产生的时间来看，上位概念和下位概念都晚于本位概念，而且愈往上或愈往下就愈难产生。本位概念是区分事物最基本的心理等级，是认知过程的重要基点和参照点。与其他概念相比，本位概念不仅最早习得和掌握，而且所指对象最易识别。本位概念是学习其他概念的基础，没有掌握本位概念，就学不好其他概念。②③

"哈巴狗""红苹果"这类"形容词 + 名词"形式的下位概念都是复合概念。这些复合概念可以用原型理论来进行概念归赋吗？斯密斯等人的回答是肯定的④。他们认为，复合概念中的"形容词"所代表的属性是

---

① 上位概念的概念归赋，与下位概念和本位概念的概念归赋一样，都需要找到或构想特性原型或图式原型。上位概念的概念归赋需要找上位概念的原型。上位概念与下位概念的关系类似于原型与实例的关系。上位概念对下位概念具有向心性和开放性，下位概念的成员对上位概念具有隶属程度的差异；上位概念所包含的下位概念的边缘模糊。

② John R. Taylor, *Linguistic Categorization: Prototypes in Linguistic Theory* (2nd ed), Oxford: Oxford University Press, 1995, pp.23 - 24；赵艳芳：《认知语言学的理论基础及形成过程》，《外国语》2001 年第 1 期。

③ Carolyn B. Mervis and Eleanor Rosch Mervis, "Categorization of natural objects", *Annual Review of Psychology*, 1981 (32): 93.

④ Edward E. Smith, Daniel N. Osherson, Lance J. Rips, Margaret Keane, "Combining Prototypes: A Selective Modification Model", *Cognitive Science*, 1988 (12: 4): 491 - 495.

原来简单概念中的某个相关属性值。例如,"红苹果"中的"红"是"苹果"概念中的"红色"这个颜色属性值。在"红苹果"概念中,由于"红"值已经被明确地提出来,因此与在苹果概念中不同,颜色属性在红苹果概念中更重要、更凸显。在用原型理论分析红苹果原型时必须提升颜色的诊断值,并把相关形容词所代表的属性值的凸显度提高到最大值,其他属性的诊断值和凸显度不变。用这种方法,可以给"红苹果"原型和"棕苹果"原型赋值(见表4-5)。

表4-5 红苹果原型 RA 和棕苹果原型 BA 的颜色属性的诊断值及凸显度

属性的种类	属性的诊断值	红苹果原型(RA)属性值的凸显度	棕苹果原型(BA)属性值的凸显度
颜色	2	红(30)	红
		绿	绿
		棕	棕(30)
		……	……

下面以红苹果 RA 为原型,比较3个苹果实例(红苹果 I_1、棕苹果 I_2 和坑洼苹果 I_3)在红苹果家庭中的重要性。

步骤一:标出红苹果原型 RA 和3种苹果实例的所有相关属性的诊断值和属性值的凸显度见表4-6。

表4-6 红苹果原型 RA 和3种苹果实例的所有相关属性的诊断值及凸显度

属性的种类	属性的诊断值	红苹果原型 RA 属性值的凸显度	红苹果实例 I_1 属性值的凸显度	棕苹果实例 I_2 属性值的凸显度	坑洼苹果实例 I_3 属性值的凸显度
颜色	2	红(30)	红(30)	红(30)	红(30)
		绿	绿	绿	绿
		棕	棕	棕(30)	棕
		……	……	……	……

续表

		红苹果原型 RA	红苹果实例 I_1	棕苹果实例 I_2	坑洼苹果实例 I_3
形状	0.5	圆（15）	圆（20）	圆（20）	圆（20）
		方	方	方	方
		圆柱（5）	圆柱	圆柱	圆柱
		……	……	……	……
质地	0.25	光滑（25）	光滑（30）	光滑（30）	光滑（30）
		粗糙（5）	粗糙	粗糙	粗糙
		坑洼	坑洼	坑洼	坑洼（30）
		……	……	……	……
……	……	……	……	……	……

步骤二：计算出红苹果原型 RA 分别与 3 种苹果实例的相似度。

$$\mathrm{Sim}(RA, I_1) = 2 \times (30 - 0 - 0) + 0.5 \times (15 - 5 - 5) + 0.25 \times (25 - 5 - 5) = 66.25$$

$$\mathrm{Sim}(RA, I_2) = 2 \times (0 - 30 - 30) + 0.5 \times (15 - 5 - 5) + 0.25 \times (25 - 5 - 5) = -113.75$$

$$\mathrm{Sim}(RA, I_3) = 2 \times (30 - 0 - 0) + 0.5 \times (15 - 5 - 5) + 0.25 \times (-25 - 5 - 30) = 47.5$$

步骤三：比较 3 种苹果实例在红苹果家族中的重要性。

红苹果 I_1、棕苹果 I_2 和坑洼苹果 I_3 与红苹果原型 RA 的相似度分别为 66.25、-113.75 和 47.5，因此，在以红苹果原型 RA 为中心的红苹果家族中，红苹果 I_1 最接近中心，坑洼苹果 I_3 较接近中心，棕苹果 I_2 在最边缘。从表 4-4 和表 4-6，可以看出，与红苹果原型相比，红苹果实例与红苹果原型更相似；与红苹果原型相比，棕苹果实例与红苹果原型更不相似。

除了通常的属性形容词外，还有非标准形容词（nonstandard adjectives）如否定的（如假的）、放大的（如可能的）、虚构的（如虚构的）、去虚构的（如模仿的）和中性化的（如所谓的）。[1] 对这类形容词修饰的下位概念的概念归赋，与红苹果之类的概念归赋相同。以假苹果（fake apple）为例，假苹果与真苹果相比，有相同的颜色和形状，但在质地、

---

[1] Romane Clark, "Concerning the Logic of Predicate Modifiers", *Noûs*, 1970 (4): 311-336.

来源和味道上则不同。在与苹果原型对比时,质地、来源和味道这些属性种类尤其是质地的诊断值必须加大。

同样,纵使我们有了一个更复杂的复合概念(如"又红又圆的苹果"),也不需要加入更多的属性来改变原型的内部结构,只要调整一下现有的诊断权重与相关值的凸显度就可以了。这样一来,我们就可以得到一个处理简单概念与复合概念的统一的原型理论。

此外,还有"副词+形容词+名词"的复合概念,这些副词可能是"非常(very)""有点(slightly)"或"非(non)",如"非常红的水果""有点红的水果""不红的水果"。这三个副词可能的等级是:①"非常":k_v,其中 $k_v > 1$;②"有点":$1 - k_s$,其中 $0 < k_s < 1$;③"非":$1 - k_n$,其中 $k_n \geq 1$。[1] 在"副词+形容词+名词"的复合概念中,副词和形容词都起着修饰语(modifier)的作用,而名词则起框架(frame)的作用,名词都是中心词概念(the head concept)和理解的焦点概念(the focal concept)。

更复杂的"两个副词+形容词+名词"的复合概念也可以采取这种方式,如"有点不圆的蔬菜"和"非常不红的水果":①"有点不":$1 - (1 - k_s) k_n$;②"非常不":$1 - k_v k_n$;③"非常有点":$1 - k_v k_s$。[2]

斯密斯等人称以上模型为"选择修正模型"(selective modification model)[3],其意思是说,我们只要修正简单概念的原型的属性值,就可以得到复合概念的原型。

借用选择修正模型,可以解释空概念如"美国的皇帝""金山""圆方""龙",也可以解释复杂的概念如"体积超过30升的热水器""宠物哈巴狗"。当然,选择修正模型的原型理论也可以用来解释简单的哲学概念,如"知识",以及复杂的哲学概念,如"全过程人民民主"归赋的多样性。

三 原型概念归赋理论中若干疑难的解答

在应用原型概念归赋理论时,有若干疑难需要解答,它们是:"原型

---

[1] Edward E. Smith, Daniel N. Osherson, Lance J. Rips, Margaret Keane, "Combining Prototypes: A Selective Modification Model", *Cognitive Science*, 1988 (12: 4): 509.

[2] Edward E. Smith, Daniel N. Osherson, Lance J. Rips, Margaret Keane, "Combining Prototypes: A Selective Modification Model", *Cognitive Science*, 1988 (12: 4): 509.

[3] Edward E. Smith, Daniel N. Osherson, Lance J. Rips, Margaret Keane, "Combining Prototypes: A Selective Modification Model", *Cognitive Science*, 1988 (12: 4): 488.

概念归赋中的原型如何确定?""如何解决不同范畴相同原型的难题?""原型的地位是主观确定的吗?""如何解释范畴间边界模糊的问题?""衡量范畴典型性的特征有哪些?""概念归赋具有语境性吗?""概念归赋都是直觉判断吗?"

(一)原型概念归赋中的原型如何确定?

要判断某个范畴的原型是什么,有三种相互关联的方式:①看看哪个下位范畴最先为我们想到;②看看哪个下位范畴的使用频率最高;③看看哪个下位范畴与其他下位范畴相比更为基本。原型的确定与人们的认知过程密不可分,不仅受认识对象出现的频率影响(例如,对中国人来说,"麻雀"比"鸡""企鹅""鸵鸟"出现频率更高,因此是更具代表性的"鸟"),受特定的地理位置影响(例如,鱼的原型在美国是金枪鱼,在中国是鲤鱼;听到"水果"一词时,泰国人最先想到的是榴莲和山竹,而中国人最先想到的则是苹果、香蕉、梨、橘子等),而且受民族差异、风俗习惯和社会文化影响(例如,听到"肉类食品",汉族人首选"猪肉",穆斯林首选"羊肉",欧洲人首选"牛肉"),更受上下文的影响(例如:"猎人拿起枪,唤着他的狗,走出草棚。""梳理完狗鬃后,她给它穿上了狗衣。"在不同的上下文中,"狗"的原型不同。前者让我们很自然地想到猎狗,后者让我们首先想到的是宠物狗。在通常情况下,"会吠、四腿、有毛、哺乳"是狗的重要属性;在特定的情况下,这些属性会丧失重要性。例如,在狩猎的上下文里,引进新的重要属性是"奔跑迅速""能为猎人指示猎物的方位""会搜索和带回猎物"等。在喂养宠物的上下文里,"温顺""毛鬃华美""可爱"等新的属性更重要)。

以上这种原型的确定方法,是针对自然类的典型原型来说的。然而,有很多概念,是关于抽象的对象的,它们不能像桌子那样,既有概念,又有图形,更有实物。这类抽象概念的原型只能是特性原型,它们是基于历史的约定形成的。对特性原型的属性、诊断值和凸显度,通常必须求助专家、求助历史文献、求助大众约定,尤其是求助第一位使用这个概念者的最初意义以及后来意义改变后的社会认同。原型的确认,没有固定不变的客观标准。

对于自然类概念,其原型既可以是典型成员,也可能是特性原型,都可以用于概念归赋。例如,一个从未见过茶几的人,在概念归赋中可以根据它与"家具"的典型成员即桌子的相似性,把它归入家具范畴;也可以根据它与"家具"的特性原型("在家中使用""有能放置物品的表面""有四条腿"和"木头做的")的相似性,把它归入家具范畴。

(二)如何解决不同范畴相同原型的难题?

可能存在两个或者两个以上范畴,它们的成员原型是相同的。例如,"宠物"范畴的成员原型是狗;而"哺乳动物"范畴的成员原型仍是狗。根据成员原型似乎无法把"宠物"和"哺乳动物"这两个有重大差别的范畴区分开来。如何解决这个难题呢?这其实是个假问题。虽然成员原型相同,然而原型概念归赋中所采取的原型是特性原型,由于特性原型的属性诊断值、凸显度不同,例如,作为宠物的特性原型狗,其属性"温顺""毛鬃华美""可爱"等的诊断值会很大,而作为哺乳动物的特性原型狗,其属性"胎生""哺乳""有毛"等的诊断值会很大,因此,宠物与哺乳动物的特性原型就会不同。

(三)原型的地位是主观确定的吗?

国外实验表明,在"鸟"的范畴中,知更鸟是原型,最具典型性,有鸟的所有属性,处于"鸟"的范畴的中心位置。金丝雀、麻雀、鸽子等与知更鸟有较多的共同属性,具有较高的典型性。企鹅、鸵鸟与知更鸟有较少的共同属性,处于"鸟"的范畴的边缘位置,属于典型性较差的成员。[1]反对者认为,原型理论确定范畴成员地位高低的过程是主观的,因为把知更鸟作为鸟的原型是人为的、主观的,不同的人对把什么鸟作为鸟的原型可能有不同的看法。此外,为什么与知更鸟相似度高的鸟地位就高呢?难道说在鸟类世界里,知更鸟比其他鸟更是鸟吗?其标准有客观性吗?

原型理论通常认为,概念的原型是用以衡量下位概念(子概念)的理想标尺,其内部结构及其数据是不变的。一个原型的"属性有哪些""属性的诊断值是多少""属性值有哪些""属性值的凸显度有多大"的这些参数虽然来自统计数据,却是固定不变的。

不可否认,原型的确认标准是属性而非特性,是以对象的特性在认知者心理的表现为标准。在大众概念归赋中,原型的选定、原型的属性

---

[1] Eleanor Rosch and Carolyn B. Mervis, "Family Resemblance: Studies in the Internal Structures of Categories", *Cognitive Psychology*, 1975 (7:4): 573–605.

种类、属性诊断值和凸显度，都是通过统计学的方法，对特定的群体调查后确定的。虽然原型理论中这些基本概念具有语境性、历史性、种群性、文化性、地域性等，但并非主观随意的结果。纵使私人概念归赋，原型的选定、原型的属性种类、属性诊断值和凸显度也是经验学习的结果，不是主观随意的。然而，主张原型中来自统计数据的参数是固定不变，则是值得怀疑的。首先，原型的概念来源于维特根斯坦的家族相似概念。维特根斯坦反对有固定不变的本质，强调下位概念间的家族相似性，主张样本（类似于"原型"）在概念的学习过程中所起的作用，强调样本的稳定性具有语境敏感性。其次，由于认知目的、认知主体、认知对象以及环境本身是可变的，因此建立在可变的认知目的、认知主体、认知对象和环境上的原型概念也是变化的。人们所获得的标准苹果原型的颜色的诊断值是1，红色的凸显度是25这类参数，都仅代表到目前为止从人类经验中归纳出来的关于苹果原型的参数，然而这些参数是可能变化的。最后，实验证明，把什么东西当作原型，是由主体（个体或群体）当下的历史经验决定的，这些经验可以随着未来的学习而被修正。

（四）如何解释范畴间边界模糊的问题？

原型范畴理论的反对者借非此即彼的本质主义，对范畴边界的模糊性提出了质疑，认为正如问"某某是不是女人"一样，答案只有"是"与"不是"。当有人提出"'人妖'不男不女"时，他们会说，无论"人妖"的外形如何变化，作为其本质的基因总是XY[1]，因此"人妖"是

---

[1] 现代科学研究表明，"性别"并非像人们通常认为的那样简单、明了。在《性别化的身体》一书中，福斯托－斯特林（Anne Fausto-Sterling）提出了240个与性别相关的（gender-related）范畴，其中：①5种生物学的性别（biological sexes），即男性、女性、阴阳人（intersex）、假性阴阳人（pseudohermaphrodites，包括男性基因女性生殖器官和女性基因男性生殖器官）、卵睾人（Ovotestis，性腺一半为卵巢，一半为睾丸）；②3种社会性别认同（gender identities），即男性、女性、变性（transgendered）；③4种社会性别角色（gender roles），即阳刚（masculine）、阴柔（feminine）、雌雄同体（androgynous）、无差别化（undifferentiated）；④4种性取向（sexual orientations），即异性恋、同性恋、双性恋、无性欲（asexual）。[Anne Fausto-Sterling, *Sexing the Body*: *Gender Politics and the Construction of Sexuality*, New York: Basic Books, 2000, pp. 1 – 29, 195 – 232.] 性别研究的学者通常从生理性别、心理性别和社会性别三个方面来研究"性别"。然而，无论是从生物学上、心理学上，还是从社会学上看，男女性别并没有本质的定义，性别的判断十分复杂。参见曹剑波《哲学领域女性偏少问题研究》，厦门大学出版社2021年版，"前言"，第4—6页。

男人。

原型范畴理论的反对者认为,从表象出发,"人妖"的确像女人,但是我们不能通过表征来进行概念归赋,我们应该回归本质。因为表征千差万别,加上人的感知不同,不同人对同一表征的看法就可能大相径庭。原型范畴理论以人的感知,身体的体验作为出发点,由于感知不同,结果必然千差万别。

原型范畴理论实质是大众范畴理论而非科学范畴理论,强调日常生活中概念归赋的常识性,主张概念归赋符合大众的直觉。从对"人妖"(实体而非概念)的直觉来看,我们大多数人都会判断为人妖是女人。这与大众文化对"人妖"的看法一致。

原型范畴理论用"属性"代替了传统范畴理论中的"本质",用"足够相似"代替"当且仅当",主张根据认知对象与某个范畴的原型是否足够相似来判定它是否属于该范畴,因此,范畴间的边界模糊是其必然结果。与传统范畴理论相比,原型范畴理论解释力更强,更符合日常的范畴归赋实践。例如,在传统的范畴理论中,母亲(mother)被定义为"双亲中的女性",其语义特征是:母亲=父母-父亲。传统的范畴理论根本无法解释"母亲"范畴中的丰富文化内涵。"母亲"的特性原型中的属性簇是{女性,提供卵子,怀孕,哺乳,养育,教育,与其父亲结婚者}。最典型的"母亲"是具有"母亲"特性原型中所有属性的人。只具有"提供卵子"属性的女人,是提供卵子的母亲(donor mother);只具有"怀孕"的女人,是代孕母亲(surrogate mother);只具有"提供卵子,怀孕,哺乳"属性的女人,是生母(biological mother);只具有"养育和教育"属性的女人,是养母;只"哺乳"的女人,是乳母(或奶母);与其父亲结婚的唯一女人,可能是生母,也可能是继母(或后母)。莱考夫研究社会陈见(social stereotype)时发现,尽管特性原型会随着社会的改变而发生变化,例如"有工作的母亲"(working mother)在"母亲"范畴中的典型性有明显地提高,但是,"家庭主妇母亲"(housewife-mother)仍比"非家庭主妇母亲"(nonhousewife-mother)更具典型性。这是因为人们赋予了"母亲"范畴中"养育"属性较大的诊断值,这说明文化对于母亲的期望(母亲在家当主妇,才能更好地履行其职责)。①"母亲"意义的分化,以及"母亲"范畴中属性的典型性不同,是传统范畴理论难以解释的,用原型理论则可以得到很好的解释。

又如,在传统的范畴理论中,单身汉(bachelor)被定义为"未婚的成年男子",因此,单身汉的特性原型中的属性簇(attribute clusters)是{成年,男子,未婚}。然而,有些"未婚的成年男子",人们通常不把他们称为单身汉,这些人可能有:①成年时的玄奘;②教皇保罗二世;③男同性恋者;④与女性长期同居却没有结婚的成年男子;⑤自小就被遗弃在丛林中,长大成年后依旧远离人类社会的成年男子。由此可见,对这种现象,是无法用传统的范畴理论和语义特征分析法作出合理解释的。

(五)衡量范畴典型性的特征有哪些?

现实世界的许多范畴都有等级结构:某些范畴的成员比其他范畴的成员更典型或更有代表性。这种等级结构可以通过范畴成员共有特征和独特特征来描述。用共有特征可以描述内部范畴(within-category)的典型性;用独特特征可以描述对比范畴(contrast-category)的典型性。② 范畴内的共有特征和范畴间的独特特征(distinctive features)都可以用可对准性(alignability)来辨别。例如,"有翅膀"是所有鸟类的共同特征,因此"飞行"可以被解释为企鹅与鸽子间的可对准的(alignable)差异。相反,由于鱼没有翅膀,"有翅膀"和"飞行"这些特征在鸽子与鲑鱼的对比中都是不可对准的特征。③

概念归赋不仅由与本位范畴内的成员之间的相似性规定,而且由与对比范畴(contrast categories)内的成员之间的互异性规定。例如,在中国,与企鹅相比,麻雀是更典型的鸟类。这不仅因为麻雀与乌鸦、燕子之类的本位范畴内的成员更相似,而且与企鹅相比,麻雀更不像鱼。

共同的和独有的特征信息在决定分级的范畴结构上起重要的作用。实验证明:"高典型性范例不仅与它们自己范畴的其他成员高度相似,而

---

① George Lakoff, *Woman, Fire, and Dangerous Things: What Categories Reveal about the Mind*, Chicago: Chicago University of Chicago Press, 1987, pp. 79 – 80.

② Matthew J. Dry and Gert Storms, "Features of Graded Category Structure: Generalizing the Family Resemblance and Polymorphous Concept Models", *Acta Psychologica*, 2010 (133): 244.

③ Matthew J. Dry and Gert Storms, "Features of Graded Category Structure: Generalizing the Family Resemblance and Polymorphous Concept Models", *Acta Psychologica*, 2010 (133): 252.

且也倾向于与位于相同的上位范畴的其他范畴的成员或原型高度互异。"①

（六）概念归赋具有语境性吗？

个体在概念学习过程中，因为其群体的原型差异（如在英国，鸟的原型是知更鸟，在中国则是麻雀）、个体的经验差异、背景知识的差异、学习过程中认真程度的差异等原因，可能导致个体对某个概念的原型有具身性的理解，而且随着后来经验的输入，任何概念的原型的属性种类和数量及赋值都可能修正，因此，个体的概念之网的建构是动态的，个体的概念归赋是语境化的。

从大众概念归赋的角度上，依据对概念属性的重新认识，属性的诊断值也具有语境性。例如，在外貌特征上，与狗—鲨鱼相比，蓝鲸—鲨鱼的相似性更高，然而蓝鲸与鲨鱼却不属于同一自然类（前者属海洋哺乳类，后者属海洋鱼类）。在现在看来，"以鲸为鱼"是错误的。然而，对于缺乏现代科学知识的人（包括古人和今人，甚至包括造"鲸"字的人和把蓝鲸这类动物称作"鲸"的人）来说，把蓝鲸与鲨鱼都看成鱼类，是十分自然的，因为两者在外貌特征上的确有很多相似之处，而且都是生活在水中的。现代人之所以能"纠正""以鲸为鱼"的错误，是因为现代人调整了解剖学属性的诊断值，使解剖学属性的诊断值远大于外貌属性的。

（七）概念归赋都是直觉判断吗？

概念归赋并非总是简单的概念表征相似性的比较，换言之，并非总是在系统1中原型与实例相似性的比较，经常需要概念自身的命题推理的加入。例如，在一次聚会中，当你看到有个人穿着正装跳进游泳池，你会断定这人是"酒鬼"。在这个概念归赋中，包含有推理，而不是基于这个人与酒鬼成员原型或特性原型简单的相似性对比，因为在你的酒鬼原型不太可能包含"穿着正装跳进游泳池"的属性。当我们追踪为什么你断定这人是"酒鬼"时，你会找出一些理由。你的概念归赋可能是基于你关于聚会、酒和奇怪举止的一般性知识。

纵使在原型与实例的相似性比较时，由于认知目的的不同，认知判断

---

① Matthew J. Dry and Gert Storms, "Features of Graded Category Structure: Generalizing the Family Resemblance and Polymorphous Concept Models", *Acta Psychologica*, 2010 (133): 251.

的价值负载不同，概念归赋涉及的原型属性的多少不同，概念归赋也可能是推理判断。例如，科学家对某个新物种、新元素、新专利等的确认，由于具有认知真理的目的，概念归赋具有更大的价值负载性，所涉及的原型属性很多，因此，是推理判断。在哲学概念归赋中，虽然都先有概念归赋的直觉判断，然而由于哲学家具有反思的气质，在进行概念归赋时，尤其是在时间允许的哲学问题探讨中，大都会有反思的概念归赋。虽然这时的判断可以称为反思后的概念归赋的直觉判断，但是这种判断是反思判断而非直觉判断。

第三节 三类概念归赋及其优劣对比

实验哲学中的概念归赋建立在私人概念之上，表现为大众概念归赋。然而，鉴于专家概念的优越性，私人概念需要转化为大众概念，大众概念需要转化为专家概念。与大众概念归赋相比，专家概念归赋更可靠地指向真理，因此专家概念归赋比大众概念归赋更有认知价值，更值得信赖。

一 实验哲学中的概念归赋是大众概念归赋

哲学思想实验中对某个场景是否属于某个哲学概念的判断是一种概念归赋判断。实验哲学通过对案例（通常是对哲学思想实验的改造）的调查，所获得单个概念归赋判断首先是私人的直觉判断，而获得的最后的数据则是大众的直觉判断。

哲学思想实验是一种特殊的理智活动，是在一定的理论目的下进行的，通过设计一个真实的或想象的场景，对某些因素加以凸显，对其他可变因素加以限制，让受试者在这种认知聚焦的条件下去判断这个场景是否能够归赋给某个哲学概念（如"知识""确证""真理""信念""公正""意向性""同一性""因果性"等），并把获得的直觉判断作为证据来支持或反对某种哲学理论。对此，戈德曼有清楚的说明：

> 为了确定什么是知识、指称、同一性、因果性（或者知识、指称、同一性、因果性的概念是什么）时，哲学家一般都会考虑一些

实际的和假设的案例,并追问这些案例是否提供了目标范畴或概念的实例。人们对这些实例的心理反应通常被称为"直觉",而且这些直觉被当作正确答案的证据。就最低限度而言,它们是这些案例是或不是知识、指称、因果性等的实例的证据。①

戈德曼不仅主张实验哲学的数据可以作为证据,而且还断言对案例的判断是直觉判断。为什么这样说呢?哲学思想实验中对某个场景是否属于某个哲学概念的判断是一种概念归赋判断。哲学实验下的概念归赋判断主要是直觉判断。这是因为:神经心理学发现,人脑爱"偷懒",通常不愿运行耗时费神的推理系统,而爱运行轻松愉快的直觉系统。在时间有限制、认知负荷过重以及缺乏激励等的条件下,认知过程为直觉系统主导;相反,则由推理系统主导。② 在哲学实验中,在"导言"中,通常提醒受试者不要思考。由于人脑爱"偷懒"且实验中有明确的提示"不要思考",只要实验设计不错误地要求受试者给出选择的理由,以及在受试者是认真负责的前提下,可以肯定,获得的概念归赋判断都是直觉判断而非推理判断。

实验知识论中的"葛梯尔案例""斑马案例""缸中之脑案例""谷仓案例""真温案例"等,都是"知识"概念的归赋判断。每个人,依据自己的经验、教育等因素,形成具身性的"知识"原型。在进行"知识"概念归赋时,归赋者会依据自己对知识归赋案例(如葛梯尔案例)的理解程度和认真程度,用知识归赋案例中所概括的相关特征与自己的"原型知识"概念进行匹配,这类似于"按图索骥"。如果知识归赋案例中所概括的相关特征与作为原型的"知识"概念相似度太小,甚至为负值,那么就不会判断为知识;相反,如果相似度较大,则会判断为知识。

在哲学实验的概念归赋中,当直觉在其中发挥作用时,并没有假定直觉的内容是真的,而是假定直觉到案例 x 是否适合受试者的相关(原

---

① Alvin Goldman, "Philosophical Intuitions: Their Target, Their Source, and Their Epistemic Status", *Grazer Philosophiche Studien*, 2007 (74): 1-2.

② Nancy Eisenberg, "Emotion, Regulation, and Moral Development", *Annual Review of Psychology*, 2000 (51): 665-697.

型）概念，而非是否适合相关的大众概念或专家概念。对此，戈德曼有说明，他说：

> 我认为，应用直觉（"关于如何分类案例的直觉"——引者注）的证据地位在构成上是基本不同的。（在个人心理感觉上）拥有一个概念，倾向于产生符合概念内容的信念和直觉，这是概念的部分性质。如果某人概念 F 的内容蕴涵 F 适用（或不适用）案例 x，那么，当问题在他的脑海中出现时，这个人倾向于由直觉知道 F 适用（或不适用）x。请注意，我没有说拥有一个特殊的知识概念会使这个人倾向于相信这个知识概念的正确的普遍解释（general accounts）。正确的普遍解释是非常难以获得的，很少有人尝试提出这种解释。我所要说的是：拥有一个概念使人倾向于对正确的应用有赞成的直觉（pro-intuitions），对不正确的应用有反对的直觉（con-intuitions）："正确"，即是相对于存在在主体头脑中的概念内容来说的。然而，为了把事情做好，我们描述这些倾向必须作进一步的限定和约束。①

戈德曼强调作为证据地位的直觉，在概念归赋时，是对案例进行概念 2 归赋。主体 S 所拥有概念 F 是属于概念 2②（个人心理感觉上的，正因如此，这个概念的内容并不必定是真的）的，并考虑 F 的内容蕴涵是否能把 F 运用到案例 x 的属性。如果 S 拥有 F，那么面对 x，S 将按照 F 蕴涵的 F 和 X 之间的关系作出判断，"由直觉知道 F 适用（或不适用）x"。S 拥有一个概念意味着他将按照这个概念的内容来使用概念，通过对概念的使用可以推断出 S 是否对这个概念有真正的理解。直觉与概念 2 之间有一种可靠的指示关系（a relation of reliable indicatorship），这种指示

---

① Alvin Goldman, "Philosophical Intuitions: Their Target, Their Source, and Their Epistemic Status", *Grazer Philosophiche Studien*, 2007 (74): 14 - 15.
② 戈德曼的概念 3，既不同于概念 3（共有的、社会化的概念），也不同于外在心灵的柏拉图的形式和自然类的概念，还不同于弗雷格意义上的概念（概念 1，某种能为多个个体掌握的抽象实体，与亚里士多德式的概念相同）。[Alvin Goldman, "Philosophical Intuitions: Their Target, Their Source and Their Epistemic Status", *Grazer Philosophiche Studien*, 2007 (74): 6 - 16.]

关系就是证据的关系。①

在戈德曼看来，标准的哲学分析致力于"概念是精神上被描述成充分必要条件，即所谓'经典的'概念观"，然而，经典的概念观却被经验心理学驳倒了，因此，传统哲学的方法与经验的发现存在尖锐的冲突。为了解决这种冲突，戈德曼"否认传统分析致力于这个主题，即（在心理学意义上）概念在精神上被描述为分开时是必要的，合并时是充分的属性"，主张哲学分析的是概念2，而非作为充分必要条件的经典概念。②

戈德曼认为，应用直觉可能出错的原因有：①主体获得的关于案例 x 的信息可能是错误的或不充分的；②在主体应用 F 到案例 x 上时，主体可能忘记或丢失案例 x 的某些信息；③主体可能对他的概念 F 的内容的普遍解释有错误，在形成一种应用直觉时这种错误就会起干扰作用。因此，"直觉不是关于个人概念的不可错的证据"③。换言之，"按图索骥"也有可能"图"出了错，也可能寻找的人不认真，因此即使有千里马，也不能找到。当然，也可能根本就没有千里马，也就是说有可能进行知识归赋的案例本身就不是知识。

对哲学实验的概念归赋是有限制的概念归赋，卡皮尼恩在概括并解读诉诸概念归赋直觉的范式时有清楚的说明。他把诉诸概念归赋直觉的范式概括为④：

直觉（I）：S；在 S 中，我们会（不会）说，X 是 C。

其中，S 是某个特定案例，它可能是想象的，也可能是真实的；X 是这个案例中的一个元素；C 是适应（或不适应）X 的概念。

---

① Alvin Goldman, "Philosophical Intuitions: Their Target, Their Source, and Their Epistemic Status", *Grazer Philosophiche Studien*, 2007 (74): 14.

② Alvin Goldman, "Philosophical Intuitions: Their Target, Their Source, and Their Epistemic Status", *Grazer Philosophiche Studien*, 2007 (74): 23.

③ Alvin Goldman, "Philosophical Intuitions: Their Target, Their Source, and Their Epistemic Status", *Grazer Philosophiche Studien*, 2007 (74): 15.

④ Antti Kauppinen, "The Rise and Fall of Experimental Philosophy", *Philosophical Explorations*, 2007 (10: 2): 98.

实验哲学判断（I）的真假的标准是①：

（E）"在 S 中，我们会（不会）说，X 是 C"预示着，如果把案例 S 呈现给他们，（大多数）非专业人士会（不会）说，X 是 C。

以道德判断的内在主义为例，假设张三经常说，在战争时，每个人都有作出牺牲的道德责任。尽管他很清楚战争正在进行，然而他却继续过着他以前的生活，从来没有作出牺牲的打算。实验哲学家会断言："在这个案例中，我们会说张三没有作出一个诚实的道德判断。"这预示着，如果把场景 S 呈现给非专业的受试者，大多数受试者会说，张三没有作出一个诚实的道德判断。

卡皮尼恩认为，以往的概念归赋，没有注意到概念 C 的差异性，因而主张通过限制概念归赋的主体为对概念 C "有能力的使用者"，对（I），他提出的替代解释是：

（A）"在 S 中，我们会说，X 是 C"是一个假设，这个假设是关于（1）正在谈论这个概念的有能力的使用者将会如何作出回应，（2）当他们认为这个案例处于充分理想的条件下，以及（3）他们的回答仅被语义的考虑所影响。②

卡皮尼恩说，判断（A）的真假的标准是（E∗），（E∗）的真假与人们是否共有可适当地应用于 X 的 C 概念无关。

（E∗）"在 S 中，我们会说，X 是 C"预示着，（1'）如果把案例 S 呈现给他们，似乎理解这个问题的（大多数）非专业人士会说，X 是 C。（2'）然而，他们认为这个案例处在他们发现他们自己所处

---

① Antti Kauppinen, "The Rise and Fall of Experimental Philosophy", *Philosophical Explorations*, 2007 (10: 2): 98.
② Antti Kauppinen, "The Rise and Fall of Experimental Philosophy", *Philosophical Explorations*, 2007 (10: 2): 101.

的那种条件下，而且也处在（3′）影响他们回答的那种思虑中。①

卡皮尼恩认为，对（I）的正确解释是（A）而不是（E），而且在效果上，测试（E*）等价于测试（E）②。在（A）中，卡皮尼恩强调概念归赋的主体为对概念 C "有能力的使用者"。这表明，他主张的概念是专家概念（由于通常所说的经典概念是由专家提出的，因此，专家概念可粗略地说就是经典概念）。然而，在（E*）中，他却强调 "（大多数）非专业人士" 即大众概念（许多私人概念的属性的统计多数），这是其理论不一致之处。而且卡皮尼恩认为诉诸概念归赋直觉的（A）和（E*），需要处于 "语义的思虑中"，这是由于他对哲学实验直觉性和直觉本性的错误理解所致。

通过对戈德曼和卡皮尼恩的解读，本书可把概念分为三种：一是私人概念，即心理学意义上的概念，特别是个体化的、个人头脑中所拥有的概念，可等同于戈德曼的概念 2；二是大众概念，即大众所拥有的、社会化的概念，是许多私人概念的属性的统计多数，可等同于戈德曼的概念 3；三是专家概念，即相关专家共同体所拥有的概念，可粗略地等同于经典概念。从这种概念的划分，可以得出，实验哲学中的概念归赋建立在私人概念之上，表现为大众概念归赋，其目标是专家概念归赋。

"实验哲学中的概念归赋建立在私人概念之上，表现为大众概念归赋，其目标是专家概念归赋"，这既可以解释来自实验哲学的挑战，又可以解释直觉主义对专家直觉的捍卫。实验哲学中的概念归赋建立在私人概念之上，概念归赋直觉与私人概念之间可靠的指示关系能够消解来自实验哲学的多样性挑战。戈德曼主张，概念 2 可解释概念归赋直觉的因果联系，他说："不像柏拉图的形式、自然类或弗雷格式的概念，在个人概念与关于这些概念的应用直觉之间能够有一种清楚的因果联系。虽然有心理学上的详细内容仍需要填入，然而从个人心理学上的概念到与这

---

① Antti Kauppinen, "The Rise and Fall of Experimental Philosophy", *Philosophical Explorations*, 2007 (10: 2): 105.

② Antti Kauppinen, "The Rise and Fall of Experimental Philosophy", *Philosophical Explorations*, 2007 (10: 2): 105.

些概念相关的应用直觉之间的因果之路上，没有内在的神秘性。"① 由于受试者的直觉表征了个体所占有的概念即私人概念，实验哲学所揭示的直觉之间的多样性、离散性并不构成对归赋者的直觉是归赋者个人的私人概念的可靠指示。每位归赋者（实验所调查的受试者）的直觉都是其私人概念的可靠指示器，实验哲学所揭示的直觉之间的多样性和离散性是对私人概念差异性的反映，可靠地反映了私人概念的差异性。由于实验哲学调查的受试者通常不是单个的人，而是一定数量的受试者，其研究结果表现出来的是受试者群体的统计结果，代表着非凸显的大众概念归赋。只要实验设计严格遵循实验操作规定，对其代表性我们是没有合理怀疑的理由的。这表明，实验哲学是通过场景的设计，激发受试者个人的直觉，获得私人概念归赋的数据，从而代表大众的概念归赋。因而也可以说，实验哲学所揭示的直觉多样性和离散性，是对大众概念差异性的可靠反映。

在某种意义上，可以说，经典概念观是解释专家概念的最佳理论；原型概念观是描述大众概念的最佳理论。专家概念经过了充分的理论发展，与前理论的大众概念有较大的差异。大众直觉负载大众概念，大众直觉的差异性展现的是个体拥有大众概念的不一致性；专家直觉负载专家概念，专家直觉的差异性展现的是专家个体拥有专家概念的不一致性。哲学思想实验在大众身上引发的是大众直觉，在哲学家身上引发的是专家直觉。由于专家概念与大众概念可能的显著差别，因此，用哲学实验引发的直觉可能不同。学者们如果要研究前理论的概念，无论这些概念是个人特有的，还是大众共享的，他们都应该像实验哲学家那样去测试那些没有系统地学习过相关概念，受先天和后天偏见影响的普通大众。

二 私人概念需要转化为大众概念

私人概念需要转化为大众概念，私人概念归赋直觉必须表现为大众概念归赋直觉。

---

① Alvin Goldman, "Philosophical Intuitions: Their Target, Their Source and Their Epistemic Status", *Grazer Philosophiche Studien*, 2007 (74): 16.

"只有当观察是主体间的,才有资格成为科学的证据。"[①] 同理,只有当直觉是主体间的,才有资格成为合理的证据。对一个给定的案例,如果不同人有不同的直觉,那么就不具有主体间性。如果相互冲突的两个直觉不能被合理地消解掉,那么这两个直觉都不能当作合理的证据。这表明,建立在私人概念基础上的概念归赋直觉必须转变为建立在大众概念基础上的大众概念归赋直觉,而这必须以私人概念转化为大众概念为前提。虽然戈德曼想到"然而,也许我们可以从概念2过渡到概念3,即共享的心理学上的概念",并说"如果发现许多个体的概念之间有大量一致性,那么就可以这样做",然而"这样的共享在开始时不能被预设;它必须被证明",而且由于实验哲学的数据对这种共享性提出了怀疑,哲学文献中对直觉的不一致性也很有可能低估,"因此,在某种程度上,有争议的直觉可能比哲学家正式承认的更多,而且这可能挑战识别独特的、社会共享的概念这种希望"[②]。在考察并否认了两种可能获得超个人概念的方法后,戈德曼认为不可能从概念2过渡到概念3。

从概念2过渡到概念3的方法主要有:否认每个人的概念都是平权的,特权化某些个体的概念2。戈德曼认为,这种特权化方法有两种。一种方法是诉诸形上学,即符合自然类的概念将被特权化,其他的将被边缘化。戈德曼认为,这对自然类概念适用,对哲学分析的对象则不适用,比如对具有语境敏感性的"知识"概念就不适用。另一种方法是在语言的角度上重塑整个讨论,主张概念是(断定)词或短语的意义。因此,以"知识"为例,知识的正确的公共概念就是"知道"的意义。许多人使用"知道"一词或类似词可能没有充分或准确地把握它的意义,因此,当我们要确认"知道"的内涵与外延时,他们的直觉应该被忽略或边缘化,只有专家的直觉才需要咨询。戈德曼认为,这是对普特南思想的自然发展。普特南认为,意义是由专家在其中起核心作用的语言劳动分工所决定的。戈德曼反对这种方法。理由有二,一是虽然技术词当然要听

---

① Robert C. Cummins, "Reflection on Reflective Equilibrium", in Michael R. DePaul and William Ramsey (eds.), *Rethinking Intuition: The Psychology of Intuition and Its Role in Philosophy Inquiry*, Oxford: Rowman and Rowlefied Publishers, 1998, p. 115.

② Alvin Goldman, "Philosophical Intuitions: Their Target, Their Source and Their Epistemic Status", *Grazer Philosophiche Studien*, 2007 (74): 17.

专家的,但哲学分析感兴趣的概念主要不是技术词而是普通概念(common concepts)。普通概念是大众形而上学、大众知识论、大众伦理学等的基石。哲学家在分析时,着迷的就是大众概念。在这个领域内,没有专家与新手的重要区分。私人概念的差异性不能由(语义)专家来解决。二是许多在我们看来是最重要的大众本体论的概念都先于自然语言,并作为自然语言的基础。戈德曼的结论是"没有令人满意的方法把公共的或共同范围的概念提升为概念分析工程中主要的或中心地位的概念"。[①]

在日常语言的使用中,特权化某个个体或群体的概念的方法主要有:①追溯此概念的最初提出者的最初使用,并把这种使用赋予最高的特权;②赋予权威/长辈/老师等的使用最高的特权;③赋予大众最常用的意义以特权;④赋予词典、字典或经典的使用以特权;⑤赋予某类共同体的使用以特权。这些方法在实践中不断重复使用,从而去除概念的私人性,形成可用来交流的公共语言。戈德曼认为,诉诸形而上学特权某些私人概念的方法只对自然类概念适用,而对哲学概念不适用。这种看法不符合原型范畴理论,也不符合实际,"知识"概念虽然具有语境敏感性,但其基本属性:真的、相信、有理由、可靠的、能够引导产生出成功的行为后果等就是公共的。

三 大众概念需要转变为专家概念

哲学概念是哲学家们所使用的技术概念或专家概念,它们源于大众概念而且要服务大众,最终变成大众概念的私人概念才能影响大众的生活。虽然大多数哲学概念源于大众,但是需要升华,只有高度概括以及高度精确化,才能更好地指导大众生活。正如"热"这一概念来源于大众,现在普通大众都能够很容易接受"热"是分子运动的结果。科学方法的可重复性和可操作性所带来的可靠性,使人们用科学的方法来研究大众概念变成理所应当。

任何科学的研究都以"追求真理,避免错误"为目标,对概念的研

---

① Alvin Goldman, "Philosophical Intuitions: Their Target, Their Source and Their Epistemic Status", *Grazer Philosophische Studien*, 2007 (74): 18 – 19.

究，也应以揭示真理，避免谬见为目标。戈德曼在回答"在把常识认知概念当作科学知识论的研究前提时，是否可以把大众认知概念当作科学知识论研究的一个有益前导？"或"哲学化过程中，研究常识概念有何价值？"时，肯定了研究常识概念对科学知识概念的前导作用，强调在审查大众认知概念时，在认知评估和认知成就上，应以揭示真理为首要的标准。[①] 私人概念因具身性难以获得为人们普遍认可的真理；大众概念因地方性难以获得普世认可的真理；专家概念代表权威，是人们认可的标准概念，而且专家共同体作为科学家共同体，不仅有科学的研究方法，而且对专家概念有严密的自我纠正的机制，这些不仅可以有助于获得普遍认可的概念，而且有助于获得避免错误的概念归赋。以"行星"概念为例，其属性有：①是以近似圆形的轨道围绕恒星运转的天体；②质量足够大，能够靠自身引力使天体呈圆球状；③其轨道附近没有其他物体（换言之，能逐渐清除其轨道上的其他物体）。太阳系的行星曾经被认为有"九大行星"，在 2006 年 8 月 24 日于布拉格举行召开的国际天文学联合会第 26 届大会上，经两千余名天文学家表决通过的第 5 号决议中，冥王星因没能清空其轨道上的其他物体（由于冥卫一过于巨大，形成了双行星系统），不符合第三个条件，被降级为矮行星。从获得真理的角度看，私人概念和大众概念因没有科学的研究方法，没有严密的自我纠正机制，因此都要以达到专家概念为目标。

  从认可的角度看，私人概念和大众概念要以达到专家概念为目标。这是因为：私人概念，因具身性的不可普遍化，以此为基础的概念归赋不能得到人们的普遍认可；大众概念，因地方性的不可普遍化，以此为基础的概念归赋难以得到普世的认可；专家概念，因为代表权威，是大众概念和私人概念的校准器，是概念学习的标准，以此为基础的概念归赋通常能得到普遍的认可。

  个体拥有某个概念的方法有：①系统地学习，如请教专家，或查阅词典或字典；②非系统地学习，如望文生义，或在上下文中理解。系统学习的概念通常是专家概念，因此通过系统学习所拥有的概念通常与专

[①] Alvin Goldman, "Philosophical Intuitions: Their Target, Their Source, and Their Epistemic Status", *Grazer Philosophiche Studien*, 2007 (74): 22–23.

家概念一致；而通过非系统学习所拥有的概念通常是私人概念。

由于概念归赋直觉反映着直觉者对相关概念的理解，因此，当直觉者对概念的理解发生变化，相关的概念归赋直觉判断也会变化。这表明，概念归赋直觉判断是可修正的。

四 专家直觉优越的专业知识辩护与困境

私人概念需要转化为大众概念，大众概念需要转变为专家概念，因此专家概念相对于私人概念和大众概念具有优越性。那么，建立在专家概念基础上的专家直觉会具有优越性吗？虽然有专业知识辩护为专家直觉的优越性辩护，然而来自实验的证据表明，哲学家的直觉与普遍大众的直觉同样受许多语境因素影响，并不比普通大众的直觉更可靠、更优越。

（一）专家直觉优越的专业知识辩护

不同的认知者可能有不同的认知直觉。如何选择需要研究的认知直觉呢？可能选择的策略有三种：直觉唯我论（intuition solipsism）、直觉大众论（intuition populism）和直觉精英论（intuition elitism）[①]。没有人支持直觉唯我论。由于文化背景、社会经济地位等这些非认知因素会影响认知直觉，因此在选择大众直觉时，就很容易倒向相对主义。大多数哲学家赞同直觉精英论，主张专家直觉比大众直觉更有认知价值。

主张哲学家的哲学直觉不受无关因素的影响，具有优越性，比大众的哲学直觉更优越，这种观点就是专业知识辩护（expertise defense）[②]。专业知识辩护认为，哲学讨论一般要涉及专业概念或哲学化的日常概念。哲学的专业知识由具有更好的概念或至少有着更好的概念性理解构成。哲学的专业知识对日常概念有更好的理解。例如，路德维希就主张："它

---

① Joshua Alexander and Jonathan Weinberg, "Analytic Epistemology and Experimental Philosophy", *Philosophy Compass*, 2007 (2): 57.

② "专业知识辩护"这个名称来自温伯格等人，他们首次对这种辩护的优劣进行了详细的讨论。[Jonathan M. Weinberg, Chad Gonnerman, Cameron Buckner and Joshua Alexander, "Are Philosophers Expert Intuiters?", *Philosophical Psychology*, 2010 (23: 3): 331 – 355.] 相似的"专业知识反驳"（the expertise objection）在霍瓦思的论文中被使用。[Joachim Horvath, "How (Not) to React to Experimental Philosophy", *Philosophical Psychology*, 2010 (23: 4): 464.]

（指专业知识：引者注）与获得新概念无关！它是用涉及那些概念的问题来进行反思训练，从而获得对这些概念结构更高敏感性。"[1] 在这种解释看来，哲学教育通过反复训练在一定的程度上可以改善对专业概念和日常概念的理解。通过学习，学习者将他们的概念归赋与某些约定的标准相比较而训练他们的概念归赋能力，或学习者用已经建立起来的哲学理论来训练他们的概念归赋来训练他们的概念归赋能力。[2] 由于哲学家对诸如知识、因果关系、自由意志等哲学问题思考了很久，付出了很多努力，而且接受过相关的训练，知道如何更好地阅读和思考哲学问题，有更好的概念和理论来解答这些问题，因此，哲学家更擅长概念分析，更有能力作出更加准确的概念区分，对相关的哲学概念的解读享有优越性，其哲学概念归赋直觉比普通大众的哲学概念归赋直觉更可靠、更有价值、更值得关注。科恩布里斯就是这种观点的代表，他说：

> 比起那些没有受理论指导的判断，科学中那些受理论指导的判断也许会告诉我们更多的东西，因为准确的背景理论产生更为准确的受理论指导的判断。不受理论指导的观察者和熟练的科学家都在试图把握独立存在的现象，在这个任务中，准确的背景理论是有帮助的。比起门外汉，专家是更好的观察者。正如我所相信的那样，如果哲学理论的构建情况是类似的，那么，我们应该认为哲学家试图刻画的东西并不是他们的概念，更不是大众的概念，而是某些精神之外的现象，比如知识、确证、善、公正，等等。与大众直觉相比，职业哲学家的直觉更适合于把握这些现象，因为关于这些现象和它们的概念，他们已经思考了很久，也思考得很努力。如果所有正在做的事情都是应该做的事情，那么，与那些新手相比，职业哲

---

[1] Kirk Ludwig, "The Epistemology of Thought Experiments: First Person Versus Third Person Approaches", *Midwest Studies in Philosophy*, 2007 (31: 1): 149.

[2] 在这里似乎涉及回溯困境，学习者用先前被证实的哲学直觉来训练他们的概念归赋能力，那么先前被证实的那些哲学直觉是如何被证实的呢？如果学习者要用已经建立起来的哲学理论来训练他们的哲学直觉，而专家的哲学直觉在建立这些理论时扮演重要的角色，那么专家的哲学直觉是如何被证实的呢？这种所谓的回溯困境，其实可以在哲学直觉确证的反思平衡中得到解决。哲学直觉可能收到先前的哲学直觉或哲学理论的反馈，从而加以校正，这种反馈有助于改善归赋者的概念归赋能力。

学家更接近对这些现象的准确描述。①

他还认为，专业知识包括某些理论和原理，它们有助于塑造专家的直觉。他主张：

> 没有任何理论根据的直觉，或者只有大众共有的、最低限度的理论根据的直觉，就像科学中对相关背景理论完全无知的调查者所给出的观察一样，[在哲学中]是无用的。某些个体对相关的理论是如此的无知，以至于他们的信念集不包含任何可能影响观察的理论，在科学中，他们的观察对我们没什么帮助……我们应该努力把握前理论的直觉这种建议……似乎给予那些无知者和新手的直觉的优越性高于那些负责且有见识的调查者的直觉。我不明白为什么这个看法在哲学中要比在科学中好一些。②

路德维希在讨论哲学直觉在语言哲学中的作用时，也对专业知识辩护给出了明确的阐述：

> 我们不应该期望未经训练的受试者，在遇到涉及专有名词的语义学难题时，能特别好地作出判断，因为这是一个相当复杂的领域，在这里，我们的日常词汇并不是十分准确。相反，我们应该期望哲学语义学领域的相关专家能够更好地给出答案，这些答案关注案例的正确特征，以及这些特征应该与之对应的东西……我们所需要的是发展一门学科，在这门学科中，进行思想实验的一般专业知识将会得到灌输，同时，概念探究的不同领域的专业知识将会得到发展和完善。确实有这样一门学科。这就是哲学。由于他们所受的训练和专业知识，哲学家最适合在他们的专业领域进行思想实验，并解

---

① Hilary Kornblith, "Naturalism and Intuitions", *Grazer Philosophische Studien*, 2007（74: 1）: 35.

② Hilary Kornblith, "Naturalism and Intuitions", *Grazer Philosophische Studien*, 2007（74: 1）: 34.

决在试图弄清我们面对世界的复杂概念结构时出现的方法和概念问题。[1]

辛格（Peter Singer）同样认为，因为专家的直觉基于更准确的概念和深厚的相关理论，所以专家直觉更优越、更有价值。他写道：

> 似乎道德哲学家确实有某些高于普通大众的重要优势……他在道德哲学中的特有经验使他对道德的概念和道德论证的逻辑有更好的理解。如果有人在缺乏对这些概念的准确理解的情况下参与道德论证，那么就可能产生极大的困惑。在最近的道德哲学中，这种可能性得到了充分的强调，在这里已无需证明了。明晰性本身不是目的，而是好的论证的助手，对明晰性的需求是某种道德哲学家已经认识到的东西。[2]

威廉姆森也认为，"从社会学的角度来看，哲学是一门相当正常的学术学科"，因此，"由于思想实验是当代分析哲学特有的一项认知任务，最初的假设应该是，职业分析哲学家往往在思想实验中显示出远远高于外行的技能水平"[3]。哲学家直觉优越的辩护者常将哲学家直觉与其他学术领域的专业直觉进行比较，以论证专家直觉的优越性。[4] 专家直觉优于大众直觉的看法是一个相当自然的假设，因为人们会认为，对某个问题深思熟虑的人在他们的专业领域也会做出更好的直觉判断，是很有道理的。[5]

---

[1] Kirk Ludwig, "The Epistemology of Thought Experiments: First Person Versus Third Person Approaches", *Midwest Studies in Philosophy*, 2007 (31: 1): 150-151.

[2] Peter Singer, "Moral Experts", *Analysis*, 1972 (32): 117.

[3] Timothy Williamson, "Philosophical Expertise and the Burden of Proof", *Metaphilosophy*, 2011 (42): 221.

[4] Sven Ove Hansson, "Philosophical Expertise", *Theoria*, 2020 (86): 139-144.

[5] Joachim Horvath, "How (Not) to React to Experimental Philosophy", *Philosophical Psychology*, 2010 (23: 4): 464-465.

（二）专业知识辩护的困境

专业知识辩护是一个具有吸引力的看法，毕竟，更应该听取专家的意见而不是普通大众的意见，这样一种立场是学界一贯认可的。然而，为了专业知识辩护证明成功，专业知识辩护者必须证明：

(a) 专家（专业哲学家）的直觉判断不同于新手（非哲学家）的直觉判断，在某种程度上与这种判断的真假有关；而且

(b) 专家（专业哲学家）的直觉判断在某种程度上优于新手（非哲学家）的直觉判断，在某种程度上与这种判断的真假有关。[①]

换句话说，如果专业知识辩护是正确的，那么"……哲学家的直觉必定不同于……非哲学家的实验参与者的直觉，而且它一定不太可能……哲学家的直觉受到与这些直觉的真理无关的因素的显著影响"[②]。

然而，专业知识辩护面临几个难题：①经过哲学理论过滤的那些判断不能算作是哲学直觉；过滤的过程应该是无意识的，在内省上难以把握的；②理论可以起到澄清的作用，也可能起到干扰的作用。有理论根据的专家直觉并不一定能提高直觉的稳定性和可靠性。例如，在一项涉及普通大众与哲学家和语言学专家的指称问题的研究[③]发现：专家与普通大众的指称直觉基本相似，而专家直觉会受到其研究领域的影响，其影响比非专家组与专家组的组间影响还大。专业领域为语义学和语言哲学的专家受试者中，86%报告了克里普克式的直觉，而专业领域为话语分析、历史语言学和社会语言学的受试者中，只有69%报告了克里普克式的直觉。这表明，专业知识教育对专家的哲学直觉的影响是不一致的。③哲学家的哲学概念归赋直觉所表现出来的像大众的哲学概念归赋直觉

[①] Moti Mizrahi, "Three Arguments against the Expertise Defense", *Metaphilosophy*, 2015 (46: 1): 53.

[②] Kevin Tobia, Wesley Buckwalter and Stephen Stich, "Moral Intuitions: Are Philosophers Experts?", *Philosophical Psychology*, 2013 (26: 5): 630.

[③] Edouard Machery, "Expertise and Intuitions About Reference", *Theoria: An International Journal for Theory HistoryFundations of Science*, 2012 (27: 1): 37–54.

那样的敏感性，对专业知识辩护是一个十分严重的挑战。有实验证明，哲学家的哲学直觉既不异于普通大众的直觉，也不比普通大众的直觉更可靠、更优越。下面的实验结果证明，哲学家的哲学直觉同样受性格、顺序效应、洁净度效应、框架效应、环境变量等多种不追踪真理的因素影响。

性格对哲学家和普通大众的直觉判断的影响。有研究比较了精通自由意志和道德责任辩论的哲学家的直觉判断与普通大众的直觉判断，结果表明，外向的性格与兼容主义判断有紧密的联系，专家和普通大众的直觉没有明显的差异，而热情（外向性格的一种）与否是一个合适的预测直觉判断的因素。外向的性格作为一个与直觉判断无关的因素，显著地影响专家受试者的判断，预知了兼容主义的判断偏见[1]。

顺序效应[2]对哲学家和普通大众的直觉判断的影响。有研究[3]表明，受过训练的哲学家（拥有哲学硕士或博士学位）和不是哲学家的学者（拥有哲学以外领域的硕士或博士学位）与非学者（没有硕士或博士学位）的直觉判断，都受顺序效应的影响。案例中涉及哲学文献中广泛讨论的双重效应、作为与不作为以及道德运气这3个与道德相关的问题。

---

[1] Eric Schulz, Edward T. Cokely and Adam Feltz, "Persistent Bias in Expert Judgments about Free Will and Moral Responsibility: A Test of the Expertise Defense", *Consciousness and Cognition*, 2011 (20: 4): 1729.

[2] 顺序效应（order effect）即刺激物呈现的顺序影响人们判断的现象。影响顺序效应最重要的构成要素有："信息呈现的数量，信息特点是简单还是复杂，信息的呈现顺序，是否可能有一个测试在每个部分呈现结束后还是全部呈现后"［王兰：《关于顺序效应的研究综述》，《科教导刊（中旬刊）》2012年第12期］。当所提供的信息较少时，就可能出现首因效应；当所提供的信息较多时，就可能出现近因效应。当提供的信息比较复杂，就可能出现近因效应；当提供的信息比较简单时，就可能出现首因效应。当相同的信息出现在不同的呈现位置时，首因效应和近因效应的影响也可能不同。例如，有人对比利时选举进行研究，发现：投票人的名字位置的排序对选民优先投票的比例有显著的影响：名单上的第一个候选人通常有很强的优势；当某个候选人的名字排名在选票列表上向上移动十分之一，选民投票的比例就会增加4.9%，这就是顺序效应中的首因效应。[Patrick F. A. van Erkel and Peter Thijssen, "The First One Wins: Distilling the Primacy Effect", *Electoral Studies*, 2016 (44): 245 – 254.]

[3] Eric Schwitzgebel and Fiery Cushman, "Expertise in Moral Reasoning? Order Effects on Moral Judgment in Professional Philosophers and Non-Philosophers", *Mind and Language*, 2012 (27: 2): 135 – 153.

场景呈现给受试者的顺序是不同的。例如，有些受试者看了天桥案例后，再看电车案例，而另一些受试者则看相反的顺序。结果表明，场景呈现的顺序这种不相关的因素，对三组受试者的直觉判断都有显著的影响，哲学的专业知识不会提高直觉判断的质量。正如研究者所说："即使职业哲学家对自己领域中熟悉类型的案例的判断，也可能受到心理因素的强烈而隐蔽的影响，而这些心理因素在经过反思后是不会认可的，而且……这些不必要的影响反过来又会强烈地影响那些哲学家所认可的一般原则。"[①] 也就是说，顺序效应不仅影响哲学家对假设情况的判断，也影响他们对一般原则的认可。因此，这些结果表明，一个不相关的因素，即呈现的顺序，仍然对直觉判断有显著的影响，即使是由专家做出的判断。因此，他们的结论是"我们的分析发现，没有证据支持这样一种观点，即哲学的专门知识增强了道德判断的稳定性，使其不受顺序效应的影响"[②]。

洁净度效应（cleanliness effect，即环境影响）对哲学家和普通大众的直觉判断的影响。有研究[③]表明，问卷的实际气味（特别是问卷是否有来苏尔气味）会影响哲学家和非哲学家回答问卷的方式。案例是纯洁冒犯案例（"当一个男子为其祖母照看房子时，他和他的女朋友在祖母的床上做爱。"），受试者是本科生和哲学家，调查问卷有的喷洒了来苏尔，有的喷洒了蒸馏水，在使用前都晾干了。来苏尔在问卷上残留的气味很难被察觉，在调查中没有一个受试者提及此事。实验结果发现，气味对本科生和哲学家的直觉判断都有显著影响。实验结果证明，问卷的洁净度这个看似无关的因素，同样会影响专家的直觉判断。

[①] Eric Schwitzgebel and Fiery Cushman, "Expertise in Moral Reasoning? Order Effects on Moral Judgment in Professional Philosophers and Non-Philosophers", *Mind and Language*, 2012 (27: 2): 150.

[②] Eric Schwitzgebel and Fiery Cushman, "Expertise in Moral Reasoning? Order Effects on Moral Judgment in Professional Philosophers and Non-Philosophers", *Mind and Language*, 2012 (27: 2): 147.

[③] Kevin Patrick Tobia, Gretchen B. Chapman & Stephen Stich, "Cleanliness is Next to Morality, Even for Philosophers", *Journal of Consciousness Studies*, 2013 (20): 629–638.

框架效应①对哲学家和普通大众的直觉判断的影响。有研究表明②，哲学家和普通大众的直觉判断受案例是由第二人称还是第三人称表述的影响。这种特殊类型的框架效应被称为"行动者—观察者偏见"（actor-observer bias），因为实验中的受试者要么被描述为案例中行动者，要么被描述为观察者。实验中的案例是杀1人救20人的南美抉择案例和杀1人救5人的电车案例，受试者为美国哲学协会太平洋分会的哲学家和罗格斯大学的大学生。实验结果表明，在南美抉择案例中，两组受试者都出现了显著的行动者—观察者偏见。在行动者条件下，19%的本科生和36%的哲学家认为他们自己有义务去杀1人救20人；在观察者条件下，53%的本科生和9%的哲学家认为他人有义务去做。在电车案例中，两组受试者也都出现了显著的行动者—观察者偏见。在行动者条件下，65%的本科生和89%的哲学家认为这种行为是允许的；在观察者条件下，90%的本科生和64%的哲学家认可这种行为。在这两个实验中，尽管哲学家的直觉确实与普通大众的直觉在方向上有差异，然而这种不同并没有使行动者—观察者偏见消失，因此不能把它作为哲学家的直觉更优越的理由。因此，实验者总结说："在对道德许可和道德义务做出判断时，非哲学家和哲学家都受一种框架效应即行动者—观察者偏见影响。"③

---

① 框架效应（framing effects）是指对一个问题的表达虽然在逻辑意义上相似，但由于表达不同，而导致了不同的判断。框架效应的经典案例是"亚洲疾病案例"：假设联合国卫生组织正在准备应对一种罕见的亚洲疾病，估计该疾病将会使600人死亡。现有两种应对这种疾病的待选方案。场景1：第一组受试者共152人，场景表述为如果采纳 A 方案，200人将被救活；如果采纳 B 方案，600人中有1/3可以被救活，2/3会死亡。场景2：第二组受试者共155人，场景表述为如果采纳 C 方案，400人将死亡；如果采纳 D 方案，600人中有1/3可以被救活，2/3会死亡。场景1和场景2结果是一样的，只是改变了表述方式。然而正是由于表述方式的改变，受试者在场景1中，先只看到 A 方案中的"救活"人数，后看到 B 方案中的"救活"与"死亡"的人数，因此会优先选择 A 方案（72%），而避免选 B 方案（28%）；在场景2中，先只看到 C 方案中的"死亡"人数，后看到 D 方案中的"救活"与"死亡"的人数，因此会优先选择 D 方案（78%），而避免选 C 方案（22%）。[Irwin P. Levin, Sandra L. Schneider & Gary J. Gaeth, "All Frames Are Not Created Equal: A Typology and Critical Analysis of Framing Effects", *Organizational Behavior and Human Decision Processes*, 1998（76：2）：149–188.]

② Kevin Tobia, Wesley Buckwalter and Stephen Stich, "Moral Intuitions: Are Philosophers Experts?", *Philosophical Psychology*, 2013（26：5）：629–638.

③ Kevin Tobia, Wesley Buckwalter and Stephen Stich, "Moral Intuitions: Are Philosophers Experts?", *Philosophical Psychology*, 2013（26：5）：634.

因此，马舍雷（Edouard Machery）认为，专家直觉也是不可靠的，是有偏见、有分歧的[1]。学院哲学家提出的众多竞争性的哲学理论，多少都是基于学院哲学家的直觉。哲学家对核心哲学问题的看法具有多样性。诺布和尼科尔斯指出"不幸的是，对一位哲学家是明显的东西，经常对另一位哲学家则是显然错误的"[2]。研究表明哲学家的直觉也具有多样性[3]。

麦兹拉西（Moti Mizrahi）[4] 给出了三个论证以反对专业知识辩护。第一个论证反驳（a）"专家（专业哲学家）的直觉判断不同于新手（非哲学家）的直觉判断，在某种程度上与这种判断的真假有关"。其理由是有实验数据表明，训练有素的哲学家和非哲学家的直觉判断都显示出类似的偏见，都受不追踪真理的因素影响。对（a）的反驳如下[5]：

（P1）如果（a），那么，与非哲学家的直觉判断受无关因素的影响不同，哲学家的直觉判断不受无关因素的影响。

（P2）哲学家的直觉判断和非哲学家的直觉判断一样，都受到不相关因素的影响。

（C1）因此，（a）是错误的。

也就是说，职业哲学家的直觉判断与非哲学家的直觉判断在某种程度上并没有区别。这一论断是对专业知识辩护的重大打击，因为它直接挑战了"职业哲学家（专家）明显比非哲学家（新手）更不容易受到偏见影响"的看法。

---

[1] Edouard Machery, "Expertise and Intuitions About Reference", *Theoria: An International Journal for Theary History Fundations of Science*, 2012（27:1）: 37-54.

[2] Joshua Knobe and Shaun Nichols (eds.), *Experimental Philosophy*, Oxford: Oxford University Press, 2008, p.8.

[3] 请参见本书第四章第一节布尔热和查尔默斯在2009年和2020年做的两次大规模问卷调查。

[4] Moti Mizrahi, "Three Arguments against the Expertise Defense", *Metaphilosophy*, 2015（46:1）: 52-64.

[5] Moti Mizrahi, "Three Arguments against the Expertise Defense", *Metaphilosophy*, 2015（46:1）: 56.

第二个论证认为，无论是新手还是专家，他们的直觉判断都不是不同或更好的，而是不可靠的真理追踪者。其论证是①：

（P3）直觉判断（无论是训练有素的哲学家还是非哲学家）只有在不受无关因素影响的情况下，才是可靠的真理追踪者。

（P4）（训练有素的哲学家和非哲学家的）直觉判断都受到不相关因素的影响。

（C2）因此，直觉判断是不可靠的真理追踪者。

（C2）显然比（C1）更有力。如果（C2）为真，则意味着对案例的直觉判断是不可靠的真相追踪者，也就是说，它们不太可能告诉我们任何关于被调查对象的真实情况。

第三个论证认为，直觉判断无法经由训练而变得更好。在知觉—直觉类比中，感官表象与理智表象是相似的。正如感官表象无法通过训练加以改进一样，理智表象也无法通过训练得到改善。其论证过程是②：

（P5）知觉判断是一种不能通过训练来改善的感官表象（例如，即使对一个大气专家的地球物理学家来说，天空看起来仍然是蓝色的；训练不会改变一个人的感官知觉，更不会使其变得更好）。

（P6）与知觉判断一样，直觉判断也是一种表象，尽管是理智表象而非感官表象（例如，把胖子推下桥看起来是错误的）。

（C3）因此，就像知觉判断一样，直觉判断也不能通过训练来提高（也就是说，训练不会改变一个人的直觉，更不会使其变得更好）。

---

① Moti Mizrahi, "Three Arguments against the Expertise Defense", *Metaphilosophy*, 2015 (46: 1): 57.

② Moti Mizrahi, "Three Arguments against the Expertise Defense", *Metaphilosophy*, 2015 (46: 1): 60.

如果（C3）为真，那么（b）"哲学家的直觉判断优于非哲学家的直觉判断，这在某种程度上与这种判断的真假有关"就不可能为真，因为（C3）意味着一个人不能通过哲学训练更好地对案例作出直觉判断。另外，由于感官表象是感知的主体和客体之间的关系，因此没有什么使一种关系比另一种关系更好或更可靠。基于感官表象与理智表象相似，同样地，由于理智表象是认知的主体和客体之间的关系，因此也没有什么使一种关系比另一种关系更好或更可靠。换言之，直觉是不能改善的。本书不赞同第三个论证，理由如下：①因为感觉、知觉与表象不同，所以知觉判断≠感官表象；由于知觉与直觉类似，因此直觉判断≠理智表象。②主体和客体之间的关系可因为主体官能的改变而改变，例如视力越来越差的人，视觉表象会越来越模糊。③天桥案例中并非所有人认为把胖子推下桥都是错误的。

哲学家的直觉具有易变性和多样性，受各种效应的影响，其局限性表现在四个方面：①领域特殊性：专家直觉的边界；②功能固着：专家直觉的定势；③掩饰效应：专家直觉的障碍；④零效区域：专家直觉的盲区。[1] 专门知识辩护预设了哲学家的直觉比普通大众的直觉更不容易受到无关因素影响。然而，以上的研究表明，这种预测是错误的。哲学家的直觉与普通大众的直觉一样具有易变性、多样性，并不比普通大众的直觉优越、有价值和值得关注。

五　哲学家反思性概念归赋的优越性

哲学家的概念归赋直觉虽然没有优越性，然而哲学家的反思性概念归赋却具有优越性。其优越性源于哲学家精确的专家概念[2]以及其高超的反思能力。

虽然普通大众没有受过任何专业理论教育，但是他们并非白板一块，对许多问题，包括专业问题，他们都有自己的理解，都有大众的理论。在科恩布里斯看来，普通大众可能是质朴的（naive），但绝不是白板

---

[1] 张学义、隋婷婷：《专家直觉与大众直觉之辨：实验哲学的方法论基础新探》，《哲学动态》2018 年第 8 期。

[2] 参见本章第三节。

(tabula rasa)①。因此,普通大众的直觉与专家的直觉的不同在于所负载的理论不同。普通大众有关于"知识""正义""确证""有意""有责任的"之类的大众知识理论,相关专业的哲学家则有专业知识理论。以"知识"概念为例,在对知识的属性和知识归赋进行研究时,我们可能会遇到,到底是相信普通大众还是相信少数知识论学者的问题。在知识的定义上,普通大众认为"传播性""有用性"和"成体系性"是知识很重要的属性,而"真"则是可有可无的属性;知识论专家强调"真"对知识的必要性,反对"传播性""有用性"和"体系性"是知识的重要属性。② 本书认为,在对知识的看法上,相较于普通大众,知识论专家具有优越性。基于知识论学者对知识问题的熟悉程度及其专业技能,本书赞成在知识问题上,应该请教知识论专家③。

此外,从研究哲学家气质的实验研究成果,可以看出,因为哲学家反思能力普遍要强,因此在反思性哲学概念归赋上,哲学家具有相较于普遍大众的优越性。

哲学家群体明显是由一些完全不同的人构成:他们研究的问题千差万别(例如,世界的本质、知识的限度、自由选择的范围、正义战争的基础等),他们凭借的方法天壤之别(例如,诉诸直觉、概念分析、反思、归纳、实验),他们对具体问题的看法各有千秋(例如,就知识理论来说,有基础主义、一致主义、基础一致主义、一致基础主义、语境主义、可靠主义、实用主义,等等)。哲学家的兴趣、方法和观点的差异如此巨大,以致使人感觉寻找哲学家的本性似乎是浪费时间。然而,在多样化的兴趣、观点和方法中,隐藏着哲学家深层次的共性即"哲学气

---

① Hilary Kornblith, "The Role of Intuitions in Philosophical Enquiry: An Account with No Unnatural Ingredients", in Michael R. DePaul and William Ramsey, *Rethinking Intuition: The Psychology of Intuition and Its Role in Philosophy Inquiry*, Oxford: Rowman and Littlefied Publishers, 1998, p. 134.

② 参见曹剑波《普通大众的知识概念及知识归赋的实证研究》,《东南学术》2019 年第 6 期。

③ 有许多研究探讨了人们是如何评估他人有好的知识来源的。研究证明,即使 3—4 岁的儿童也不会盲目地把他人的话当作真理,而是选择性地相信那些过去正确无误的说话者,以及相信那些较年长的、更熟悉的、更可靠的和更专业的说话者。[Susan A. J. Birch, Sophie A. Vauthiera and Paul Bloom, "Three-and Four-year-olds Spontaneously Use Others' Past Performance to Guide Their Learning", *Cognition*, 2008 (107: 3): 1018 – 1034.]

质"。反思性是哲学家共有的"哲学气质",哲学家是一群"密涅瓦(希腊罗马神话中的智慧女神雅典娜)的猫头鹰"。在《哲学气质》① 一文中,利文古德(Jonathan Livengood)等人通过思考哲学气质来解答"哲学家是怎样的人"。他们的答案是:"哲学气质的一个重要方面是哲学家特别喜欢反思:与他们的同龄人相比,哲学家不太可能毫无质疑地接受似乎是显而易见的事情,他们倾向于去审查他们的直觉倾向来判断事情的真相。"②通过对4000多位参与者的调查,他们发现,即使控制整体的教育水平,与同龄人相比,哲学家往往更反思。

那么什么是认知反思呢?利文古德等人认为:"认知的反思性(cognitive reflectivity)是一种性格。无论遇到什么新问题时,有这种性格的人都会挑战自己直觉,而不是单纯地信赖任何最初想到的答案。在这种意义上,反思并不必然等于勤于思考或深思。当被迫这样做时,有人可能会深入思考一些问题,一般而言却没有任何挑战自己直觉的倾向。或者,有人可能会努力地思索由直觉产生的东西,却从来不会停下来问,这种直觉是否合理。"③ 与较低的认知反思能力的人相比,有较高认知反思能力的人在许多重要和不重要的方面有显著的差异。平均地说,有较高认知反思能力的人"寿命更长、赚钱更多、有更大的工作记忆(working memories)、更快的反应时间以及对视错觉更敏感"。④

用弗雷德里克(Shane Frederick)提出的三项目的认知反思测试(the three-item cognitive reflection test,CRT)⑤ 来测试认知反思性。弗雷德里克指出,研究人员通常区分了两种类型的认知过程,通常人们把它们称为系统1过程和系统2过程。系统1过程迅速而自发地实现,通常不与有

---

① Jonathan Livengood, Justin Sytsma, Adam Feltz, Richard Scheines and Edouard Machery, "Philosophical temperament", *Philosophical Psychology*, 2010 (23: 3): 313–330.
② Jonathan Livengood, Justin Sytsma, Adam Feltz, Richard Scheines and Edouard Machery, "Philosophical temperament", *Philosophical Psychology*, 2010 (23: 3): 314.
③ Jonathan Livengood, Justin Sytsma, Adam Feltz, Richard Scheines and Edouard Machery, "Philosophical temperament", *Philosophical Psychology*, 2010 (23: 3): 314.
④ Shane Frederick, "Cognitive Reflection and Decision Making", *Journal of Economic Perspectives*, 2005 (19): 25.
⑤ Shane Frederick, "Cognitive Reflection and Decision Making", *Journal of Economic Perspectives*, 2005 (19): 25–42.

意识的思虑相联，只要求很少的注意力集中。相比之下，系统 2 过程需要更多的时间，涉及有意识的思虑，并要求注意力集中。弗雷德里克提出的认知反思测试是用来衡量一个人怎样应用系统 2 过程，仔细思考一个问题，而不是单纯依靠直观的回答。弗雷德里克是用下面的这个例子来区分系统 2 过程与系统 1 过程的："识别走进教室的那个人的脸是属于你的数学老师的，这涉及系统 1 过程。它是瞬间发生的、毫不费力，而且不受智力、警觉性、动机或当下试图解决的数学问题的难度影响。相反，不借助计算器去发现 $\sqrt{19163}$ 的小数点后两位，则涉及系统 2 过程：精神活动需要努力、动机、注意力集中以及运用学到的规则。"[①]

皮尼洛斯和他的同事们调查了人们对一些思想实验的判断，同时还用弗雷德里克的"认知反思测试"测试了受试者的智力与反思能力[②]。认知反思测试的背后想法是提供给参与者一个清晰直观的答案，然而却不是正确的。要获得正确的答案，要求参与者超出最初想到的答案，并有意识地反思这个问题。认知反思测试包括这样三个问题[③]：

(1) 一个球拍和一个球总共花费 1.1 美元。这个球拍比这个球贵 1 美元。问：这个球要多少钱？_____美分。

(2) 如果 5 台机器花 5 分钟生产 5 个部件，那么 100 台机器生产 100 个部件要多少时间？_____分钟。

(3) 在一个湖里，有一片睡莲叶。每天，这片叶子增大两倍。如果覆盖整个湖需要 48 天，那么需要多长时间能覆盖湖面的一半？_____天。

参与者的认知反思测试得分只是他回答正确的问题数。每个认知反

---

① Shane Frederick, "Cognitive Reflection and Decision Making", *Journal of Economic Perspectives*, 2005 (19): 26.

② Nestor Ángel Pinillos, Nick Smith, G. Shyam Nair, Cecilea Mun and Peter Marchetto, "Philosophy's New Challenge: Experiments and Intentional Action", *Mind and Language*, 2011 (26: 1): 115 – 139.

③ Shane Frederick, "Cognitive Reflection and Decision Making", *Journal of Economic Perspectives*, 2005 (19): 27.

思测试的问题都有一个直观的却不正确的回答。这些问题中的每一个都有一个直观的答案,这可由我们对这些问题的经验来支持。甚至在知道了正确答案的情况下,直观的却不正确的答案仍会涌现在我们面前。弗雷德里克为这种说法提供了另外的支持:"认知反思测试的三个问题产生了不正确的'直观'的答案这个命题由以下几个事实支持。第一,在人们可能给出的所有错误答案中,假定的直觉答案(10,100,24)占主导地位。第二,即使在那些正确的回答中,错误的答案通常被优先考虑,正如明显来自内省的、口头报告的和在空白纸上潦草记下那样(例如,在得到 5 美分答案前,10 美分经常被划掉,而且从来没有其他方式)。第三,当要求判断问题的难度时(通过估计其他正确解决这些问题的受试者的比率),与答对这些问题的受试者相比,答错这个问题的受试者认为它们更容易。例如,对于'球拍与球'问题,那些答案是 10 美分的人,估计有92%的人正确地解决它,而那些答案是 5 美分的人,估计'只有'62%(两者都被认为估计过高了)。也许,'5 美分'的人在心理上划掉了 10 美分,并知道不是每个人都这样做,然而,'10 美分'的人认为这个问题太容易了以致不可能答错。第四,在需要更多的计算的类似问题上,受试者做得更好。例如,答错'球拍与球'问题的受试者,远多于答错'香蕉与面包圈'问题的人。'香蕉与面包圈'问题是:'一个香蕉和一个面包圈要 37 美分。香蕉比面包圈多 13 美分。面包圈要多少钱?'"①

然而,当一个人停下来想思考这个问题时,很容易看出这个直观的答案是错的。正如弗雷德里克指出:"对它思考片刻的任何人都会认识到,1 美元和 10 美分之差只有 90 美分,而不是这个问题规定的 1 美元。在这种情况下,抓住了这个错误就等于解决这个问题。"②

认知反思与哲学训练之间存在什么关系呢?为了研究认知反思与一般训练和哲学训练的相关性,利文古德等人收集了 4472 个有效的参与者

---

① Shane Frederick, "Cognitive Reflection and Decision Making", *Journal of Economic Perspectives*, 2005 (19): 27-28.

② Shane Frederick, "Cognitive Reflection and Decision Making", *Journal of Economic Perspectives*, 2005 (19): 26-27.

的数据，其中有823人报告说，至少受过一些哲学训练。参与者中女性占72.2%，平均年龄35.8岁。

调查结果发现，823个受过一些哲学训练的参与者的认知反思测试的平均得分是0.98，是没有受试哲学训练的参与者得分（0.44）一倍以上。而且受过哲学研究生训练的158个参与者的平均得分（1.32）是没有受试哲学训练的参与者得分的3倍以上。[1]

由于受过哲学训练的人往往比没有受试哲学训练的人受过更好的教育，因此很可能是教育对认知反思有正面的影响。正因如此，上述数字可能仅仅反映一般的教育效果，而非特殊的哲学训练的效果。通过控制教育程度，利文古德等人发现，除职业学位或商业学位的参与者不明显外，受过一些哲学训练的参与者的平均得分高于那些没有受过哲学训练的人。例如，1201个受过大专教育的参与者中，有189人上过哲学课。这189个参与者的认知反思测试的平均得分为0.74，高于1012个没有上过哲学课（得分0.43）的参与者近70%。[2]

反思能力可以帮助我们认识到概念归赋直觉产生过程中的误读、遗漏和偏见的渗透，并通过反思平衡可以帮助我们校正、改善概念归赋判断。

---

[1] Jonathan Livengood, Justin Sytsma, Adam Feltz, Richard Scheines and Edouard Machery, "Philosophical temperament", *Philosophical Psychology*, 2010（23：3）：316.

[2] Jonathan Livengood, Justin Sytsma, Adam Feltz, Richard Scheines and Edouard Machery, "Philosophical temperament", *Philosophical Psychology*, 2010（23：3）：317.

第五章

何时应该相信哲学直觉？

哲学直觉可以作为哲学理论构建的证据，那么是否我们应该随时随地都相信哲学直觉，并以其作为证据来支持和反驳哲学理论或假设呢？本章将探讨哲学直觉确证的性质，认为哲学直觉确证的本质是初步确证性，哲学直觉的确证是初步的。在此基础上，主张哲学直觉确证的过程包括形成哲学直觉判断、哲学直觉判断偏差检验和哲学直觉判断偏差修正三个过程。在参考罗尔斯、古德曼和莱肯的反思平衡论以及比勒提出的以直觉作为证据的"标准的确证程序"理论，并结合海特的社会直觉主义的道德理论后，本书将提出标准的直觉确证的反思平衡理论，并认为只有通过反思平衡的哲学直觉，才能成为语境的最终确证。

第一节 直觉确证的本质：初步确证性

直觉确证（intuitive justification）即用直觉判断作为理由来确证其他信念。直觉确证是诉诸直觉作为证据的直觉方法论所要重点关注的。与直觉确证相关的问题有很多，丘德诺夫认为，最重要的问题至少有以下两个[①]：

（1）什么时候，直觉可以确证信念？

（2）直觉为什么能确证信念？

丘德诺夫对第一个问题的回答是：当我们的直觉信念有表象现象学

[①] Elijah Chudnoff, *Intuition*, Oxford: Oxford University Press, 2014, p. 83.

(presentational phenomenology) 的特征时，我们的直觉初步确证①信念。对第二个问题的回答是，直觉之所以能确证信念，是因为它们具有表象现象学的特征。对这两个回答的理解都离不开"表象现象学"这个概念。那么，什么是表象现象学呢？表象现象学又称场景直接性（scene-immediacy），"它就像有视觉经验那样，对它来说好像对象和它们的特征直接呈现在脑海中"②。简要地说，当理智的现象直接向主体呈现时，直觉可确证信念并能确证信念。

我们不喜欢丘德诺夫这种有点神秘性的、文学性的回答，比较喜欢直白而又自然的科学回答。对"什么时候，直觉可以确证信念？"这个问题，回答是：任何时候，直觉判断都可以确证信念，但只有在没有击败者（defeater）③或消除了击败者后，才能算得上是真正得到了确证的，才能作为合理的理由去确定其他信念。在此，本书将采取"无罪推定"原则，主张没有击败者的直觉都是可信赖的。本书可以借用胡莫对没有确证的信念的三种概括来为我们的观点辩护。胡莫说：

> 概括地说：一个信念可能是没有确证的，如果（a）人们形成它不是基于事情看上去怎样而是基于自我欺骗之类；（b）人们有证据反对它却选择忽视证据；或者（c）人们有理由认为形成信念的方法是不可靠的（包括人们忽视调查形成信念的方法是否可靠这个问题）。④

直觉判断是明显的，因此不会出现（a）。由于我们主张"没有击败

---

① 把 prima facie justification 翻译为"初步确证"，是与最终确证（ultima facie justification）相对应作出的选择。[这两种确证的区分见 E. J. Coffman, "Defending Klein on Closure and Skepticism", *Synthese*, 2006 (151): 262.]

② Scott Sturgeon, *Matters of Mind: Consciousness, Reason and Nature*, London: Routledge, 2000, p. 24.

③ "defeater"可译为击败者或否决因子。依据击败者的否定力度的强弱，有两种不同类型的击败者：破坏（或削弱）击败者（undermining/undercutting defeaters）和反驳击败者（rebutting defeaters）。

④ Michael Huemer, *Skepticism and the Veil of Perception*, Lanham: Rowman and Littlefield Publishers, 2001, p. 111.

者或消除了击败者后"的直觉判断才是真正的确证或最终的确证,因此(b)的情况是我们排除的。直觉判断就像知觉判断一样,是由可靠的形成信念的方法产生,因此不会出现(c)。

对"直觉为什么能确证信念?"问题,丘德诺夫认为,直觉到 p,之所以能确证 p 的原因在于:直觉到 p,就可靠地把握了 p 的概念联合的内容和模式。他说:"如果你的直觉 p 使你确证地相信 p,那么你的直觉 p 是可靠的心理过程的结果。这个心理过程单独提取了概念联合的内容和模式,而它们完全把握了你所理解的命题 p 的构成。"①

那么,为什么直觉到 p 与 p 有可靠的联系,可以成为 p 的证据呢?詹金斯认为,其原因在于,世界的结构与我们的概念结构是相互关联的,这种关联保证了直觉的可靠性以及它的证据地位。詹金斯把直觉可靠的这种论证与标准的非奇迹论证(The standard no-miracles argument)做了类比。标准的非奇迹论证的过程是[2]:

(1) 我们最好的科学理论是非常有用的/成功的。
(2) 如果这些理论不正确,那么这种有用/成功将是一个奇迹。
(3) 我们不应该相信奇迹。因此,
(4) 我们最好的科学理论是正确的。

詹金斯模拟这种论证,提出了概念的结构反映了世界的结构的论证[3]:

(1) (至少部分的) 我们的概念是非常有用的/成功的。
(2) 如果这些概念的结构不是反映世界结构的要素,那么这种有用/成功将是一个奇迹。

---

[1] Elijah Chudnoff, "Is Intuition Based On Understanding?", *Philosophy and Phenomenological Research*, 2014 (89: 1): 51.
[2] C. S. I. Jenkinst, "Intuition, 'Intuition', Concepts and the A Priori", in Anthony Booth and Darrell Rowbottom (eds.), *Intuitions*, Oxford: Oxford University Press, 2014, p. 108.
[3] C. S. I. Jenkinst, "Intuition, 'Intuition', Concepts and the A Priori", in Anthony Booth and Darrell Rowbottom (eds.), *Intuitions*, Oxford: Oxford University Press, 2014, p. 108.

(3) 我们不应该相信奇迹。因此,

(4) 正在谈论的这些概念反映了世界的结构。

有人可能会进一步问：为什么世界的结构与我们的概念结构是相互关联的？对此，有两种较为可行的解答，一种解答认为，我们依照概念结构建构了世界；另一种解答认为，我们的概念结构是对世界结构的反映。

比勒认为，直觉到 p 与 p 有可靠联系的原因在于，概念归赋直觉与真理之间存在一种形式的、必然的而非偶然的联系,"这种联系没有神秘的或超自然的来源（也许在哥德尔数学直觉中存在），相反，它只是一个结果，这个结果是通过定义将拥有（或理解）包含在我们直觉中的概念",而且"确定是否拥有概念的本质是个人有某种关于这个概念的态度的直觉能力"①。在比勒看来，直觉判断与真理之间的必然联系，是直觉判断能作为可靠的基本证据源的原因。这种必然的联系是通过"对概念决定性的（determinately）理解"来实现的。通过"决定性"这一理解模式，主体就拥有追踪真理的直觉能力，在具体的概念归赋案例中，就会产生这个案例是否可以归于这个概念之下的直觉。例如，概念"X"是"由多条边构成的封闭的平面图形"。如果主体对这个概念有一种决定性的理解，实际上却从来没有把这个概念运用到三角形和长方形上，在遇到"三角形和长方形是否是 X"这个问题时，只要当下智力正常、注意力集中，他就会有这样一种直觉：三角形和长方形看上去是 X。②

以"对概念决定性的理解"来论证直觉的证据地位，虽然具有较大的解释力，然而它本身的提法值得怀疑。首先，维特根斯坦的家族相似概念理论与原型概念理论表明，概念并不必然是一个充分必要条件的集合。如果概念不必然是充分必要条件的集合，那么纵使能对概念作准确地理解，这种理解因为概念与真之间并不是必然联系因而无法保证其可

---

① George Bealer, "On the Possibility of Philosophical Knowledge", *Philosophical Perspectives*, 1996（10）：12.

② George Bealer, "A Theory of the A Priori", *Pacific Philosophical Quarterly*, 2000（81）：12-13.

靠性。其次，戈德曼质疑有人能决定性地拥有一个概念，他说："比勒没有提供普通大众或哲学家决定性地拥有一个概念的任何保证。"并说"没有证据表明，有人，尤其是普通大众，决定性地理解了那些被挑选的哲学概念"①。如果没有人能决定性地拥有一个概念，那么就没有人的直觉能够追踪这个概念的真理，也就没有人的直觉能够成为可靠的证据。戈德曼之所以质疑比勒的"对概念决定性的理解"，是因为他认为比勒所说的概念是概念1，即某种能为多个个体掌握的抽象实体的弗雷格意义上的概念。

如果我们把比勒的"对概念决定性的理解"看作相关专家对概念的理解，把卡皮尼恩的"概念的有能力的使用者"看作相关的专家，那么概念归赋直觉就是指专家概念归赋直觉，它与真理有很强的联系。当主体决定性地把握了概念时，或者当有能力的主体把握了概念时，或者当主体把握了专家概念时，通过与之相关的问题，他的直觉 p 就会追踪真理 p，从而确证 p。因此，可以下结论说：如果直觉判断反映且表达了相关概念的正确结构，那么这个直觉判断就是正确的；相反，如果直觉判断没有反映且表达相关概念的正确结构，那么这个直觉判断就是错误的。

对"直觉为什么能确证信念？"问题，本书的回答是，直觉的神经生理基础是人类经过数十万年进化而获得的神经结构系统1，直觉能力是一种类似知觉的认知能力，它为直觉信念的可靠性提供保证。此外，本书也认为，在证明直觉可以作为哲学理论的证据后，"直觉确证的本质是什么？"和"直觉确证的过程是什么？"（或"当直觉遇到合理的击败者时，应如何处理"，这个问题包括"当面对不一致的直觉时，应该如何处理？"）是最重要的两个问题。

胡莫把现象保守主义运用于直觉，认为直觉确证具有初步确证的性质。② 胡莫的现象保守主义认为："如果某物对 S 来说呈现 p，那么 S 至少

---

① Alvin Goldman, "Philosophical Intuitions: Their Target, Their Source and Their Epistemic Status", *Grazer Philosophiche Studien*, 2007 (74): 12.

② Michel Huemer, "Compassionate Phenomenal Conservatism", *Philosophy and Phenomenological Research*, 2007 (74): 30–55.

初步确证地相信 p。"① "初步确证"有两层含义：首先，被初步确证的信念是被确证了的，只要不存在击败者，就不需其他信念来进一步确证；其次，确证是初步的、可错的，可能被击败的。胡莫主张可错论，认为"无论何时，对一个信念来说在逻辑上都可能出错，总存在某些可能的场景或假设使它可能出错"，但他主张击败者是现实的而非仅是逻辑上可能的，他说，"广泛接受初步确证概念的人，不会把初步确证是错误的信念这种逻辑的可能性当作是击败者"，因此，"单纯描述缸中之脑场景，不能看作提供了一个击败者"②。现象保守主义其实是一种无罪原则，是一种追求真理的原则，而非避免错误的原则。

考夫曼把确证分为初步的确证（prima facie justified）和最终的确证（ultima facie justified）。他认为，不是基于好的证据的信念是"未初步确证的"；基于好的证据的信念是"初步确证的"；基于好的却是可击败的证据的信念"仅仅是初步确证的"；基于好的且不可击败的证据的信念是"最终确证的"。③ 按照考夫曼的解释，直觉确证仅仅是初步的确证。

哈勒斯对比感官知觉的初步确证性，论述了关于哲学命题的理性直觉的初步确证性。他说："有一种理性直觉的能力，传递关于哲学命题的初步确证的信念……如果有什么东西是一种能力，那么感官知觉就是。如果直觉与知觉足够相似，那么它也可以算作一种能力。此外，如果知觉产生了关于目标对象的初步确证的信念，从而成为知识的来源，那么直觉也是如此。"④

丘德诺夫对照限制的知觉确证的现象教条主义（the restricted version of phenomenal dogmatism about perceptual justification，DPJ^R），提出了直觉确证的现象教条主义。DPJ^R 建立在 DPJ 上。

（DPJ）如果对你来说在知觉上呈现 p，那么你相信 p 因而具备

---

① Michael Huemer, *Skepticism and the Veil of Perception*, Lanham: Rowman and Littlefield, 2001, p. 99.

② Michael Huemer, *Skepticism and the Veil of Perception*, Lanham: Rowman and Littlefield, 2001, pp. 183 – 184.

③ E. J. Coffman, "Defending Klein on Closure and Skepticism", *Synthese*, 2006 (151): 262.

④ Steven D. Hales, "The Faculty of Intuition", *Analytic Philosophy*, 2012 (53): 180.

某种初步的确证。①

（DPJ^R）如果对你来说在基本知觉上呈现 p，那么你相信 p 因而具备某种初步的确证。②

丘德诺夫认为，要理解 DPJ^R 要注意以下几点③：

第一，"对你来说在基本知觉上呈现 p"应该被理解为你有部分关于 p 的表象内容的知觉经验，它不会因你是否相信而改变。这是表象现象学的观点。

第二，"因而"的意义在于：仅当你知觉呈现 p 时，你才拥有这种确证。这种确证不需要任何关于你的知觉经验的背景信念。当然，你可能有不同于知觉经验的对 p 的其他确证，但 DPJ 不谈这些确证。这解释了知觉为什么是独立的确证源。

第三，确证是"初步的"，这表明它可能被击败（defeated）或削弱（undermined）。如果你有充分的理由相信非 p，那么相信 p 就可能被击败或削弱。这并不与 DPJ 矛盾。这解释了知识确证的初步性。

第四，加"基本的"是为了消除愿望和背景信念导致的知觉经验。

在丘德诺夫看来，DPJ 有经验的基础且与反思相符。例如，对"信箱里是否有信"，我们拥有的确证方法就是我们的视觉经验，而没有来自背景信念的任何其他的认知支持。

对照知觉确证理论，丘德诺夫提出了直觉确证理论，即现象的教条主义者的直觉确证观（phenomenal dogmatist view of intuitive justification）：

（DIJ^R）如果对你来说在基本直觉上呈现 p，那么你相信 p 因而具备某种初步的确证。④

的确，如果你有适切的智力能力和认知德性，那么当你直觉地呈现 p

---

① Elijah Chudnoff, *Intuition*, Oxford: Oxford University Press, 2014, p. 85.
② Elijah Chudnoff, *Intuition*, Oxford: Oxford University Press, 2014, p. 87.
③ Elijah Chudnoff, *Intuition*, Oxford: Oxford University Press, 2014, pp. 83–98.
④ Elijah Chudnoff, *Intuition*, Oxford: Oxford University Press, 2014, p. 94.

时，你相信 p 就是初步确证的。之所以对直觉认知主体进行限制，是因为直觉主体具有合格与不合格的区分，是因为直觉不只是一种天生的能力，更受后天教化的影响，因而也有专家直觉与普通大众直觉之别。适切的智力能力和认知德性，请参见第五章第三节对专家直觉与大众直觉的详细解释。

本书认为，直觉确证的本质特征是初步确证性。对此要从"确证的"和"初步的"两个方面理解。

1. 初步确证是确证

直觉确证是一种基础性确证。直觉到 p，就确证了 p。直觉确证遵循"轻信原则"（principle of credulity），只要不存在击败者，直觉到 p 就不需要找其他理由来进一步确证 p。直到出现了合理的理由怀疑直觉判断，直觉判断才不能直接用来确证。直觉确证是基础的、自明的自我确证。

为了理解直觉确证的确证性，要把握：①直觉确证要成为最终确证，必须通过反思平衡排除一切合理的击败者；②直觉确证是基础的确证；③直觉确证是直接的确证。

对直觉信念 p 而言，它的击败者是与 p 不相容或矛盾的信念 ~p，或蕴涵 ~p 的其他命题或理论。p 的击败者既可能彻底击败或驳倒 p，也可能只削弱 p，从而证明 p 可能错误。由于使 p 出错的可能性既可能是现实的，也可能是想象的，甚至是反事实的，因此击败者必须是合理的，否则会导致全面而又激进的怀疑主义。正如福戈林（Robert Fogelin）所说："纯粹反思能产生无数个击败者，在这种有无数个击败者的语境下，从事知识论研究，最终将不可避免地导致一种激进的怀疑主义。"[1] 本书主张，直觉确证要成为最终的确证，必须排除一切合理的击败者。合理的击败者是经由合理的或科学的怀疑而提出的击败者[2]。

与排除合理的击败者有点类似却不合理的一种原则是证据中立性原则。证据中立性原则主张，学术共同体的同意与否，决定能否把某个命

---

[1] Robert Fogelin: "Contextualism and Externalism: Trading in One Form of Skepticism for Another", *Philosophical Issues*, 2000 (10): 48.

[2] 对何为科学的怀疑，请参见曹剑波《知识与语境：当代西方知识论对怀疑主义难题的解答》，上海人民出版社 2009 年版，第 8 章第 4 节。

题 p 当作证据的条件，其形式化是："对任何主体 s 和命题 p 来说，如果 p 是 s 的一个证据，那么 s 的共同体都会同意 p 是证据。"① 同理，如果 s 的共同体不把 p 当作证据，那么 s 也就不能把 p 当作证据。证据中立性原则要求太强，它赋予了像怀疑主义者和偏执狂这类"无理的对手"轻而易举地就可以排除我们最佳的证据，同时也会加重研究者探求新证据的负担。

直觉命题不能从其他命题中推导出来，也不需要其他命题来提供支持。直觉命题的确证不由其他命题提供确证却能为其他信念提供支持，它们是基本的，是自我确证的，独立于其他确证。在比勒看来，直觉作为基本的证据来源，必须满足以下要求："一种来源是基本的，当且仅当它作为证据来源的地位是内在的，而不是来源于它与其他证据的关系。一种来源是基本的，当且仅当没有其他的来源有更大的权威。一种来源是基本的，当且仅当它作为一个类在'阻止无穷回溯'上发挥作用。"② 索萨也认为直觉提供的确证"独立于任何推理、记忆、知觉、佐证等"③。直觉命题是"已经得到确证的确证者"，即不需要再为直觉命题提供推论的、知觉的、记忆的或证词的确证，但它却可为其他命题提供确证。直觉判断因主体间的一致通常不需要再被确证，是被直接确证的，可以作为确证者。

直觉确证是直接的，"直觉直接确证信念"④。说直觉直接确证信念，就是说直觉到了 p，就确证（初步确证）了 p。直觉判断因此有一种认知特权，这种特权就是缺席确证（default justification）⑤。普赖尔称为"直接的确证"（immediate justification），即"当你确证地相信 p 不是来自于

---

① Jessica Brown, "Thought Experiments, Intuitions and Philosophical Evidence", *Dialetica*, 2011 (65: 4): 502.

② George Bealer, "Intuition and the Autonomy of Philosophy", in Michael R. DePaul and William Ramsey (eds.), *Rethinking Intuition: The Psychology of Intuition and Its Role in Philosophy Inquiry*, Oxford: Rowman and Littlefied Publishers, 1998, p. 235.

③ Ernest Sosa, *A Virtue Epistemology: Apt Belief and Reflective Knowledge* (Vol. 1), Oxford: Oxford University Press, 2007, p. 45.

④ Elijah Chudnoff, *Intuition*, Oxford: Oxford University Press, 2014, p. 226.

⑤ Herman Cappelen, *Philosophy without Intuitions*, Oxford: Oxford University Press, 2012, p. 105.

你确证地相信其他命题，我叫它直接的确证"①。直觉到 p，p 就直接向我们呈现，因此，直觉命题是自明的、显而易见的。说直觉命题是自明的，是说当我们理解了这个命题，我们就把握了它，就会相信它，不需要借助其他的命题。洛克说："自明的命题自己解释自己，不需要借助其他的证据。"② 摩尔说："'自明的'一词的本来意义是：这样来称呼的命题，仅仅凭它本身是昭然若揭的或者真实的；它不是除它本身以外的任何其他命题的推论。"③ 罗斯认为："它（指自明的命题：引者注）是显而易见的，而不需要任何证据或超出它本身之外的根据。"④ 直觉判断是突然出现在我们的意识中的，虽然我们不能察觉产生直觉的心理过程，但这不表明直觉判断是没有得到确证的，也许相关的确证是在无意识层面上进行的。在外在主义确证观看来，只要直觉产生的过程可靠，直觉判断就得到了确证。查尔默斯认为："诉诸直觉显著特征是直觉的主张获得了广义的非推论的辩证确证。"⑤

直觉判断没有明确的推理，是无须其他确证，或者说是非推理或非经验确证的，是没有其他来源的基础判断。当某人直觉到"如果 p，那么非非 p"时，是无须推理的。人们之所以能作出这些判断，究其根源，既没有任何经验证据或实验观察，又没有任何逻辑推理，他们凭借的只是他们对某个特定问题的特殊看法而已，这种特殊的看法就是直觉。内格尔认为，直觉"有一种像简单的知觉判断的直接性"⑥，并断言："'认知直觉'有时被当作任何直接的（或没有明确推论的）评估知识论者感兴趣的任何主张的标签，被非常广泛地使用。"⑦ 罗素也说："也许正在被实

---

① James Pryor, "There is Immediate Justification", in M. Steup and E. Sosa (eds.), *Contemporary Debates in Epistemology*, Blackwell. 2005, p. 184.

② John Locke, *Second Treatise of Government*, C. B. Macpherson (ed.), Indianapolis: Hackett Publishing, 1980, p. 169.

③ [英]乔治·爱德华·摩尔著：《伦理学原理》，长河译，上海人民出版社 2003 年版，第 182 页。

④ [英]戴维·罗斯著：《正当与善》，林南译，上海译文出版社 2008 年版，第 85 页。

⑤ David J. Chalmers, "Intuitions in Philosophy: A Minimal Defense", *Philosophical Studies*, 2014 (171: 3): 537–538.

⑥ Jennifer Nagel, "Epistemic Intuitions", *Philosophy Compass*, 2007 (2: 6): 794.

⑦ Jennifer Nagel, "Epistemic Intuitions", *Philosophy Compass*, 2007 (2: 6): 793.

验哲学家所使用的'直觉',在更广泛的意义上意味着'在反思上对人来说呈现显而易见的任何东西,而且似乎明显的不是基于推理'。"① 同样,戈德曼认为:"理性直觉共有的一个现象学特征是,它们来自'我不知道来自何处'。"② 查尔默斯认为,"直觉的主张"表明这个主张有一种广义的非推论的确证,它不需要其他广义的推论(包括推论、知觉、反省、记忆和证词等)支持。③

直觉的直接性与强说服力相关,人们经常把直觉描述为"令人信服的"或"自然的"或类似的术语。例如,莱文将模态直觉描述为"那些清晰的、特别令人信服的关于什么能或什么不能的概念"④,哥德尔声称集合论公理"把它们的真强加给我们"⑤,让我们能直觉到它们的正确性。在论证中,人们通常会用到直觉上是明显的前设。

对某个主体来说的直觉信念,对他人并非都是自明的。自明的(或显见的)命题是对智力正常的人来说,只要给予了足够的注意,其为真就是显而易见的命题,它是基础命题,是自我明证的。罗斯认为,对自明的基础命题的把握需要"足够的智力成熟"且有"足够的注意"。他说:"一种行为……是显而易见的、正当的,这一点是自明的;这话不是在它从我们生命的开始、或早在我们初次接触那命题的时候就变得很明显的意义上说的,而是在如下意义上说的:当我们达到了足够的智力成熟阶段并对那个命题给予足够的注意时,它就是显而易见的,而不需要任何证据或超出它本身之外的根据。"⑥

虽然直觉具有自明性,直觉命题是自明的命题,直觉可以把握自明

---

① Bruce Russell, "A Priori Justification and Knowledge", *Stanford Encyclopedia of Philosophy*, 2007, §4. http://stanford.library.usyd.edu.au/archives/win2007/entries/apriori/.

② Alvin Goldman, "Philosophical Intuitions: Their Target, Their Source, and Their Epistemic Status", *Grazer Philosophiche Studien*, 2007 (74): 11.

③ David J. Chalmers, "Intuitions in Philosophy: A Minimal Defense", *Philosophical Studies*, 2014 (171: 3): 539.

④ Janet Levin, "Can Modal Intuitions be Evidence for Essentialist Claims?", *Inquiry: An Interdisciplinary Journal of Philosophy*, 2007 (50: 3): 253.

⑤ Paul Benacerraf and Hilary Putnam (eds.), *Philosophy of Mathematics: Selected Readings*, Cambridge: Cambridge University Press, 1983, p. 415.

⑥ [英]戴维·罗斯著:《正当与善》,林南译,上海译文出版社2008年版,第85页。

性命题，但自明性命题并不一定需要通过直觉才能获得。奥迪认为，通过理解而获得的、自明的道德原则，也可以从更基础的道德原则中推导出来。例如，"尊重他人"可从更基础的"人是目的而非手段"中推导出来。①

2. 初步确证是初步的

直觉确证作为初步的确证，是初步的，是可能被击败的（defeasibe），是可错的，不能直接作为可靠的证据或最终的证据。当存在击败者时，直觉确证则需要进一步的确证。这表明直觉判断不是绝对可靠的，是可能被其他判断击败的，因而需要其他方法确证。

普兰丁格主张直觉确证的可错性，认为如果一个好的论证强有力地反驳了我们最初的直觉，经过深思熟虑后，如果我们发现我们最初的看法不正确，而且新的观点也没有什么缺陷，那么我们肯定会放弃最初的直觉而渐渐接受新的观点。如果直觉是不可错的，"那么去改变你关于 p 的看法就永远是不合理的"②。温伯格指出，直觉"通常不被看作不可纠正的和不容置疑的""如果证据的平衡反对直觉，或者如果某人认为直觉不是按照一种足够有利于获得真理的方式形成，那么我们可能选择不赞成直觉"③。丘德诺夫也认为："直觉像我们所有其他能力包括感知、记忆和内省一样，是可错的。"④

直觉确证是可错的，基于直觉能力受后天因素的影响，不仅受直觉主体的概念框架、思维习惯、情感意志、背景信念等多重因素的影响，而且也受直觉主体的个体长期记忆与对既定信息的处理能力的影响，这些因素会影响直觉判断的准确性。

正因为直觉确证是可错的，因此直觉确证的信念只是初步确证的信念，而不是最终确证的信念。当遇到合理的击败者时，需要借助反思的

---

① Robert Audi, *Moral Knowledge and Ethical Character*, Oxford: Oxford University Press, 1997, pp. 47-48.

② Alvin Plantinga, *Warrant and Proper Function*, Oxford: Oxford University Press, 1993, p. 112.

③ Jonathan M. Weinberg, "How to Challenge Intuitions Empirically Without Risking Skepticism", *Midwest Studies in Philosophy*, 2007 (31: 1): 320-321.

④ Elijah Chudnoff, *Intuition*, Oxford: Oxford University Press, 2014, p. 99.

平衡来判断这个直觉命题是否为真,这个直觉确证是否成功。

有人会问:"由于直觉是可错的,如何区别可靠的直觉和不可靠的直觉呢?"对此,我们不认为有切实可行的、有效的、独立判断某个直觉是否可靠,是否正确的方法。虽然"有可预测的、有足够多的有规律可循的环境;有通过长期训练学习这些规律的机会"[1],这两个基本的条件可以提高直觉可靠、正确的概率,但是,它们不能确保直觉必定为真,并高效地辨别可靠与不可靠的直觉。本书主张,对任何经由直觉获得的命题,我们都可以把它当作初步确证的信念。只有当它遇到合理的击败者时,我们才开始质疑它,才开始对它进行反思。对于直觉以及以此为证据的直觉确证,本书都采取"无罪推定"的原则,而非怀疑一切的"有罪推定"原则。

第二节 直觉偏误的辨别与防控

直觉判断可能不追踪真理,因此直觉判断可能有偏误。当直觉遇到了击败者时,就是直觉可能出现偏误的信号。防控直觉偏误有很多方法。下文将对此一一加以论述。

一 何谓直觉偏误

类似于知觉,不同于演绎推理,直觉判断也可能存在偏误(偏差或错误)。作为人类应对、适应现实世界的重要方式的直觉,既可能不追踪真理,也可能不符合逻辑。例如,在"杯中筷"案例中,直觉表象是"筷子是弯曲的";在语用直觉中,"张雷和李梅在一起了,并且李梅怀孕了"与"李梅怀孕了,并且张雷和李梅在一起了",它们的含义有显著差异。在逻辑学中,逻辑符号"&"和"∧"表示"并且"或"和",一般视为等同于"加法交换律",即"$a+b=b+a$",但在"张雷和李梅"的例子里,这两句话虽然在逻辑上是等值的,但语用直觉却不同。虽然直觉能够在短时间内迅速找到答案,但是由于其加工信息的方式并不严

---

[1] Daniel Kahneman, *Thinking, Fast and Slow*, Macmillan: Farrar, Straus and Giroux, 2011, p. 216.

密也不完整，所依赖的信息与答案的关系通常是不充分的，有时并非重要的，因此结论难免会产生偏误。

直觉偏误通常包括：代表性（representativeness）偏误、易得性（availability）偏误和锚定（anchoring）偏误。代表性偏误是根据待分类的事物与另一事物的表面相似性来判断它是否属于某一类事物而产生的偏误。例如，如果根据某物是否发光就断定它是否为金子，就会产生代表性偏误。这种偏误产生的原因在于忽视其他本质属性的信息，忽视了信息的可靠性，由于相似关系不具严格逻辑联系，代表性启发式直觉常易导致典范对象被排他地关注。易得性偏误是在记忆中越容易被提取的信息就越被认为是真的，或者越有可能的，因而产生的偏误。鸭兔歧义图的识别就可以看作易得性偏误。这种偏误过分重视自己已有的经验，由于认知者个人的经验阅历、文化教养等，与某一信息是否更容易提取有关，易得性启发式直觉常易导致熟悉的事件被优先提取。锚定偏误是指人们在作出判断时，会倾向于以初始值或初始信息（锚）为参照，由此产生的偏误。例如，请一组受试者5秒内迅速估计8到1连续相乘的结果，请另一组受试者5秒内迅速估计从1到8连续相乘的结果，会发现两者估计值悬殊。有实验表明[1]，当受试者被要求去估计非洲国家在联合国中的比例时，当受试者被问这个比例是大于还是小于10%时，受试者的平均估计是25%；当受试者被问这个比例是大于还是小于65%时，平均估计是45%。受试者很明显受到最初的参照点（"锚"）的影响，然而，他们却没有意识到这种影响。[2] 由于锚定启发式直觉常易导致事件评估被外界给予的锚定信息锁定，由于联想式直觉[3]常易导致规则束缚失效等难以避免的现象，因此直觉判断可能出现偏误。这种偏误常表现在对时间、距离、量刑、患病率等的估计上。

直觉偏误的特点有：①直觉偏误的产生不受意识监控，不能轻易被

---

[1] Thomas Mussweiler, Birte Englich & Fritz Strack, "Anchoring Effect", in Rüdiger F. Pohl (ed.), *Cognitive Illusions: A Handbook of Fallacies and Biases in Thinking, Judgement, and Memory*, London, UK: Psychology Press, 2004, pp. 183–200.

[2] Joshua Alexander, *Experimental Philosophy: An Introduction*, Cambridge: Polity Press, 2012, p. 131.

[3] 基于代表性偏误和易得性偏误所产生的直觉，都属于联想式直觉。

发现；②直觉的加工机制是非连续的整体加工，直觉偏误的产生过程难以用言语表达；③直觉偏误具有系统性特征，是个人长期的阅历、经验、知识、技能的有机结合体。因此，直觉偏误具有较大的隐蔽性，而且由于它们持续地存在还会使人们误以为是合理的，因此不易被发现，难以为自己所知，也难以为他人所知。

防范直觉偏误要从以下几方面着手：一是强化对直觉偏误类别和形态的认识；二是补充直觉结论的理由。诺布和尼科尔斯认为："很显然，与人们通过冷静而又仔细思考得到的直觉相比，猜疑的愤怒者的直觉就不那么值得信任。因此，假设某位哲学家发现他关于某个案例的直觉被扭曲的情感反应支配，那么这将会而且应该会影响他对其直觉的信任度。"① 直觉的结论常常知其然却不知其所以然，通过对直觉结论补充理由，有助于及时察觉直觉结论的偏误。对于不追踪真理、存在偏误的直觉，要加以校正。

二 直觉偏误的辨别

当某个直觉判断遇到与它不相容的合理的击败者时，当直觉作为证据在确证其他命题时遇到与它不相容的合理的击败者时，一句话，当直觉遇到了击败者的挑战时，就是直觉可能出现偏误的信号。

直觉的击败者可能来自不同的直觉判断，可能来自经验判断，也可能来自理性判断。不同的学者从不同的关注点上提出了自己的处理方法。

利文古德（Jonathan Livengood）等人以直觉的产生是否可靠、是否与已有信念一致，以及是否能获得一致的直觉为标准，来判断直觉是否值得信赖，并因而得到认可的方法有[②]：

首先，检查直觉是否与已知正确的信念一致，如果不一致，则可成为怀疑直觉是否可信的初步理由。

其次，借助经验和实验研究，检查直觉是否从已知的、不可靠的过

---

① Joshua Knobe and Shaun Nichols (eds.), *Experimental Philosophy*, Oxford: Oxford University Press, 2008, p. 8.

② Jonathan Livengood, Justin Sytsma, Adam Feltz, Richard Scheines and Edouard Machery, "Philosophical temperament", *Philosophical Psychology*, 2010 (23：3)：318 – 319.

程中产生的。这样的方法有：①已有的研究让人们知道某些特定类型的直觉是不可信的，检查所研究的直觉判断是否属于这些类型。②检查直觉是否由不追踪真理的不相关的因素引起。③诉诸心理学发现的、影响人们作出直觉判断的偏见，从而排除有偏见的直觉。

最后，在认可某种直觉判断前，看看是否有不同的直觉判断，避免武断地认定某种直觉判断。

利文古德等人还以丹尼特提出的只相信好的直觉泵泵出的直觉来说明要避免武断地认定某种直觉判断的观点。丹尼特的观点建立在霍夫施塔特的观点之上。霍夫施塔特在批评塞尔的汉字小屋的思想实验时，对检测直觉的方式作了很好的描述：

> 特别地，我们想揭示塞尔的计划如何只是相关思想实验的大家庭中的一个……思想实验家庭中的每个成员都是由思想实验的发电机上的一个"旋钮设置"的特定选择来限定，其目的是在你的心灵之眼中创造出各种不同的人类精神活动的假想模拟。每一个不同的思想实验都是一个"直觉泵"（intuition pump）（丹尼特的术语），它放大问题的一个方面或另一个方面，从而促使读者获得某些结论。①

丹尼特赞成霍夫斯塔特的这种方法，他说：

> 但是，它是一个好的直觉泵吗？我们怎么知道呢？道格拉斯·霍夫施塔特的经典建议是，面对思想实验，哲学家用科学家对待感兴趣的现象的方式来对待它：为了确保你没有被因果幻相所欺骗，在不同的设置和条件下，改变它，仔细考虑，从各个角度加以检查。他说，转动所有旋钮，看看是否这件事仍然泵出相同的直觉。②

---

① Douglas Hofstadter and Daniel Dennett, *The Mind's Eye*, New York: Basic Books, 1981, p. 375.

② Daniel Dennett, *Sweet Dreams: Philosophical Obstacles to a Science of Consciousness*, Cambridge: MIT Press, 2005, p. 104.

这种方法建议，为了获得可信赖的直觉，通过改变实验的条件，看看直觉是否相同，从而检测直觉是否正确。

不可否认，检查直觉是否从已知的、不可靠的过程中产生的，这对排除不可靠的直觉很有帮助。而且如果直觉泵能泵出的直觉都是相同的，那么自然就排除了不同直觉这类击败者，自然可以初步认定这个直觉是正确的。然而，实验研究的成果告诉我们，没有哪个实验的结果完全整齐划一地都指向单个所谓正确的答案。这表明，泵出相同的直觉只是永远不能实现的幻想。用泵出相同的直觉作为检验直觉正确与否的标准，没有现实的可操作性。

与此不同，奥迪以直觉是否符合经验和理性为前提，作为是否接受某种直觉命题的标准，他说："我们拥有重要的认知权利，而且在我们的信念拥有经验基础的前提下以及在我们拥有理由相信它的意义上，我们可以相信由这些直觉所保证的命题。这一点仍然是重要的，而且足以解释起关键作用的直觉。"[1]

温伯格则从多方面提出了发觉和纠正直觉偏误的方法：外在的证实（证据来源之间的一致性）、内在的一致性（证据来源内部的一致性）、对边缘情况的探测能力（意识到某个来源的局限性）以及理论性的启发（当这些来源在运作时，认识到它们是如何运作的；当它们不在运作时，认识到为什么它们不运作）。[2]

以上学者从不同的关注点对辨别直觉偏误提出了各自的方法，这些方法从直觉判断本身是否一致，直觉判断与经验判断是否一致，直觉判断与理论是否一致等角度，作出了辨别。那么，直觉偏误如何防控呢？

三 直觉偏误的防控

任何认识判断，实际上都是认知者先以快捷的、无须理智努力的方

---

[1] Robert Audi, "Causalist Internalist", *American Philosophical Quarterly*, 1989 (26: 4): 318.

[2] Jonathan M. Weinberg, "How to Challenge Intuitions Empirically Without Risking Skepticism", *Midwest Studies in Philosophy*, 2007 (31: 1): 318–343.

式在经验—直觉系统中得出的。当时间充裕、有意愿且精力允许时，理性—分析系统才可能发生作用，才会去检测先前的直觉判断，并作出认可、修正或拒绝三种不同的选择。如果理性—分析系统没有对先前的直觉判断进行修正与拒绝，那么经受住检测的直觉判断通常是准确的。[1] 然而，认知者的直觉判断，由于可能受一些不追踪真理的心理因素影响，因此可能出现偏误。依据双系统理论，由于直觉系统具有的趋势推理系统的特征，直觉偏误产生的原因有两个：①自动化操作的"经验—直觉"系统本身产生的偏误；②控制性操作的"理性—分析"系统，由于认知信息不全、反思能力不够、调整深度不足、监控力度不强等，未能有效地检测与修正偏误。虽然直觉偏误是一种无意的、自动化的偏误，在直觉偏误产生的过程中，是无法进行防控的，但是我们针对直觉偏误产生的原因，可制定相应的防控（防范或控制）直觉偏误的基本措施。

直觉是个人的经验、阅历、知识、技能等的有机结合体，对认知者进行专业培训，有助于提升直觉判断的可靠性。无论是关于社会生活中的道德规范和文化习俗，还是关于日常生活中的经验常识以及科学研究中的基本概念，既可以通过潜移默化地影响，也可以通过谆谆教化等方式加以沉淀与固化，最终改善直觉判断。加强相关知识的训练，可以减少直觉偏误的产生。博义德和内格尔认为直觉可用直觉、经验或理论来检验或修正，他们说："在直觉不同的案例中，直觉可以用更清楚的案例重新检测；直觉也可以被逻辑学、心理学、语义学和哲学本身的理论的或经验的工作证实或纠正。"[2]

直觉判断不是有意识的逻辑推理后形成的判断，而是更像由感觉获得的经验判断，具有可错性。当认知者想要以直觉作为证据时，必须记住直觉判断可能会出错。当发现直觉判断有击败者时，认知者就需要对自身直觉判断进行反思，甚至进行修正。合理的知识结构有助于减少直

---

[1] Daniel Kahneman, "Judgment and Decision Making: A Personal View", *Psychological Science*, 1991 (2: 3): 142–145.

[2] Kenneth Boyd and Jennifer Nagel, "The Reliability of Epistemic Intuitions", in Edouard Machery, Elizabeth O'Neill (eds.), *Current Controversies in Experimental Philosophy*, New York: Routledge, 2014, p. 124.

觉偏误;开放的理智品德有助发现直觉偏误;高超的反思能力等有助于防控直觉偏误;科学的合议规则有助于增加直觉偏误的监控力度;充分的正确信息有助于修正直觉偏误。因此,改善认知者的知识结构、培养认知者的理智品德,提高认知者的反思能力,采纳科学的合议规则,获取充分相关信息,从而拓展直觉偏误的调整深度、加强直觉偏误的监控力度,最终对直觉偏误可以进行有效的控制。

以上对直觉偏误的性质以及直觉如何辨别和防控进行了分析。下面我们将探究直觉确证的标准程序,并在修正反思平衡和"标准的确证程序"的基础上,提出我们自己的直觉确证的标准程序。

第三节 直觉确证的过程:反思平衡

反思平衡①方法是一种将某个特定主题上的直觉加以系统化的方法,它的演变有一个漫长的过程。最早可追溯到苏格拉底的"助产术",之后被亚里士多德以及西季威克(Henry Sidgwick)应用于伦理学的理论论证。②

为了解释演绎推理和归纳推理的确证问题,在《事实、想象和预测》一书中,古德曼第一次提出"反思平衡"的概念,指出逻辑原则与深思

---

① 贺麟提出的直觉方法,也有反思平衡的意味。他认为,真正的哲学的直觉方法,"不是简便省事的捷径,而是精密紧严,须兼有先天的天才与后天的训练,须积理多学识富,涵养醇,方可逐渐使成完善的方法或艺术"。(贺麟:《哲学与哲学史论文集》,商务印书馆1990年版,第183页。)并认为,直觉不是非理性、反理性的,而是富于理性,以理智为前提的。他说:"无一用直觉方法的哲学家而不兼采形式逻辑及矛盾思辨的,同时亦无一理智的哲学家而不兼用直觉方法及矛盾思辨的。"(贺麟:《哲学与哲学史论文集》,商务印书馆1990年版,第181页。)在他看来,要遵循的方法论路线是:从理智直觉(感性经验和感性直观)到理智直觉(逻辑分析和矛盾思辨),最后到后理智的直觉(理性的综合或辩证逻辑的获得)。贺麟明确地从认识阶段和过程上讲前理智直觉、形式逻辑、辩证思维和后理智直觉,是难能可贵的。(郭齐勇:《贺麟前期的中西文化观与理想唯心论初探》,选自宋祖良、范进编《会通集:贺麟生平与学术》,生活·读书·新知三联书店1993年版,第126页。)

② See Folke Tersman, *Reflective Equilibrium: An Essay in Moral Epistemology*, Lagerblads Tryckeri AB, Karlshamn, 1993, p. 16;[美]约翰·罗尔斯著:《正义论》,何怀宏、何包钢、廖申白译,中国社会科学出版社2009年版,第51页注释①;Francois Schroeter, "Reflective Equilibrium and Antitheory", *Noûs*, 2004 (38: 1): 120–121。

熟虑的判断之间相互调整的关系。① 其过程包括：①获取对特定案例的原始直觉；②制定规则或一般化，并试图把握它们；③检测由规则作出的进一步预测；④接受一些预测，拒绝另一些预测，修改规则，当原始直觉妨碍整个系统的一致性时，就要抛弃它们，直到系统调整为稳定的高度一致系统。无论是最初的直觉还是规则，都不是不可修正的。以演绎推理为例，其过程是：从一组演绎推理规则和一组特殊的演绎推理结果开始，看看它们是否可以和谐地确证这些规则和这些推理结果？

> 演绎推理的原理是通过它们是否与已经被接受的演绎实践的一致性来确证的。它们的有效性依赖于它们是否与我们实际作出和认可的特定演绎推理相一致。如果规则推导出了不可接受的推断，那么我们就会把规则当作无效的而加以抛弃。因此，对一般规则的确证，来自于拒斥或者接受特定的演绎推理的判断。……规则与特定的推理一样，是通过放置在彼此支持的过程而得到确证的。如果规则产生了我们不愿意接受的推论，那么规则就需要修正；如果推论违反了我们不愿修正的规则，那么推论就要被抛弃。确证的过程就是在规则与公认的推理之间进行的一种相互调整的精致过程；彼此之间所需要的唯一确证就存在于达成的共识中。②

在古德曼看来，反思平衡是动态平衡的，规则、推理都是可以修正的，它们在不断的调整中达到平衡。这样的平衡不是先天的、自明的，而是通过规则、推理的协商一致来达到的。

然而，明显不可接受的推理规则也可能通过古德曼的反思平衡的测试③。例如，赌徒谬误（gambler's fallacy）认为，随机事件发生的概率与

---

① Nelson Goodman, *Fact, Fiction and Forecast*. Cambridge, MA: Harvard University Press, 1955, pp. 65 – 68；[美] 约翰·罗尔斯著：《正义论》，何怀宏、何包钢、廖申白译，中国社会科学出版社2009年版，第20页注释①。

② Nelson Goodman, *Fact, Fiction and Forecast*, Cambridge, MA: Harvard University Press, 1955, p. 67.

③ Stephen P. Stich and Richard E. Nisbett, "Justification and the Psychology of Human Reasoning", *Philosophy of Science*, 1980 (47: 2): 188 – 202.

之前发生的事件有关,当之前没有发生该事件的次数越多时,该事件发生的概率就会上升。这一错误的推理规则完全可以通过反思平衡,这一推理规则在实践中也成立。这表明,古德曼对确证与反思平衡的探讨有不足之处。为了完善反思平衡,罗尔斯不仅对认知者作出限制,而且通过区分广义/狭义的反思平衡对确证结构作了限制。

罗尔斯的"反思平衡""是一种平衡,因为我们的原则和判断最后达成了和谐;它又是反思的,因为我们知道我们的判断符合什么样的原则和是在什么前提下符合的"[①]。然而,"这种平衡并不一定是稳固的,而是容易被打破的。这一方面是由于对加于契约状态条件的进一步考察;另一方面是由于那些可能导致我们修改自己判断的特殊情形"[②]。这表明,罗尔斯提出的"反思平衡"是一种不断调整判断与原则并使之相互和谐一致的过程。其过程是:首先,有能力的判断者(a competent judge)做出经过深思熟虑的道德判断;其次,尝试地提出用以解释这些判断的原则;最后,如果原则与判断产生冲突,就要不断地调整,要么调整原则使之符合判断,要么调整判断使之符合原则,直到达到一个满意的平衡点。他说:

> 但大概总会有些不相符合的地方,在这种情况下我们就要有一个选择。我们或者修改对原初状态的解释;或者修改我们现在的判断;因为,即使我们现在看作确定之点的判断也是可以修正的。通过这样的反复来回:有时改正契约环境的条件,有时撤销我们的判断使之符合原则,我预期最后我们将达到这样一种对原初状态的描述:它既表达了合理的条件;又适合我们深思熟虑的并已经及时调整了的判断。这种情况我把它称之为反思的平衡。[③]

[①] [美]约翰·罗尔斯著:《正义论》,何怀宏、何包钢、廖申白译,中国社会科学出版社2009年版,第16页。

[②] [美]约翰·罗尔斯著:《正义论》,何怀宏、何包钢、廖申白译,中国社会科学出版社2009年版,第16页。

[③] [美]约翰·罗尔斯著:《正义论》,何怀宏、何包钢、廖申白译,中国社会科学出版社2009年版,第16页。

罗尔斯对反思平衡方法的探索可以追溯到 1951 年发表的《道德决策程序大纲》[①] 一文。文中主要探讨在个体间利益发生冲突，以及存在相互竞争的道德判断的情况下，能胜任的道德主体应该如何经过深思熟虑合理地作出道德决策的问题，重点构建了一套合理、有效的道德决策程序。罗尔斯认为，能胜任的道德判断者是：①具有一定程度的智力水平；②知晓一般事物与经常性行为的关系，在要求提出意见的情形中，应理解所有的情形；③具有如下特质：（a）使用归纳逻辑确定相信什么；（b）用理由支持或反对向他开放的可能的道德原则；（c）以开放的心态思考道德问题；（d）尽力弄清自己的情感、理智和道德的偏好，既不屈从也不无视这些偏好；④对人类利益具有同情心。[②] 在罗尔斯看来，经过深思熟虑的道德判断具有这些特征：①免受作出的道德判断的所有可合理预见的后果的影响；②作出的道德判断的公正性能够得到维持；③必须在实际存在利益冲突的情形中给出；④在作出判断之前，应对与问题相关的事实进行细致的调查，而且利益相关各方都有平等的机会去陈述他们的观点；⑤作出道德判断的这个人应该对自己判断确信；⑥具有稳定性；⑦"是直觉的"，而"不应该是由有意识地应用原则决定的"，深思熟虑的道德判断"不是由系统地、有意识地使用伦理原则决定的"。[③] 这表明，深思熟虑的判断[④]是那些我们抱有信心，不迷惑，远离自身的利益，脱离个人的立场、文化的差异和社会成见的直觉判断。

罗尔斯认为，合理、有效的道德决策程序要满足如下条件，即能胜任的道德主体作出的决策要根据某一类包含所有判断的抽象的正义原则而获得解释。这类原则既要符合一系列的检验标准，又要保证道德决策

---

① John Rawls, "Outline of a Decision Procedure for Ethics", The Philosophical Review, 1951 (60: 2): 177-197.

② John Rawls, "Outline of a Decision Procedure for Ethics", *The Philosophical Review*, 1951 (60: 2): 178-179.

③ John Rawls, "Outline of a Decision Procedure for Ethics", *The Philosophical Review*, 1951 (60: 2): 181-183.

④ 罗尔斯认为，p 对 s 而言是深思熟虑的判断（considered judgment），当且仅当：①s 对 p 的判断是聚精会神而非漫不经心做出的；②s 对其判断 p 比较肯定（而非有所怀疑）；③s 对 p 的判断比较稳定，不会轻易随着时间改变而改变；④与 s 没有利益关系（这个判断的真假，不会影响 s 的获利）。

来自正义原则。这样，能胜任的道德决策者所获得的深思熟虑的判断与正义原则之间的关系就可以达到相互一致。这种道德决策的基本轮廓，成为反思平衡方法的雏形。然而，在这篇论文中，罗尔斯主张的是一种道德基础主义（moral fundamentalism），认为深思熟虑的道德判断在伦理决断中处于基础地位，因而道德决策过程不是诸多内在要素双向互动并逐步调整的连续过程。

在1971年出版的《正义论》一书中，罗尔斯抛弃道德基础主义，转向道德一致主义（moral coherentism），正式提出反思平衡的方法，以其作为论证秩序良好社会及其成员如何遵守公平合作原则的基本方法。关于反思平衡的方法，罗尔斯既强调平衡，因为"它是一种平衡，因为我们的原则和判断最后达到了和谐"[①]；又强调反思，"它又是反思的，因为我们知道我们的判断符合什么样的原则和是在什么前提下符合的"[②]。他承认，即使在有利的环境中，由深思熟虑作出的判断仍会受到一些偶然因素的影响而被歪曲，因此判断与原则必须经过反复调整，使得两者"反复来回地"相互比照，并加以修正、改进直至达成相对平衡的状态，以此作为进入新一轮的平衡状态的基础。正如罗尔斯所说："通过这样的反复来回：有时改正契约环境的条件；有时又撤销我们的判断使之符合原则，我预期最后我们将达到这样一种对原初状态的描述：它既表达了合理的条件，又适合我们所考虑的并已及时修正和调整了的判断。这种情况我把它叫作反思的平衡。"[③]

从其定义中，可以看出，反思平衡不是静态的过程与状态，而是动态的过程与状态，内在的一致性是各种要素之间最根本的要求与标准。因此，这种方法不免让人担心可能陷入主观主义或相对主义的困境。然而，这种担心是不必要的。与古德曼不同，罗尔斯把反思平衡分为狭义的反思平衡和广义的反思平衡。狭义的反思平衡（narrow reflective equi-

---

[①] ［美］约翰·罗尔斯著：《正义论》，何怀宏、何包钢、廖申白译，中国社会科学出版社2009年版，第20页。

[②] ［美］约翰·罗尔斯著：《正义论》，何怀宏、何包钢、廖申白译，中国社会科学出版社2009年版，第20页。

[③] ［美］约翰·罗尔斯著：《正义论》，何怀宏、何包钢、廖申白译，中国社会科学出版社2009年版，第20页。

librium）指在一套信念系统内的平衡，强调判断与原则之间的一致性，即"当我们所说的这个人接受了这种正义观念，并使其他的判断同它保持一致的时候"[①]。广义的反思平衡（wide reflective equilibrium）则要在多套信念系统之间平衡，强调注重考察其他相关观念之间的一致性，即"当某人已经认真仔细地考察了其他的正义观念以及与这些观念相关的各种论证力量的时候"[②]。罗尔斯认为，反思平衡要从狭义的进入到广义的。狭义的反思平衡在寻求原则和深思熟虑的判断之间的平衡过程中，没有考虑其他的原则以及相关的各种论证力量，由此需要进入广义的反思平衡。如果在广义的反思平衡下某种原则与深思熟虑的判断仍保持一致，那么就证明这种原则是最合理的。在罗尔斯理论研究专家丹尼尔斯（Norman Daniels）看来，狭义反思平衡的基本构成要素有两个：（a）由特定个人在特定时间产生的深思熟虑的道德判断；（b）使（a）系统化的普遍道德原则。[③] 在罗尔斯看来，并非任何道德判断都可以作为反思平衡的起点，因为诸如受到个人利益扭曲或犹豫不决的道德判断，以及受到迷惑或恐吓时作出的道德判断，通常缺乏可靠性，在道德决策时要注意避免或抛弃。只有那些没有受到任何歪曲，且相对稳定的、由深思熟虑作出的道德判断，才可以成为反思平衡的真正起点。当反思平衡的起点确立后，就可以进入下一步，为这些初始判断寻找一个相对全面的、可通过检验、获得了证明的以及令人满意的正义原则了。如何从一系列备选的正义原则中挑选出最合适的原则呢？罗尔斯概括出了一个清单，如词典式序列的两个正义原则、平均分配原则、功利主义原则、利己主义原则，等等。[④] 在他看来，较合理的是词典式序列的两个正义原则。这两个正义原则可以经受住深思熟虑的道德判断的检验吗？第一个原则即平等自由原则，它与同等情形应该同等对待的道德判断一致。第二个原则即机会

[①] ［美］约翰·罗尔斯著：《作为公平的正义：正义新论》，姚大志译，中国社会科学出版社2011年版，第42页。

[②] ［美］约翰·罗尔斯著：《作为公平的正义：正义新论》，姚大志译，中国社会科学出版社2011年版，第42页。

[③] Norman Daniels, "On some Methods of Ethics and Linguistics", *Philosophical Studies*, 1980 (37: 1): 21-36.

[④] ［美］约翰·罗尔斯著：《正义论》，何怀宏、何包钢、廖申白译，中国社会科学出版社2009年版，第123—124页。

的公正平等原则与差别原则的结合,它与关于在什么情况下可以违反社会与经济平等的限制条件,与人们对利益的分配和效率的期望的判断一致。只有在参与合作的任何一方都能获利的情况下,某种形式或程度的差别才是正当的与可容忍的,否则就是任意的与难以接受的。与此同时,地位和职位需要向所有人开放,在自由竞争中要为那些有天赋或有能力的人提供获得自身优势的机会,避免因遭到排挤受到不公的对待。在这些原则中,第一原则优先第二原则,第二原则中的机会公正平等原则优先差别原则。

在狭义的反思平衡中,由于没有考虑道德判断受文化背景、个人利益以及其他因素的可能影响,考量这种一套信念系统内的简单的一致性,对于道德论证的合理性还是远远不够的,因此要转向广义的反思平衡。在广义的反思平衡中,有三个因素相互之间要平衡,其中前两个要素与狭义的反思平衡相同。它们是"(a)系列的深思熟虑的道德判断;(b)系列的道德原则;(c)系列相关的背景理论"[1]。背景理论包含关于人的理论、程序正义论、社会道德论等更深层次的理论,是广义的反思平衡的参照点。罗尔斯补充第三个要素基于这些原因:①当减弱对初始判断的要求时,可以消除错误的道德判断,提升道德判断的可靠性;②当为道德原则提供了独立的理论支持时,可为道德判断提供更为可靠的支持;③可以有效地防止道德判断出现意外的普遍化(accidental generalization)。[2] 罗尔斯认为,某种原则只有在与相互竞争的原则的比较中,在它与深思熟虑的判断以及背景理论达到一种平衡状态下,才能证明这种原则是合理的。推而广之,作为检验任何学说的合理性标准的广义的反思平衡包含三个需要相互平衡的基本要素,即系列的深思熟虑的判断、系列的普遍原则和系列的相关背景理论。对它们进行反复比照、不断调整,最终达到内在的平衡,才能完成检验学说是否合理的广义反思平衡的过程。

---

[1] Norman Daniels, "Wide Reflective Equilibrium and Theory Acceptance in Ethics", *Journal of Philosophy*, 1979 (76: 5): 258.

[2] Norman Daniels, Justice and Justification, Cambridge University Press, 1996, pp. 21 - 46; Margaret Holmgren, "The Wide and Narrow of Reflective Equilibrium", *Canadian Journal of Philosophy*, 1989 (19: 1): 43 - 60.

然而，罗尔斯认为："在我们最重要的判断中，许多都是在这样一些条件下做出的，即我们不能期待正直的个人以其充分的理性能力（甚至是经过自由讨论之后）总能达到相同的判断。"① 换言之，理性的道德主体运用广义的反思平衡时，由于固守某种特殊的最高价值，常常会导致各种各样的理论和实践的分歧。其根源在于理性的"判断的负担"：证据的复杂性、权重考量因素的分歧性、概念的模糊性、个人经验的差异性、全面评估的困难性以及价值的社会空间的有限性。② 罗尔斯把经过广义的反思平衡后仍存在的理论和实践的分歧，视为"隐含于人类理性中无法避免但可容忍的缺憾。这种缺憾与某些固执的偏见、自私的利益以及盲目的意愿完全不同，其所导致的不是人际间无休止的猜忌与敌对，而是各种合理完备性学说（包括宗教的和非宗教的哲学学说与道德学说）在某个社会内长期并存的现象，即不可扭转的合理多元论的事实"③。由理性"判断的负担"导致对多元论的合理宽容，使得我们不应该希冀凭借某种特定的合理完备性学说就能获得反思平衡的唯一性，而只能将宽容原则引进来，用它来调解各种合理完备性学说之间的分歧与冲突。正如他所言："把宽容原则运用于哲学之中，这本身就是让公民自己按照他们所自由认肯的观点来解决各种宗教问题、哲学问题和道德问题。"④ 当然，要指出的是，宽容原则只能运用于接受合理多元论与公共政治价值优先性的理性主体。幻想存在独立于任何一种合理完备性学说的重叠各种合理完备性学说的共识，即包括政治价值和非政治价值在内的所有价值之间都达到了相互平衡的状态，并实现了个体间反思平衡的广泛一致性，是没有事实依据的。

---

① ［美］约翰·罗尔斯著：《政治自由主义》（增订版），万俊人译，译林出版社 2011 年版，第 54 页。
② 参见［美］约翰·罗尔斯著：《政治自由主义》（增订版），万俊人译，译林出版社 2011 年版，第 52—53 页。
③ 吴楼平：《反思平衡：罗尔斯理论转向的方法论基础》，《哲学动态》2020 年第 3 期，第 98 页。
④ ［美］约翰·罗尔斯著：《政治自由主义》（增订版），万俊人译，译林出版社 2011 年版，第 143 页。

勃兰特[①]对罗尔斯抱怨说，如果我们开始时的直觉没有"最初的可信度"[②]（他认为没有），那么它们就不能仅仅通过相互联系来获得确证性。斯蒂奇[③]和其他人也抱怨说，反思平衡是一种令人反感的保守方法，它让我们已经相信的东西享有特权，实际上是坚持让其他观点与之一致。一些理论家担心会出现一种相对主义：那些最初拥有截然不同的直觉的实践者可能会收敛到不同的平衡状态，无法在两者之间做出选择。的确，一个最初的直觉很古怪的疯子，可能会把它们与他相信的其他疯狂的东西带入反思的平衡，但这不会为任何结果集（resulting set）提供任何理由。

反思平衡以融贯论真理观而非符合论真理观为基础，强调判断与原则之间的一致性，因此与相应原则和谐的不同判断都是真的。反思平衡将理论的有效性寄托在判断的共同性之上，然而，由于判断与原则的融合必须以符合事实为旨归，因此，查彭泰等人认为真正的广义的反思平衡的方法可以将不同领域的实证研究的证据统一起来。为此，他并提出了五种不同的经验证据：①认知动物行为学的证据；②改善的心理学证据；③认知范畴的社会功能的证据；④关于我们认知局限性的事实；⑤实验知识论的证据。他们还认为一种健全的自然主义知识论将接受更多种类的证据。[④]

比勒提出的以直觉判断作为证据的"标准的确证程序"的理想步骤是："详细考察直觉；对直觉进行辩证的批判；构建系统化幸存直觉的理

[①] Richard B. Brandt, *A Theory of the Good and the Right*, Oxford: Oxford University Press, 1979.

[②] 这也是对直觉的证据地位的普遍怀疑。因为即使某些直觉确实具有"最初的可信度"，它也不能仅仅来自反思平衡。

[③] Stephen Stich, "Reflective Equilibrium, Analytic Epistemology and the Problem of Cognitive Diversity", *Synthese*, 1988 (74: 3): 391–413.
Stephen Stich, *The Fragmentation of Reason*, Cambridge, MA: Bradford Books/MIT Press, 1990.

[④] Chris Zarpentine, Heather Cipolletti and Michael Bishop, "WINO Epistemology and the Shifting-Sands Problem", *The Monist*, 2012 (95: 2): 325.

论；用其他直觉检验这些理论；如此反复直至达到平衡。"① 在形式上，标准的确证程序类似于反思的平衡，然而，前者只涉及直觉，后者将"信念""判断"和"理论"都考虑在内了。

海特的道德判断的直觉主义模式（intuitionist model of moral judgment）② 直接展示了道德判断加工过程中个体判断者的直觉、判断和推理之间的关系，以及不同判断者之间的相互影响。这个模式包括的环节有6个：①直觉判断环节；②事后推理环节；③理性说服环节；④社会说服环节；⑤推理判断环节；⑥个人反思环节。这个模式强调直觉判断的重要性，主张道德判断首先是由快速的、无意识的直觉判断引起的，推理则是作为直觉判断之后的合理性辩护而存在的。

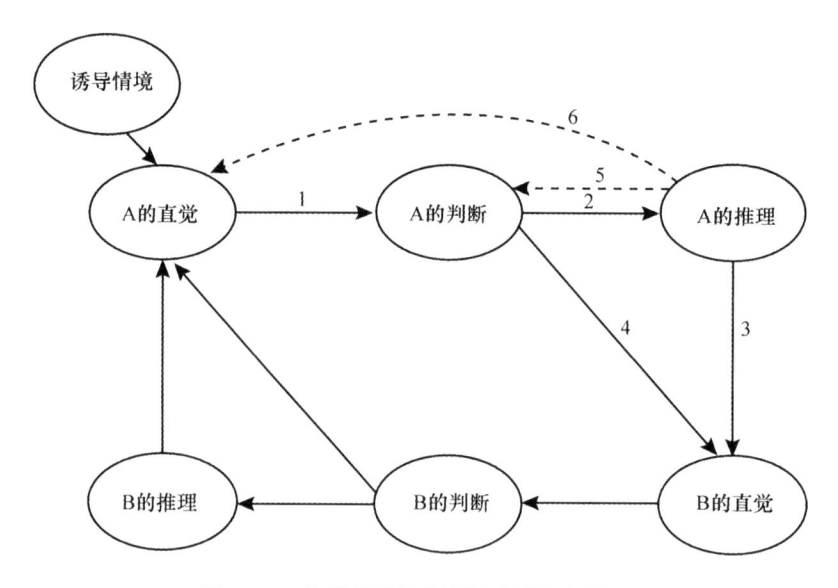

图 5-1　海特的道德判断的直觉主义模式

---

① George Bealer, "Intuition and the Autonomy of Philosophy", in Michael R. DePaul and William Ramsey (eds.), *Rethinking Intuition*: *The Psychology of Intuition and Its Role in Philosophy Inquiry*, Oxford: Rowman and Littlefied Publishers, 1998, p. 205.

② Jonathan Haidt, "The Emotional Dog and Its Rational Tail: A Social Intuitionist Approach to Moral Judgment", *Psychological Review*, 2001 (108): 815; Jonathan Haidt and Fredrik Bjorklund, "Social Intuitionists Answer Six Questions about Moral Psychology", in Walter Sinnott-Armstrong (ed.), *Moral Psychology*, Volume 2: The Cognitive Science of Morality: Intuition and Diversity, Cambridge: MIT Press, 2008, pp. 181-217. 此书中的示意图略有错误。

连线 1 表示"直觉判断环节"（the intuitive judgment link）。在这个环节中，人们一旦受到外界诱导情境的刺激（如听到感激的话语或者看到暴力行为），就会立即产生一种评价性的道德直觉。海特给出的道德直觉的定义是："在意识中或意识边缘突然显现关于人的性格或行动的评价性感觉（如喜欢与不喜欢，好与坏），主体并没有有意识地察觉到经历了寻找证据、权衡证据或推导结论的步骤。"[①] 对道德判断，则海特给出的定义是"有意识地对一个行动是正确或错误的批评或赞扬的体验"[②]。从道德直觉到道德判断的过程是"迅速的、不费力的和直接的"[③]。一旦受到诱导情境的刺激，人们就会立即产生道德直觉，而且这种直觉会立即转化为有意识的道德判断。这个过程不仅是自动的、迅速的和不费力的，而且没有意识参与其中。

连线 2 表示"事后推理环节"（the post-hoc reasoning link）。在诱导情境下产生的直觉判断，是没有经过思考与推理的。当形成道德判断后，有时人们需要对自己的道德判断给出理由。由于先有道德判断，然后才有道德推理，因此道德推理是"事后的"。这个过程不仅是缓慢的、主动的、需要努力的，可控的，而且需要有意识参与其中，并且依赖言语的思考。

连线 3 表示"理性说服环节"（the reasoned persuasion link）。理性说服是指不同个体之间通过谈话进行的说服。海特认为，道德谈话（moral discourse）并不是为了探求真理，而是为了对他人施加影响，在向他人表明自己是正确的时，在共同体之内达成道德共识。

连线 4 表示"社会说服环节"（the social persuasion link）。类似于理性说服环节，社会说服环节也发生在不同的个体之间。不同在于：理性

[①] Jonathan Haidt and Fredrik Bjorklund, "Social Intuitionists Answer Six Questions about Moral Psychology", in Walter Sinnott-Armstrong (ed.), *Moral Psychology*, Volume 2: The Cognitive Science of Morality: Intuition and Diversity, Cambridge: MIT Press, 2008, p. 188.

[②] Jonathan Haidt and Fredrik Bjorklund, "Social Intuitionists Answer Six Questions about Moral Psychology", in Walter Sinnott-Armstrong (ed.), *Moral Psychology*, Volume 2: The Cognitive Science of Morality: Intuition and Diversity, Cambridge: MIT Press, 2008, p. 188.

[③] Jonathan Haidt and Fredrik Bjorklund, "Social Intuitionists Answer Six Questions about Moral Psychology", in Walter Sinnott-Armstrong (ed.), *Moral Psychology*, Volume 2: The Cognitive Science of Morality: Intuition and Diversity, Cambridge: MIT Press, 2008, p. 188.

说服环节所借助的工具是语言（包括正常语言、肢体动作、语气、情绪等方面）的感染力和逻辑的论辩力，而社会说服环节所借助的则是情境（situation）。海特认为，个人很容易受外界的各种因素如乡亲的信念的影响（即使这些乡亲对他们的信念不给出任何理由），很易被这些情境"说服"。正因道德判断受情境的影响，所以道德判断本质上是一种人际的社会行为，而不是一种个人的行为。

连线 5 表示"推理判断环节"（the reasoned judgment link）。推理判断指以推理为基础的判断而非凭直觉获得的判断。有时人们的确会用理性战胜激情，用推理纠正直觉，但这种情形较少出现，因此，用虚线来表示。①

连线 6 表示"个人反思环节"（the private reflection link）。类似于推理判断环节，这一环节针对的是推理活动。不同之处在于，前者通过推理直接获得具体的判断，后者通过推理对自己的直觉进行反思。虽然海特认为，"当直觉之间出现冲突，或者甚至根本就没有出现直觉的场景（如对某个人或某些公共政策所知甚少，没有自己的看法）时，个人隐秘的反思就变得很必要了"②，但是这种情况较少出现，因此也是用虚线表示的。

在《哲学中的证据》③ 一书中，莱肯主张用反思平衡来捍卫"用直觉检验假设"的方法，主张只有普遍而坚定的直觉才能作为证据，用以检验假设。莱肯式反思平衡实现，当且仅当同时满足：①相信理论 T；②T 尊重和解释了大多数普遍而坚定的直觉；③大众共有 T 所尊重和解释的那些普遍而坚定的直觉。在他看来，获得了反思平衡的理论不需要尊重所有的直觉，只需要尊重普遍而坚定的直觉。普遍的直觉不是哲学家个人或群体的直觉，也不是大众个人或群体的直觉，而是不同时代、不

---

① Jonathan Haidt and Fredrik Bjorklund, "Social Intuitionists Answer Six Questions about Moral Psychology", in Walter Sinnott-Armstrong (ed.), *Moral Psychology*, Volume 2: The Cognitive Science of Morality: Intuition and Diversity, Cambridge: MIT Press, 2008, p. 193.

② Jonathan Haidt and Fredrik Bjorklund, "Social Intuitionists Answer Six Questions about Moral Psychology", in Walter Sinnott-Armstrong (ed.), *Moral Psychology*, Volume 2: The Cognitive Science of Morality: Intuition and Diversity, Cambridge: MIT Press, 2008, p. 195.

③ William G. Lycan, *On Evidence in Philosophy*, Oxford: Oxford University Press, 2019.

同文化、不同阶层、不同职业的人都共同拥有的直觉。坚定的直觉是那些不会轻易放弃或改变的直觉。

对于不同的人，甚至同一人在不同时期，即使从相同的直觉、经验证据、理论出发，也会得到不同的反思平衡。这是因为要把这些可能矛盾的东西整合成一个融贯的信念体系，需要修改直觉、经验证据或理论。至于要修改哪个或哪些，会有不同的选择。假设在 p1 到 pn 中，p1、p2 和 p3 一起构成一个矛盾式（如怀疑主义难题）。为了消解这个矛盾式，甲可能否认 p1，乙可能否认 p2，丙可能否认 p3。因此，为了达到反思平衡，有人可能保留常识，有人可以保留理论，有人可能保留假设，正如莱肯所说："我们可能会陷入一种彻底的怀疑主义的平衡状态。"① 这表明，并不是所有的反思平衡都是认知上值得追求的。

莱肯赞同确证的融贯主义，认为可以用尊重和解释大多数普遍而坚定的直觉的理论，去否定掉或平衡掉只能尊重和解释少数普遍而坚定的直觉的理论，从而获得一个融贯的信念系统，实现反思的平衡。当最好理论与大多数普遍而坚定的直觉相融贯，却与某个普遍而坚定的直觉 p 相冲突时，那么相信 p 就不再是合理的，应该放弃相信 p。因此，他主张最好的反思平衡能够最好地尊重和解释普遍而坚定的直觉。

参照前面学者关于反思平衡的观点，本书提出标准的直觉确证的反思平衡过程：①仔细检验直觉判断，看看直觉判断的提出者是否是能胜任的（competent）直觉者，直觉判断是否是在适切的条件下产生的；②经受深思熟虑的批判分析，检查它是否与已有的经验证据一致，是否与已得到确证的直觉一致，是否与相关的认知原则一致，是否与相关的背景理论一致；③用幸存下来的直觉判断建构新的理论；④看看新的理论与幸存下来的直觉判断、已有的经验证据、已得到确证的直觉、相关的认知原则、相关的背景理论融贯一致；⑤新的理论得到暂时确证；⑥当出现新的击败者时，重复这一过程直到平衡。可见，直觉判断不仅是直觉确证的反思平衡的起点，而且是反思平衡得以进行的重要评价因素。之所以把这个过程称为标准的直觉确证的反思平衡过程，是因为这个过

---

① William G. Lycan, *On Evidence in Philosophy*, Oxford: Oxford University Press, 2019, p. 35.

程是遇到有合理的击败者时才出现的。没有出现合理的击败者的直觉确证过程只有一个步骤：直觉判断 p，因此，p 只有通过反思平衡后的哲学直觉，才能成为语境的最终确证。之所以是语境的，是因为在特定条件下，通过反思平衡，已经达到了哲学直觉、相关的认知原则、相关的背景理论的融贯一致，且没有出现新的击败者。当出现新的击败者时，原来的作为语境的最终确证的哲学直觉判断要需要经受反思平衡的检验。

标准的直觉确证的反思平衡使我们关于特定案例的直觉判断与我们最好的相关背景理论可以和谐一致，因而可以解决流沙问题。

在辛提卡的著名论文《皇帝的新直觉》的结尾处，他写道："鉴于绝大多数哲学家喜欢诉诸直觉，我很想半开玩笑，但也只是半开玩笑地建议：哲学期刊的编辑全都暂停发表所有诉诸直觉的论文，除非诉诸直觉的基础被明确地说明。"[①] 由于我们上面的研究对诉诸直觉判断作为证据的基础给予了明确的说明，因此，我们可以自信地说：哲学上使用直觉判断作为证据是完全合理的！

---

① Jaakko Hintikka, "The emperor's new intuitions", *The Journal of Philosophy*, 1999（96：3）：147.

附 1

现有检测"知识归赋直觉"的最佳方法是什么？

——以知识归赋是否有风险效应为例[1]

判断某人是否有知识，用知识论的术语来说，就是知识归赋（knowledge ascriptions）。研究知识归赋问题是十分重要的。一方面，古今中外，无论是孔子宣称"知之为知之，不知为不知，是知也"，还是苏格拉底断言"我知道我什么也不知道"，都重视对"知"与"不知"的甄别；另一方面，判断某人是否有知识是十分平常而又重要的。如果我们要向某人请教或跟他学习，就要判断他是否有相关的知识；如果我们要把某人当作证人并采信他的证词，就要确信他对相关案件知情；如果我们要公正地谴责某人，就要正确判断犯错者是否知道他所犯的错。对于无知的犯错者，要做到"不知者不罪或少罪"；对明知故犯者，则要罪加一等。

在知识归赋问题上，依据是否受语境影响，是否受非理智因素影响，存在理智存在语境主义与不变主义，以及理智主义与反理智主义之争。知识归赋是否具有风险效应[2]，是当代知识论研究中最核心的问题之一，也是实验知识论和大众知识论争论最激烈、最长久的问题。正统的、理智主义的观点认为，知识归赋纯粹只与真理因素（证据、确证、信念的真假等）有关，与风险高低等实践因素无涉。然而，主流的、大多数知识论学家，包括认知语境

---

[1] 这部分内容主要根据《知识归赋中风险效应之争探微》（曹剑波、马春平：《知识归赋中风险效应之争探微》，《自然辩证法通讯》2024 年第 1 期）的观点改写而成。

[2] 知识归赋中的风险效应（stake effect）是指在知识归赋中，实践因素（尤其是风险的高低）会影响对某个信念是否为知识的看法。

主义者（epistemic contextualist）、主体语境主义者（subject contextualist）、归赋者语境主义者（attributor contextualist）、主体敏感的不变主义者（subject-sensitive invariantist）、利益相关的不变主义者（interest-relative invariantist）和心理不变主义者（psychological invariantist）等[1]反理智主义者认为，知识归赋还取决于主体语境、对话语境或评价语境中的实践因素（尤其是风险的高低），并认为有能力的说话者对日常知识归赋中风险效应敏感是理所当然的。

知识归赋中风险效应的存在是众多反理智主义理论得以成立的基石。为了论证自己的理论，坐而论道的思辨知识论学家们从打嘴仗，转变为起而行之的实验知识论学家们做实验。鉴于我们对其中的大多数内容都有专门的论述[2]以及篇幅的限制，本章仅挑选最具代表性且最新的、对知识归赋的风险效应否定和肯定的两篇实证研究进行介评。在此基础上，反驳不存在说、可还原说和反事实说，为知识归赋的风险效应作辩护，并捍卫主流的、反理智主义知识论的合理性；同时以知识归赋的风险效应之争的实验方法为例，论证"收回知识宣称的设计"是检测"知识归赋直觉"的最佳方法。

第一节 知识归赋中风险效应的否证研究

2010年费尔茨和查澎庭的《当事情不太重要时，你知道更多吗？》[3]，梅、辛诺特-阿姆斯特朗、赫尔和齐默尔曼的《实践利益、相关选择项和知识归赋：一个实验的研究》[4]和巴克沃尔特的《周六知识不下班：日常语言的研究》[5]；2012年肖弗和诺布的《对比知识的调查》[6]；2014年

---

[1] 对知识论的不同派别，请参见拙著（曹剑波：《实验知识论研究》，厦门大学出版社2018年版，第1—12页）。

[2] 曹剑波：《实验知识论研究》，厦门大学出版社2018年版，第24—85页。

[3] Adam Feltz & Chris Zarpentine, "Do You Know More When it Matters Less?", *Philosophical Psychology*, 2010 (23: 5): 683 – 706.

[4] Joshua May, Walter Sinnott-Armstrong, Jay G. Hull & Aaron Zimmerman, "Practical Interests, Relevant Alternatives, and Knowledge Attributions: An Empirical Study", *Review of Philosophy and Psychology*, 2010 (1: 2): 265 – 273.

[5] Wesley Buckwalter, "Knowledge Isn't Closed on Saturday: A Study in Ordinary Language", *Review of Philosophy and Psychology*, 2010 (1): 395 – 406.

[6] Jonathan Schaffer & Joshua Knobe, "Contrastive Knowledge Surveyed", *Noûs*, 2012 (46: 4): 675 – 708.

巴克沃尔特的《在归赋者直觉中风险和错误之谜》[1]和费兰的《风险对证据不重要的证据》[2]；2016 年肖弗的《主体的不相关性：反对主体敏感的不变主义》[3]；2017 年图瑞的《认知语境主义：一个无用的假设》[4]；2019 年罗斯等人的《知识中没有风险》[5]，等等，通过调查普通大众对改写的银行案例[6]或类似案例的反应，实验数据似乎证明知识归赋不存在风险效应。由于罗斯等人的研究是在总结了前人的经验教训的基础上作出的，而且他们调查的受试者涉及 16 个国家，样本量较大，因此更具代表性，更值得介评。

---

[1] Wesley Buckwalter, "The Mystery of Stakes and Error in Ascriber Intuitions", in James R. Beebe (ed.), Advances in Experimental Epistemology, London: Bloomsbury Academic, 2014, pp. 145 – 174.

[2] Mark Phelan, "Evidence That Stakes Don't Matter for Evidence", Philosophical Psychology, 2014 (27: 4): 488 – 512.

[3] Jonathan Schaffer, "The Irrelevance of the Subject: Against Subject-Sensitive Invariantism", Philosophical Studies, 2006 (127): 87 – 107.

[4] John Turri, "Epistemic Contextualism: An Idle Hypothesis", Australasian Journal of Philosophy, 2017 (95: 1): 141 – 156.

[5] David Rose, etc., "Nothing at Stake in Knowledge", Noûs, 2019 (53: 1): 224 – 247.

[6] 在设计实验时，要确保因变量不是由于隐含的、不为设计者所察觉的自变量引起。德娄斯的两个银行案例如下。银行案例 A：一个周五的下午，我与妻子开车去银行存钱。然而到了银行的时候，我们看到存款者排成长龙。尽管我们希望尽快把钱存上，但并不是那么迫切，因此我建议等周六上午再来。妻子说："这家银行明天可能不营业，大部分银行在周六都不营业。"我回答说："不，我知道它会营业。两周前的周六我来过，它一直开到中午。"银行案例 B：一个周五的下午，我与妻子开车去银行存钱。如同在案例 A 那样，我们注意到排长队的情况。我建议我们在周六上午再来，因为在两周前的周六上午我来过银行，它一直开到中午。不过此次我们已经有一张开好的重要的大额支票，如果在周一以前没有存进我们的账户，就会被银行退票，从而陷入很大的窘境。妻子在提醒我这些事实后，问："银行确实会改变营业时间，你知道这家银行明天会营业吗？"虽然我还是像以前那样相信这家银行明天会营业，然而这时我会回答说："嗯，我不知道。我们最好进去弄清楚。"[Keith DeRose, "Contextualism and Knowledge Attributions", Philosophy and Phenomenological Research, 1992 (52): 913.]

德娄斯的这两个银行案例，由于有许多不为他所重视的自变量，其思想实验为实验知识论者所诟病。这两个案例有许多处不同：①语句的不同，如"我知道"与"我不知道"的对立；是否有代词指称"银行"（它）；省略了什么（"我知道它[明天]会营业"和"我不知道[银行明天会营业]"）；是否有语气词"嗯"。②标为斜体的句子是用来证明银行明天会营业的。然而这些句子的不同有：在表达上；出现在场景中的位置；是否为直接引语。与案例 B 相比，案例 A 中的这些证据更凸显。③案例 A 和 B 难以把风险与出错的可能性区分开。④由于第一人称代词"我"既是主体，又是归赋者，不能把风险效应是对主体敏感，还是对归赋者敏感区分开来。

一 "知识中没有风险"的实验

罗斯等人的实验收集了来自 16 个国家 19 个地点 14 种语言的 4504 人的数据,其中通过了理解题测试的受试者 3530 人,问卷有效率 78%。采用受试者间设计,随机分配高/低风险银行案例中的一个给受试者。高/低风险银行案例如下:

> 一个周五的下午,鲍勃和他的妻子开车回家。他们当天早些时候收到了一些钱,所以在回家的路上他们打算去银行存钱。当他们开车经过银行时,他们看到里面排着很长的队,就像他们在周五下午经常遇到的那样。
>
> [高风险] 他们最近开了一张很大很重要的支票。如果在周一上午之前没有把钱存到他们的银行账户,他们开出的重要支票就不会被银行接收,这会使他们处于非常糟糕的境地。
>
> [低风险] 虽然通常他们喜欢把收到的钱尽快存到银行,但是在这种情况下,把钱立即存到银行并不特别重要。
>
> 鲍勃建议他们直接开车回家,周六上午再存钱。他的妻子说:"也许银行明天不营业。很多银行周六都不营业。"鲍勃回答说:"不,我知道银行会营业的。两周前的周六我就在那里。它一直营业到中午。"事实上,银行周六上午营业。

问受试者 3 个问题:

> 理解题:根据这个故事,下列哪个陈述是正确的?_____
> (1) 鲍勃和他的妻子是否存钱并不重要。(2) 鲍勃和他的妻子把钱存起来很重要。
>
> 知识归赋题:依你之见,当鲍勃说"我知道银行会营业"时,他说的是真的吗?_____
> (1) 是的,鲍勃说的是真的。(2) 不,鲍勃说的是假的。
>
> 严格知识归赋题:依你之见,下列哪个句子更能描述鲍勃的情况?_____

（1）鲍勃知道银行周六营业。（2）鲍勃以为他知道银行周六营业，但他实际上不知道。

在他们看来，实验结果证明[1]：①受试者意识到了风险的不同，因为78%的受试者通过了理解题测试。②几乎没有发现任何证据表明风险对知识归赋有影响，因为受试者归赋知识在低风险案例中有85%，高风险案例中有82%，两者之间只相差3%，风险高低对知识归赋的影响可以忽略。因为19个调查地点中，只有3个（16%）有显著的小规模的风险效应；不管案例是低风险还是高风险，所有调查场景在知识归赋方面总体表现出较高的比例。③知识归赋没有风险效应不能归因于主角投射。理由有二，一是在严格知识归赋问题上，显著性效应可以忽略。知识归赋在低风险案例的比例为63%，在高风险案例的比例为58%，相差仅5%，而且效应量很小，此外，在各个调查地点上，没有发现严格知识归赋中有风险效应。19个调查地点中，只有2个（11%）即德国和美国发现风险对严格知识归赋有显著的小规模效应。二是在严格知识归赋问题上，在归赋知识的人之间，几乎不存在风险效应，因为高风险案例下，68%的知识归赋者在严格知识归赋中选择"真的知道"，低风险案例下是71%，相差仅有3%，并且只有中国香港和美国2个调查地点接近显著性。

结果似乎证明：风险在日常知识归赋中不起作用；认知语境主义和利益相关的不变主义等是无基础的；风险在日常知识归赋中起作用的观点是"无用的假设"；"在跨文化的知识归赋中，没有风险效应具有令人惊讶的稳定性"[2]，日常知识归赋中没有风险效应具有跨文化的普遍性和稳健性。

二 对"知识中没有风险"结论的质疑

对罗斯等人的实验，至少有如下5种质疑：

（1）罗斯等人认为，受试者意识到了风险的不同，因为78%的受试者通过了理解题测试。这种解释是有问题的，因为受试者只收到1个案

---

[1] David Rose, etc., "Nothing at Stake in Knowledge", *Noûs*, 2019 (53: 1): 232-237.
[2] David Rose, etc., "Nothing at Stake in Knowledge", *Noûs*, 2019 (53: 1): 237-239.

例，而非 2 个案例的对比，此外，受试者读到的都是自己的本族语（由精通本族语的学者翻译的）。这让我们怀疑 78% 人中是否还有 22% 的人通过随机选择通过了理解题的测试。如果有 22% 的受试者由于不认真而随机做错了，那么也可能有 22% 的受试者由于不认真而随机做对了。果真如此，罗斯等人的调查结果至少应该放大 28%，也就是说发现风险效应的调查地点可能会更多。

（2）罗斯等人认为，几乎没有发现任何证据表明风险对知识归赋有影响。然而，他们发现了风险对知识归赋的显著影响，只是认为可以忽略不计，而且效应量非常小，低于 0.1—0.3 的小标准。虽然逻辑回归模型显示，风险与调查地点之间没有交互作用，而且在 19 个调查地点中，只有 3 个（16%）有显著的小规模的风险效应，但是这 3 个有风险效应的国家，即西班牙（239 人）、英国（255 人）和日本（316 人），它们的受试者人数属于前 6，其他调查地点大都只有 150 人左右，最低的瑞士只有 84 人。这告诉我们，另外的 13 个调查地点的数据更不可信，缺乏风险效应是可疑的。

（3）在案例的设计中，有"鲍勃回答说：'不，我知道银行会营业的'。"这会产生主角投射现象。因为当主角鲍勃说"我知道银行会营业"时，受主角投射的影响，受试者会迁就鲍勃的说法，把知识归赋给他，从而导致"不管案例是低风险还是高风险，所有调查场景在知识归赋方面总体表现出较高的比例"。

（4）不管是知识归赋题，还是严格知识归赋题，在 19 个调查地点中，都有 2—3 个地点发现了知识归赋的风险效应，这是不应该忽略的。

（5）不管是知识归赋题，还是严格知识归赋题，选择项都没有穷尽答案的可能，至少都还有"不能判断"选项。在严格知识归赋题中，把"知道"与"以为知道"并列，这很容易误导受试者，认为"以为知道"="假的知道"+"真的不知道"。这也是与知识归赋题的归赋相比，严格知识归赋题的归赋均有显著下降的原因。

第二节　知识归赋中风险效应的实证研究

与否定知识归赋的风险效应不同，2012 年皮尼洛斯的《知识、实验和实践利益》[1]、施瑞帕德和斯坦利的《利益相关的不变主义的经验检验》[2]；2014年皮尼洛斯和辛普森的《支持知识反理智主义的实验证据》[3]；2015年巴克沃特和肖弗的《知识、风险和错误》[4]；2020年丁格斯（Alexander Dinges）和查寇（Julia Zakkou）的《知识中风险重要》[5]，等等，则发现了大众知识归赋受风险因素的影响，并认为以往没有检测出知识归赋的风险效应的实验存在着四个方面的设计错误：错误的第三方提问方式；没有检验正确的变量；有叙述者暗示问题；存在抑制效应。[6] 在实验设计中，《知识、实验和实践利益》和《支持知识反理智主义的实验证据》两篇论文，依据传统知识三元定义中知识蕴涵证据的理论[7]，创造性地提出"寻找证据"的实验设计，不再问受试者主角是否有知识，而是问受试者主角需要收集多少证据才能算作知道。这种设计假设：与低风险语境相比，在高风险语境中进行知识归赋需要更多的证据。这两篇论文证明了风险效应的存在。在《知识中风险重要》一文里，基于"寻找证据"的实验设计，丁格斯等人提出了一个新的是否收回知识宣称的实验范式，实验结果证明知识归赋存在风险效应。与寻找证据的实验设计相比，"收回知识宣称的设计"是一种更好的检测"知识

---

[1] Nestor Ángel Pinillos, "Knowledge, Experiments and Practical Interests", in Jessica Brown & Mikkel Gerken (eds.), *New Essays on Knowledge Ascriptions*, Oxford: Oxford University Press, 2012, pp. 192 – 219.

[2] Chandra Sekhar Sripada & Jason Stanley, "Empirical Tests of Interest-relative Invariantism", *Episteme*, 2012（9：1）：3 – 26.

[3] Nestor Ángel Pinillos & Shawn Simpson, "Experimental Evidence in Support of Anti-Intellectualism About Knowledge", in James R. Beebe (ed.), *Advances in Experimental Epistemology*, London: Bloomsbury Academic, 2014, pp. 18 – 19.

[4] Wesley Buckwalter & Jonathan Schaffer, "Knowledge, Stakes, and Mistakes", *Noûs*, 2015（49：2）：201 – 234.

[5] Alexander Dinges & Julia Zakkou, "Much at Stake in Knowledge", *Mind and Language*, 2020（36：5）：729 – 749.

[6] Chandra Sekhar Sripada & Jason Stanley, "Empirical Tests of Interest-relative Invariantism", *Episteme*, 2012（9：1）：4.

[7] 对知识蕴涵确证理论，拙文（曹剑波：《确证非必要性论题的实证研究》，《世界哲学》2019年第1期）提出了批驳。虽然如此，由于确证是确保能否把握到真理的唯一可获得的指标，故而证据充分与否也就成为某个判断是否为知识的唯一可获得的指标，因此用寻找证据作为是否有知识通常是可行的。

归赋直觉"的设计。

一 "寻找证据"的实验设计

有两种实验范式来检验知识归赋的风险效应。第一种是经典范式，场景中的主角可获得的证据固定不定，受试者收到一个或一对高/低风险案例后，对自己的知识归赋状态的一致性进行评级。这种固定证据的设计（evidence-fixed design），问的是：s 有某个数量的证据，s 是否有 p 的知识？第二种是寻找证据范式，案例中的证据不再固定不变，受试者要评估主角在高/低风险案例中需要多少证据才能获得知识。这种寻找证据的设计（evidence-seeking design）问的是：如果 s 要知道 p，那么 s 需要多少证据？在《知识、实验和实践利益》[①]一文中，皮尼洛斯创造性地提出了"寻找证据"的设计，设计了高/低风险的拼写案例，证明了知识归赋的风险敏感性。高/低风险的拼写案例分别是[②]：

> 低风险拼写案例：彼得是一个优秀的大学生，他刚刚为英语课写了一篇两页纸的文章。文章明天要交。即使彼得的拼写很好，他也随身带有一本字典，可以用来检查拼写，并确保没有拼写错误。出错的风险很小。老师只要一个粗略的初稿，有几个拼写错误无关紧要。即便如此，彼得也希望没有任何错误。

> 高风险拼写案例：约翰是一个优秀的大学生，他刚刚为英语课写了一篇两页纸的文章。文章明天要交。即使约翰的拼写很好，他也随身带有一本字典，可以用来检查拼写，并确保没有拼写错误。出错的风险很大。老师是一个较真的人，如果文章有一处拼写错误，就不会给 A。老师要求完美。然而，约翰发现自己处在一个不同寻常的环境中。为了在班上得到 A，他的这篇文章必须得到 A。为了保住

[①] Nestor Ángel Pinillos, "Knowledge, Experiments and Practical Interests", in Jessica Brown & Mikkel Gerken (eds.), *New Essays on Knowledge Ascriptions*, Oxford: Oxford University Press, 2012, pp. 192 – 219.

[②] Nestor Ángel Pinillos, "Knowledge, Experiments and Practical Interests", in Jessica Brown & Mikkel Gerken (eds.), *New Essays on Knowledge Ascriptions*, Oxford: Oxford University Press, 2012, p. 200.

他的奖学金，他需要在班上得到 A。没有奖学金，他就不能上学了。离开大学将会让约翰和他的家人崩溃。为了让约翰上学，他的家人已经作出了很大的牺牲。因此，对约翰来说，文章中没有拼写错误是极其重要的。他很明白这一点。

皮尼洛斯把两个案例单独随机分配给受试者，并问：

你认为彼得/约翰需要校对这篇文章多少次，才能知道没有拼写错误？_____次。

完成高/低风险的拼写案例的受试者分别为 67 人和 77 人。实验结果是，高风险中的平均次数是 5 次，低风险中平均次数是 2 次。实验结果表明，受试者认为，为了知道文章中已经没有拼写错误了，约翰校对文章的次数要比彼得多出 3 次。实验结果证明知识归赋中存在风险效应。

为了进一步验证风险效应，皮尼洛斯进行了并列实验（juxtaposed experiment）①，有 95 位受试者，其设计是把低风险拼写案例和高风险拼写案例同时打乱顺序随机呈现给受试者，并要他们在读完 2 个案例后回答：在彼得知道没有拼写错误前，他需要校对这篇文章_____次；在约翰知道没有拼写错误前，他需要校对这篇文章_____次。

结果是：低风险拼写案例平均为 2 次，高风险拼写案例平均为 3 次，并有较高的统计学上的显著差异。

用寻找证据的实验设计来解释风险高低会导致知识归赋的不同，皮尼洛斯想到了两种可能的异议，即信念异议和误解问题异议。对此，他

---

① 并列实验也就是受试者内实验，它不同于作为受试者间实验即单一（non-juxtaposed）实验。德娄斯反对并列实验，理由是："如果我同时面对高/低标准案例，那么在这两个案例里，对讨论中的主体是否知道给出相同意见的压力将会很大，这种压力大于在这些案例（主体在低风险中'知道'，在高风险中'不知道'）中对这个或那个主张必定错误作出裁决的压力。"[Keith DeRose, *The Case for Contextualism: Knowledge, Skepticism and Context* (Vol. 1), Oxford: Oxford University Press, 2009, p. 49, n. 2.]正因如此，德娄斯本人极力主张这些案例应该分开调查。[Keith DeRose, *The Case for Contextualism: Knowledge, Skepticism and Context* (Vol. 1), Oxford: Oxford University Press, 2009, p. 49.]然而，有讽刺意味的是，他提供的银行案例的思想实验都是用的并列方法。

进行了回应。

反对者可能会说，在高/低风险拼写案例中，还存在信念对风险敏感的"信念异议"的可能解释。换言之，在高风险拼写案例中，约翰可能更不愿意形成他的文章中没有拼写错误的信念。知识蕴涵信念，因此这也可以解释为什么高风险的约翰比低风险的彼得要检查更多的次数，才能被受试者认为他知道没有拼写错误。皮尼洛斯认为，用信念的风险敏感性来解释拼写案例中高/低风险的数据差异有两个错误：①信念的风险敏感性无法充分地解释数据的差异，因为：一方面，所问的问题是关于知识的，而不是关于信念的；另一方面，单靠信念很难解释在高/低风险拼写案例中为何所需要检测的次数的不同。②无知的高风险拼写案例和附加信息调查，证明信念的风险敏感性解释是错误的。

> 无知的高风险拼写案例：约翰是一个优秀的大学生，他刚刚为英语课写了一篇两页纸的文章。文章明天要交。即使约翰的拼写很好，他也随身带有一本字典，可以用来检查拼写，并确保没有拼写错误。出错的风险很大。老师是一个较真的人，如果文章有一处拼写错误，就不会给 A。老师要求完美。然而，约翰发现他自己处在一个不同寻常的环境中。为了在班上得到 A，他的这篇文章必须得到 A。为了保住他的奖学金，他需要在班上得到 A。没有奖学金，他就不能上学了。离开大学将会让约翰和他的家人崩溃。为了让约翰上学，他的家人已经作出了很大的牺牲。因此，对约翰来说，文章中没有拼写错误是极其重要的。然而，约翰没有意识到真正的风险是什么。他认为老师根本不关心文章中是否有一些甚至很多拼写错误。虽然约翰想要没有拼写错误，然而他没有意识到哪怕文章中只有一个拼写错误，这对他来说也是非常糟糕的。①

对 69 位受试者进行的高风险拼写案例调查，受试者给出的平均次数

---

① Nestor Ángel Pinillos, "Knowledge, Experiments and Practical Interests", in Jessica Brown & Mikkel Gerken (eds.), *New Essays on Knowledge Ascriptions*, Oxford: Oxford University Press, 2012, pp. 217–218.

为 3 次。与低风险拼写案例的 2 次相比，有统计学上的显著差异，表现出中等程度的风险效应。信念的风险敏感性，不能解释无知的高风险拼写案例的这个数据。因为约翰对场景中的风险完全没有意识到，因此他不会因为知道风险而不愿意形成"文章中不包含任何拼写错误"这个信念。

附加信息调查是在高/低风险拼写案例后面都附加如下内容：

> 结果是，就在彼得/约翰写完他的文章后，他形成了他的文章中没有拼写错误这个信念，而且事实上也没有拼写错误。然而，他知道这一点吗？你认为彼得/约翰需要校对这篇文章多少次，才能知道没有拼写错误？_____次。

调查结果发现，低风险拼写案例的平均次数为 2 次，高风险拼写案例的平均次数为 3 次，且有统计学的显著性。高/低风险中出现的知识归赋差异，证明信念异议是错误的。

反对者可能会说，受试者可能因操作错误或对话中的言外之意触发，而把知识问题误解成规范问题。为了检测这种解释是否可能，皮尼洛斯用低风险拼写案例和无知高风险拼写案例进行调查。与原案例的不同之处是：①增加了一个规范问题：约翰/彼得在上交这篇文章前，他应该校对_____次。②有一个补充说明："注意这个问题与前一个问题之间的不同。只有前一个问题中才有'知道'这个词。"这种改进使受试者不太可能出现操作错误或受到言外之意的触发。结果表明，受试者不受操作错误或言外之意触发的影响。

二 对寻找证据设计的质疑与辩护

对寻找证据的实验设计，不少学者提出了质疑，针对这些质疑，皮尼洛斯和辛普森给出了自己的回应。对寻找证据的实验设计的质疑概括地说有：①由于"知识"显然不等同于"获得证据"，因此寻找证据的这种实验设计作为检测知识归赋的大小的效度是可疑的；②风险效应并不为知识归赋所独有，因为无论是皮尼洛斯本人用与"知道"相关的行为动词代替"知道"进行实验,还是巴克沃尔特和肖弗[1]用"相信""猜测""希望"等心理词汇代替"知道"时,都发现了类似的研究结果。

在《对比的案例》中,汉森(Nat Hansen)指出,在这个实验中,高低风险不同的场景中所检测到的收集证据量的不同,可能不是因为第三人称归赋知识的精神状态是否内在地对风险敏感,而是因为与低风险的主角相比,高风险的主角被期望去收集更多的证据以获得在这个问题上的正确信念。为了检测风险是否特定地影响知识归赋的精神状态,或者是否这些不同是诸如信念这类其他的精神状态所产生的,他做了一个实验[2]。

给100位受试者的场景与皮尼洛斯的相同,只是要归赋主体的精神状态不同。实验采用了2×2的主体间设计,分别在主体的风险(高低)和精神状态(信念或知识)上变化。在给予了其中一个场景后,问受试者:"在彼得相信/知道没有拼写错误之前,你认为他必须校对他的文章多少次?"和"请把你认为适当的数字填写在下面的空格中"。

结果发现,风险对归赋者的直觉有巨大的影响。然而,尽管实验揭示风险的高低在人们的判断中有显著的差异,拼写错误低风险信念案例平均为2.71次,拼写错误低风险知识案例平均为2.61次,拼写错误高风险信念案例平均为6.59次,拼写错误高风险知识案例平均为5.12次。在这些语境中,特定的精神状态却没有显著的差异。[3] 换句话说,在问受试者"认知主体应该收集多少证据才能有知识"与"这个主体获得确定的结果这个信念之前,应该收集多少证据"两个问题上,受试者给出的答案大致相同。基于这个实验,汉森认为,与低风险案例相比,在高风险中,不是主体先在的信念转变成知识需要更多的证据,而是认知主体要形成这种必要的信念时需要不同的证据。

---

[1] Wesley Buckwalter & Jonathan Schaffer, "Knowledge, Stakes, and Mistakes", *Noûs*, 2015 (49: 2): 201-234.

[2] Nat Hansen, "Contrasting Cases", in James R. Beebe (ed.), *Advances in Experimental Epistemology*, London: Bloomsbury Academic, 2014, pp. 71-96.

[3] 风险与精神状态(知道和相信)之间有显著的主效应,$F(1, 86) = 23.1$, $p < 0.01$。然而知识与相信之间没有显著的主效应,$F(1, 86) = 1.40$, $p = 0.24$,也没有交互作用,$F(1, 86) = 1.05$, $p = 0.31$。

巴克沃尔特在《事实动词和主角投射》[1]以及巴克沃尔特和肖弗在《知识、风险和错误》[2]一文中,也对用寻找证据的实验来探究知识归赋提出了担忧。他们认为,研究受试者寻求证据的回应并不能揭示出大众对"知识"的使用情况,寻找证据的实验不能告诉我们知识的日常使用是否对实践利益敏感。他们发现,当重复这些寻找证据的实验,用"相信""希望"或"猜测"这些词来代替"知道"时,产生的结果仍然相同。他们的提问是:"你认为彼得在相信/猜测/希望没有打字错误前,他必须校对他的文章多少次?"实验结果有两个发现:一是每一种结构都有风险效应。二是这些结构与最初的"知道"问题之间没有统计学上的显著差异。这表明,在证据收集的实验中发现的差异不是知识概念所特有。他们指出:"由于在替换'知道'而保留情态动词的情况下皮尼洛斯的风险效应依然存在,而在保留'知道'、删去情态动词时风险效应就消失了,借用标准的因果推理,我们可以知道这是情态动词的风险效应,而非知识归赋的风险效应。"他们因此说,风险效应与知识归赋无关,并认为所发现的风险效应是由情态动词引起。根据这种解释,发现的风险效应只表明受试者认为在风险很高时,形成任何关于打字稿的信念前,彼得校对的次数应该更多。

为了检验巴克沃尔特和肖弗的假设,在《支持知识反理智主义的实验证据》[3]一文中,皮尼洛斯和辛普森设计了一个实验,提供给一组受试者高风险打印错误场景(typo vignette),另一组受试者低风险场景。然后,同时问所有的受试者"知道"和"希望"的问题。设计这个实验的想法是,如果回答不同,那么巴克沃尔特和肖弗的假设是错误的。

数据显示,受试者对这些问题给出了不同的答案。当先提出希望问题时,希望问题(包括高和低风险)回答的平均次数是1.5次,知道问

---

[1] Wesley Buckwalter, "Factive Verbs and Protagonist Projection", *Episteme*, 2014 (11): 391–409.
[2] Wesley Buckwalter & Jonathan Schaffer, "Knowledge, Stakes, and Mistakes", *Noûs*, 2015 (49: 2): 201–234.
Wesley Buckwalter, "The Mystery of Stakes and Error in Ascriber Intuitions", in James R. Beebe (ed.), *Advances in Experimental Epistemology*, London: Bloomsbury Academic, 2014, pp. 145–174.
[3] Nestor Ángel Pinillos & Shawn Simpson, "Experimental Evidence in Support of Anti-Intellectualism About Knowledge", in James R. Beebe (ed.), *Advances in Experimental Epistemology*, London: Bloomsbury Academic, 2014, pp. 9–44.

题的平均次数是 3.7 次，存在统计学上的显著差异。① 当先提出知道问题时，结果基本相同，希望问题回答的平均次数为 1.97 次，知道问题的平均次数为 3.93 次，存在统计学上的显著差异。风险效应在知道问题上仍然存在，在希望问题上却没有。② 低风险知道问题的平均次数为 3.31 次，高风险知道问题的平均次数为 4.42 次，有统计学上的显著性。③ 低风险希望问题回答的平均次数是 1.54 次，高风险希望问题的平均次数是 1.9 次，没有统计学上的显著性。④ 知道问题上没有顺序效应。先提出知道问题时，平均次数是 3.93 次，后提出知道问题时，平均次数是 3.73 次。希望问题也没有顺序效应。先提出希望问题时，平均次数是 1.5 次，后提出知道问题时，平均次数是 1.97 次。⑤

对于巴克沃尔特和肖弗发现的"希望"之类与"知道"具有相同的风险效应，皮尼洛斯和辛普森⑥认为，可用"锚定与调整效应"（anchoring and adjustment effect）⑦来解释。锚点可能是自我产生的（self-generated anchors），也可能是被给予的（provided anchors），而前者受制于后者。锚定与调整效应非常普遍，其表现是在诸如寻求证据实验的这类不确定性中，当人们试图作出评估时，他们的回答会朝向一个锚点。例如，当受试者估计乔治·华盛顿当选美国总统（1789 年）是哪一年时，如果

---

① 当先提出希望问题时（$N=40$），希望问题（包括高和低风险）平均回答是 1.5（$SD=1.038$），知道问题的平均回答是 3.7（$SD=1.09$）。配对样本 t 检验表明这种回答之间存在统计学上的显著差异 $t(39)=12$，$p<0.01$（排除了回答在 9 以上的 5 个异常值）。

② 当先提出知道问题时（$N=29$），希望问题的平均值为 1.97（$SD=0.9$），知道问题的均值为 3.93（$SD=1.4$）。配对样本 t 检验：$t(28)=10.06$，$p<0.01$。

③ 低风险知道问题的平均值为 3.31（$N=39$，$SD=0.86$）；高风险知道问题的平均值为 4.42（$N=31$，$SD=1.36$）。在统计学上有显著性：$t(48.35)=3.95$，$p<0.01$。

④ 低风险希望问题回答的平均值是 1.54（$N=39$，$SD=0.96$）；高风险希望问题的均值是 1.9（$N=39$，$SD=1.0$）。没有统计学上的显著性：$t(68)=1.53$，$p=0.153$。

⑤ 知道问题上没有顺序效应。先提出知道问题时，均值是 3.93（$SD=1.43$），后提出知道问题时，均值是 3.73（$SD=1.09$），$N=69$，$t(67)=0.75$，$p=0.45$。希望问题也没有顺序效应。先提出希望问题时，均值是 1.5（$SD=1.03$），后提出问题时，均值为 1.97（$SD=0.9$），$N=69$，$t(67)=1.9$，$p=0.057$。

⑥ Nestor Ángel Pinillos & Shawn Simpson, "Experimental Evidence in Support of Anti-Intellectualism About Knowledge", in James R. Beebe (ed.), *Advances in Experimental Epistemology*, London: Bloomsbury Academic, 2014, pp. 9–44.

⑦ 锚定与调整效应可用聚焦效应来解释，聚焦效应可用双过程理论来解释。

他们首先被锚定在已知的年份上，比如1776年的独立年。他们估计更倾向于这个锚点。研究表明，尽管受试者的答案范围是1777—1784年，但他们对这个问题的平均值是1779.67。这种回答偏向锚点。类似的结果在许多不同的问题上有重复出现。①

皮尼洛斯和辛普森认为，可用锚定与调整效应解释寻找证据的实验应用于"希望"问题时为什么会出现风险效应。当给予受试者打印错误的场景以及寻求证据的问题后，他们自然地锚向彼得在提交他的论文前应该校对他文章的次数。这样，回答自然对风险敏感。这是因为依据古典决策论，一个理性的决定是对犯错的成本（风险）敏感的。当受试者仅被给予了希望问题时，他们会提出一个锚点，并很快满足于和终止于达到或接近这个锚点。巴克沃尔特和肖弗的数据因此就可以得到解释。当同时提供给受试者希望问题和知道问题时，由于主体的智力努力，锚定的偏见就会得到适当的调适。正如爱普雷和吉洛维奇所证明的那样，动机或意愿付出的精神努力可以纠正锚定偏见。②

只调查知道问题是否也有锚定偏见吗？如果单纯地知道问题会出现锚定偏见，那么在受试者更少的反思与更多的反思的回答中就会出现差异性，然而，皮尼洛斯③的研究却没有发现反思对知道问题回答的影响。因此，可以说认为锚定与调整偏差对知道问题不起作用。

巴克沃尔特和肖弗对寻找证据实验的另一个批评是基于他们的"两读"（two reads）实验。这个实验是对打字错误实验的修改，但彼得已经检查拼写错误2次。受试者被问及在多大的程度上同意："彼得知道他的文章上没有拼写错误。"皮尼洛斯和辛普森的实验表明，在高风险寻找证据的实验中，受试者的平均回答为5次；在低风险中为2次。有鉴于此，人们希望在"两读"实验中，结果会不同。然而，在主体间的研究中，

---

① Nicholas Epley & Thomas Gilovich, "The Anchoring and Adjustment Heuristic: Why Adjustments Are Insufficient", *Psychological Science*, 2006 (17): 311–318.

② Nicholas Epley & Thomas Gilovich, "The Anchoring and Adjustment Heuristic: Why Adjustments Are Insufficient", *Psychological Science*, 2006 (17): 311–318.

③ Nestor Ángel Pinillos, "Knowledge, Experiments and Practical Interests", in Jessica Brown & Mikkel Gerken (eds.), Knowledge Ascriptions, Oxford: Oxford University Press, 2012, pp. 192–219.

这种预期并没有被发现。① 巴克沃尔特和肖弗因此认为寻求证据的调查并没有告诉我们人们如何使用"知识"的概念。

对这个批评的回应有二。首先,巴克沃尔特和肖弗设计的场景有问题,他们的措辞是:"彼得天生是一个很好的拼写者,此外,他带了一本字典,并用它认真检查了文章 2 次。"根据格赖斯的数量准则(Grice's maxim of quantity),要给受试者提供相同的信息。在这个场景中,如果彼得实际上检查了 3 次,而场景中说只检查了 2 次,那么这将违反数量准则。出于这个原因,受试者在读这个故事时暗示彼得只检查了 2 次。如果受试者认为检查 2 次对彼得来说足够了,那么他们可能认为 2 次对彼得知道没有拼写错误也是足够的。毕竟,彼得意识到了风险是什么,而且他所处的最好判断正是他非常仔细地校对的处境。在高风险场景中,受试者也会认为 2 次仔细的校对足以让彼得知道没有拼写错误。因此,巴克沃尔特和肖弗的实验不能抹黑证据调查的方法。

其次,可用锚定效应来反驳。检查 2 次的实验与寻找证据的实验之间的关键区别在于,前者的锚点(2 次)是由实验者提供的。这是很重要的。研究表明,产生满意的调整过程最好是自己产生锚点。当锚点被给定时,这个满意过程可能只是一种被动地选择可获得信息的过程。② 依据这个处理模型,受试者会把被给定的锚点当作假设进行检验。这个检验假设的过程将使主体选择可获得的、与假设一致的目标信息,并因而更可能同意这个假设。例如,有报道③说,在一个实验中,受试者要去判断非洲国家的联合国成员的比例是高于还是低于 65%。当他们这样做时,"他们有选择地从记忆中检索与这个假设相符合的知识(如'非洲是一个

---

① Wesley Buckwalter & Jonathan Schaffer, "Knowledge, Stakes, and Mistakes", *Noûs*, 2015 (49: 2): 201 – 234.

② Thomas Mussweiler & Fritz Strack, "Hypothesis-consistent Testing and Semantic Priming in the Anchoring Paradigm: A Selective Accessibility Model", *Journal of Experimental Social Psychology*, 1999 (35): 136 – 164.

③ Thomas Mussweiler, Birte Englich & Fritz Strack, "Anchoring Effect", in Rüdiger F. Pohl (ed.), *Cognitive Illusions: A Handbook of Fallacies and Biases in Thinking, Judgement, and Memory*, London, UK: Psychology Press, 2004, pp. 183 – 200.

大洲''非洲有很多国家我没有记住',等等)"①。因此,他们估计相关的比例将接近65%,而不是其他,因为他们可获得的关于非洲的信息与给定的锚定数量一致。在"两读"实验中,存在着相同的偏见。受试者将思考"只校对2次,彼得就知道没有拼写错误"这个假设。这样做时,使他们把这个场景解释为只校对2次就足够使彼得知道没有拼写错误。

三 收回知识宣称的设计

丁格斯等人基于寻找证据的设计,提出了收回知识宣称的设计,并用拼写案例和银行案例做了两组实验。实验测试当风险增加时,受试者是否会收回先前的知识宣称。实验中设计了有风险发生变化的风险场景、风险没有变化的中性场景和证据发生变化的证据场景。

第一组实验,通过线上平台招募了153名受试者。随机分配给受试者3个场景中的一个,并要求他们想象自己在那个场景中会说什么。改写版拼写案例如下:

> 你和汉娜在英语课上合写了一篇论文。你同意校对论文。你已经仔细校对了3遍,必要时还用了字典。你发现并纠正了一些拼写错误,但在最后1遍中再也没有发现任何拼写错误了。
>
> 你和汉娜见面并交给她这篇论文。汉娜问你是否认为论文上再也没有拼写错误了。你回答说:"我知道再也没有拼写错误了。"汉娜第一次向你透露,(场景以下列方式之一继续进行)
>
> 【中性场景】她一直都是"后街男孩"的超级粉丝。你从来都不喜欢"后街男孩",但你喜欢汉娜,你答应听她特别推荐的几首歌。你怀疑它们会改变你的想法,但同意尝试一下。
>
> 【风险场景】在英语课上得A对她来说极其重要。她的奖学金全靠它了。如果没有奖学金,她就得退学。如果论文中有拼写错误,她就不太可能得A,所以对她来说,论文中没有拼写错误极其重要。

---

① Thomas Mussweiler, Birte Englich & Fritz Strack, "Anchoring Effect", in Rüdiger F. Pohl (ed.), *Cognitive Illusions: A Handbook of Fallacies and Biases in Thinking, Judgement, and Memory*, London, UK: Psychology Press, 2004, p.192.

【证据场景】她偷偷看了你以前的学期论文，即使你说你已经仔细校对过了，总会发现有很多拼写错误。她为没有早点告诉你而道歉。你有点失望，但原谅了她。汉娜是你的好朋友，你很感激她最后对你的坦诚。

（场景继续进行）当你准备提交论文时，汉娜问你是否坚持你之前的说法：知道论文中没有拼写错误。

在看完问卷后，所有受试者都要在随机出现的"我坚持"或"我不坚持"中做出选择，并用从"非常不自信"到"非常自信"的 7 分量表对自己的回答评分。最后请受试者回忆场景中校对论文的次数，以此检测他们是否认真作答。

实验结果为：受试者收回知识宣称的比率，中性场景为 5.9%，风险场景为 24%，证据场景为 58%。场景类型的卡方检验存在显著的统计学差异；场景收回率的情况是：风险场景高于中性场景，证据场景高于风险场景，证据场景高于中性场景，且有显著差异[①]。

自信度平均综合得分风险场景为 3.32，证据场景为 -0.40，中性场景为 5.43，有显著差异，证据场景比风险场景更倾向于收回。实验证实了风险对知识归赋的影响。风险增加时，收回率增加了 4 倍（5.9% 对 24%），不如证据变化的影响那么大（5.9% 对 58%）。证据的影响可能大于风险的影响。

第二组实验，用改写的银行案例验证收回知识宣称设计的可重复性。平台招募了 152 名受试者。除替换了案例外，其他设计与第一组实验一样。请受试者自己想象以下场景：

周五下午，你和同事彼得开车回家。你想去银行存你的支票。当你开车经过银行时，你注意到里面排着很长的队，就像通常在周五的那样。彼得问你是否知道明天，也就是周六，银行营业。如果银行明天会营业，你可以明天再来，那时排队的人比较少。你记得 3 周前的周六你去过这

---

① 风险场景与中性场景的差异：χ^2 (1, $N=101$) = 6.554，$p=0.010$，Cramer's $V=0.255$（中等效应）；证据场景与风险场景的差异：χ^2 (1, $N=100$) = 11.947，$p=0.001$，Cramer's $V=0.346$（中等效应）；证据场景与中性场景的差异：χ^2 (1, $N=101$) = 31.683，$p<0.001$，Cramer's $V=0.560$（中等效应）。

家银行。基于此，你回答说："我知道银行明天会营业。"你接到你伴侣的电话。她/他告诉你，(场景以下列方式之一继续进行)

【中性场景】你的孩子生病了，正在医院等着看病。她/他问你，如果你回家做晚餐，是否可以给植物浇水。家里有足够的食物，所以你不需要额外买任何东西。你同意了。

【风险场景】你最迟在周六前存入你的支票极其重要。一张非常重要的账单就要到期了，而账户里的钱太少了。你意识到如果你今天开车回家发现这家银行明天不营业，那将是一场灾难。

【证据场景】她/他今天早些时候在你所在银行的另一家分行，有公告上写着周六不再营业。你在你去的那家银行，你也看到了类似的公告。你从远处看不清公告，但它似乎与营业时间有关。

(场景继续进行) 在你挂断电话后，彼得问你是否坚持你之前的说法：知道这家银行明天会营业。

认真程度检测题是：回忆你上次去这家银行已经过去了几周。

实验结果为：受试者收回知识宣称的比率，中性场景为9.8%，风险场景为48%，证据场景为96.1%。场景类型的卡方检验存在显著的统计学差异；场景收回率的情况是：风险场景高于中性场景，证据场景高于风险场景，证据场景高于中性场景，且有显著差异[①]。

自信度平均综合得分风险场景为1.10，证据场景为-4.53，中性场景为5.06，有显著差异，证据场景比风险场景更倾向于收回。实验重复了之前的发现，甚至比以前更清楚地证明，高风险会导致对先前知识宣称的收回，而且新证据对收回的影响比风险大。

第三节 知识归赋风险效应的批评与辩护

对知识归赋中风险效应的批评有三，一是不存在说，认为知识归赋中

---

① 风险场景与中性场景的差异：χ^2 (1, $N=101$) = 17.996, $p<0.001$, Cramer's $V=0.422$ (中等效应)；证据场景与风险场景的差异：χ^2 (1, $N=101$) = 29.126, $p<0.001$, Cramer's $V=0.537$ (中等效应)；证据场景与中性场景的差异：χ^2 (1, $N=102$) = 76.185, $p<0.001$, Cramer's $V=0.864$ (大效应)。

根本没有风险效应；二是可还原说，认为知识归赋中的风险效应没有独立性，可以还原为其他原因；三是反事实说，认为知识归赋中如果有风险效应，会导致令人尴尬的反事实现象。下面对这些批评一一进行反驳。

一 风险效应不存在说及其批驳

基于有大量知识归赋的实验没有发现风险效应，或者纵使在实验中得到了证实，也似乎很容易被解释掉（见可还原说），批评者认为知识归赋中没有风险效应。

对知识归赋是否存在风险效应，捍卫者可以说：①知识归赋的风险效应是个存在命题，只涉及"有时"。皮尼洛斯和辛普森赞成卫泽森[①]的观点，认为知识归赋的语境敏感性只具有存在的意义。也就是说，他并不认为，每次像实践利益这类语境因素的不同，都会导致知识归赋的不同。相反，他只是宣称，存在一些案例，其中像实践利益这类语境因素的不同会导致知识归赋的不同。一些实验没有检测到某些场景中的风险效应，而其他实验在其他场景中检测到了风险效应，这个事实并不能得出"是否存在知识归赋的风险效应是不确定的"，甚至"不存在知识归赋的风险效应"的判断。因此，他们主张：大众的知识归赋有时对实践利益敏感。[②] ②"说'有'容易，说'无'难。"不能因几次实验没有发现知识归赋的敏感现象，就说所有知识归赋都没有语境敏感性。有些实验没有发现知识归赋的语境敏感性的原因，可能是由于没有科学地设计实验问卷，没有恰当地控制实验条件，或者也可能探测的工具不够精细。在任何探究中，都要小心地避免从没有统计显著性的结果中得出否定结论。例如，如果有人非常仔细地检查了他的手，却没有看到任何微生物，很显然，他无权下结论说他的手上没有微生物。[③] 虽然如此，对知识归赋的风险效应的这类辩护力是很弱的。为什么有些实验，甚至是那些采用知识论中用来说明风险

---

① Brian Weatherson, "Knowledge, Bets and Interests", in Jessica Brown & Mikkel Gerken (eds.), *Knowledge Ascriptions*, Oxford: Oxford University Press, 2012, pp. 75–103.

② Nestor Ángel Pinillos & Shawn Simpson, "Experimental Evidence in Support of Anti-Intellectualism About Knowledge", in James R. Beebe (ed.), *Advances in Experimental Epistemology*, London: Bloomsbury Academic, 2014, p. 12.

③ 曹剑波：《银行案例的知识归赋研究》，《天津社会科学》2018年第5期，第56页。

效应的经典案例（如银行案例）的实验，也没有发现风险效应呢？总结他人的观点①，并结合我们的分析得出，没有检测出风险效应的原因可能有：问卷设计的问题、没有检验正确的变量、没能让受试者准确把握风险的高低、存在抑制效应、调查受试者的问题、分析数据的错误，等等。

（一）问卷设计的问题

知识归赋的三层表述可以是："评价者 E 同意：归赋者 A 说：'主体 S 知道 p'。"② 在这个表述中，有评价者 E、归赋者 A 和主体 S，由于他们的身份不同，与风险的关涉程度不同。例如，受试者进行知识归赋的风险，不同于受试者评估（evaluate）知识归赋的风险，前者是当事人，后者是旁观者，因此在知识归赋的问卷设计时，要注意把他们区分开来，否则就可能测不出风险效应。因此，在问卷设计中，要避免主角投射效应、认知的自我中心主义和反否定偏见。

第一，实验设计可能存在主角投射（protagonist projection），或称迁就（accommodation）效应，即受试者往往会调整自己的判断，迁就主角的说法，把主角的判断作为自己的判断。例如，在银行案例的知识归赋中，其他细节都相同，当主角说"我知道"时，受试者就会认为主角有知识；当主角说"我不知道"时，受试者就会认为主角没有知识。③ 这就是心理学中所说的主体倾向（subjects' tendency），或非矛盾的顺从偏见（non-contradiction acquiescence bias），即受试者会顺从场景中主角的看法，以避免与场景中主角的断言相矛盾④。产生这种现象的原因，是受试者基于非认知的因素（如社交礼仪和对冒犯或愤怒的谨慎），或认知因素（有经验证明，他人的断言通常是诚实的），倾向于不直接与他人的断言矛

---

① Chandra Sekhar Sripada & Jason Stanley, "Empirical Tests of Interest-relative Invariantism", *Episteme*, 2012（9：1）：3 - 11.
David Rose, etc. "Nothing at Stake in Knowledge", *Noûs*, 2019（53：1）：229 - 230.
② 曹剑波：《实验知识论研究》，厦门大学出版社 2018 年版，第 123 页。
③ Wesley Buckwalter, "Non-Traditional Factors in Judgments about Knowledge", *Philosophy Compass*, 2012（7：4）：280.
④ Philip M. Podsakoff, Scott B. MacKenzie, Jeong-Yeon Lee & Nathan P. Podsakoff, "Common Method Biases in Behavioral Research：A Critical Review of the Literature and Recommended Remedies", *Journal of Applied Psychology*, 2003（88：5）：897 - 903；David Rose, etc. "Nothing at Stake in Knowledge", *Noûs*, 2019（53：1）：229 - 230.

盾。错误的第三方提问方式即"当 S 说'汉娜知道银行明天会营业'时，S 所说是真的"，可能削弱知识归赋中的风险效应。因为假定受试者在高风险中有否认知识主张的倾向，受试者将会倾向于以避免与场景中的角色作出的相矛盾的知识主张来抵消。[①] 问卷设计中应该只问受试者关于认知事实的判断是否只在风险不同的环境之间变化。如果问受试者对表达这些事实的肯定语句的判断，只会把问题弄糊涂。因此，在施瑞帕德和斯坦利看来，应该要求受试者直接评估场景中的相关角色正在谈论中的认知属性。在银行案例中，应该问"汉娜是否知道银行明天会营业"。[②] 在德娄斯看来，梅等人在《实践利益、相关选择项和知识归赋：一个实验的研究》中，没有发现风险变量会影响知识归赋，一个可能的设计错误在于问受试者对"汉娜知道银行明天会营业"的同意程度。要求受试者为他们知识归赋的意愿进行评分，与要求受试者对知识归赋进行评价是不同的，这种不同就是归赋者与评价者的不同，因为"要受试者评价某个判断"与"要受试者参与某种情境，提出自己的看法"是不同的。在前者，受试者与归赋者是不同的人，受试者是要求评价归赋者主张的人，归赋者则是场景里的主角；在后者，受试者与归赋者是同一的，受试者要求评价场景中的主张。梅等人的问卷设计可能把主角的标准、归赋者的标准和评价者的标准混在一起，因此，更合适的提问是"汉娜是否知道银行明天会营业"或"你在多大程度上同意，汉娜说'我知道银行明天会营业'是真的"。[③] 为了避免主角投射，避免错误的第三方提问，问卷中不要问受试者是否同意"当 A 说'S 知道 p'时，A 所说是真的"，而要问"S 是否知道 p"，或问在多大程度上同意"S 知道 p"。

第二，认知心理学认为，存在认知的自我中心主义（epistemic egocentrism）或知识的诅咒（curse of knowledge），即把自己的精神状态归赋

[①] Chandra Sekhar Sripada & Jason Stanley, "Empirical Tests of Interest-relative Invariantism", *Episteme*, 2012（9：1）：5-6.

[②] Chandra Sekhar Sripada & Jason Stanley, "Empirical Tests of Interest-relative Invariantism", *Episteme*, 2012（9：1）：6.

[③] Keith DeRose, "Contextualism, Contrastivism, and X-Phi Surveys", *Philosophical Studies*, 2011（156：1）：84-85.

给他人（有时是未来的自己或过去的自己）时的一种以自我为中心的偏见①。例如，我们可能会错误地把我们重视的东西当作也是他人重视的，并责备他人未能恰当地给予重视。在知识归赋上表现为归赋者效应（attributer effect）②，即"与第一人称归赋相比，人们更不愿同意第三人称知识归赋"③。它们与其他著名的心理偏见如事后聪明偏见（hindsight bias）和结果偏见（outcome bias）有关。认知的自我中心主义包含两个重要的经验预设。第一个预设是，在我们如何评估有相关的特权信息的案例，与我们如何评估没有相关的特权信息的案例时，不应当有显著的差异。

---

① Joshua Alexander, Chad Gonnerman & John Waterman, "Salience and Epistemic Egocentrism: An Empirical Study", in James R. Beebe (ed.), *Advances in Experimental Epistemology*, London: Bloomsbury Academic, 2014, p. 97.

② 归赋者效应与心理学研究揭示的许多自我与他人心理归赋之间的不对称性吻合。琼斯（Edward Ellsworth Jones）和尼斯贝特（Richard E. Nisbett）发现，人们通常认为他人的行为是由他人内部的、稳定的性情引起，与此同时，认为自己的行为是受情境因素影响。[Edward Ellsworth Jones & Richard E. Nisbett, "The Actor and the Observer: Divergent Perceptions of the Cause of Behavior", in Edward E. Jones, David E. Kanouse, Harold H. Kelley, Richard E. Nisbett, Stuart Valins & Bernard Weiner (eds.), *Attribution: Perceiving the Causes of Behavior*, Morristown, NJ: General Learning Press, 1972, pp. 74 – 79.] 类似的不对称广泛存在。例如，与他人相比，人们倾向于认为：①对自己的未来更乐观 [Neil D. Weinstein, "Unrealistic Optimism about Future Life Events", *Journal of Personality and Social Psychology*, 1980 (39): 806 – 820.]；②自己的行动更慷慨或无私 [Nicholas Epley & David Dunning, "Feeling 'Holier Than Thou': Are Self-serving Assessments Produced by Errors in Self or Social Prediction?", *Journal of Personality and Social Psychology*, 2000 (79: 6): 861 – 875.]；③自己知道他人，比其他人更知道他人 [Emily Pronin, Justin Kruger, Kenneth Savitsky & Lee Ross, "You Don't Know Me, But I Know You: The Illusion of Asymmetric Insight", *Journal of Personality and Social Psychology*, 2001 (81: 4): 639 – 656; Jisun Park, Incheol Choi & Gukhyun Cho, "The Actor-observer Bias in Beliefs of Interpersonal Insight", *Journal of Cross-Cultural Psychology*, 2006 (37): 630 – 642.]；④自己较少受社会整合（social conformity）的压力影响 [Emily Pronin, Jonah Berger & Sarah Molouki, "Alone in a Crowd of Sheep: Asymmetric Perceptions of Conformity and Their Roots in an Introspection Illusion", *Journal of Personality and Social Psychology*, 2007 (92: 4): 585 – 595.]；⑤自己比别人更少受一系列认知的和动机的偏见影响，这一现象被称为偏见盲点（the bias blind spot）[Emily Pronin, "Perception and Misperception of Bias in Human Judgment", *Trends in Cognitive Sciences*, 2006 (11: 1): 37 – 43; Emily Pronin, Thomas Gilovich & Lee Ross, "Objectivity in the Eye of the Beholder: Divergent Perceptions of Bias in Self Versus Others", *Psychological Review*, 2004 (111): 781 – 799; Emily Pronin & Matthew B. Kugler, "Valuing Thoughts, Ignoring Behavior: The Introspection Illusion as a Source of the Bias Blind Spot", *Journal of Experimental Social Psychology*, 2006 (43: 4): 565 – 578.]；等等。

③ Adam Feltz & Chris Zarpentine, "Do You Know More When it Matters Less?", *Philosophical Psychology*, 2010 (23: 5): 689.

换言之，认知的自我中心主义预设，在评估相关的信息与读者共享的叙述者案例（narrator cases），与评估相关的信息为读者和主体共享的主体案例（subject cases）时，应该没有太大的差异。第二个预设是，在我们如何评估娱乐案例（entertain cases）（主体被娱乐地描述为有出错的可能），与我们如何评估中立案例（neutral cases）（对主体出错的可能性是否为了娱乐不作说明）时，应该没有太大的差异。当主体有特权信息时，与我们自己相比，对他人更难正确地评价。我们评估他人的判断时，好像他人分享我们的特权信息一样，然后责备他们未能按照我们认为他们应该的方式回应特权信息①。当高风险归赋者对低风险主体进行知识归赋时，通常会否定主体有知识，这是由于归赋者以自我为中心，把自己的高风险投射到主体身上。

第三，心理学研究表明，存在反否定偏见（anti-negative bias）②，即与作出肯定判断相比，作出否定判断要付出更多的努力，而且在相同努力的情况下，人们对肯定判断的真理宣称的信心要高于对否定判断的真理宣称的信心③。由于知识需要真理，在其他条件相同的情况下，人们更难把否定判断看作知识。在知识论上，这种偏见可能表现为肯定知识优先论，认为知识的肯定形式优于否定形式。在其他条件相同的情况下，与否定的推理信念相比，人们更可能把肯定的推理信念看作知识。因此，结合避免反否定偏见，避免主角投射，避免错误的第三方提问，问卷中不要问受试者是否同意"当 A 说 's 知道 p'时，A 所说是真的"，也不要问在多大程度上同意"s 不知道 p"，而要问"s 是否知道 p"，或问受试者自己作出"s 是否知道 p"选择时的自信度大小。

---

① Susan A. J. Birch, "When Knowledge Is a Curse: Children's and Adults' Reasoning about Mental States", *Current Directions in Psychological Science*, 2005 (14: 1): 25 – 29; Susan A. J. Birch & Paul Bloom, "The Curse of Knowledge in Reasoning about False Beliefs", *Psychological Science*, 2007 (18: 5): 382 – 386.

② 具体的案例，可参见曹剑波《怀疑主义的吸引力》，《福建论坛》（人文社会科学版）2018 年第 6 期。

③ Rolf Reber & Norbert Schwarz, "Effects of Perceptual Fluency on Judgments of Truth", *Consciousness and Cognition*, 1999 (8: 3): 338 – 342.

Daniel M. Oppenheimer, "The Secret Life of Fluency", *Trends in Cognitive Sciences*, 2008 (12: 6): 237 – 241.

迁就效应与归赋者效应是相互矛盾的效应,实验结果会体现出什么效应,与实验设计密切相关。错误的第三方提问方式、归赋者效应和反否定偏见都会削弱知识归赋中的风险效应,因此在实验设计中要慎重考虑。

(二) 没有检验正确的变量

由于风险的高低对真理或纯粹的真信念没有多大的影响,而以往的实验研究则主要是检测真假,因而很难检测出知识归赋的风险效应。与此不同,证据的质量或确证的信心则受风险高低的影响较大,因此,在知识归赋的实证研究中,寻找证据的实验设计以及宣称收回设计都是更可行的、更合理的设计。

(三) 没能让受试者准确把握风险的高低

受试者可能没有准确把握案例想呈现的风险的高低,其原因可能有四:没有以具体而又生动地呈现案例;没有询问是高风险还是低风险;没有区分读者与受试者;没有采用受试者内调查。

一是没有以具体而又生动地呈现案例。知识归赋的实验设计中,可能没有以十分具体和生动的方式呈现风险,没有确保受试者准确地把握了知道某物所需要证据的多少与出错的代价之间的关系。[①]

二是没有询问是高风险还是低风险。以往的大部分实证研究都没有询问受试者收到的场景是高风险的还是低风险的。如果设计的高风险没有凸显出来,或者受试者没有对案例中的关键细节给予足够的重视,所理解的风险高低与案例的设计就可能不同,调查出来的结果就可能不准确。例如,在银行案例中,如果受试者没有意识到,在高风险案例中,存支票是"非常重要"的,而在低风险案例中,存支票是"不太重要"的,那么实验中没有发现风险效应就不能证明有能力的说话者没有表现出对风险的敏感性。

三是没有区分读者与受试者。读者与受试者相比的优势有二:一是因为作者的明确表述,使读者容易把握案例中的凸显特征,并避免纠结

---

① Nestor Ángel Pinillos, "Knowledge, Experiments and Practical Interests", in Jessica Brown & Mikkel Gerken (eds.), *Knowledge Ascriptions*, Oxford: Oxford University Press, 2012, pp. 192 – 219.

于无关的细节。二是读者被提供了目标案例和匹配的对比案例,有利于获得对比的判断。在受试者间设计中,受试者没有这些优势,即使在调查的案例中清楚地陈述了风险大小,受试者也不一定能够充分地理解。① 这是因为:首先,在低风险银行案例中,尽管提到"马上存钱不是很重要",然而受试者并不必然推出风险低。因为想去存钱的人错误地认为银行明天会营业,花时花力来到银行却发现银行不营业而不得不再来,这也是一个很坏的结果。其次,主角仔细考虑这个事实反而会增强受试者对"多去一趟银行的代价"的压力。再次,叙述者花时间对一个低风险作如此多明确而又详细的描述,会使受试者认为这个风险很重要。这是任何低风险案例设计中都会遇到的"叙述者暗示困境"(the problem of narrator cues)。② 有实验表明,不言明低风险案例中的知识归赋和证据力度,比言明低风险案例中的知识归赋和证据力度明显要高,且有统计学的显著性。这个实验结果支持了叙述者暗示问题确实存在。当低风险被明确和详细地描述时,人们对证据的质量和知识的评估非常类似于高风险案例中的评估。当低风险没有言明且没有得到详细的描述时,对证据的质量和知识的评估就明显会更高。③ 最后,受试者没有看到风险明显更高的匹配对比案例,从而不能借高风险银行案例帮助他们推断出低风险银行案例的风险应该会非常低。因此,在读者看来是低风险的银行案例,在受试者那里可能不是。④

四是没有采用受试者内调查。在以往检验知识归赋的风险效应的实验设计中,通常采取的是受试者间(between-subject design)调查而非受试者内调查。在受试者间调查中,受试者只能看到单个案例,而不能同时看到高/低风险两个案例,因此纵使案例中清楚地陈述了风险高低,受试者也不一定能够充分地理解。为了避免这种情况产生,问卷最好采取

---

① Chandra Sekhar Sripada & Jason Stanley, "Empirical Tests of Interest-relative Invariantism", *Episteme*, 2012 (9: 1): 8.

② Chandra Sekhar Sripada & Jason Stanley, "Empirical Tests of Interest-relative Invariantism", *Episteme*, 2012 (9: 1): 9.

③ Chandra Sekhar Sripada & Jason Stanley, "Empirical Tests of Interest-relative Invariantism", *Episteme*, 2012 (9: 1): 11-16.

④ Chandra Sekhar Sripada & Jason Stanley, "Empirical Tests of Interest-relative Invariantism", *Episteme*, 2012 (9: 1): 8.

受试者内调查。

在《支持知识反理智主义的实验证据》[1] 一文中,皮尼洛斯和辛普森发现,在受试者间实验[2]中(每个受试者只看一个版本的思想实验),受试者对风险的升降并不敏感;在受试者内(within-subject)实验中(当每位受试者同时看到高低风险的场景),受试者确实出现了风险敏感效应。

(四)存在抑制效应

抑制效应(suppressor effect)是指,在其他条件相同的情况下,风险越高会减少知识的归赋,然而,更高的风险将增加受试者对场景中的主角已经收集了更多证据的信心,认为主角已经作了一个更真实的调查,受试者更可能会把知识归于主角,从而减轻风险效应。如果实验研究没有注意到抑制效应的潜在重要性,没有消除或控制它,这可能部分解释为什么许多这类研究在高低风险案例中,只发现了很小差异的原因。[3]

(五)调查受试者的问题

调查受试者的问题主要表现在样本太小,不具代表性,以及受试者背景单一,主要是美国大学生。风险未能在知识归赋中发挥作用,可能只是反映了知识归赋在狭窄的文化群体中的特殊情况。事实上,到目前为止所做的实证工作大都来自美国的受试者。也许其他文化群体的受试者在知识归赋时会对风险敏感。因此,想要知道在知识归赋中,风险的影响是否具有跨文化的强健性,需要进行跨文化研究。

(六)分析数据的错误

以费尔茨等人的《当事情不太重要时,你知道更多吗?》[4] 的实验为例,其案例是改写的银行案例,提示语都是"假定银行明天真的会营业"。实验结果发现,虽然在归赋者低风险—主体高风险案例,与低风险案例之间,以及与无知的高风险案例之间发现了统计学上的显著差异,

---

[1] Nestor Ángel Pinillos & Shawn Simpson,"Experimental Evidence in Support of Anti-Intellectualism About Knowledge",in James R. Beebe(ed.),*Advances in Experimental Epistemology*,London:Bloomsbury Academic,2014,pp. 18 – 19.

[2] 其目的是研究来自相同人群的受试者是如何在不同的条件下给出不同的答案的。

[3] Chandra Sekhar Sripada & Jason Stanley,"Empirical Tests of Interest-relative Invariantism",*Episteme*,2012(9:1):10 – 11.

[4] Adam Feltz & Chris Zarpentine,"Do You Know More When it Matters Less?",*Philosophical Psychology*,2010(23:5):683 – 706.

然而，他们却认为可以用归赋者效应来解释，因此否认有风险效应。对数据的这种分析是错误的，理由有二：一是虽然高/低风险案例之间没有统计学上的显著差异，但是它们之间存在与风险效应预测方向一致的改变。不仅如此，它们之间还具有质的差异：低风险案例的得分为3.68，低于中值4；高风险案例的得分为4.26，高于中值。没有发现统计学上的显著性，可以从问卷的设计、样本的大小、问卷的操作等方面找原因。二是无知的高风险案例的得分为3.59，高风险案例为4.26，两者间存在质的差异，这证明主体是否意识到风险对知识归赋有影响。

在《对比知识的调查》[①] 一文中，肖弗和诺布通过凸显出错的可能性，证明知识归赋的凸显效应[②]；在《一种引人注目的艺术：葛梯尔案例的测试》[③] 一文中，图瑞提出了一种葛梯尔案例的三分结构（the tripartite structure of Gettier cases）设计；在《语义整合作为一种调查概念的方法》一文中，鲍威尔等人[④]提出了一种名为语义整合（semantic integration）的调查知识归赋的新方法。这些方法在知识归赋直觉调查的设计中虽然富有启发，但却存在上文风险不存在说实验设计的某种或某些不当。不同于这些有问题的实验设计，收回知识宣称的设计避免了调查知识归赋直觉的不足，因此是现有调查知识归赋直觉的最佳方法。

二 风险效应的可还原说及其批驳

反对知识归赋存在风险效应的批评者主张，风险效应可以完全还原为信念状态的改变或错误凸显效应，知识归赋存在风险效应的捍卫者则对知识归赋中风险效应的可还原论进行了批驳。

[①] Jonathan Schaffer & Joshua Knobe, "Contrastive Knowledge Surveyed", *Noûs*, 2012 (46: 4): 675 – 708.

[②] 凸显效应（salience effect）是指认知者会把更多的注意力放在对象特征中突出、醒目和鲜明的部分，从而出现判断上的偏差。

[③] John Turri, "A Conspicuous Art: Putting Gettier to the Test", *Philosophers' Imprint*, 2013 (13: 10): 1 – 16.

[④] Derek Powell, Zachary Horne, and Nestor Ángel Pinillos, "Semantic Integration as a Method for Investigating Concepts", in James R. Beebe (ed.), *Advances in Experimental Epistemology*, London: Bloomsbury Academic, 2014, pp. 119 – 144.

(一) 风险效应不能完全还原为信念状态的改变

以威廉姆森、内格尔、巴赫（Kent Bach）等学者为代表的心理不变主义者（psychological invariantist）认为，认知主体在不同语境中的不同心理状态，主要表现为信念状态、认知状态的差异。这些差异可以借助框架效应、凸显效应、聚焦效应等心理学理论来说明。他们承认知识归赋中的风险效应，但认为风险效应不具独立性，可用信念状态的变化来解释。在他们看来，主体形成坚定信念需要多少证据可能会随着风险的改变而改变。风险的高低会影响认知焦虑（epistemic anxiety）的大小，风险越高，认知越焦虑。认知焦虑的大小会影响信念度大小，反过来会影响形成坚定信念所需证据的多少。风险越高，越使人倾向于收集更全面和更准确的证据。[1]

在本书看来，由于知识蕴涵信念[2]，信念的改变会导致知识的改变，这说明信念与知识相关，而不是证明知识归赋的风险效应不存在。此外，虽然在许多有风险效应的知识归赋的实验中，用信念的改变可以说明知识归赋的风险效应，但是，这种解释并不适用于寻找证据的实验。因为在主角保留自己的信念，或者主角不知道风险是什么时[3]，也会出现风险效应。由于主角的信念在这时要么没有改变，要么没有形成，因此出现的风险效应不能用信念的改变来解释。

(二) 风险效应不能完全还原为错误凸显效应

错误凸显效应与风险效应经常是伴随的，而且对错误凸显效应的任何解释都或多或少是对风险效应的解释，虽然如此，风险效应不能完全还原为错误凸显效应。对此，丁格斯等人[4]用实验进行了验证。还原假说有两个主张：一是把自己想象成处于高风险条件的受试者时，会想到额

---

[1] Jennifer Nagel, "Epistemic Anxiety and Adaptive Invariantism", *Philosophical Perspectives*, 2010 (24): 426-427.

[2] 参见拙文（曹剑波：《蕴涵论题的实验之争》，《哲学研究》2018年第7期）对知识蕴涵信念的辩护。

[3] Nestor Ángel Pinillos, "Knowledge, Experiments and Practical Interests", in Jessica Brown & Mikkel Gerken (eds.), *New Essays on Knowledge Ascriptions*, Oxford: Oxford University Press, 2012, pp. 202-203.

[4] Alexander Dinges & Julia Zakkou, "Much at Stake in Knowledge", *Mind and Language*, 2020 (36: 5): 738-743.

外的出错可能性；二是额外的出错可能性，会导致受试者收回先前的知识宣称。

实验首先获得受试者可能想到的出错可能性。通过一个小的预测试，让受试者想象自己在银行案例中，根据自己3周前去过银行的记忆，形成银行将在这周六营业的看法。然后，告知受试者，这种看法是错的，银行实际上不营业。请受试者记下想到的第一个原因。把这些回答整理后，得出了4种可能的原因：①自从上次去后，银行更改了营业时间；②明天是法定假日，我忘了；③我记错了3周前去那家银行的事（例如，我是在周五去的，或者去的是另一家银行）；④明天银行不营业，因为要对员工进行培训。

173名受试者收到了《知识中风险重要》里的银行案例中的中性案例或风险案例。实验设计与银行案例的研究一样。问受试者是否会收回他们先前的宣称，以及对自己的回答有多自信后，在一个新的屏幕上随机同时展示4种银行不营业的可能，受试者点"是"或"否"以表明是否想到它们。

结果表明：40%的受试者没有想到提供的出错可能性，22.4%想到1个，18.8%想到2个，12.4%想到3个，6.5%想到4个。采用引导中介分析（bootstrap mediation analysis）发现，当风险提高时，受试者会想到更多的出错可能性，更倾向于收回先前的知识宣称，表明出错可能性存在间接的影响。然而，高风险对收回的直接影响大约是出错可能性对收回的间接影响的两倍（综合得分从2.65降到1.34），出错可能性只能部分解释风险效应的影响，而不能全部解释风险效应的影响。因此，知识归赋中的风险效应不能完全还原为错误凸显效应。[①]

三 风险效应反事实说及其批驳

风险效应最大的批评是可能会导致令人尴尬的反事实："我知道p，但如果p真的很重要，我就不知道p了"，或者，"要是知道p的风险较低，我就知道p"。甚至可能出现"求助门外汉而非求助专家"的怪论。

---

① Alexander Dinges & Julia Zakkou, "Much at Stake in Knowledge", *Mind and Language*, 2020（36：5）：741.

例如，假设张三是百科全书《金丝雀》的作者，李四是一个根本不关心鸟，但很无聊的人，曾经找过几本金丝雀的画册随便翻了翻。在一次鸟类鉴定大赛上，人们对某只鸟是金丝雀还是金翅雀发生了争执。能否鉴定正确对张三的职业声誉会产生重大的影响，因此风险很高；由于李四是个外行，鉴定正确与否，对他的声誉没有影响，因此风险很低。根据知识归赋的风险效应，如果他们鉴定都正确，由于风险对张三来说很高，因此张三可能不知道那只鸟是金丝雀；由于风险对李四很低，因此李四知道那只鸟是金丝雀。故而鉴定时要请教的是李四而非张三。这个结论是荒谬的。相似的情景在鉴宝场所也会遇到。[1]

按照我们解答怀疑主义难题的策略，这种所谓的反事实怪论其实是可消解的。因为这里有两种语境，即高风险语境和低风险语境，有两种知道，即知道$_{高风险}$和知道$_{低风险}$。由于存在两种不兼容的语境，因此是不可比较的，即张三的高风险与李四的低风险不可兼容。[2] 由于存在两种知道，因此是不矛盾的，即张三的不知道$_{高风险}$与李四的知道$_{低风险}$并不矛盾[3]。仅仅当张三的知道$_{高风险}$与李四的知道$_{高风险}$，或张三的知道$_{低风险}$与李四的知道$_{低风险}$时，才能进行比较。在这里，根本不存在要请教李四这位非专家的理由。如果用知识度来衡量，在知道"这只鸟是金丝雀"上，张三的知识度要高于李四的知识度，因此要请教张三而非李四[4]。

大众知识归赋是否具有风险效应是当代知识论讨论的热点问题，也是众多反理智主义知识论能否立足的根本。捍卫了知识归赋的风险效应，就可以捍卫反理智主义，也可以捍卫知识论中的主流，并在实践中起重要的指导作用。由于知识归赋中没有发现风险效应是各种各样的错误导致的，由于对知识归赋中风险效应的各种批驳都是可击败的，因此主张知识归赋有风险效应是更合理的。

---

[1] Jonathan Schaffer, "The Irrelevance of the Subject: Against Subject-Sensitive Invariantism", *Philosophical Studies*, 2006 (127): 90.

[2] 曹剑波：《知识与语境：当代西方知识论对怀疑主义难题的解答》，上海人民出版社2009年版，第314页。

[3] 曹剑波：《知识与语境：当代西方知识论对怀疑主义难题的解答》，上海人民出版社2009年版，第321—322页。

[4] 具体的解释，请参见曹剑波《知识是绝对的，还是有程度的？》，《哲学研究》2022年第6期。

虽然已有一些实验证实了知识归赋的风险效应，然而实验的数据还不够丰富，而且还有不同的场景没有检测，例如，没有测试主角在风险上升之前知识归赋的情况，没有探索第三人称知识归赋的风险效应，没有探讨否认知识而非宣称知识的情况，没有检测降低风险而非提高风险是否出现风险效应，没有检测风险以外的实践因素（如时间限制）是否影响知识归赋，没有在其他文化中发现知识归赋的风险效应存在的证据，等等。这些都有待进一步研究。在进一步对知识归赋的实验研究中，我们应该采用现有最为合理的"收回知识宣称的设计"来检测知识归赋直觉。

附 2

哲学中使用实验方法合理吗？[①]

"数据无理论为空，理论无数据则盲"[②]，实验哲学用社会科学或认知科学的方法来研究哲学的问题，把实验的数据与哲学的思辨结合起来，产生了许多重要发现，为发展哲学的方法论提供了一条新的思路。实验哲学是在当代哲学研究中最令人振奋的发展之一，实验哲学的出现，标志着哲学研究的新方向。

在 20 多年的发展中，实验哲学俨然已有成一显学之势：不仅学界成立了众多研究实验哲学的机构和学术团体，而且出版了大量实验哲学的论文和著作，用实验的方法研究哲学问题遍及哲学的每个领域。然而，正如诺布和尼科尔斯所说，人们对哲学中使用实验方法的态度是"高度分化的"[③]。人们对实验哲学的态度主要有四种。第一种是以索萨、威廉姆森、路德维格和伍尔福克（Robert L. Woolfolk）为代表的强烈反对者，对实验方法作了毫不留情的批评，他们质疑：问卷过程中自我报告的可信性；测量的有效性和可靠性；抽样、随机分配问卷的恰当性；研究报告的严谨性等。第二种是以基珀（Jens Kipper）、霍瓦思（Joachim Horvath）、席培尔（Joseph Shieber）、格伦德曼（Thomas Grundmann）和霍夫

[①] 这部分内容主要根据《实验哲学方法的合理性论争》（曹剑波：《实验哲学方法的合理性论争》，《自然辩证法通讯》2018 年第 12 期）和《实验哲学调查普通大众直觉的合理性》[曹剑波、王云卉：《实验哲学调查普通大众直觉的合理性》，《厦门大学学报》（哲学社会科学版）2021 年第 5 期]两篇论文的观点改写而成。

[②] Jesse J. Prinz, "Empirical Philosophy and Experimental Philosophy", in Joshua Knobe & Shaun Nichols (eds.), *Experimental Philosophy*, Oxford: Oxford University Press, 2008, p. 205.

[③] Joshua Knobe & Shaun Nichols, "An Experimental Philosophy Manifesto", in Joshua Knobe and Shaun Nichols (eds.), *Experimental Philosophy*, Oxford: Oxford University Press, 2008, p. 3.

曼（Frank Hofmann）等为代表的温和反对者，总体上同情实验的方法，但主张研究哲学的主要方法仍然是传统的分析方法。第三种是以诺布、尼科尔斯、亚历山大、普林茨（Jesse J. Prinz）、科恩布里斯、罗斯（David Rose）和丹克斯（David Danks）等为代表的温和支持者，倡导把实验方法看作"往哲学家的工具箱里添加另一种工具"[1]，主张把实验方法当作哲学研究的新方法。第四种是以纳罕姆斯、纳德霍夫尔（Thomas Nadelhoffer）、莫里斯（Stephen Morris）和特纳（Jason Turner）等为代表的强烈支持者，主张抛弃传统哲学的研究方法，全面采用实验方法从事哲学研究。

在哲学研究中采用实验方法之所以会引起争议，很大程度上是因为它背离了传统研究哲学的思辨方法，而且也有一些实验哲学家用它来证明传统的思辨方法是有缺陷的，甚至是应该摒弃的。参照他人对实验哲学的评价，可以把对实验哲学的质疑概括为4个问题：实验与哲学可以兼容吗？问卷调查适合研究哲学问题吗？调查普通大众的哲学直觉合理吗？实验方法会排斥分析方法吗？下文在分别介绍实验哲学的反对者对哲学实验方法质疑的同时，将结合他人的观点为哲学实验方法进行辩护。

一 实验与哲学可以兼容吗？

从实验与哲学的关系来看，批评者对实验哲学的质疑与赞同者对实验哲学的辩护集中表现在如下四个方面。

首先，批评者质疑"实验"与"哲学"可以兼容。这种质疑认为，"实验哲学"是一个矛盾的概念：如果你正在做实验，那么你就不是在从事哲学研究，因为你从事的是心理学的或其他一些科学的研究。

不可否认，致力于获得实验数据，以及对获得的数据进行统计分析的那部分实验哲学，主要是一种科学活动，而不是一种哲学研究。然而，由于这些实验是用来解决哲学内部的争论，是从主流哲学争论中产生的；由于这些实验从哲学争论入手，其结论最终也将进入哲学争论之中；更重要的是，实验哲学研究的问题也是主流哲学想要解答的问题，因此从

---

[1] Joshua Knobe & Shaun Nichols (eds.), *Experimental Philosophy* (*Volume 1*), Oxford: Oxford University Press, 2008, p.10.

这个角度来说，这部分实验哲学的确是哲学，也许不像通常的哲学那样，然而却是货真价实的哲学。

批评者质疑实验与哲学可以兼容还在于实验哲学家收集到的证据与证据所支持的理论之间存在鸿沟。实验哲学家所收集到的证据是关于持有不同直觉的人的百分比，而要讨论的理论却不是关于人的直觉，而是关于知识论、形上学或伦理学中实际的哲学问题。直觉统计分布的信息究竟怎样给我们理由来接受或拒绝某个特定的哲学观点呢？假定某位哲学家在深入地思考某个案例后得出结论说：这个案例中当事人在道德上是要负责任的。如果实验研究揭示大部分受试者（比如说76%）持有相反的看法，实验调查的结果是如何影响哲学家的工作呢？仅仅因为他发现自己处在少数派之中，他就应该改变他的观点吗？显然不是。哲学探索从来不是比较谁的理论更受欢迎。实验调查结果以某种间接方式对哲学问题产生有意义的影响。某个百分比的受试者持有某种特殊的观点，这个事实本身并不能对我们的哲学工作产生什么影响。相反，是统计信息以某种方式帮助我们获得某个其他的事实，而这个其他的事实在哲学探索中起实验的作用。①

其次，批评者质疑实验哲学是真正的哲学。这是一种广泛流行的质疑，它认为，实验哲学只是实验心理学或心理哲学。这种质疑通常与"哪类问题是真正的哲学问题"以及"当回答这些真正的哲学问题时，哪种方法是可应用的"相关。

本书同意亚历山大的观点。他认为，这种质疑是一种哲学霸权主义，除非我们采取过分狭窄以及武断的标准，否则很难坚持实验哲学的问题不是真正的哲学问题，或者社会科学和认知科学的方法不是合法的哲学方法。在他看来，真正的问题不是这种质疑是如何出现的，而是这种质疑本身。纵使实验哲学就是实验心理学，那也无关大碍。除非我们采用一种严格的、不允许有交叉的智力分工，否则，纵使实验哲学所探究的问题是与实验心理学相关的人类认知问题，使用了社会科学和认知科学

---

① Joshua Knobe & Shaun Nichols, "An Experimental Philosophy Manifesto", in Joshua Knobe and Shaun Nichols (eds.), *Experimental Philosophy*, Oxford: Oxford University Press, 2008, pp. 6–7.

的方法，这些事实并不意味着它不是在用适当的哲学方法研究真正的哲学问题。这些问题可能不仅对心理学重要，对哲学也重要，而且方法可以超越传统学科的界限。对于为什么会有这种质疑，亚历山大猜测，这种质疑也许出于对某些真正的哲学问题不能用社会科学和认知科学的方法来回答的担忧。他认为，这种担忧是合理的，但并不是所有的哲学问题都是实验哲学的问题，而且并非所有非实验哲学的问题都不是哲学问题。[①] 按照质疑者的逻辑，心理学或认知科学恐怕也很难以接受在调查内容上与它们格格不入的实验哲学的研究。

再次，批评者质疑哲学做实验的必要性。这种质疑认为，做实验不是哲学分内的事，研究哲学没有必要用到实验方法。在这种观点看来，任何研究都要扬长避短，哲学研究也不例外。发挥哲学的思辨强项，将研究的重点落在形而上的抽象层面，而不是形而下的经验层面，是思辨哲学分内之事，也是哲学家擅长的。当包括施蒂希和诺布在内的几位哲学家，与包括海特在内的几位心理学家曾联名向牛津大学出版社提出想要创办新刊物，要对道德哲学进行专门的实证研究，批评者则提出了特别尖酸的匿名评论，他们写道："这个团体受到令人怀疑的核磁共振成像（MRI）研究的过分影响，试图凭借小样本，凭借没有经过专门训练的实验主义哲学家进行'蹩脚的实验'，来揭示道德思考的神经生理学基础。"[②]

的确，在思辨哲学中，研究哲学的主流方法是思辨方法。当实验哲学家像自然科学家那样做实验时，主流哲学家自然会问：这有无必要？这是不是把自然科学家的工作揽为己有，是不是越俎代庖了？威廉姆森对实验哲学的态度就是这样的。他批评实验哲学家："有些憎恨哲学的哲学家，用更像是模仿心理学的方式，想通过抽象的推理与特殊的案例结合来取代传统的哲学方法。他们甚至都没有搞清楚他们所要攻击的对象是什么，就使用有选择性的且不符合科学精神的实验结果对传统的方法

[①] Joshua Alexander, *Experimental Philosophy: An Introduction*, Cambridge: Polity Press, 2012, pp. 9 – 10.

[②] Christopher Shea, "Against Intuition: Experimental Philosophers Emerge from the Shadows, But Skeptics Still Ask: Is This Philosophy?", *The Chronicle Review*, October 3, 2008. http://www.sel.eesc.usp.br/informatica/graduacao/material/etica/private/against_intuition.pdf.

论提出质疑。"在威廉姆森看来，虽然哲学需要运用由其他学科提供的经验证据，但"哲学必须通过精炼自身独特的方法而不是通过模仿其他学科而在追求真理上作出贡献。哲学家无须成为业余的实验者或大众科学的作家。我们是在凭借逻辑，设想新的可能和问题，组织系统的抽象理论和作出区分等运用技能才有所作为的"。① 在他看来，实验哲学运动纯属多此一举。批评者质问实验哲学家，为什么要加入科学家的行业，而不是把他们的这些工作留给那些受过良好培训以及有更好装备的科学家呢？

本书认为，实验哲学家做实验的关键原因是他们想要回答的经验问题，是科学家不感兴趣的。与其坐等科学家的数据，不如主动去获取。实验哲学的实验是由哲学家设计和实施的，目的是以经验数据的方式，解答哲学问题，检验哲学理论并提出新的哲学问题。

最后，批评者质疑实验哲学的意义。哲学的一些基本原则根本不依赖心理学的假设，而且即使它们依赖心理学的假设，哲学家也可以用不同的答案来代替一些问题的答案（例如，知识归赋并不总是确证的），然后像往常一样进行下去，因此，实验哲学通常研究大众的认知直觉所带来的成就将是有限的。

正如下文中要说的那样，实验哲学的方法并不试图取代思辨哲学的方法，而只是为哲学研究的方法库提供"新工具"。在本书看来，实验哲学是哲学的重要构成部分，因为：思辨哲学＋实验哲学＝哲学。

二 问卷调查适合研究哲学问题吗？

现阶段实验哲学所采用的方法主要是问卷调查的方法。批评者从原则上和操作上两个方面质疑实验方法在研究哲学问题上的可行性。麻省理工学院著名的道德哲学家汤姆森（Judith Jarvis Thomson）给《高等教育记事》（*The Chronicle*）的一封电子邮件中写道"哲学不是实证问题，所以我不觉得他们的实证调查能够对任何哲学问题产生什么影响，更不

---

① Timothy Williamson, "Philosophy vs. Imitation Psychology", http://www.nytimes.com/roomfordebate/2010/08/19/x-phis-new-take-on-old-problems/philosophy-vs-imitation-psychology.

要说帮助人们解决哲学问题了"①。汤姆森试图从哲学问题的本性上来否认实验方法在研究哲学问题上的可行性。这是从原则上反对实验方法在研究哲学问题上的可行性。

从操作的可行性来质疑实验哲学的批评者，可能借实验调查是复杂的、棘手的来否认实验方法在研究哲学问题上的可行性。如何设计实验？调查的问题如何措辞？调查如何开展？受试者的反应如何恰当地约束？实验结果如何表述与解释？等等，这些问题都与作为受试者的调查对象有关，因而受受试者的文化程度、年龄性别、兴趣爱好、情感偏向、族群认同、经济地位等背景因素的影响，变得十分复杂。例如，在2009年第4期《分析》杂志上，莱文发表了《批判性评论：〈实验哲学〉》②一文，文中就对实验哲学家设计来引发直觉的"小场景"持怀疑态度，她说："我本人就对他们（指实验哲学家：引者注）用来引起直觉的许多'小场景'莫名其妙。"③ 对实验操作可行性的质疑，集中体现在"受试者反应是否正确""实验数据的解释是否必然"这两个问题上。

首先，批评者质疑受试者反应的正确性。问卷调查结果受众多因素的影响，包括问卷中专业术语的多寡，概念表达的清晰度，情境描述是否有歧义，所描述的情境是否接近大众常识，样本容量的大小，案例的措辞（如"真的知道"或者"知道"），答卷的设计（如答卷的测量方式，题目的顺序），等等。这些因素都会或多或少对受试者的反应产生影响，从而影响调查的结果。实验哲学面临的挑战不仅仅是如何解释实验结果的问题，更关键的是方法论的问题，如果实验哲学的方法无法相对准确、有效地反映受试者的直觉，而仅仅是测试受试者对特定情境的反应，那么是否真的存在实验哲学家所描述的认知直觉差异就值得怀疑了。另外，换个视角来看，由于实验哲学的实验对象是活生生的人，而非可以摆在面前的自然物，实验哲学家很难像测量自然物那样来测量受试者

---

① Christopher Shea, "Against Intuition: Experimental Philosophers Emerge from the Shadows, but Skeptics Still Ask: Is This Philosophy?", *The Chronicle Review*, October 3, 2008. http://www.sel.eesc.usp.br/informatica/graduacao/material/etica/private/against_intuition.pdf.

② Janet Levin, "Critical Notices: Experimental Philosophy", *Analysis*, 2009 (69: 4): 761 - 769.

③ Janet Levin, "Critical Notices: Experimental Philosophy", *Analysis*, 2009 (69: 4): 767.

的直觉，因而方法论问题对实验哲学的操作至关重要，还需要进一步的改进和完善。

在《实验哲学与哲学直觉》①中，索萨认为，实验哲学"证明在哲学中使用扶手椅直觉是不光彩的（discrediting）"②，然而，他"反对实验主义者对扶手椅直觉的拒斥"，并诉诸"实际的、真正的分歧"与"纯粹言语的分歧"的不同来批评实验哲学中的某些研究。他的辩护基于"言语分歧不一定是有实际内容的"③。他认为，实验哲学家揭露的许多"分歧"其实根本不是实际的、真正的分歧，调查结果只是人们以相当不同的方式使用相同词语的癖好而人为产生的现象，就像受试者不理解实验者所问问题的那种方式一样。他断言，最近实验哲学中产生的某些更令人惊诧的结果，可能仅仅反映特定概念的含糊不清，而不是直觉上的真正分歧。在他看来，一旦哲学直觉的多样性被看作言语分歧的，哲学直觉的分歧问题就不复存在了。④

受试者在阅读哲学案例时并不总是能正确地把握案例，在作出判断时有时他们会添加一些在案例中没有的信息，有时会忽略案例中的一些重要细节。索萨担心，如果我们无法确定受试者是不是在对同样的信息作出回应，那么我们就不清楚从不一致的直觉报道中能得出什么结论。如果不同的受试者在利用不同的信息，那么那些似乎对相同的哲学案例有着不同直觉的受试者也许只是对不同的案例有着不同的直觉。除非可以排除这一点，否则，实验哲学家借直觉不一致来质疑传统哲学方法论就是不恰当的。⑤

---

① Ernest Sosa, "Experimental Philosophy and Philosophical Intuition", in Joshua Knobe and Shaun Nichols (eds.), *Experimental Philosophy*, Oxford: Oxford University Press, 2008, pp. 231–240.

② Ernest Sosa, "Experimental Philosophy and Philosophical Intuition", in Joshua Knobe and Shaun Nichols (eds.), *Experimental Philosophy*, Oxford: Oxford University Press, 2008, p. 231.

③ Ernest Sosa, "Experimental Philosophy and Philosophical Intuition", in Joshua Knobe and Shaun Nichols (eds.), *Experimental Philosophy*, Oxford: Oxford University Press, 2008, p. 232.

④ Ernest Sosa, "Experimental Philosophy and Philosophical Intuition", in Joshua Knobe and Shaun Nichols (eds.), *Experimental Philosophy*, Oxford: Oxford University Press, 2008, p. 235.

⑤ Ernest Sosa, "A Defense of the Use of Intuitions in Philosophy", in Dominic Murphy and Michael Bishop (eds.), *Stich and His Critics*, Malden, MA: Wiley-Blackwell, 2009, pp. 101–112.

本书赞同亚历山大的观点，这一论证有两个问题。首先，这个论证依赖于一个悬而未决的经验假说，即不同的人对同一案例的解释有系统性的不同，而且这种不同在他们形成判断时扮演着重要的角色。证明这种假说的唯一方法，是需要有更多的，而不是更少的实验研究。其次，这个论证对双方都起作用。无论这个论证为实验哲学带来什么问题，它也会为标准的哲学研究带来这些问题。这个论证指出，当人们谈论具体的案例时，他们从来不能确定他们在谈论的是同一个东西。如果这是真的，那么我们不仅不清楚从不一致的直觉报道中能得出什么结论，而且我们也不清楚应该从一致性的直觉报道中得出什么结论。结论会导致某种直觉的怀疑主义，这种怀疑主义对于传统的哲学方法论和实验哲学来说都是有害的。①

其次，批评者质疑实验数据与实验哲学家解释的必然性。例如，《规范性与认知直觉》的作者们就葛梯尔案例对西欧和东亚大学生进行了调查，结果表明，对葛梯尔案例是否为知识，存在跨文化差异：大多数西方人断言，在一个典型的葛梯尔案例中，主角"只是相信"而非"真正知道"他的朋友驾驶一辆美国汽车，而东亚人的判断正好相反。他们把这种分歧解释为东亚人倾向于"在这种相似性的基础上作出范畴的判断"，而西方人倾向于"在描述世界和归类事物方面更愿意关注因果性"②。莱文认为：①如果不能解释为什么这些结果反映的是相似性而不是因果分类的不同，那么，很难说这种诊断是正确的。②如果没有确保受试者完全知道被问的是什么，以及没有设定主角买汽车的习惯之类的各种假设，很难说这种诊断是正确的。③如果没有后续研究为这种诊断提供保证，那么这些差异看起来更像种族成见，而不是关于知识和确证的标准的直觉存在深厚的文化差异。③

对问卷调查，听一听内格尔的告诫是有益的，她说："对粗糙案例的反

---

① Joshua Alexander, *Experimental Philosophy: An Introduction*, Cambridge: Polity Press, 2012, p. 111.

② Jonathan M. Weinberg, Shaun Nichols & Stephen P. Stich, "Normativity and Epistemic Intuitions", in Joshua Knobe and Shaun Nichols (eds.), *Experimental Philosophy*, Oxford: Oxford University Press, 2008, p. 28.

③ Janet Levin, "Critical Notices: Experimental Philosophy", *Analysis*, 2009 (69: 4): 761 - 769.

应，可能涉及一系列复杂的因素，因此人们不应该草率地假定，他们自己最初的反应始终是不能改变的。"① 这表明，在实验研究上，需要进一步的调查研究。本书认为，实验调查的复杂性并不能证明实验调查方法是不可行的。哈佛大学哲学家凯利（Sean Kelly）认为，年轻的实验哲学家可以应用他们需要的任何统计工具或者其他工具，并说："你不应该因为没有这方面的专业学位，就不敢做某些事情。"② 此外，尽管调查方法在实验哲学中仍然扮演着一个十分重要的角色，然而，近些年来，实验哲学家使用统计分析的方法（例如，对中介分析和结构方程模型的运用）来研究受试者对哲学小场景作出回应的方式变得纯熟起来。实验哲学家现在开始运用许多来自社会和认知科学的方法，这些方法有：行为研究、认知负荷的研究、眼球追踪研究、功能磁共振成像研究、反应时研究，等等。③

三 调查普通大众的哲学直觉合理吗？

由于实验哲学主要通过调查普通大众的哲学直觉来研究哲学问题，因此回答"调查普通大众的哲学直觉合理吗？"这个问题对捍卫实验哲学是十分重要的。因为如果调查普通大众的哲学直觉不合理，那么实验哲学所从事的主要工作就不合理，没有价值，实验哲学也就没有存在的价值了。对实验哲学调查普通大众直觉的合理性的质疑可以具化为4个问题：实验哲学收集的普通大众的直觉判断可靠吗？普通大众的哲学直觉判断正确吗？哲学家的直觉比普通大众的直觉更优越吗？④ 哲学家的反思

---

① Jennifer Nagel, "Epistemic Intuitions", *Philosophy Compass*, 2007（2：6）：802.

② Christopher Shea, "Against Intuition: Experimental Philosophers Emerge from the Shadows, but Skeptics Still Ask: Is This Philosophy?", *The Chronicle Review*, October 3, 2008. http://www.sel.eesc.usp.br/informatica/graduacao/material/etica/private/against_intuition.pdf.

③ Joshua Alexander, *Experimental Philosophy: An Introduction*, Cambridge: Polity Press, 2012, p. 112 – 113.

④ 质疑实验哲学的方法能有效地研究直觉，质疑实验中所获得的关于哲学直觉的数据的可靠性，质疑所获得的相关直觉真实地反映了大众的直觉，这种对实验哲学方法的反驳称为"错谬反驳"（error objection）；认为在哲学问题上，相比于大众直觉，哲学家的直觉更加可靠，因此不必调查普通大众的直觉，这种对实验哲学方法的反驳称为"专家反驳"（expertise objection）。错谬反驳和专家反驳一起被称为"可靠性反驳"（reliability objection），它们都主张：对于我们想要找到真正的、可靠的、正确的直觉来说，大众的直觉是不可靠的，大众对不同的思想实验有何看法，是无关紧要的，可以忽略不计。

判断可以代替普通大众的直觉判断吗？在分别介绍反对者的具体质疑的同时，本节将为实验哲学调查普通大众直觉的合理性进行辩护。

（一）实验哲学收集的普通大众的直觉判断可靠吗？

如果实验哲学收集的普通大众的直觉判断不可靠，那么建立在主要通过调查普通大众的哲学直觉来研究问题的实验哲学就没有存在的根基。卡皮尼恩正是质疑实验哲学研究中收集到的普通大众的直觉判断可以足够坚实地确保实验哲学家的理论的：

> 来自这些似乎理解了这个问题的非哲学家的反应并没有得到支持，因为这些非哲学家对正在谈论的概念的理解可能是有缺陷的，他们不会努力地思考在特定环境的应用中这个概念会不会有助于避免概念错误，不会努力地思考在特定环境的应用中这个概念会不会仓促地得出他们的结论，或者会不会被各种语用的因素影响……至今为止，所从事的此类研究都未能排除能力的缺陷、操作的错误，以及语用因素的潜在影响，因此哲学上诉诸概念的直觉既不能起支持的作用，也不能起质疑的作用。[1]

本书认为，当卡皮尼恩说"实验哲学家对受试者的概念能力和叙述理解下结论有时太快了"时，他是正确的。然而，当他极度怀疑实验哲学家能否解决他提出的担忧时，他的观点是没有什么说服力的。他认为，实验者所采用的方法没有考虑以下可能性：①测试受试者如何把握关键的概念；②为受试者提供足够的动力来展示一个高水准的表现；③测试研究材料中语用因素的影响。然而，许多实验哲学家已经测试了这些因素。例如，温伯格等人[2]和斯温等人[3]用以下的小场景来测试受试者的概

---

[1] Antti Kauppinen, "The Rise and Fall of Experimental Philosophy", *Philosophical Explorations*, 2007 (10: 2): 105.

[2] Jonathan M. Weinberg, Shaun Nichols and Stephen P. Stich, "Normativity and Epistemic Intuitions", in Joshua Knobe and Shaun Nichols (eds.), *Experimental Philosophy*, Oxford: Oxford University Press, 2008, p. 36.

[3] Stacey Swain, Joshua Alexander and Jonathan Weinberg, "The Instability of Philosophical Intuitions: Running Hot and Cold on Truetemp", *Philosophical and Phenomenological Research*, 2008 (76: 1): 154.

念能力：

> 戴夫喜欢掷硬币的游戏。有时他有一种"特殊感觉"：下一掷将出现正面。当有这种"特殊感觉"时，他一半时间是对的，一半时间是错的。在某一次投掷前，戴夫有了那种"特殊感觉"，这种感觉使他相信那个硬币将会正面朝上。他掷出了那枚硬币，而且它的确正面朝上。戴夫真的知道硬币将正面朝上，或者他只是相信这一点？

当问受试者"戴夫是否真的知道硬币正面朝上"时，基于受试者要么不理解这个问题，要么使用了替代的知识概念，温伯格和斯温等人从进一步的分析中排除了任何肯定回答的受试者。在社会心理学的调查中，理解力的检查（comprehension checks）有标准的程序，而且可以随时安排检查受试者的理解是否恰当。

关于语用的因素可能对受试者的回答产生的影响，诺布（Joshua Knobe）[①]和纳德霍夫尔[②]已经做了实验，并排除了各种语用的影响。如果研究者怀疑实验哲学研究使用的某个小场景有某种语用的暗示，而且受试者可能受这种暗示的影响，而不只是对语义的内容作出了回应，那么修正的、毫无争议的没有语用暗示的小场景，可以用来检测这种怀疑。因此，由卡皮尼恩提出的困难只是实践操作层面上的，而不是原则上的，随着实验哲学的进一步完善可以得到改善。正如实验心理学不断完善独立成一门学科一样，更何况卡皮尼恩提出的困难在现实实验中已经得到了有效的解决。因此，纵使实验哲学收集的普通大众的有些直觉反应不可靠，由于现有的实验技术已经可以把不可靠的直觉反应排除掉，因此借普通大众的有些直觉反应不可靠来质疑调查普通大众的直觉反应的价值，进而质疑实验哲学的价值，是站不住脚的。

（二）普通大众的哲学直觉判断正确吗？

如果普通大众的哲学直觉判断不正确，那么建立在主要收集普通大

[①] Joshua Knobe, "Intentional Action in Folk Psychology: An Experimental Investigation", *Philosophical Psychology*, 2003 (16: 2): 309 - 323.

[②] Thomas Nadelhoffer, "The Butler Problem Revisited", *Analysis*, 2004 (64: 3): 277 - 284.

众直觉的实验哲学就没有价值。实验哲学的批评者质疑实验哲学家把普通大众的直觉判断作为主要证据支持或反驳一些哲学的观点，他们质疑作为受试者的普通大众理解了场景中运用的专业词汇，质疑普通大众的直觉是真实可靠的。他们把直觉分为两类：正确的直觉和错误的直觉。

首先，批评者认为正确的直觉是有清楚的和必然的意义的直觉，实验哲学研究的直觉则是错误的直觉。批评者认为，实验哲学的实验不是设计来引发正确的直觉，而是收集未经过滤的关于不同案例的自发判断。他们主张，真正需要的数据是关于正确的直觉（有模态含义并伴随着清楚的必然意义的直觉）的数据。例如，当我们面对类似于"如果p，那么非非p"这样的原则时，我们所拥有的直觉就是正确的直觉，它们是普遍的。批评者认为，除非能证明正确的直觉具有文化或社会经济地位的差异性，证明正确的直觉不是普遍的，否则我们真正需要研究的直觉就是正确的直觉。[1]

本书赞同温伯格等人的观点，他们承认实验哲学研究的直觉并不是有清楚的必然意义和模态含义的直觉（强直觉），但他们反对强直觉是普遍的，质疑把强直觉划分为正确的直觉的合理性。他们认为，实验结果证明几乎30%的西方受试者没有大部分哲学家的那种强直觉。因为接近30%的受试者宣称，在标准的葛梯尔场景中，鲍博真的知道吉尔驾驶一辆美国车。在东亚受试者中，超过50%的受试者有鲍博真的知道这种直觉；在印度次大陆受试者中，这个数字超过60%！他们对此的解释是：在分析哲学方面，中上阶层有几年研究生训练的西方人，对葛梯尔案例，的确都有强的、与模态相关的直觉。但是，他们说："由于世界上大部分人明显没有这些直觉，很难看出我们为什么应该认为，这些直觉告诉了我们关于实在的模态结构或者认知规范，或者关于哲学感兴趣的其他东西。"[2]

---

[1] Jonathan M. Weinberg, Shaun Nichols and Stephen P. Stich, "Normativity and Epistemic Intuitions", in Joshua Knobe and Shaun Nichols (eds.), *Experimental Philosophy*, Oxford: Oxford University Press, 2008, pp. 37-38.

[2] Jonathan M. Weinberg, Shaun Nichols and Stephen P. Stich, "Normativity and Epistemic Intuitions", in Joshua Knobe and Shaun Nichols (eds.), *Experimental Philosophy*, Oxford: Oxford University Press, 2008, p. 38.

其次，批评者认为正确的直觉至少有少量的反思，实验哲学研究的直觉没有反思，因而不是正确的直觉。在他们看来，正确的直觉不是"直接的"直觉，"直接的"直觉可能甚至不会比纯粹的猜测要好。相反，正确的直觉是至少有最小反思的直觉，这种直觉来自少量关注、思考，尤其来自对要处理的案例细节以及其他理论承诺的反思。在这种有最小反思的直觉中，并没有发现多样性和不稳定性。[1]

温伯格等人反对这种批评，他们的理由有：①在他们的实验中，在回答问题之前，许多受试者显然确实进行了最少的反思，证据就是许多调查表上受试者在作答后写出了简单的解释性评论。②实验哲学不只发现了认知直觉中的群体差异，更是解释了产生这种差异的原因在于对认知因素的不同反应。如果东方受试者倾向于把一些涉及群体信念、实践和传统的因素考虑进来，而西方受试者并没有这种倾向，那么绝没有理由期待这些因素在清晰反思的条件下不会产生直觉的差异性。批评者认为直接的直觉与最小反思的直觉之间存在差异性，这种看法是没有根据的。[2]

本书不太认可温伯格等人的反驳，因为实验哲学可以调查普通大众对哲学问题的直觉判断，也可以调查普通大众对哲学问题的反思判断。但温伯格等人与反对者一样，都对直觉的认识有错误。本书反对把直觉分为正确的直觉（或反思的直觉、坚实的直觉[3]或强的直觉）与错误的直觉（或直接的直觉、表面的直觉或弱的直觉）的划分。主张有最小反思的直觉的证据是：在许多调查表上，受试者在作答后写出了简单的解

---

[1] Jonathan M. Weinberg, Shaun Nichols and Stephen P. Stich, "Normativity and Epistemic Intuitions", in Joshua Knobe and Shaun Nichols (eds.), *Experimental Philosophy*, Oxford: Oxford University Press, 2008, p. 38.

[2] Jonathan M. Weinberg, Shaun Nichols and Stephen P. Stich, "Normativity and Epistemic Intuitions", in Joshua Knobe and Shaun Nichols (eds.), *Experimental Philosophy*, Oxford: Oxford University Press, 2008, p. 39.

[3] 卡皮尼恩认为，与表面的哲学直觉相比，坚实的哲学直觉具有更多的理论价值。坚实的哲学直觉是在足够理想的条件下形成的，在这种条件下，我们不仅有足够的时间来仔细地检查和评价关于假定案例的判断，而且还可以检查和评价这些案例本身以及我们对理论的信奉可能对我们在那些案例中所发现的相关细节的影响。[Antti Kauppinen, "The Rise and Fall of Experimental Philosophy", *Philosophical Explorations*, 2007 (10: 2): 95–118.]

释性评论，以及在产生直觉时有来自少量的关注、考虑，尤其是来自对要处理的案例细节以及人们的其他理论承诺的反思。① 本书认为，要获得解释性评论自然需要反思，但这已经进入系统 2 的理性阶段，而对细节及理论承诺的运用，这是理智直觉的内容。本书认为直觉都是直接对抽象对象的非反思的、无意识的呈现，其神经生理基础是直觉系统，其运行的特点都是快速的、不费力的，其获得的特点是习得缓慢，且对情感敏感②。本书认可纳多（Jennifer Nado）对"反思的直觉"（reflective intuition）这个概念的否定态度③。在他看来："直觉通常被认为是在缺乏内省的、没有明显意识推理的情况下作出的直接判断。一旦应用有意识的反思，其结果似乎不再是直觉，而是由有意识的推理支持的普通信念。"④ 德维特也认为，直觉没有任何有意识的推理，他说，直觉是"经验的理论负载的中央处理器对现象作出的回应。与其他回应不同的是，这类几乎没有任何有意识推理的回应只在相当直接的和鲁莽的情况下才会发生"⑤。

最后，有批评者认为，正确的直觉既不是直接的直觉，也不是最小反思的直觉，而是通过一段足够长时间的讨论和反思后得到的直觉［奥斯丁式的直觉（Austinian intuitions）］。在他们看来，实验哲学并没有证明奥斯丁式的直觉有文化的多样性，或者虽然有明显的多样性，但当理智的人在一起反思和推理时，有充分的理由来假设他们最终将达成一致

---

① Jonathan M. Weinberg, Shaun Nichols and Stephen P. Stich, "Normativity and Epistemic Intuitions", in Joshua Knobe and Shaun Nichols (eds.), Experimental Philosophy, Oxford: Oxford University Press, 2008, pp. 38 – 39.

② 曹剑波：《哲学家使用直觉概念没有特权》，《徐州工程学院学报》（社会科学版）2017 年第 6 期。

③ 值得注意的是，贺麟虽把直觉分为先理智的直觉和后理智的直觉两种，"先用直觉方法洞见其全，深入其微，然后以理智分析此全体，以阐明此隐微，此先理智之直觉也。先从事于局部的研究，琐屑的剖析，积久而渐能凭直觉的助力，以窥其体，洞见其内蕴的意义，此是后理智的直觉"（张学智编：《贺麟选集》，吉林人民出版社 2005 年版，第 65 页），并强调说"没有可以不用直觉方法而能做哲学思考的人"（张学智编：《贺麟选集》，吉林人民出版社 2005 年版，第 65 页），我们绝不能因此认为贺麟主张有反思的直觉，因为他所说的直觉要么是"先于"理智的，要么是"后于"理智的。

④ Jennifer Nado, "Philosophical Expertise", *Philosophy Compass*, 2014 (9: 9): 639 – 640.

⑤ Michael Devitt, *Ignorance of Language*, Oxford: Clarendon Press, 2006, p. 103.

的意见。①

虽然温伯格等人在认可有反思的直觉上是错误的，但他们完全否认奥斯丁式的直觉可能导致所有群体的意见一致则是可信的。他们认为，没有任何证据，也没有任何理由假设，在实验哲学家的实验已经证明的语境敏感性中，那些文化差异性会在反思和讨论之后消失。退一步说，纵使这些文化差异的确在进一步的反思后消失了，这种情况可能是由顺序效应产生的。换言之，奥斯丁式的直觉可能是部分地依赖于例子和论证引入的顺序而建立的。然而，由于不同的群体可能聚集在非常不同的、已证明不受改变影响的奥古斯丁式的直觉上，因此所有群体不可能达成一致的意见。② 而且哲学理论的多样性事实也证明所有群体达成一致的意见是不可能的。

在本书看来，除了因问卷设计不合理、语言歧义、语境暗示或受试者的心不在焉、没有理解或误解案例产生的直觉可能是不相关的外，基于人口统计学因素、实用的因素以及诸如顺序效应、框架效应等所产生的直觉都可能是正确的，都可以成为哲学理论的初步证据。对此，可参见第六章第一节"直觉确证的本质：初步确证性"。

与"调查普通大众的哲学直觉合理吗"相关的一种回答是由路德维希提出的。他认为，不管哲学直觉是什么，都不能用实验研究来研究，他的解释策略是：

> 要提出的第一个观点是……就思想试验中所使用的那些场景而言，调查这些小场景的回应本身不是直觉，换言之，它们本身并不是这类判断，即它们只是表达了主体回应这些小场景作出时使用相关概念的能力……对这些知道它们不是（至少不全是）直觉的回应，我们的任务是试图将能力的作用从其他因素中分离出来。这要求了

---

① Jonathan M. Weinberg, Shaun Nichols and Stephen P. Stich, "Normativity and Epistemic Intuitions", in Joshua Knobe and Shaun Nichols (eds.), *Experimental Philosophy*, Oxford: Oxford University Press, 2008, p. 39.

② Jonathan M. Weinberg, Shaun Nichols and Stephen P. Stich, "Normativity and Epistemic Intuitions", in Joshua Knobe and Shaun Nichols (eds.), *Experimental Philosophy*, Oxford: Oxford University Press, 2008, pp. 39–40.

解那些可能会对回应产生影响的各种因素，并且需要有关于每个能有某些自信说出哪些因素在起作用的主体的足够信息。很明显，在进行这些调查的情况下，我们没有这类信息。[1]

在这种策略看来，由于并非所有对调查的回应都揭示了哲学直觉，因此，区分哲学直觉与对调查的回应揭示的其他种类的精神状态是实验哲学家的责任。实验哲学家暂时还没有能力承担这一责任。

的确，如果实验哲学家没有正确地区分哲学直觉与对调查的回应揭示的其他种类的精神状态，那么无论他们对传统哲学的方法提出了怎样的批判，这些批判都不是对哲学实践中实际采用的方法的批判。然而，只有当某些条件被满足时，这种策略才是有效的。这些条件与哲学直觉追踪真理的倾向有关，同时还与我们在实践中成功地确认在我们的精神状态中有哪些精神状态被算作是真正的哲学直觉的能力有关。

然而，要发现哲学直觉是否更追踪哲学真理，要发现实验哲学是否在研究哪些正确的精神状态，是否把哲学直觉与其他种类的正确精神状态区分开来，需要更多的实验工作，而不是更少的。

（三）哲学家的直觉比普通大众的直觉更优越吗？

如果哲学家的直觉比普通大众的直觉更优越，那么实验哲学就应该调查哲学家的直觉而不是普通大众的直觉，果真如此，现有的实验哲学的研究对象就是成问题的。辛诺特－阿姆斯特曾指出，在诉诸哲学直觉作证据时，"大多数哲学家表达了他们自己的直觉，并希望他们的读者将分享这些直觉，或者至少表面上对这些直觉表示同意。有时，他们宣称，他们的直觉是有特权的，因为他们的直觉是由更好的反思产生的，而且如果其他人充分思考，也会同意他们的观点"[2]。有实验哲学的反对者认为，以调查大众哲学直觉为基础的实验哲学没有存在的合理性，实验哲学应该调查哲学家的直觉。在他们看来，像科学家的直觉与大众的直觉

---

[1] Kirk Ludwig, "The Epistemology of Thought Experiments: First Person Versus Third Person Approaches", *Midwest Studies in Philosophy*, 2007 (31: 1): 144 – 145.

[2] Walter Sinnott-Armstrong, "Abstract + Concrete = Paradox", in Joshua Knobe and Shaun Nichols (eds.), *Experimental Philosophy*, Oxford: Oxford University Press, 2008, p. 211.

关系一样，哲学家的哲学直觉具有特权，比普通大众的哲学直觉更优越。例如，德维特认为，我们应该相信专家的直觉，相信理论和经验为这些直觉作了担保：

> 我们应该信任负载了已证实的科学理论的直觉。例如，可以想一想在现场寻找化石的一位古生物学家。她看到一些白石头黏在灰色的岩石上，认为这是"猪的下颚骨"。这种直观的判断是快速的和鲁莽的。她可能非常确定但不能解释她是如何知道的。在某种程度上，我们相信古生物学家的判断而不相信大众的判断，因为我们知道，这是她多年研究化石的经验结果；她已经成为化石特性的一个可靠的指示者。同样，关于物理世界的许多方面，普通大众的直觉已经被证明是极不可靠的，因此，我们相信物理学家的直觉而不是普通大众的直觉。①

反对凭借大众直觉来研究哲学问题的批评者还主张：

> 整个学术界，我们信赖专家以开展研究。让物理学家或生物学家调查大众关于物理学或生物学的直觉，将是荒谬的。在某种程度上，物理学家和生物学家在他们的研究领域是专家，并运用他们的专业知识来推进这些领域。对哲学来说也是如此。就像物理学家不会考虑大众物理学一样，哲学家也不需要考虑普通大众的哲学。②

反对凭借大众直觉来研究哲学问题的人还主张：

> 确实，我们所关注的常识概念的问题在于，只有哲学家能以普通大众不能达到的精确度和精密性来使用那些概念，即人们每天都使用的那些普通的常识概念。因为哲学家受过特殊训练，能够做出

---

① Michael Devitt, *Ignorance of Language*, Oxford: Clarendon Press, 2006, pp. 104 – 105.
② Joshua Knobe and Shaun Nichols, "An Experimental Philosophy Manifesto", in Joshua Knobe and Shaun Nichols (eds.), *Experimental Philosophy*, Oxford: Oxford University Press, 2008, p. 8.

精细区分和严密思考；而且哲学家能用这些技巧来发现我们日常直觉的真实本质。结果是，与普通大众相比，哲学家有一种更坚实可靠的能力来获得关于各种案例的准确直觉。[1]

在实验哲学的批评者看来，与普通大众不同，哲学家受过专业训练，能够精确思考与使用常识的概念，他们的直觉是经过深思熟虑后的直觉，并与其他直觉和理论一致，因此，是哲学家的直觉，而非普通大众的直觉具有认知优势。在他们看来，正如人们不会通过询问普通大众关于夸克或复数的直觉来研究物理学或数学一样，人们也不应该通过询问普通大众关于知识或道德责任的性质的直觉来研究知识论或伦理学。对像葛梯尔案例这样复杂的、专业问题的回答，必须要有一定的训练基础，而不能听从普通大众的直觉反应，与哲学家相比，普通大众没有能力使用"知道"一词[2]。

说专家的直觉比普通大众（或外行）的直觉更有价值，是说在其相应的研究领域里，专家的认知状态远远优于普通大众在相同领域的认知状态。认知状态可用实现认知目标的程度来衡量。任何认知的目标都是获得真理，排除错误。从长远的角度看，在某个领域的专家能够获得真理排除错误的数量远远超过外行，即在这个领域，专家的认知状态远远优于外行。戈德曼给专家的定义是：一个人是某个领域的专家，当且仅当：在这个领域此人拥有比普通大众更多的知识，拥有更高的认知能力，拥有能够把这些知识成功地运用到这个领域的新问题上的技能和方法。[3]

由于专家的直觉比普通大众的直觉更有认知价值，因此对于专业问题，我们应该相信相关专家的直觉而非普通大众的直觉。在专业问题上，专家的直觉比普通大众的直觉更可靠。专家直觉与普通大众的直觉的关系就像科学理论与大众理论的关系一样，在两者之间，我们自然应该相

---

[1] Joshua Knobe and Shaun Nichols, "An Experimental Philosophy Manifesto", in Joshua Knobe and Shaun Nichols (eds.), *Experimental Philosophy*, Oxford: Oxford University Press, 2008, p. 9.

[2] Antti Kauppinen, "The Rise and Fall of Experimental Philosophy", *Philosophical Explorations*, 2007 (10: 2): 95 – 118.

[3] Alvin Goldman, "Experts: Which Ones Should You Trust?", *Philosophy and Phenomenological Research*, 2001 (63: 1): 85 – 110.

信科学理论和专家直觉。

然而，正如第四章第一节"哲学直觉多样性的实证数据"与第五章第三节第四小节"专家直觉优越的专业知识辩护与困境"所揭示的，哲学家的直觉与普通大众的直觉一样具有易变性、多样性，并不比普通大众的直觉优越、有价值和值得关注，专业知识辩护是无效的。当然，由于任何一项研究都可能存在侥幸或例外，因此还需要做更多的工作，而这些工作离不开实验调查。在哲学上调查普通大众的直觉仍是需要的，正如纽约大学的威尔曼（J. David Velleman）在评价实验哲学的很多发现"对传统哲学家来说，并不是新闻"后，承认"当然，了解多数人对意向性行为或者道德责任的看法是有用的。在哲学化这些话题的过程中，我们不能过分远离人们的思想。……甚至亚里士多德也依靠被接受的共同意见作为他探索的出发点"，"也许亚里士多德是第一个'实验哲学家'……他认为真正的哲学化过程出现在意见被调查出来之后。他的观点在今天仍然是正确的"[1]。

（四）哲学家的反思可以代替普通大众的直觉吗？

如果哲学家的反思可以代替普通大众的直觉，那么就不必调查普通大众的直觉了，因此也就不需要有实验哲学了。实验哲学的批评者认为，虽然哲学家的哲学直觉并不比普通大众的哲学直觉更可靠、更有价值和更值得关注，但是哲学家的反思判断比哲学家和普通大众的直觉判断更准确，直觉判断可以用反思判断来取代。他们因此主张，借助普通大众的直觉来研究哲学问题，在方法论上不具有优越性，可以用反思的方法来代替。的确，如果反思判断（通过深思熟虑的理性思维所获得的判断）比直觉判断更能追踪真理，而且直觉判断都可以用反思判断来取代，那么就用不着调查普通大众或哲学家的直觉判断了，实验哲学也就无须存在了。

本成果虽然认可建立在经验证据基础上的反思判断比直觉判断更能追踪真理，但反对直觉判断都可以用反思判断来取代。本书认为哲学家

---

[1] Christopher Shea, "Against Intuition: Experimental Philosophers Emerge from the Shadows, But Skeptics Still Ask: Is This Philosophy?", *The Chronicle Review*, October 3, 2008. http://www.sel.eesc.usp.br/informatica/graduacao/material/etica/private/against_intuition.pdf.

的反思不能代替对普通大众直觉调查的理由如下：

1. 直觉证据不能由反思证据取代

在哲学论证中，诉诸直觉作为证据既有悠久的历史，也有广泛的应用。哲学家常常借助自己对某个例子或案例的直觉得出结论，或者当争论进行不下去时，在"理屈词穷"时，会把自己立论的关键前提说成是直觉的。[①] 众所周知使用直觉作为证据的案例是汤姆逊的器官移植案例。在这个案例中，医生可以通过牺牲一位有匹配器官的青年人，来挽救五位需要器官移植的病人。当面对这个案例时，大多数人的直觉是医生不应该进行这种移植。这种直觉被当作这种行动是错误的证据，这个结论可以用来挑战行为功利主义。诉诸直觉是与诉诸经验、诉诸推理并行的论证方法，由于直觉证据的获得简单、直接、经济而且可获得最原初的证据，因此具有不可取代的地位。

2. 哲学家的直觉被误认为有普遍性

哲学家常常武断地认为自己的直觉为普通大众所共享，具有普遍性，并冠以大众之名。他们用自己的直觉代表普通大众的直觉的标志是作出了这类主张："直觉地，大家认为……""很显然，……""众所周知，……""人们通常认为，……"等等。这类表述通常被用来代言普通大众的直觉。用这些语句的哲学家，想当然地认为普通大众也共享有省略号内的那种直觉，而不会认为只有自己才有那种直觉，"这些主张最显著的特点是诉诸'我们'。诉诸个人自己的判断是很少见的。如果有人确实诉诸自己的判断，那么依据其语境，它的含义是，不仅我的判断是这样的，而且其他人的判断也是这样的"[②]。

柏拉图的《理想国》中有一段著名关于正义本质的对话，苏格拉底就代表普通大众诉诸直觉证据。当塞弗勒斯认为正义就是说实话，偿还债务时，苏格拉底提到一个例外，"假如一个朋友在他神志清醒时把武器交托给我。在他神志不清时向我索要武器，我应该把武器还给他吗？没有人会说我应该或者我这样做将是正确的，就像他们不会说我应该总是

[①] 曹剑波：《哲学直觉方法的合理性之争》，《世界哲学》2017年第6期，第52页。

[②] Antti Kauppinen, "The Rise and Fall of Experimental Philosophy", *Philosophical Explorations*, 2007（10:2）:96.

对一个处于这种状况的人讲真话一样"①。苏格拉底陈述了假想的场景，并提出了关于正义的一个问题。在接下来的黑体字中，他报告了自己的直觉，并自信地断言了哲学家们通常的假设，即每个遇到这个问题的人都会和他有同样的直觉。在后面的对话中，塞弗勒斯报告了同样的直觉，并同意这种直觉将被所有人分享。苏格拉底认为这种直觉证明，塞弗勒斯对正义的描述是错误的。

用哲学家的直觉代表普通大众的直觉是否恰当，哲学家的直觉是否仅仅是凭借自己的专业知识得到的一管之见？这需要对比哲学家的直觉来调查普通大众的直觉。这说明调查普通大众直觉的重要性。实验哲学的研究证明，哲学家的直觉不能代表普通大众的直觉，哲学家的直觉不具有普遍性、共享性。另外，由于以普通大众作为受试者比以哲学家作为受试者更易获得、更经济，因此调查哲学直觉比普通大众的哲学直觉更可行。实验哲学揭示的直觉的多样性，正在"剥夺"哲学家试图继续以自己事实上与普遍大众不一致的直觉，来"代言"普遍大众的直觉的这种"代言"的合法性。

3. 大众化哲学需要对普通大众的直觉进行调查

有反对者可能认为，对快速思维方式感兴趣的心理学家也许对未经深思熟虑的直觉反应感兴趣，然而哲学家感兴趣的不是未经深思熟虑的直觉反应，而是深思熟虑的理性思维，"当人们的直觉回答不能与他们有意识地坚持的看法一致时，尤其是当这种矛盾明显时，人们有时不理会或拒绝他们的直觉回答。"②

本书赞同诺布和尼科尔斯的说法，他们认为，虽然学院派的专业化观点完全适用于一些哲学问题，但是，许多哲学问题的争论与日常直觉紧密相关。例如，关于自由意志、身份的同一性、知识和道德性问题，是从日常直觉中产生的，如果不能符合日常直觉，那么它们就不是一个

---

① Plato，1892，I，131，595 或 Stephen Stich and Kevin P. Tobia，"Experimental Philosophy and the Philosophical Tradition"，in Justin Sytsma and Wesley Buckwalter（eds.），*A Companion to Experimental Philosophy*，West Sussex：John Wiley and Sons，Ltd，2016，p. 6.

② Fiery Cushman and Alfred Mele，"Intentional Action：Two-and-a-Half Folk Concepts？"，in Joshua Knobe and Shaun Nichols（eds.），*Experimental Philosophy*，Oxford：Oxford University Press，2008，p. 177.

能够被真正理解的哲学问题。① 如果哲学家的"道德责任"概念与普通大众的"道德责任"概念不同,那么,这种哲学就没有存在的必要。他们举例说,像"什么行为被当作'有意的'?""为了挽救五个人而杀死一个无辜者是被允许的吗?"这类哲学问题,是能通过研究普通大众给出的答案解决的。诺布和尼科尔斯断言:"无论我们研究什么,我们都应该接受大众……的直觉,以此作为一种方式来更深层地理解人类心灵是如何运作的。"② "道德责任"这个概念是哲学家和普通大众共有的,而不是哲学家独有的。像"知识""理由"这些概念,也应该是大众概念。事实上,如果哲学家争论的仅仅是它们虚构的概念,为什么普通大众要去关心它们呢?人们想知道的是,在他们通常所谈论的意义上,他们是否有关于他人的知识,并在这个意义上,他们必须努力与大众的概念一致。

本书认为,哲学学科分类繁多,有高度专业化的物理哲学、数学哲学、心智哲学、生物哲学等专业化哲学;有大量与日常生活联系紧密的道德哲学、政治哲学、人生哲学、美学等大众化哲学。对于专业化哲学,初学者需要长期的专业训练才能登堂入室,才能有自己中肯的看法;对于大众化哲学,外行凭自己的直觉就可提出自己合适的看法,因为关于善恶、责任、自由、正义、公平、幸福、美丑的观念,都是来源于普通大众且能应用于日常生活。只要哲学家作出关于我们日常概念或日常判断的主张,我们就要哲学家确保:虽然他们的看法很可能受到他们自己理论的影响,但这些看法必须是普通大众的看法,而不只是哲学家的看法。因此,与日常生活联系紧密的大众化哲学必须严肃认真地对待普通大众的哲学直觉,其理论是否正确,要通过普通大众来验证。

4. 实验哲学的重要发现离不开对普通大众的直觉的调查

实验哲学产生不到 20 年,俨然已有成一显学之势,产生了许多有趣而又重要的发现。这些发现的获得都离不开对普通大众的直觉的调查。

---

① Joshua Knobe and Shaun Nichols, "An Experimental Philosophy Manifesto", in Joshua Knobe and Shaun Nichols (eds.), *Experimental Philosophy*, Oxford: Oxford University Press, 2008, p. 8.

② Joshua Knobe and Shaun Nichols, "An Experimental Philosophy Manifesto", in Joshua Knobe and Shaun Nichols (eds.), *Experimental Philosophy*, Oxford: Oxford University Press, 2008, p. 12.

例如，诺布对"副作用效应"的开创性发现就是这样一个例子。这个例子表明，实验哲学通过调查普通大众的直觉，在哲学的重要概念上可以导致意想不到的发现。在诺布的工作之前，有大量的哲学文献旨在分析"故意行为"这个概念。但是，为这一文献做出贡献的哲学家认为，故意行为是一个纯粹的描述性概念，一个行为的结果是否故意完全取决于导致该行为的心理状态。诺布猜想，普通大众关于可预见的行为副作用的直觉也许会受到副作用的道德性的影响，尽管哲学家可能由于这一领域的哲学理论的影响而没有这些直觉。虽然不是每个人都同意，但诺布和其他许多人认为，这一发现反映了一种以前从未被怀疑的故意行为的普通概念的特征：依赖自己直觉的哲学家没有注意到这种特征。纳罕姆斯等人的发现[①]是另一个重要例子。在关于自由意志的文献中，许多哲学家报告了强烈的不相容的直觉，认为自由意志不可能存在于决定论的宇宙中。然而，他们借对普通大众的直觉的调查已经证明，普通大众倾向于有兼容主义的直觉，认为自由意志可以存在于决定论的宇宙中。

由于直觉证据是建构哲学理论的重要证据，具有不可取代的地位；由于哲学家的直觉与普通大众的直觉一样具有易变性、多样性，并不比普通大众的直觉更优越；由于哲学家的直觉不具有普遍性、共享性，不能代表普通大众的直觉；由于调查普通大众直觉的实验哲学已经获得了许多重要成果，因此，主要通过调查普通大众的哲学直觉来研究哲学问题的实验哲学是有其合理性与存在价值的。

四 实验方法会排斥分析方法吗？

不少批评者之所以批评实验哲学，是因为他们认为实验哲学在排斥分析方法。例如，索萨把实验哲学看作哲学的自然主义运动的一种结果，他批判实验哲学，是因为实验哲学试图"证明在哲学中使用扶手椅直觉

[①] Eddy Nahmias, Stephen Morris, Thomas Nadelhoffer and Jason Turner, "Surveying Freedom: FolkIntuitions about Free Will and Moral Responsibility", *Philosophical Psychology*, 2005 (18: 5): 561–584.

Eddy Nahmias, Stephen G. Morris, Thomas Nadelhoffer and Jason Turner, "Is Incompatibilism Intuitive?", in Joshua Knobe and Shaun Nichols (eds.), *Experimental Philosophy*, Oxford: Oxford University Press, 2008, pp. 85–86.

是不光彩的"①，而且他"反对实验主义者对扶手椅直觉的拒斥"②。

　　本书认为，根据实验哲学对传统扶手椅思辨分析方法的态度不同，可把实验哲学分为排斥型实验哲学和补充型实验哲学。排斥传统分析方法的实验哲学又可称为激进的实验哲学、强的实验哲学、悲观的实验哲学、消极的实验哲学或破坏性实验哲学。排斥型实验哲学主张，实验哲学的实验方法是排斥传统扶手椅思辨分析方法的，在哲学问题的研究上，实验方法优越于传统的标准方法，实验哲学应该完全（或应该几乎完全）取代传统哲学。施蒂希和温伯格是排斥型实验哲学的鼓动者，他们强调文化和社会经济背景以及构建问题对人们的反应和随之而来的变化性的影响，并对哲学诉诸直觉的方法表示怀疑。施蒂希认为实验哲学的证据表明"在整个20世纪以及之前的哲学家们使用的'依赖扶手椅上的人的直觉'的核心方法出现了问题"③。纳罕姆斯等人主张"抛弃一种标准的哲学方法，按照这种方法，哲学家们坐在扶手椅上咨询他们自己的直觉，并且假设他们代表的是日常的直觉"④。

　　排斥型实验哲学反对思想实验这种案例分析的方法在分析哲学中的作用基于反对案例研究方法的不可靠性论证（the argument from unreliability against the method of cases），其论证过程为⑤：

> 1. 由哲学的思想实验得出的判断显著地受不追踪事实的因素影响。

---

① Ernest Sosa, "Experimental Philosophy and Philosophical Intuition", in Joshua Knobe and Shaun Nichols (eds.), *Experimental Philosophy*, Oxford: Oxford University Press, 2008, p. 231.
② Ernest Sosa, "Experimental Philosophy and Philosophical Intuition", in Joshua Knobe and Shaun Nichols (eds.), *Experimental Philosophy*, Oxford: Oxford University Press, 2008, p. 232.
③ Christopher Shea, "Against Intuition: Experimental Philosophers Emerge from the Shadows, but Skeptics Still Ask: Is This Philosophy?", *The Chronicle Review*, October 3, 2008. http://www.sel.eesc.usp.br/informatica/graduacao/material/etica/private/against_intuition.pdf.
④ Eddy Nahmias, Stephen G. Morris, Thomas Nadelhoffer & Jason Turner, "Is Incompatibilism Intuitive?", in Joshua Knobe and Shaun Nichols (eds.), *Experimental Philosophy*, Oxford: Oxford University Press, 2008, p. 85.
⑤ Elizabeth O'Neill and Edouard Machery, "Experimental Philosophy: What is it good for?", in Edouard Machery and Elizabeth O'Neill (eds.), *Current Controversies in Experimental Philosophy*, New York: Routledge, 2014, p. xvi.

2. 如果一个判断显著地受不追踪事实的因素影响,那么这个判断就是不可靠的。

3. 如果一个判断是不可靠的,那么它就不能为它所假设的内容提供初步的保证。

4. 因此,由哲学的思想实验得出的判断不能为它所假设的内容提供初步的保证。

如果由哲学的思想实验得出的判断不能为它理所当然的内容提供初步的保证,那么哲学家就不能合理地假设这些思想实验所描述的状态为这些判断提供了事实基础。因此,案例研究不应该在思辨哲学中起重要的作用。

批评者可能会首先批评前提1,质疑哲学判断是否显著地受不追踪真理的因素影响。认为实验哲学的这些研究可能有设计的缺陷[1];它们可能没有清楚地揭示人们的判断[2];它们可能没有揭示适当的人的判断[3];或者它们的目标判断可能与哲学无关[4]。纵使承认一些思想实验显著地受不追踪真理的因素影响,也不能因此说这些因素普遍地影响哲学判断。内格尔在理论上和经验上力求表明,知识论中重要的案例并不显著地受不追踪真理的人口变量影响[5]。在本成果第四章第二节"哲学直觉多样性不能反驳诉诸直觉的方法"捍卫了诉诸直觉的方法,同时也可以看作捍卫

---

[1] Kirk Ludwig, "The Epistemology of Thought Experiments: First Person Versus Third Person Approaches", *Midwest Studies in Philosophy*, 2007 (31: 1): 128 – 159.

[2] John Turri, "A Conspicuous Art: Putting Gettier to the Test", *Philosophers' Imprint*, 2013 (13: 10): 1 – 16.

[3] Michael Devitt, "Experimental Semantics", *Philosophy and Phenomenological Research*, 2011 (82: 2): 418 – 435. 这种观点认为,实验哲学家把注意力集中在外行,而非哲学家。研究的对象不合适。

[4] Genoveva Martí, "Against semantic multi-culturalism", *Analysis*, 2009 (69: 1): 42 – 48.
Edouard Machery, Ron Mallon, Shaun Nichols and Stephen P. Stich, "If intuitions vary, then what?", *Philosophy and Phenomenological Research*, 2013 (86: 3): 618 – 635.

[5] Jennifer Nagel, "Intuitions and Experiments: A Defense of the Case Method in Epistemology", *Philosophy and Phenomenological Research*, 2012 (85: 3): 495 – 527.
Jennifer Nagel, "Defending the evidential value of epistemic intuitions: A reply to Stich", *Philosophy and Phenomenological Research*, 2013 (87: 1): 177 – 189.

了案例分析的方法。

补充传统分析方法的实验哲学又可称为温和的实验哲学、弱的实验哲学、乐观的实验哲学或建构性实验哲学。补充型实验哲学主张,实验哲学的实验方法与传统扶手椅思辨分析方法是相互补充的,在哲学问题的研究上,实验方法与传统的标准方法各有其优缺点,实验哲学是对传统哲学的补充,在某些哲学问题上,实验哲学的方法更有前途。补充型实验哲学是实验哲学运动的主流,尼科尔斯和诺布是其代表。例如,在《实验哲学宣言》中,尼科尔斯和诺布清楚地指出,他们并没有把实验的方法当作哲学的唯一方法:

> 没人认为我们要开除所有的道德哲学家,并用实验主义者取而代之,也没人认为我们废除了任何一种用来弄清人们的直觉到底是对还是错的传统哲学方法。我们想要提倡的只是往哲学家的工具箱里添加另一种工具而已。也就是说,为了从事某些哲学探索,我们提倡另一种方法(在已有方法之外)。[1]

普林茨主张方法的互补,并认为"如果传统的哲学方法与其他的观察方法相结合,那么哲学将会受益"[2]。普林茨还认为,实验哲学与传统哲学的概念分析相似。自柏拉图以来,传统哲学家专注于特定的概念,并提供分析。实验哲学家和传统的概念分析者都假定,被调查的概念应该按照普通的语言使用者如何理解概念的方式来分析。实验哲学与传统的概念分析之间有两种紧密的联系。第一种是实验哲学家使用的方法通常要求受试者通过内省给出语义知识。一些小场景起着类似于哲学思想实验的作用,引发受试者的直觉,并由受试者把这些直觉记录在问卷上。因此,实验哲学家所做的最典型的实验,就是让普通大众去做哲学家在反思概念时所做的事情。传统的哲学方法没有被消除,它们只是被民主

---

[1] Joshua Knobe & Shaun Nichols, "An Experimental Philosophy Manifesto", in Joshua Knobe and Shaun Nichols (eds.), *Experimental Philosophy*, Oxford: Oxford University Press, 2008, p. 10.

[2] Jesse J. Prinz, "Empirical Philosophy and Experimental Philosophy", in Joshua Knobe and Shaun Nichols (eds.), *Experimental Philosophy*, Oxford: Oxford University Press, 2008, p. 192.

化了。普林茨把这种方法称为后验先天的（posteriori priori）方法，因为它用数据分析把先天反思结合起来了。① 第二种是通过分析多位未受哲学训练的受访者的直觉，实验哲学家可以决定由专业哲学家报告的直觉是否与普通大众的直觉一致。传统哲学家把他们的理论建立在直觉上，并假定这些直觉是共享的。然而，实际上，哲学家的直觉经常是有偏见的。它们经常是负载理论的，而且在文化上也是特定的。通过证明哲学家的直觉不是普遍共享的，实验哲学家用他们的研究来揭示这些偏见。因此，与统计分析一起，实验哲学家采用传统哲学报告直觉的方法，对哲学家关于权威的直觉应该是什么的主张进行了批评。有时候，通过介绍思想实验如何呈现细小的差异（诸如呈现的顺序，或者生动形象的语言）影响作为结果的直觉，他们也试图证明，哲学家的直觉是暂时的。②

当某些自称是实验哲学的批评者说，他们是在反对实验哲学时，实际上都是在批评排斥型实验哲学。在《实验哲学与哲学直觉》中，虽然索萨提到一些实验哲学家（在我们看来，就是指补充型实验哲学家）不是他批评的目标，因为这些实验哲学家没有提出他所批评的那种有争议的主张，但是他仍称他自己在反对实验哲学。索萨说，不是每位实验哲学的拥护者都认可归入反对哲学直觉"这个灵活标题下的任何松散的聚集物"，"还有一种实验哲学的最新变种对直觉拥有更积极的看法。这种变种的支持者使用实验的证据来获得对这些直觉和它们的潜在能力的更好的理解。"③ 莱文眼里的实验哲学其实也是排斥型实验哲学，她把实验哲学的方法与分析哲学的方法对立起来，在她对《实验哲学》的评论中，她的最终结论是："在这本成果中所讨论的方法论上最合理的和哲学上最切题的研究成果，都可以从扶手椅上获得，因此，实验哲学可能没有对分析哲学的传统方法提出严重的挑战。"④ 她的目的有时似乎是要证明实

---

① Jesse J. Prinz, "Empirical Philosophy and Experimental Philosophy", in Joshua Knobe and Shaun Nichols (eds.), *Experimental Philosophy*, Oxford: Oxford University Press, 2008, pp.198 – 199.

② Jesse J. Prinz, "Empirical Philosophy and Experimental Philosophy", in Joshua Knobe and Shaun Nichols (eds.), *Experimental Philosophy*, Oxford: Oxford University Press, 2008, p.199.

③ Ernest Sosa, "Experimental Philosophy and Philosophical Intuition", in Joshua Knobe and Shaun Nichols (eds.), *Experimental Philosophy*, Oxford: Oxford University Press, 2008, p.239. n.5.

④ Janet Levin, "Critical Notices: Experimental Philosophy", *Analysis*, 2009 (69: 4): 761.

验哲学没有存在的必要,她说:"似乎传统的分析方法可能足以为识别哲学理论提供合适种类的判断数据。"① 在这里,她暗示扶手椅哲学在收集相关研究信息上与实验哲学一样好。

在《实验哲学宣言》中,虽然尼科尔斯和诺布试图用一种广泛的方式恰当地描述实验哲学,使它对"多样的抱负"开放②,然而他们所主张和辩护的只是一种相当温和的补充型实验哲学。正因如此,对补充型实验哲学的辩护并不能排除像索萨和莱文这样的批评者对排斥型实验哲学的批评,因此诺布和尼科尔斯试图通过捍卫补充型实验哲学来反驳对排斥型实验哲学的批评,力图"证明实验哲学的发起是合理的"③,是不成功的。虽然人们对实验哲学的方法有这样或那样的质疑,在本成果看来,由于实验哲学的主流是补充型实验哲学,而补充型实验哲学所倡导的用实验方法来补充分析方法的理念具有不可批评性④,再加上实验哲学所带来的突出成就,这些都证明补充型实验哲学的发起是合理的,补充型实验哲学的前途是光明的。从补充型实验哲学的发展看,本书赞同《哲学心理学》的评论,即"实验哲学家所采用的方法不应该像它通常被认为的那样有争议"⑤。而且即使是批评者,也有人接受实验哲学的有用性。例如,路德维希写道"实验哲学……对人们的假设作了检测。这些假设认为,人们对他人有一致的反应,尤其对那些没有受过哲学训练的人的反应具有一致性。"⑥ 相似地,索萨说:"揭示在不利的条件下直觉可能迷

---

① Janet Levin, "Critical Notices: Experimental Philosophy", *Analysis*, 2009 (69: 4): 767.

② Joshua Knobe & Shaun Nichols, "An Experimental Philosophy Manifesto", in Joshua Knobe and Shaun Nichols (eds.), *Experimental Philosophy*, Oxford: Oxford University Press, 2008, p. 3.

③ Joshua Knobe & Shaun Nichols, "An Experimental Philosophy Manifesto", in Joshua Knobe and Shaun Nichols (eds.), *Experimental Philosophy*, Oxford: Oxford University Press, 2008, p. 14.

④ 说补充型实验哲学所倡导的用实验方法补充分析方法的理念具有不可批评性,是因为人们无法否认使用多种方法比使用单一方法更有用;是因为人们很难否认,调查普通大众是如何看待哲学问题,对这些问题的解答至少有些用。

⑤ Joshua May, "Review of Experimental Philosophy Ed. By Knobe and Nichols", *Philosophical Psychology*, 2010 (23: 5): 713.

⑥ Kirk Ludwig, "The Epistemology of Thought Experiments: First Person Versus Third Person Approaches", *Midwest Studies in Philosophy*, 2007 (31): 154.

失方向，当然是有用的。"①

对实验哲学的批评，还有不少基于误解之上。例如，①没有实验哲学家声称，实验应该完全取代哲学的理论化。然而，实验哲学家不断面临来自以下的批判："如果我们调查每个人都发现，他们认为怀疑主义是错误的（或者相信上帝和外部世界存在是合理的，等等），这个事实是如何能终止这个长达 2000 多年之久的哲学争论呢？"答案很简单："它不能。"实验哲学家所收集的经验数据是用来揭示而不是取代哲学争论的。②实验哲学家没有宣称，他们的方法和结果必然与哲学的每个领域相关。然而，批评者通常试图用在现在看来是与实验不相关的某些哲学争论，来证明实验哲学是没有价值的。③实验哲学有时被讽刺为一个荒谬的平等主义运动。有人讥讽道，一个班的一年级的小学生，并不能辨识出他们面前的兔子的性别，于是他们决定对此投票，投票的结果就是这个兔子的性别。与此相似，有人用这样一个想象的情景来讽刺实验哲学家：实验哲学家们在考虑"我们是否拥有自由意志"这一问题，但经过了长时间的仔细思索，他们发现他们并不清楚这个问题的答案，然后他们决定做个问卷调查，让大家投票来决定自由意志是否存在。其实，在识别兔子性别的类比中，通过小学生的投票结果来判断兔子的性别确实不合适。但如果连"兔子""性别"概念的使用都出现了问题，我们还能去判断兔子的性别吗？实验哲学研究的目标中，就有要诊断这些概念的使用是否准确。

不可否认，在哲学研究中，采用真实的观察实验有其自身不可克服的局限性。沃克迈斯特明确提出："仅仅观察是不够的；'哲学家的眼睛'是一个不可或缺的先决条件；这也意味着实验数据除非与一个思想体系联系起来，否则是毫无意义的。"② 然而，正如周昌乐教授主张："对于目前主要以直觉—思辨为主的哲学研究现状而言，哲学实验方法对当代哲学研究走出狭隘的概念思辨，具有不可替代的作用。在这个意义上，哲

---

① Kirk Ludwig,"The Epistemology of Thought Experiments：First Person Versus Third Person Approaches", *Midwest Studies in Philosophy*, 2007（31）：128.

② ［美］W. H. 沃克迈斯特著：《科学的哲学》，李德容等译，商务印书馆 1996 年版，第 27 页。

学实验方法无疑将成为引领当代哲学发展走向的一个重要动力,对繁荣哲学研究事业具有十分重要的意义。"①

用实验调查来研究哲学问题,是一种新兴的运动,它提出了一种"令人兴奋的新的研究风格"②。在某种意义上,实验哲学就是用数据论证的哲学,用事实说明的哲学,也是在实际中由人来检验的哲学。实验哲学使得哲学能够用数据论证,用事实说明,由人检验。传统分析哲学思辨味太浓、抽象性太重,而且远离现实生活,探讨问题常常陷入公说公有理婆说婆有理的思辨困境而无法自拔。在哲学中引入实验方法是一种有益尝试与探索,能够让哲学研究与现实生活紧密联系,并使哲学研究更具活力和开放性,这是哲学研究的一次变革。用实验的方法来研究哲学,使哲学不再只是哲学家头脑中发生的东西,改变了单纯思辨的性质,使哲学的结论能够得到实验上的验证,这是实验哲学的重要意义。而且实验的基本特征是可检验性、可重复性,从事实验哲学的研究要求对哲学中的概念作明晰的界定,这有助于更好地纠正、澄清哲学研究中的混乱。无论实验哲学发展的未来如何,实验哲学的研究肯定是在当代哲学研究中最令人振奋的发展之一。虽然实验哲学还不太成熟,其方法的合理性也存在不少争议,但是,鉴于传统分析哲学日益抽象化、技术化,日益远离现实社会和生活,在哲学中引入实验的方法发现新的问题,或者为哲学问题的求解提供新的证据和思路,则是繁荣和发展哲学的有益探索。

本书乐观地预测:在不久的将来,实验哲学将会更有声势;从长远看,哲学中运用实验方法也将越来越普遍和寻常。当然,本成果提出这样的预言,并不是要求每位哲学研究者都要亲自去做这样那样的哲学实验,也不是要求探究任何哲学问题都必须诉诸于实验,更不是要求用实验方法来取代思辨分析的方法。本书想要强调的是,在今后的哲学研究中,倘若涉及的哲学问题与日常的直觉或经验相关,则相关研究者不应该无视实验哲学或实证科学所提供的经验证据。

---

① 周昌乐:《哲学实验:一种影响当代哲学走向的新方法》,《中国社会科学》2012 年第 10 期。

② Joshua May, "Review of Experimental Philosophy Ed. By Knobe and Nichols", *Philosophical Psychology*, 2010 (23:5): 711.

参考文献

一 英文文献

英文著作

A. R. Booth and D. P. Rowbottom (eds.), *Intuitions*, Oxford: Oxford University Press, 2014.

Alvin Goldman, *Epistemology and Cognition*, Cambridge, MA: Harvard University Press, 1986.

Alvin Plantinga, *Warrant and Proper Function*, Oxford: Oxford University Press, 1993.

Anna Wierzbicka, *Semantics: Primes and Universal*, Oxford: Oxford University Press, 1996.

Anne Fausto-Sterling, *Sexing The Body: Gender Politics and the Construction of Sexuality*, New York: Basic Books, 2000.

Anthony Booth and Darrell Rowbottom (eds.), *Intuitions*, Oxford: Oxford University Press, 2014.

Carrie Ichikawa Jenkins, *Grounding Concepts*, Oxford: Oxford University Press, 2008.

Christopher Peacocke, *Truly Understood*, Oxford: Oxford University Press, 2008.

Daniel Dennett, *Sweet Dreams: Philosophical Obstacles to a Science of Consciousness*, Cambridge: MIT Press, 2005.

Daniel Kahneman, Paul Slovic, Amos Tversky, *Judgment Under Uncertainty: Heuristics and Biases*, New York: Cambridge University Press, 1982.

Daniel Kahneman, *Thinking, Fast and Slow*, Macmillan: Farrar, Straus and Giroux, 2011.

David K. Lewis, *Philosophical Papers (Vol. 1)*, Oxford: Oxford University Press, 1983.

Derek J. Koehler and Nigel Harvey, *Blackwell Handbook of Judgment and Decision Making*, Oxford: Blackwell, 2004.

Dominic Murphy and Michael Bishop (eds.), *Stich and His Critics*, Malden, MA: Wiley-Blackwell, 2009.

Douglas Hofstadterand Daniel Dennett, *The Mind's Eye*, New York: Basic Books, 1981.

Edmund Husserl, *Logical Investigations* (Vol. 2, New edition), New York: Routledge, 2001.

Edouard Machery and Elizabeth O'Neill (eds.), *Current Controversies in Experimental Philosophy*, New York: Routledge, 2014.

Edward E. Jones, David E. Kanouse, Harold H. Kelley, Richard E. Nisbett, Stuart Valins & Bernard Weiner (eds.), *Attribution: Perceiving the Causes of Behavior*, Morristown, NJ: General Learning Press, 1972.

Elijah Chudnoff, *Intuition*, Oxford: Oxford University Press, 2014.

Elkhonon Goldberg, *The Wisdom Paradox: How Your Mind Can Grow Stronger as Your Brain Grows Older*, New York: Gotham Books, 2005.

Ernest Sosa, "Intuitions: Their Nature and Probative Value", in Anthony Booth and Darrell Rowbottom (eds.), *Intuitions*, Oxford: Oxford University Press, 2014.

Ernest Sosa, *A Virtue Epistemology: Apt Belief and Reflective Knowledge*, Oxford: Oxford University Press, 2007.

F. Ungerer and H. J. Schmid, *An Introduction to Cognitive Linguistics*. Addison Wesley: Longman Limited, 1996.

Folke Tersman, *Reflective Equilibrium: An Essay in Moral Epistemology*, Lagerblads Tryckeri AB, Karlshamn, 1993.

Frank Jackson, *From Metaphysics to Ethics: A Defence of Conceptual Analysis*, Oxford: Oxford University Press, 1998.

George Lakoff, *Woman, Fire, and Dangerous Things: What Categories Reveal about the Mind*, Chicago: Chicago University Press, 1987.

Herman Cappelen, *Philosophy without Intuitions*, Oxford: Oxford University Press, 2012.

Hilary Kornblith (ed.), *A Naturalistic Epistemology: Selected Papers*, Oxford: Oxford University Press, 2015.

Immanue Kant, *Critic of Pure Reason*, N. K. Smith (Tr.), London: Macmillan, 1958.

J. T. Coyle (ed.), *Memory Distortion: How Minds, Brains, and Societies Reconstruct the Past*, Cambridge, MA: Harvard University Press, 1995.

J. Ayer, *Language, Truth and Logic*, London: Courier Corporation, 1952.

James R. Beebe (ed.), *Advances in Experimental Epistemology*, London: Bloomsbury Academic, 2014.

Jessica Brown & Mikkel Gerken (eds.), *Knowledge Ascriptions*, Oxford: Oxford University Press, 2012.

Joel Pust, *Intuitions as Evidence*, New York: Garland Publishing, 2000.

John Cottingham, Robert Stoothoff and Dugald Murdoch (Trans.), *The Philosophical Writings of Descartes (Vol. 1)*, Cambridge: Cambridge University Press, 1985.

John Jamieson Carswell Smart and Bernard A. O. Williams (eds.), *Utilitarianism: For and Against*, Cambridge: Cambridge University Press, 1973.

John Locke, *Second Treatise of Government*, C. B. Macpherson (ed.), Indianapolis: Hackett Publishing, 1980.

John Pollock, *Knowledge and Justification*, Princeton: Princeton University Press, 1974.

John R. Taylor, *Linguistic Categorization: Prototypes in Linguistic Theory* (2nd ed), Oxford: Oxford University Press, 1995.

Jonathan St. B. T. Evansand Keith Frankish (eds), *In Two Minds: Dual Processes and Beyond*, Oxford: Oxford University Press, 2009.

Joshua Alexander, *Experimental Philosophy: An Introduction*, Cambridge: Polity Press, 2012.

Joshua Knobeand Shaun Nichols (eds.), *Experimental Philosophy* (Vol. 2), Oxford: Oxford University Press, 2014.

Joshua Knobe and Shaun Nichols (eds.), *Experimental Philosophy*, Oxford: Oxford University Press, 2008.

Justin Sytsma & Wesley Buckwalter (eds.), *A Companion to Experimental Philosophy*, Malden, MA and Oxford: John Wiley & Sons, 2016.

Keith DeRose, *The Case for Contextualism: Knowledge, Skepticism and Context* (Vol. 1), Oxford: Oxford University Press, 2009.

Kurt Gödel, *Collected Works: Volume II: Publications 1938–1974* (Collected Works), Oxford: Oxford University Press, 2001.

L. Jonathan Cohen, *The Dialogue of Reason: An Analysis of Analytical Philosophy*, Oxford: Clarendon Press, 1986.

L. Nadel (ed.), *Encyclopedia of Cognitive Science* (vol. 2), London: Nature Publishing Group, 2003.

Laurence BonJour, *Epistemology: Classic Problems and Contemporary Responses*, Lanham: Rowman and Lttlefield Publishers, 2002.

Laurence BonJour, *In Defense of Pure Reason*, Cambridge: Cambridge University Press, 1998.

Longman Dictionary of English Languageand Culture, London: Addison Wesley Longman, 1998.

Ludwig Wittgenstein, *Zettel*, Oxford: Basil Blackwell, 1967.

M. Steup and E. Sosa (eds.), *Contemporary Debates in Epistemology*, Oxford: Oxford Blackwell, 2005.

Marcus Giaquinto, *Visual Thinking in Mathematics: An Epistemological Study*, Oxford: Oxford University Press, 2007.

Martin Conway (ed), *Cognitive Models of Memory*, Hove: Psychology Press, 1997.

Max Deutsch, *The Myth of the Intuitive: Experimental Philosophy and Philosophical Method*, Cambridge, MA: MIT Press, 2015.

Michael Devitt, *Ignorance of Language*, Oxford: Clarendon Press, 2006.

Michael Huemer, *Ethical Intuitionism*, New York: Palgrave MacMillan, 2005.

Michael Huemer, *Skepticism and the Veil of Perception*, Lanham: Rowman and Littlefield Publishers, 2001.

Michael R. DePaul and William Ramsey (eds.), *Rethinking Intuition: The Psychology of Intuition and Its Role in Philosophy Inquiry*, Oxford: Rowman and Littlefied Publishers, 1998.

Michael Williams, *Unnatural Doubts: Epistemological Realism and the Basis of Scepticism*, Princeton: Princeton University Press, 1996.

Nelson Goodman, *Fact, Fiction and Forecast*, Cambridge, MA: Harvard University Press, 1955.

Norman Daniels, Justice and Justification, Cambridge: Cambridge University Press, 1996, pp. 21–46.

Ole Koksvik, *Intuition as Conscious Experience*, New York: Routledge, 2020.

Panayot Butchvarov, *The Concept of Knowledge*, Evanston: Northwestern University Press, 1970.

Paul Benacerraf and Hilary Putnam (eds.), *Philosophy of Mathematics: Selected Readings*, Cambridge: Cambridge University Press, 1983.

Plato, *The Republic in The Dialogues of Plato (Vol. 1)*, Benjamin Jowett (trans.), New York: Random House, 1937.

R. M. Hare, *Sorting Out Ethics*, Oxford: Oxford University Press, 1997.

Richard B. Brandt, *A Theory of the Good and the Right*, Oxford: Oxford University Press, 1979.

Robert Audi, *Epistemology: A Contemporary Introduction to the Theory of Knowledge*, New York: Routledge Press, 2003.

Robert Audi, *Moral Knowledge and Ethical Character*, Oxford: Oxford University Press, 1997.

Robert Audi, *The Cambridge Dictionary of Philosophy*, New York: Cambridge University Press, 1999.

Robert Cummins, *Representations, Targets, and Attitudes*, Cambridge: MIT Press, 1996.

Roderick M. Chisholm, *The Foundations of Knowing*, Minnesota: University of Minnesota Press, 1982.

Ronald W. Langacker, *Foundations of Cognitive Grammar (Vol. 1), Theoretical Prerequisites*, Stanford: Stanford University Press, 1987.

Rüdiger F. Pohl (ed.), *Cognitive Illusions: A Handbook of Fallacies and Biases in Thinking, Judgement, and Memory*, London, UK: Psychology Press, 2004.

Saul Kripke, *Naming and Necessity*, Cambridge: Harvard University, 1980.

Scott Sturgeon, *Matters of Mind: Consciousness, Reason and Nature*, London: Routledge, 2000.

Serena Maria Nicoli, *The Role of Intuitions in Philosophical Methodology*, United Kingdom: Palgrave Macmillan, 2016.

Stephen Hetherington (ed.), *Epistemology Futures*, Oxford: Oxford University Press, 2006.

Stephen Stich, *The Fragmentation of Reason*, Cambridge, MA: Bradford Books/MIT Press, 1990.

Steven D. Hales, *Relativism and the Foundations of Philosophy*, Cambridge, MA: MIT Press, 2006.

T. E. Moore (ed.), *Cognitive Development and the Acquisition of Language*, New York: Academic Press, 1973.

Walter Sinnott-Armstrong (ed.), *Moral Psychology*, Volume 2: The Cognitive Science of Morality: Intuition and Diversity, Cambridge: MIT Press, 2008.

William G. Lycan, *On Evidence in Philosophy*, Oxford: Oxford University Press, 2019.

英文论文

Adam Feltz & Chris Zarpentine, "Do You Know More When it Matters Less?", *Philosophical Psychology*, 2010 (23: 5): 683 – 706.

Adam Feltz, "Problems with the Appeal to Intuition in Epistemology", *Philosophical Explorations*, 2008 (11): 131 – 141.

Alexander Dinges & Julia Zakkou, "Much at Stake in Knowledge", *Mind and Language*, 2020 (36: 5): 729 – 749.

Alvin Goldman and Joel Pust, "Philosophical Theory and Intuitional Evidence", in Michael R. DePaul and William Ramsey (eds.), *Rethinking

Intuition: The Psychology of Intuition and Its Role in Philosophy Inquiry, Oxford: Rowman and Littlefied Publishers, 1998.

Alvin Goldman, "A Priori Warrant and Naturalistic Epistemology", Noûs, 1999 (33: s13): 1 –28.

Alvin Goldman, "Experts: Which Ones Should You Trust?", Philosophy and Phenomenological Research, 2001 (63: 1): 85 –110.

Alvin Goldman, "Philosophical Intuitions: Their Target, Their Source and Their Epistemic Status", Grazer Philosophiche Studien, 2007 (74): 1 –26.

Amos Tversky and Daniel Kahneman, "Availability: A Heuristic for Judging Frequency and Probability", Cognitive Psychology, 1973 (5: 2): 207 –232.

Amos Tversky and Daniel Kahneman, "Judgments of and by Representativeness", in Daniel Kahneman, Paul Slovic and Amos Tversky (eds.), Judgment under Uncertainty: Heuristics and Biases, New York and Cambridge: Cambridge University Press, 1982.

Amos Tversky, "Features of Similarity", Psychological Review, 1977 (84: 4): 327 –352.

Amy L. Baylor, "A Three-Component Conception of Intuition: Immediacy, Sensing-Relationships, and Reason", New Ideas in Psychology, 1997 (15: 2): 185 –194.

Andreas Glöcknerand Cilia Witteman, "Beyond Dual-process Models: A Categorisation of Processes Underlying Untuitive Judgement and Decision Making", Thinking and Reasoning, 2010 (16: 1): 1 –25.

Ángel Pinillos, Nick Smith, G. Shyam Nair, Cecilea Mun, and Peter Marchetto, "Philosophy's New Challenge: Experiments and Intentional Action", Mind and Language, 2011 (26: 1): 115 –139.

Anniti Kauppinen, "The Rise And Fall of Experimental Philosophy", in Joshua Knobe and Shaun Nichols (eds.), Experimental Philosophy (Vol. 2), Oxford: Oxford University Press, 2014.

Antti Kauppinen, "A Humean Theory of Moral Intuition", Canadian Journal of Philosophy, 2013 (43: 3): 360 –381.

Antti Kauppinen, "The Rise and Fall of Experimental Philosophy", Philosoph-

ical Explorations, 2007 (10: 2): 95 – 118.

Ap Dijksterhuis, "Think Different: The Merits of Unconscious Thought in Preference Development and Decision Making", *Journal of Personality and Social Psychology*, 2004 (87: 5): 586 – 598.

Ap Dijksterhuis, Maarten W. Bos, Loran F. Nordgren and Rick B. van Baaren, "On Making the Right Choice: The Deliberation-without-attention Effect", *Science*, 2006 (311): 1005 – 1007.

Ara Norenzayan, Edward E. Smith, Beom Jun Kim & Richard E. Nisbett, "Cultural preferences for formal versus intuitive reasoning", *Cognitive Science*, 2002 (26: 5): 653 – 684.

Arthur S. Reber, "Implicit Learning", in L. Nadel (ed.), *Encyclopedia of Cognitive Science (Vol. 2)*, London: Nature Publishing Group, 2003.

Asher Koriat, "The Self-Consistency Model of Subjective Confidence", *Psychological Review*, 2012 (119: 1): 80 – 113.

Bernard Molyneux, "New Arguments that Philosophers Don't Treat Intuitions As Evidence", *Metaphilosophy*, 2014 (45: 3): 441 – 461.

Brian Weatherson, "Centrality and Marginalisation", *Philosophical Studies*, 2014 (171): 517 – 533.

Brian Weatherson, "Knowledge, Bets and Interests", in Jessica Brown & Mikkel Gerken (eds.), *Knowledge Ascriptions*, Oxford: Oxford University Press, 2012, pp. 75 – 103.

S. I. Jenkinst, "Intuition, 'Intuition', Concepts and the A Priori", in Anthony Booth and Darrell Rowbottom (eds.), *Intuitions*, Oxford: Oxford University Press, 2014.

Daryl Cameron, B. Keith Payne & John M. Doris, "Morality in High Definition: Emotion Differentiation Calibrates the Influence of Incidental Disgust on Moral Judgments", *Journal of Experimental Social Psychology*, 2013 (49: 4): 719 – 725.

Carolyn B. Mervis and Eleanor Rosch Mervis, "Categorization of natural objects", *Annual Review of Psychology*, 1981 (32): 89 – 115.

Chandra Sekhar Sripada & Jason Stanley, "Empirical Tests of Interest-relative

Invariantism", *Episteme*, 2012 (9: 1): 3 - 26.

Chris Zarpentine, Heather Cipolletti and Michael Bishop, "WINO Epistemology and the Shifting-Sands Problem", *The Monist*, 2012 (95: 2): 308 - 328.

Christina Starmansaand Ori Friedman, "Is Knowledge Subjective? A Sex Difference in Adults", Paper presented at the 6th Biennial Meeting of the Cognitive Development Society, San Antonio, Texas, 2009.

Christina Starmansaand Ori Friedman, "The Folk Conception of Knowledge", *Cognition*, 2012 (124): 272 - 283.

Christopher K. Hsee, Jiao Zhang and Junsong Chen, "Internal and Substantive Inconsistencies in Decision-Making", in Derek J. Koehler and Nigel Harvey, *Blackwell Handbook of Judgment and Decision Making*, Oxford: Blackwell, 2004, pp. 360 - 378.

L. Schacter, "Memory Distortion: History and Current Status", in J. T. Coyle (ed.), *Memory Distortion: How Minds, Brains, and Societies Reconstruct the Past*, Cambridge, MA: Harvard University Press, 1995, pp. 1 - 43.

DanielKahneman and Amos Tversky, "Subjective Probabilities: A Judgement of Representations", *Cognitive Psychology*, 1972 (3: 3): 430 - 454.

Daniel Kahneman, "Judgment and Decision Making: A Personal View", *Psychological Science*, 1991 (2: 3): 142 - 145.

Daniel M. Oppenheimer, "The Secret Life of Fluency", *Trends in Cognitive Sciences*, 2008 (12: 6): 237 - 241.

Daniel Oppenheimer, "Spontaneous Discounting of Availability in Frequency Judgment Tasks", *Psychological Science*, 2004 (15): 100 - 105.

David Bourget & David Chalmers, "What do philosophers believe?", *Philosophical Studies*, 2014 (170: 3): 465 - 500.

David Colaço, Wesley Buckwalter, Stephen Stich and Edouard Machery, "Epistemic intuitions in fake-barn thought experiments", *Episteme*, 2014 (11: 2): 199 - 212.

David J. Chalmers, "Intuitions in Philosophy: A Minimal Defense", *Philosophical Studies*, 2014 (171: 3): 535 - 544.

David Over, "Rationality and the Normative/Descriptive Distinction", in Derek J. Koehler and Nigel Harvey, *Blackwell Handbook of Judgment and Decision Making*, UK: Blackwell Publishing, 2004, pp. 3 – 18.

David Rose, etc., "Nothing at Stake in Knowledge", *Noûs*, 2019 (53: 1): 224 – 247.

David Schkade and Daniel Kahneman, "Does Living in California Make People Happy? A Focusing Illusion in Judgments of Life Satisfaction", *Psychological Science*, 1998 (9: 5): 340 – 346.

David Sosa, "Scepticism About Intuition", *The Royal Institute of Philosophy Philosophy*, 2006 (81): 633 – 647.

J. Coffman, "Defending Klein on Closure and Skepticism", *Synthese*, 2006 (151): 257 – 272.

Eddy Nahmias, Stephen G. Morris, Thomas Nadelhoffer & Jason Turner, "Is Incompatibilism Intuitive?", in Joshua Knobe and Shaun Nichols (eds.), *Experimental Philosophy*, Oxford: Oxford University Press, 2008.

Eddy Nahmias, Stephen Morris, Thomas Nadelhoffer and Jason Turner, "Surveying Freedom: Folk Intuitions about Free Will and Moral Responsibility", *Philosophical Psychology*, 2005 (18: 5): 561 – 584.

Edmund Husserl, *Logical Investigations* (Vol. 2, New edition), New York: Routledge, 2001, pp. 281 – 304.

Edmund L. Gettier, "Is Justified True Belief Knowledge?", *Analysis*, 1963 (23): 121 – 123.

Edouard Machery, "Expertise and Intuitions About Reference", *Theoria: An International Journal for Theary HistoryFundations of Science*, 2012 (27: 1): 37 – 54.

Edouard Machery, Ron Mallon, Shaun Nichols & Stephen Stich, "Semantics, cross-cultural style", *Cognition*, 2004 (92: 3): 1 – 12.

Edouard Machery, Ron Mallon, Shaun Nichols and Stephen P. Stich, "If Intuitions Vary, Then What?", *Philosophy and Phenomenological Research*, 2013 (86: 3): 618 – 635.

Edouard Machery, Stephen Stich, David Rose, Amita Chatterjee, Kaori Karasawa, Noel Struchiner, Smita Sirker, Naoki Usui, & Takaaki Hashimoto, "Gettier Across Cultures", *Noûs*, 2015 (51: 3): 645 – 664.

Edward E. Smith, Daniel N. Osherson, Lance J. Rips, Margaret Keane, "Combining Prototypes: A Selective Modification Model", *Cognitive Science*, 1988 (12: 4): 485 – 527.

Edward Ellsworth Jones & Richard E. Nisbett, "The Actor and the Observer: Divergent Perceptions of the Cause of Behavior", in Edward E. Jones, David E. Kanouse, Harold H. Kelley, Richard E. Nisbett, Stuart Valins & Bernard Weiner (eds.), *Attribution: Perceiving the Causes of Behavior*, Morristown, NJ: General Learning Press, 1972.

Eleanor Roschand Carolyn B. Mervis, "Family Resemblance: Studies in the Internal Structures of Categories", *Cognitive Psychology*, 1975 (7): 573 – 605.

Eleanor Rosch, "On the Internal Structure of Perceptual and Semantic Categories", in T. E. Moore (ed.), *Cognitive Development and the Acquisition of Language*, New York: Academic Press, 1973.

Elijah Chudnoff, "Intuitive Knowledge", *Philosophical Studies*, 2013 (162: 2): 359 – 378.

Elijah Chudnoff, "Is Intuition Based On Understanding?", *Philosophy and Phenomenological Research*, 2014 (89: 1): 42 – 67.

Elijah Chudnoff, "What Intuitions Are Like", *Philosophy and Phenomenological Research*, 2011 (82: 3): 625 – 654.

Elizabeth O'Neill and Edouard Machery, "Experimental Philosophy: What is it good for?", in Edouard Machery and Elizabeth O'Neill (eds.), *Current Controversies in Experimental Philosophy*, New York: Routledge, 2014.

Emily Pronin & Matthew B. Kugler, "Valuing Thoughts, Ignoring Behavior: The Introspection Illusion as a Source of the Bias Blind Spot", *Journal of Experimental Social Psychology*, 2006 (43: 4): 565 – 578.

Emily Pronin, "Perception and Misperception of Bias in Human Judgment", *Trends in Cognitive Sciences*, 2006 (11: 1): 37 – 43.

Emily Pronin, Jonah Berger & Sarah Molouki, "Alone in a Crowd of Sheep: Asymmetric Perceptions of Conformity and Their Roots in an Introspection Illusion", *Journal of Personality and Social Psychology*, 2007 (92: 4):

585 – 595.

Emily Pronin, Justin Kruger, Kenneth Savitsky & Lee Ross, "You Don't Know Me, But I Know You: The Illusion of Asymmetric Insight", *Journal of Personality and Social Psychology*, 2001 (81: 4): 639 – 656.

Emily Pronin, Thomas Gilovich & Lee Ross, "Objectivity in the Eye of the Beholder: Divergent Perceptions of Bias in Self Versus Others", *Psychological Review*, 2004 (111): 781 – 799.

Eric Schulz, Edward T. Cokely and Adam Feltz, "Persistent Bias in Expert Judgments about Free Will and Moral Responsibility: A Test of the Expertise Defense", *Consciousness and Cognition*, 2011 (20: 4): 1722 – 1732.

Eric Schwitzgebel & Fiery Cushman, "Philosophers' Biased Judgments Persist Despite Training, Expertise and Reflection", *Cognition*, 2015 (141): 127 – 137.

Eric Schwitzgebel and Fiery Cushman, "Expertise in Moral Reasoning? Order Effects on Moral Judgment in Professional Philosophers and Non-Philosophers", *Mind and Language*, 2012 (27: 2): 135 – 153.

Ernest Sosa, "Minimal Intuition", in Michael R. DePaul and William Ramsey (eds.), *Rethinking Intuition: The Psychology of Intuition and Its Role in Philosophy Inquiry*, Oxford: Rowman and Littlefied Publishers, 1998.

Ernest Sosa, "A Defense of the Use of Intuitions in Philosophy", in Dominic Murphy and Michael Bishop (eds.), *Stich and His Critics*, Malden, MA: Wiley-Blackwell, 2009, pp. 101 – 112.

Ernest Sosa, "Experimental Philosophy and Philosophical Intuition", *Philosophical Studies*, 2007 (132: 1): 99 – 107.

Ernest Sosa, "Intuitions and Meaning Divergence", *Philosophical Psychology*, 2010 (23: 4): 419 – 426.

Ernest Sosa, "Intuitions: Their Nature and Epistemic Efficacy", *Grazer Philosophische Studien: Internationale Zeitschrift für Analytische Philosophie*, 2007 (74): 51 – 67.

Ernest Sosa, "Intuitions: Their Nature and Probative Value", in Anthony Robert Booth and Darrell P. Rowbottom (eds.), *Intuitions*, Oxford: Oxford University Press, 2014.

Ernest Sosa, "Rational Intuition: Bealer on Its Nature and Epistemic Status", *Philosophical Studies*, 1996 (81): 151 – 162.

Ernest Sosa, "Experimental Philosophy and Philosophical Intuition", in Joshua Knobe and Shaun Nichols (eds.), *Experimental Philosophy*, Oxford: Oxford University Press, 2008, pp. 231 – 240.

Fiery Cushmanand Alfred Mele, "Intentional Action: Two-and-a-Half Folk Concepts?" in Joshua Knobe and Shaun Nichols (eds.), *Experimental Philosophy*, Oxford: Oxford University Press, 2008.

Francois Schroeter, "Reflective Equilibrium and Antitheory", *Noûs*, 2004 (38: 1): 110 – 134.

Frank Hindriks, "Intuitions, Rationalizations, and Justification: A Defense of Sentimental Rationalism", *The Journal of Value Inquiry*, 2014 (48: 2): 195 – 216.

Gaile Jr. Pohlhaus, "Different Voices, Perfect Storms, and Asking Grandma What She Thinks: Situating Experimental Philosophy in Relation to Feminist Philosophy", *Feminist Philosophy Quarterly*, 2015 (1: 1): 1 – 24.

Genoveva Martí, "Against Semantic Multi-culturalism", *Analysis*, 2009 (69: 1): 42 – 48.

George Bealer and P. F. Strawson, "The Incoherence of Empiricism", *Proceedings of the Aristotelian Society*, Supplementary Volumes, 1992 (66: 1): 99 – 138.

George Bealer, "A Theory of the A Priori", *Pacific Philosophical Quarterly*, 2000 (81): 1 – 30.

George Bealer, "Intuition and the Autonomy of Philosophy", in Michael R. DePaul and William Ramsey (eds.), *Rethinking Intuition: The Psychology of Intuition and Its Role in Philosophy Inquiry*, Oxford: Rowman and Littlefied Publishers, 1998, pp. 199 – 239.

George Bealer, "On the Possibility of Philosophical Knowledge", *Philosophical Perspectives*, 1996 (10): 1 – 34.

George Bealer, "The Philosophical Limits of Scientific Essentialism", *Philo-

sophical Perspectives, 1987 (1): 289 – 365.

Gerd Gigerenzer, "On Narrow Norms and Vague Heuristics: A Reply to Kahneman and Tversky", *Psychological Review*, 1996 (103: 3): 592 – 596.

Hamid Seyedsayamdost, "On Gender and Philosophical Intuition: Failure of Replication and Other Negative Results", *Philosophical Psychology*, 2015 (28: 5): 642 – 673.

Herman Cappelen, "Replies to Weatherson, Chalmers, Weinberg, and Bengson", *Philosophical Studies*, 2014 (171: 3): 577 – 600.

Herman Cappelen, "X-phi without Intuitions?", in A. R. Booth and D. P. Rowbottom (eds.), *Intuitions*, Oxford: Oxford University Press, 2014.

Hilary Kornblith, "Appeals to Intuition and the Ambition of Epistemology", in Stephen Hetherington (ed.), *Epistemology Futures*, Oxford: Oxford University Press, 2006.

Hilary Kornblith, "Naturalism and Intuition", in Hilary Kornblith (ed.), *A Naturalistic Epistemology: Selected Papers*, Oxford: Oxford University Press, 2015.

Hilary Kornblith, "Naturalism and Intuitions", *Grazer Philosophische Studien*, 2007 (74: 1): 27 – 49.

Hilary Kornblith, "The Role of Intuitions in Philosophical Enquiry: An Account with No Unnatural Ingredients", in Michael R. DePaul and William Ramsey (eds.), *Rethinking Intuition: The Psychology of Intuition and Its Role in Philosophy Inquiry*, Oxford: Rowman and Littlefied Publishers, 1998, pp. 129 – 141.

Horace Barlow, "Conditions for Versatile Learning, Helmholtz's Unconscious Inference, and the Task of Perception", *Vision Research*, 1990 (30: 11): 1561 – 1571.

Hugo Mercierand Dan Sperber, "Intuitive and Reflective Inferences", in Jonathan St. B. T. Evans and Keith Frankish (eds), *In Two Minds: Dual Processes and Beyond*, Oxford: Oxford University Press, 2009.

Ian A. Apperly and Stephen A. Butterfill, "Do Humans Have Two Systems to Track Beliefs and Belief-Like States?", *Psychological Review*, 2009 (116:

4）：953 -970.

Irwin P. Levin, Sandra L. Schneider & Gary J. Gaeth, "All Frames Are Not Created Equal: A Typology and Critical Analysis of Framing Effects", *Organizational Behavior and Human Decision Processes*, 1998（76：2）：149 -188.

Jaakko Hintikka, "The Emperor's New Intuitions", *Journal of Philosophy*, 1999（96：3）：127 -147.

James A. Hampton, "Psychological Representation of Concepts", in Martin Conway（ed）, *Cognitive Models of Memory*, Hove: Psychology Press, 1997.

James Beebe & Wesley Buckwalter, "The Epistemic Side-Effect Effect", *Mind & Language*, 2010（25：4）：474 -498.

James Pryor, "There is Immediate Justification", in M. Steup and E. Sosa（eds.）, *Contemporary Debates in Epistemology*, Blackwell, 2005.

Janet Levin, "Can Modal Intuitions be Evidence for Essentialist Claims?", *Inquiry: An Interdisciplinary Journal of Philosophy*, 2007（50：3）：253 -269.

Janet Levin, "Critical Notices: Experimental Philosophy", *Analysis*, 2009（69：4）：761 -769.

Janet Levin, "Experimental Philosophy", *Analysis*, 2009（69：4）：761 -769.

Janet Levin, "The Evidential Status of Philosophical Intuition", *Philosophical Studies*, 2005（121）：193 -224.

Jennifer C. Wright, "On Intuitional Stability: the Clear, the Strong, and the Paradigmatic", *Cognition*, 2010（115：3）：491 -503.

Jennifer L. Zamzow & Shaun Nichols, "Variations in Ethical Intuitions", *Philosophical Issues*, 2009（19：1）：368 -388.

Jennifer Nado, "Philosophical Expertise", *Philosophy Compass*, 2014（9：9）：631 -641.

Jennifer Nagel, "Defending the Evidential Value of Epistemic Intuition: A Reply to Stich", *Philosophy and Phenomenological Research*, 2013（87：1）：177 -189.

Jennifer Nagel, "Epistemic Anxiety and Adaptive Invariantism", *Philosophical Perspectives*, 2010（24）：407 -435.

Jennifer Nagel, "Epistemic Intuitions", *Philosophy Compass*, 2007（2：6）：

792 – 819.

Jennifer Nagel, "Intuition, Reflection, and Command of Knowledge", *Proceedings of the Aristotelian Society*, Supplementary Volume, 2014 (88: 1): 214 – 241.

Jennifer Nagel, "Intuitions and Experiments: A Defense of the Case Method in Epistemology", *Philosophy and Phenomenological Research*, 2012 (85: 3): 495 – 527.

Jennifer Nagel, "Knowledge Ascriptions and the Psychological Consequences of Thinking About Error", *Philosophical Quarterly*, 2010 (239: 60): 286 – 306.

Jennifer Nagel, San Juan Valerie and A. Mar Raymond, "Lay Denial of Knowledge for Justified True Beliefs", *Cognition*, 2013 (129: 3): 652 – 661.

Jesse J. Prinz, "Empirical Philosophy and Experimental Philosophy", in Joshua Knobe & Shaun Nichols (eds.), *Experimental Philosophy*, Oxford: Oxford University Press, 2008.

Jessica Brown, "Thought Experiments, Intuitions and Philosophical Evidence", *Dialetica*, 2011 (65: 4): 493 – 516.

Jisun Park, Incheol Choi & Gukhyun Cho, "The Actor-observer Bias in Beliefs of Interpersonal Insight", *Journal of Cross-Cultural Psychology*, 2006 (37): 630 – 642.

Joachim Horvath, "How (Not) to React to Experimental Philosophy", *Philosophical Psychology*, 2010 (23: 4): 447 – 480.

John A. Bargh and Tanya L. Chartrand, "The Unbearable Automaticity of Being", *American psychologist*, 1999 (54: 7): 462 – 479.

John Bengson, "Experimental Attacks on Intuitions and Answers", *Philosophy and Phenomenological Research*, 2013 (86: 3): 495 – 532.

John Bengson, "How Philosophers Use Intuition and 'intuition'", *Philosophical Studies*, 2014 (171): 555 – 576.

John Jamieson Carswell Smart, "An Outline of a System of Utilitarian Ethics", in John Jamieson Carswell Smart amd Bernard A. O. Williams (eds.), *Utilitarianism: For and Against*, Cambridge: Cambridge University Press, 1973, pp. 3 – 47.

John Rawls, "Outline of a Decision Procedure for Ethics", *The Philosophical Review*, 1951 (60: 2): 177-197.

John Turri, "A Conspicuous Art: Putting Gettier to the Test", *Philosophers' Imprint*, 2013 (13: 10): 1-16.

JohnTurri, "Epistemic Contextualism: An Idle Hypothesis", *Australasian Journal of Philosophy*, 2017 (95: 1): 141-156.

Jonathan Dancy, "Intuition and Emotion", *Ethics*, 2014 (124: 4): 787-812.

Jonathan Haidt and Fredrik Bjorklund. "Social Intuitionists Answer Six Questions about Moral Psychology", in Walter Sinnott-Armstrong (ed.), *Moral Psychology*, Volume 2: The Cognitive Science of Morality: Intuition and Diversity, Cambridge: MIT Press, 2008, pp. 181-217.

Jonathan Haidt, "The Emotional Dog and Its Rational Tail: A Social Intuitionist Approach to Moral Judgment", *Psychological Review*, 2001 (108): 814-834.

Jonathan Ichikawa, "Who Needs Intuitions? Two Experimentalist Critiques", in Anthony Robert Booth and Darrell P. Rowbottom (eds.), *Intuitions*, Oxford: Oxford University Press, 2014, pp. 232-256.

Jonathan Livengood, Justin Sytsma, Adam Feltz, Richard Scheines and Edouard Machery, "Philosophical temperament", *Philosophical Psychology*, 2010 (23: 3): 313-330.

Jonathan M. Weinberg, "How to Challenge Intuitions Empirically Without Risking Skepticism", *Midwest Studies in Philosophy*, 2007 (31: 1): 318-343.

Jonathan M. Weinberg, Chad Gonnerman, Cameron Buckner and Joshua Alexander, "Are Philosophers Expert Intuiters?", *Philosophical Psychology*, 2010 (23: 3): 331-355.

Jonathan M. Weinberg, Shaun Nichols & Stephen P. Stich, "Normativity and Epistemic Intuitions", in Joshua Knobe and Shaun Nichols (eds.), *Experimental Philosophy*, Oxford: Oxford University Press, 2008.

Jonathan M. Weinberg, Stephen Crowley, Chad Gonnerman, Ian Vandewalker, Stacey Swain, "Intuition and Calibration", *Essays in Philosophy*, 2012 (13: 1): 256-283.

Jonathan M. Weinberg, "Cappelen Between Rock and a Hard Place", *Philosophical Studies, 2014 (171): 455 –464.

Jonathan M. Weinberg, "Going Positive by Going Negative", in Justin Sytsma & Wesley Buckwalter (eds.), *A Companion to Experimental Philosophy*, Malden, MA and Oxford: John Wiley & Sons, 2016, pp. 72 –86.

Jonathan M. Weinberg, "How to Challenge Intuitions Empirically Without Risking Skepticism", *Midwest Studies in Philosophy*, 2007 (31: 1): 318 –343.

Jonathan M. Weinberg, Shaun Nichols & Stephen P. Stich, "Normativity and Epistemic Intuition", *Philosophical Topics*, 2001 (29: 1 –2): 429 –460.

Jonathan Schaffer & Joshua Knobe, "Contrastive Knowledge Surveyed", *Noûs*, 2012 (46: 4): 675 –708.

Jonathan Schaffer, "The Irrelevance of the Subject: Against Subject-Sensitive Invariantism", *Philosophical Studies*, 2006 (127): 87 –107.

Jonathan St. B. T. Evans, "In Two Minds: Dual-process Accounts of Reasoning", *Trends in Cognitive Sciences*, 2003 (7: 10): 454 –459.

Jonathan St. B. T. Evansand Jodie Curtis-Holmes, "Rapid Responding Increases Belief Bias: Evidence for the Dual Process Theory of Reasoning", *Thinking and Reasoning*, 2005 (11: 4): 382 –389.

Jonathan St. B. T. Evans and Keith E. Stanovich, "Dual-Process Theories of Higher Cognition Advancing the Debate", *Perspectives on Psychological Science*, 2013 (8: 3): 223 –241.

Jonathan St. B. T. Evansand Keith Frankish, "The Duality of Mind: An Historical Perspective", in Jonathan St. B. T. Evans and Keith Frankish (eds), *In Two Minds: Dual Processes and Beyond*, Oxford: Oxford University Press, 2009, pp. 1 –26.

Jonathan St. B. T. Evans, "Dual Processing Accounts of Reasoning, Judgment, and Social Cognition", *Annual Review of Psychology*, 2008 (59: 1): 255 –278.

Jonathan St. B. T. Evans, "Intuition and Reasoning: A Dual-Process Perspective", *Psychological Inquiry*, 2010 (21: 4): 313 –326.

Jonathan St. B. T. Evans, "The Heuristic-analytic Theory of Reasoning: Extension and Evaluation", *Psychonomic Bulletin and Review*, 2006 (13: 3):

378－395.

Jonathan Weinberg, "How to Challenge Intuitions Empirically Without Risking Scepticism", *Midwest Studies in Philosophy*, 2007 (31: 1): 318－343.

Joseph P. Simmonsand Leif D. Nelson, "Intuitive Confidence: Choosing between Intuitive and Nonintuitive Alternatives", *Journal of Experimental Psychology*: General, 2006 (135: 3): 409－428.

Joshua Alexander and Jonathan Weinberg, "Analytic Epistemology and Experimental Philosophy", *Philosophy Compass*, 2007 (2): 56－80.

Joshua Alexander, Chad Gonnerman & John Waterman, "Salience and Epistemic Egocentrism: An Empirical Study", in James R. Beebe (ed.), *Advances in Experimental Epistemology*, London: Bloomsbury Academic, 2014.

Joshua Earlenbaugh and Bernard Molyneux, "Intuitions Are Inclinations to Believe", *Philosophical Studies*, 2009 (145: 1): 89－109.

Joshua Knobe & Shaun Nichols, "An Experimental Philosophy Manifesto", in Joshua Knobe and Shaun Nichols (eds.), *Experimental Philosophy*, Oxford: Oxford University Press, 2008.

Joshua Knobe, "Intentional Action in Folk Psychology: An Experimental Investigation", *Philosophical Psychology*, 2003 (16: 2): 309－323.

Joshua Knobe, Wesley Buckwalter, Shaun Nichols, Philip Robbins, Hagop Sarkissian, and Tamler Sommers, "Experimental Philosophy", *Annual Review of Psychology*, 2012 (63: 1): 81－99.

Joshua May, "Review of Experimental Philosophy Ed. By Knobe and Nichols", *Philosophical Psychology*, 2010 (23: 5): 711－715.

Joshua May, Walter Sinnott-Armstrong, Jay G. Hull & Aaron Zimmerman, "Practical Interests, Relevant Alternatives, and Knowledge Attributions: An Empirical Study", *Review of Philosophy and Psychology*, 2010 (1: 2): 265－273.

Justin Sytsma and Jonathan Livengood, *The Theory and Practice of Experimental Philosophy*, Broadview, 2015, pp. 81－112.

Keith DeRose, "Contextualism and Knowledge Attributions", *Philosophy and Phenomenological Research*, 1992 (52: 4): 913－929.

Keith DeRose, "Contextualism, Contrastivism, and X-Phi Surveys", *Philosophical Studies*, 2011 (156: 1): 81 – 110.

Keith E. Stanovich and Richard F. West, "Individual Differences in Reasoning: Implications for the Rationality Debate?", *Behavioral and Brain Sciences*, 2000 (23): 645 – 726.

Keith E. Stanovich, "Distinguishing the Reflective, Algorithmic and Reflective Minds: Time for a Tripartite Theory?", in Jonathan St. B. T. Evans and Keith Frankish (eds), *In Two Minds: Dual Processes and Beyond*, Oxford: Oxford University Press, 2009, pp. 89 – 107.

Kenneth Boydand Jennifer Nagel, "The Reliability of Epistemic Intuitions", in Edouard Machery, Elizabeth O'Neill (eds.), *Current Controversies in Experimental Philosophy*, New York: Routledge, 2014.

Kevin Patrick Tobia, Gretchen B. Chapman & Stephen Stich, "Cleanliness is Next to Morality, Even for Philosophers", *Journal of Consciousness Studies*, 2013 (20): 629 – 638.

Kevin Tobia, Wesley Buckwalter and Stephen Stich, "Moral Intuitions: Are Philosophers Experts?", *Philosophical Psychology*, 2013 (26: 5): 629 – 638.

Kirk Ludwig, "Intuitions and Relativity", *Philosophical Psychology*, 2010 (23: 4): 427 – 445.

Kirk Ludwig, "The Epistemology of Thought Experiments: First Person versus Third Person Approaches", *Midwest Studies in Philosophy*, 2007 (31: 1): 128 – 159.

Lewis Petrinovich & Patricia O'Neill, "Influence of Wording and Framing Effects on Moral Intuitions", *Ethology and Sociobiology*, 1996 (17: 3): 145 – 171.

Maggie E. Toplak and Keith E. Stanovich, "Domain Specificity and Generality of Disjunctive Reasoning: Searching for a Generalizable Critical Thinking Skill", *Journal of Educational Psychology*, 2002 (94: 1): 97 – 209.

Margaret Holmgren, "The Wide and Narrow of Reflective Equilibrium", *Canadian Journal of Philosophy*, 1989 (19: 1): 43 – 60.

Mario B. Ferreira, Leonel Garcia – Marques and Steven J. Sherman, "Automatic and Controlled Components of Judgment and Decision Making", *Journal of Personality and Social Psychology*, 2006 (91): 797 – 813.

Mark Phelan, "Evidence That Stakes Don't Matter for Evidence", *Philosophical Psychology*, 2014 (27: 4): 488 – 512.

Matthew D. Lieberman, "Intuition: A Social Cognitive Neuroscience Approach", *Psychology Bulletin*, 2000 (126: 1): 109 – 137.

Matthew J. Dryand Gert Storms, "Features of Graded Category Structure: Generalizing the Family Resemblance and Polymorphous Concept Models", *Acta Psychologica*, 2010 (133: 3): 244 – 255.

Max Deutsch, "Intuitions, Counter-examples, and Experimental Philosophy", *Review of Philosophy and Psychology*, 2010 (1: 3): 447 – 460.

Maxwell J. Robertsand Elizabeth J. Newton, "Inspection Times, the Change Task, and Rapid-response Selection Task", *Quarterly Journal of Experimental Psychology*, 2001 (54A: 4): 1031 – 1048.

Michael Devitt, "Experimental Semantics", *Philosophy and Phenomenological Research*, 2011 (82: 2): 418 – 435.

Michael Devitt, "Intuitions in Linguistics", *The British Journal for the Philosophy of Science*, 2006 (57: 3): 481 – 513.

Michel Huemer, "Compassionate Phenomenal Conservatism", *Philosophy and Phenomenological Research*, 2007 (74): 30 – 55.

Mikkel Gerken, "Epistemic Focal Bias", *Australasian Journal of Philosophy*, 2013 (91: 1): 41 – 61.

Minsun Kim & Yuan Yuan, "No Cross-Cultural Differences in the Gettier Car Case Intuition: A Replication Study of Weinberg et al. 2001", *Episteme*, 2015 (12: 3): 355 – 361.

Moti Mizrahi, "Three Arguments against the Expertise Defense", *Metaphilosophy*, 2015 (46: 1): 52 – 64.

Moti Mizrahi, "Intuition Mongering", *The Reasoner*, 2012 (6: 11): 169 – 170.

Moti Mizrahi, "More Intuition Mongering", *The Reasoner*, 2013 (7: 1): 5 – 6.

Nancy Eisenberg, "Emotion, Regulation, and Moral Development", *Annual Review of Psychology*, 2000 (51): 665 – 697.

Nat Hansen, "Contrasting Cases", in James R. Beebe (ed.), *Advances in Experimental Epistemology*, London: Bloomsbury Academic, 2014, pp. 71 – 96.

Neil D. Weinstein, "Unrealistic Optimism about Future Life Events", *Journal of Personality and Social Psychology*, 1980 (39): 806 – 820.

Nestor Ángel Pinillos & Shawn Simpson, "Experimental Evidence in Support of Anti-Intellectualism About Knowledge", in James R. Beebe (ed.), *Advances in Experimental Epistemology*, London: Bloomsbury Academic, 2014, pp. 9 – 44.

Nestor Ángel Pinillos, "Knowledge, Experiments and Practical Interests", in Jessica Brown & Mikkel Gerken (eds.), *New Essays on Knowledge Ascriptions*, Oxford: Oxford University Press, 2012, pp. 192 – 219.

Nestor Ángel Pinillos, Nick Smith, G. Shyam Nair, Cecilea Mun and Peter Marchetto, "Philosophy's New Challenge: Experiments and Intentional Action", *Mind and Language*, 2011 (26: 1): 115 – 139.

Nevin Climenhaga, "Intuitions are used as evidence in philosophy", *Mind*, 2018 (127: 505): 69 – 104.

Nicholas Epley & David Dunning, "Feeling 'Holier Than Thou': Are Self-serving Assessments Produced by Errors in Self or Social Prediction?", *Journal of Personality and Social Psychology*, 2000 (79: 6): 861 – 875.

Nicholas Epley & Thomas Gilovich, "The Anchoring and Adjustment Heuristic: Why Adjustments Are Insufficient", *Psychological Science*, 2006 (17): 311 – 318.

Nicholas Epleyand Thomas Gilovich, "Are Adjustments Insufficient?", *Personality and Social Psychology Bulletin*, 2004 (30: 4): 447 – 460.

Norman Daniels, "Wide Reflective Equilibrium and Theory Acceptance in Ethics", *Journal of Philosophy*, 1979 (76: 5): 256 – 282.

Norman Daniels, "On some Methods of Ethics and Linguistics", *Philosophical Studies*, 1980 (37: 1): 21 – 36.

Patrick F. A. van Erkel and Peter Thijssen, "The First One Wins: Distilling the Primacy Effect", *Electoral Studies*, 2016 (44): 245 – 254.

Paul Boghossian, "Analyticity Reconsidered", *Noûs*, 1996 (30: 3): 360 –

391.

Peter Railton, "The Affective Dog and Its Rational Tale: Intuition and Attunement", *Ethics*, 2014 (124: 4): 813–859.

Peter Singer, "Moral Experts", *Analysis*, 1972 (32: 4): 115–117.

Peter van Inwagen, "Materialism and the Psychological-Continuity Account of Personal Identity", *Philosophical Perspectives* 1997 (11): 305–319.

Philip M. Podsakoff, Scott B. MacKenzie, Jeong-Yeon Lee & Nathan P. Podsakoff, "Common Method Biases in Behavioral Research: A Critical Review of the Literature and Recommended Remedies", *Journal of Applied Psychology*, 2003 (88: 5): 897–903.

Richard A. Griggs and James R. Cox, "The Elusive Materials Effect in The Wason Selection Task", *British Journal of Psychology*, 1982 (73): 407–420.

Richard E. Nisbett, Kaiping Peng, Incheol Choi & Ara Norenzayan, "Culture and systems of thought: Holistic versus analytic cognition", *Psychological Review*, 2001 (108: 2): 291–310.

Richard N. Boyd, "How to Be a Moral Realist", *Contemporary Materialism*, 1988 (131: 1): 307–356.

Richard E. Pettyand Duane T. Wegener, "The Elaboration Likelihood Model: Current Status and Controversies", in S. Chaiken and Y. Trope, *Dual-process Theories in Social Psychology*, New York: Guilford Press, 1999, pp. 73–96.

Robert Audi, "Causalist Internalist", *American Philosophical Quarterly*, 1989 (26: 4): 309–320.

Robert Audi, "Intuition, Inference, and Rational Disagreement in Ethics", *Ethic Theory Moral Practice*, 2008 (11: 5): 475–492.

Robert C. Cummins, "Reflection on Reflective Equilibrium", in Michael R. DePaul and William Ramsey (eds.), *Rethinking Intuition: The Psychology of Intuition and Its Role in Philosophy Inquiry*, Oxford: Rowman and Littlefied Publishers, 1998.

Robert Fogelin, "Contextualism and Externalism: Trading in One Form of Skepticism for Another", *Philosophical Issues*, 2000 (10: 1): 43–57.

Rolf Reber & Norbert Schwarz, "Effects of Perceptual Fluency on Judgments of Truth", *Consciousness and Cognition*, 1999 (8: 3): 338-342.

Romane Clark, "Concerning the Logic of Predicate Modifiers", *Noûs*, 1970 (4): 311-336.

Ron Mallon, Edouard Machery, Shaun Nichols and Stephen Stich, "Against arguments from reference", *Philosophy and Phenomenological Research*, 2009 (79): 332-356.

S. Matthew liao, "A Defence of Intuitions", *Philosophical Studies*, 2008 (140: 2): 247-262.

Seana Shiffrin, "Moral Autonomy and Agent-Centred Options", *Analysis*, 1991 (51: 4): 244-254.

Shane Frederick, "Cognitive Reflection and Decision Making", *Journal of Economic Perspectives*, 2005 (19): 25-42.

Shaun Nicholsand Joshua Knobe, "Moral Responsibility and Determinism: The Cognitive Science of Folk Intuitions", *Noûs*, 2007 (41: 4): 663-685.

Shelly Kagan, "Thinking About Cases", *Social Philosophy and Policy*, 2001 (18: 2): 44-63.

Simon Cullen, "Survey-Driven Romanticism", *Review of Philosophy and Psychology*, 2010 (1: 2): 275-296.

Stacey Swain, Joshua Alexander & Jonathan M. Weinberg, "The Instability of Philosophical Intuitions: Running Hot and Cold on Truetemp", *Philosophy and Phenomenological Research*, 2008 (76: 1): 138-155.

Stephen P. Stich and Richard E. Nisbett, "Justification and the Psychology of Human Reasoning", *Philosophy of Science*, 1980 (47: 2): 188-202.

Stephen Sherman, Robert Cialdini, Donna Schwartzmann & Kim Reynolds, "Imagining can Heighten Or Lower the Perceived Likelihood of Contracting a Disease", *Personality and Social Psychology Bulletin*, 1985 (11): 118-127.

Stephen Stich and Kevin P. Tobia, "Experimental Philosophy and the Philosophical Tradition", in Justin Sytsma and Wesley Buckwalter (eds.), *A Companion to Experimental Philosophy*, West Sussex: John Wiley and Sons, Ltd, 2016.

Stephen Stich, "Reflective Equilibrium, Analytic Epistemology and the Problem of Cognitive Diversity", *Synthese*, 1988 (74: 3): 391 – 413.

Stephen Stich, "Reply to Sosa", in Dominic Murphy and Michael Bishop (eds.) *Stich and His Critics*, Malden, MA: Wiley-Blackwell, 2009, pp. 228 – 236.

Steven D. Hales, "The Faculty of Intuition", *Analytic Philosophy*, 2012 (53: 2): 180 – 207.

Susan A. J. Birch & Paul Bloom, "The Curse of Knowledge in Reasoning about False Beliefs", *Psychological Science*, 2007 (18: 5): 382 – 386.

Susan A. J. Birch, "When Knowledge Is a Curse: Children's and Adults' Reasoning about Mental States", *Current Directions in Psychological Science*, 2005 (14: 1): 25 – 29.

Susan A. J. Birch, Sophie A. Vauthiera and PaulBloom, "Three-and Four-year-olds Spontaneously Use Others' Past Performance to Guide Their Learning", *Cognition*, 2008 (107: 3): 1018 – 1034.

Sven Ove Hansson, "Philosophical Expertise", *Theoria*, 2020 (86): 139 – 144.

Tamar Gendler, "Philosophical Thought Experiments, Intuitions, and Cognitive Equilibrium", *Midwest Studies in Philosophy*, 2007 (31): 68 – 89.

Taylor John, *Linguistic Categorization: Prototypes in Linguistic Theory* (2 nd ed), Oxford: Oxford University Press, 1995, pp. 59 – 63.

Thomas Grundmann, "The Nature of Rational Intuitions and a Fresh Look at the Explanationist Objection", *Grazer Philosophische Studien*, 2007 (74: 1): 69 – 87.

Thomas Mussweiler & Fritz Strack, "Hypothesis-consistent Testing and Semantic Priming in the Anchoring Paradigm: A Selective Accessibility Model", *Journal of Experimental Social Psychology*, 1999 (35): 136 – 164.

Thomas Mussweiler, Birte Englich & Fritz Strack, "Anchoring Effect", in Rüdiger F. Pohl (ed.), *Cognitive Illusions: A Handbook of Fallacies and Biases in Thinking, Judgement, and Memory*, London, UK: Psychology Press, 2004, pp. 183 – 200.

Thomas Mussweiler, Birte Englich & Fritz Strack, "Anchoring Effect", in

Rüdiger F. Pohl (ed.), *Cognitive Illusions: A Handbook of Fallacies and Biases in Thinking, Judgement, and Memory*, London, UK: Psychology Press, 2004.

Thomas Nadelhoffer, "The Butler Problem Revisited", *Analysis*, 2004 (64: 3): 277 – 284.

Timothy Williamson, "Philosophical 'intuitions' and Skepticism about Judgment", *Dialectics*, 2004 (58: 1): 109.

Timothy Williamson, "Philosophical Expertise and the Burden of Proof", *Metaphilosophy*, 2011 (42: 3): 215 – 229.

Timothy Williamson, *The Philosophy of Philosophy*, New York: Routledge, 2007.

Toni Adleberg, Morgan Thompson & Eddy Nahmias, "Do Men and Women Have Different Philosophical Intuitions? Further Data", *Philosophical Psychology*, 2015 (28: 5): 615 – 641.

Walter Sinnott-Armstrong, "Abstract + Concrete = Paradox", in Joshua Knobe and Shaun Nichols (eds.), *Experimental Philosophy*, Oxford: Oxford University Press, 2008, pp. 209 – 230.

Walter Sinnott-Armstrong, "Framing Moral Intuitions", in Walter Sinnott-Armstrong (ed.), *Moral Psychology*, Volume 2: The Cognitive Science of Morality, Cambridge, MA: MIT Press, 2008, pp. 47 – 76.

Wesley Buckwalter & Jonathan Schaffer, "Knowledge, Stakes, and Mistakes", *Noûs*, 2015 (49: 2): 201 – 234.

Wesley Buckwalter, "Factive Verbs and Protagonist Projection", *Episteme*, 2014 (11): 391 – 409.

Wesley Buckwalter, "Knowledge Isn't Closed on Saturday: A Study in Ordinary Language", *Review of Philosophy and Psychology*, 2010 (1): 395 – 406.

Wesley Buckwalter, "Non-Traditional Factors in Judgments about Knowledge", *Philosophy Compass*, 2012 (7: 4): 278 – 289.

Wesley Buckwalter, "The Mystery of Stakes and Error in Ascriber Intuitions", in James R. Beebe (ed.), *Advances in Experimental Epistemology*, London: Bloomsbury Academic, 2014, pp. 145 – 174.

Wey De Neys, "Automatic-heuristic and Executive-analytic Processing During

Reasoning: Chronometric and Dual-task Considerations", *The Quarterly Journal of Experimental Psychology*, 2006 (59: 6): 1070 – 1100.

Zachary Horne & Jonathan Livengood, "Ordering Effects, Updating Effects, and the Specter of Global Skepticism", *Synthese*, 2017 (194: 4): 1189 – 1218.

二 中文文献

中文著作

［德］黑格尔著：《小逻辑》，贺麟译，商务印书馆1980年版。

［法］柏格森著：《形而上学导言》，刘放桐译，商务印书馆1963年版。

［美］W. H. 沃克迈斯特著：《科学的哲学》，李德容等译，商务印书馆1996年版。

［美］W. V. O. 蒯因（Willard Van Orman Quine）著：《从逻辑的观点看》，陈启伟、江天骥、张家龙、宋文淦译，中国人民大学出版社2007年版。

［美］杰罗姆·布鲁纳著：《论左手性思维——直觉能力、情感和自发性》，彭正梅译，上海人民出版社2004年版。

［美］威廉·佩珀雷尔·蒙塔古著：《认识的途径》，吴士栋译，商务印书馆2012年版。

［美］约翰·罗尔斯著：《正义论》，何怀宏、何包钢、廖申白译，中国社会科学出版社2009年版。

［美］约翰·罗尔斯著：《政治自由主义》（增订版），万俊人译，译林出版社2011年版。

［美］约翰·罗尔斯著：《作为公平的正义：正义新论》，姚大志译，中国社会科学出版社2011年版。

［英］戴维·罗斯著：《正当与善》，林南译，上海译文出版社2008年版。

［英］乔治·爱德华·摩尔著：《伦理学原理》，长河译，上海人民出版社2003年版。

曹剑波：《实验知识论研究》，厦门大学出版社2018年版。

曹剑波：《知识与语境：当代西方知识论对怀疑主义难题的解答》，上海人民出版社2009年版。

陈永杰：《现代新儒家直觉观考察——以梁漱溟、冯友兰、熊十力、贺麟为中心》，东方出版中心2015年版。

费格尔：《维也纳学派在美国》，选自［奥］克拉夫特著《维也纳学派》，李步楼、陈维杭译，商务印书馆1998年版。

郭齐勇：《贺麟前期的中西文化观与理想唯心论初探》，选自宋祖良、范进编《会通集：贺麟生平与学术》，生活·读书·新知三联书店1993年版。

贺麟：《哲学与哲学史论文集》，商务印书馆1990年版。

胡军：《中国现代直觉论研究》，北京大学出版社2014年版。

梁漱溟：《东西文化及其哲学》，商务印书馆1999年版。

彭孟尧：《知识论》，台北：三民书局2009年版。

［英］L. 乔纳森·科恩著：《理性的对话：分析哲学的分析》，邱仁宗译，社会科学文献出版社1998年版。

桑靖宇：《莱布尼茨与现象学：莱布尼茨直觉理论研究》，中国社会科学出版社2009年版。

张岱年：《中国哲学大纲》，商务印书馆2015年版。

张学智编：《贺麟选集》，吉林人民出版社2005年版。

　　中文论文

［美］H. 科恩布里斯、方环非：《直觉、自然主义与认识论：H. 科恩布里斯教授访谈》，《世界哲学》2014年第4期。

［美］阿尔文·戈德曼著：《哲学直觉的证据地位：认知科学是否有一席之地》，杨修志译，郑伟平校，《厦门大学学报》（哲学社会科学版）2014年第5期。

曹剑波、马春平：《知识归赋中风险效应之争探微》，《自然辩证法通讯》2024年第1期。

曹剑波、王云卉：《实验哲学调查普通大众直觉的合理性》，《厦门大学学报》（哲学社会科学版）2021年第5期。

曹剑波：《怀疑主义的吸引力》，《福建论坛》（人文社会科学版）2018年第6期。

曹剑波：《普通大众的知识概念及知识归赋的实证研究》，《东南学术》2019年第6期。

曹剑波：《实验哲学方法的合理性论争》，《自然辩证法通讯》2018年第12期。

曹剑波：《银行案例的知识归赋研究》，《天津社会科学》2018 年第 5 期。

曹剑波：《蕴涵论题的实验之争》，《哲学研究》2018 年第 7 期。

曹剑波：《哲学直觉方法的合理性之争》，《世界哲学》2017 年第 6 期。

曹剑波：《知识是绝对的，还是有程度的?》，《哲学研究》2022 年第 6 期。

曹剑波：《直觉是有理论负载的》，《山西大学学报》（哲学社会科学版）2017 年第 4 期。

曹剑波：《直觉在当代哲学中扮演着重要的角色吗?——对卡普兰直觉非中心性的批驳》，《甘肃社会科学》2017 年第 2 期。

方立天：《中国佛教直觉思维的历史演变（续）》，《哲学研究》2002 年第 2 期。

方立天：《中国佛教直觉思维的历史演变》，《哲学研究》2002 年第 1 期。

贾新奇：《论乔纳森·海特的社会直觉主义理论》，《道德与文明》2010 年第 12 期。

李安：《司法过程的直觉及其偏差控制》，《中国社会科学》2013 年第 5 期。

梅剑华：《实验哲学、语义学直觉与文化风格》，《哲学研究》2011 年第 12 期。

倪梁康：《心目：哥德尔的数学直觉与胡塞尔的观念直观》，《学术研究》2015 年第 4 期。

钱捷：《彭加勒的数学直觉主义》，《自然辩证法通讯》2000 年第 2 期。

任晓明、谷飙：《达米特对直觉主义逻辑的辩护》，《南开学报》（哲学社会科学版）2007 年第 7 期。

尚杰：《形式、直觉与不确定性：从数学逻辑的观点看哲学》，《浙江学刊》2011 年第 3 期。

孙保学：《直觉作为证据的合理性与限度》，《自然辩证法通讯》2016 年第 5 期。

唐江伟、路红、刘毅、彭坚：《道德直觉决策及其机制探析》，《心理科学进展》2015 年第 10 期。

王凌皞：《发现、证立与司法想象力：双系统决策理论视角下的法律推理》，《浙江学刊》2016 年第 1 期。

吴楼平：《反思平衡：罗尔斯理论转向的方法论基础》，《哲学动态》2020年第3期。

徐平、迟毓凯：《道德判断的社会直觉模型述评》，《心理科学》2007年第3期。

徐英瑾：《从演化论角度为"合取谬误"祛谬》，《复旦学报》（社会科学版）2014年第2期。

杨泽波：《"觉他"的思维方式不是智的直觉：牟宗三的"觉他"与康德的智的直觉之关系辨析》，《哲学研究》2013年第1期。

杨泽波：《康德意义的智的直觉与牟宗三理解的智的直觉》，《文史哲》2013年第4期。

杨泽波：《智的直觉与善相：牟宗三道德存有论及其对西方哲学的贡献》，《中国社会科学》2013年第6期。

叶闯：《对直觉语义不完全语句的一种流行释义的质疑》，《世界哲学》2017年第1期。

张祥龙：《逻辑之心和直觉方法：〈近代唯心论简释〉打通中西哲理的连环套?》，《吉林大学社会科学学报》2012年第2期。

张学义、隋婷婷：《专家直觉与大众直觉之辨：实验哲学的方法论基础新探》，《哲学动态》2018年第8期。

赵艳芳：《认知语言学的理论基础及形成过程》，《外国语》2001年第1期。

甄晓英、曹剑波：《直觉是信念还是表象?》，《福建论坛·人文社会科学版》2017年第2期。

周昌乐：《哲学实验：一种影响当代哲学走向的新方法》，《中国社会科学》2012年第10期。

周治金、赵晓川、刘昌：《直觉研究述评》，《心理科学进展》2005年第11期。

后　记

介绍一下本书的历程、前期成果、不足及致谢是必要的。

自 2014 年开始做国家社科基金项目"实验知识论研究"（立项编号：14BZX067）以来，我就关注到了"哲学直觉作为证据是否合理"这个问题。在完成"实验知识论研究"这个项目的同时，我也开始了对"哲学直觉作为证据的合理性"的研究。2020 年"哲学直觉作为证据的合理性研究"获得国家社科基金立项（立项编号：20BZX102）。为了顺利完成这个项目，自立项以来，我坚持大部分时间去学校做科研和教学，通常是上午 8 点多到校，中午和晚上在学校食堂吃饭，晚上 21:30 后才回家，回家后几乎每晚都要做科研到晚上 24:00，平均每天在学校的时间不少于 8 小时。虽然我承担了繁重的教学任务，以及琐碎的行政工作（担任哲学系主任），大大缩短了科研时间，但平均每天的科研时间都在 4 小时以上，因而获得了较多的前期成果。

本书已发表前期成果 13 篇，其中 CSSCI 论文 9 篇，它们是：曹剑波：《哲学直觉方法的合理性之争》（《世界哲学》2017 年第 6 期）；曹剑波：《实验哲学方法的合理性论争》（《自然辩证法通讯》2018 年第 12 期）；温媛媛、曹剑波：《葛梯尔直觉普遍性的实验之争》（《自然辩证法研究》2019 年第 4 期）；曹剑波、王云卉：《实验哲学调查普通大众直觉的合理性》[《厦门大学学报》（哲学社会科学版）2021 年第 5 期]；曹剑波、吴程程：《感知确证问题的范畴直观理论解答》（《福建论坛》2021 年第 6 期）；曹剑波、马春平：《知识归赋中风险效应之争探微》（《自然辩证法通讯》2024 年第 1 期）；曹剑波：《直觉在当代哲学中扮演着重要的角色吗？——对卡普兰直觉非中心性的批驳》（《甘肃社会科学》2017 年第 2

期）；曹剑波：《直觉是有理论负载的》[《山西大学学报》（哲学社会科学版）2017 年第 4 期]；甄晓英、曹剑波：《直觉是信念还是表象？》（《福建论坛·人文社会科学版》2017 年第 2 期）；曹剑波：《怀疑主义直觉的实验研究》[《长沙理工大学学报》（社会科学版）2014 年第 1 期]；曹剑波：《哲学直觉的性别差异是哲学职业的性别差异的重要原因》（《妇女性别研究》2014 年第 1 期）；曹剑波：《直觉在哲学中的重要地位合理吗？》[《长沙理工大学学报》（社会科学版）2016 年第 2 期]；曹剑波：《哲学家使用直觉概念没有特权》[《徐州工程学院学报》（社会科学版）2017 年第 6 期]。

由于某些主、客观原因，本书难免有不尽如人意之处。正因如此，本书对"哲学直觉作为证据的合理性研究"这个课题中有些问题的研究可能不太全面，也不太到位，甚至在有些读者看来可能是错误的；有些表达和论述也可能欠清楚和严密。本书中的错误与不当之处，敬请专家学者批评指正。

本书的完成，要感谢许多人和团体的大力支持。感谢第 20 期"知识论与实验哲学研究"学术沙龙、2020—2022 年中国知识论年会第 5—7 期、2020—2022 年中华全国外国哲学史学会和中华全国现代外国哲学学会年会、2021 年分析哲学年会的师生对我提交的与直觉相关的论文所提出的建议与意见！感谢浙江大学、山东大学、南京大学、华东师范大学、台湾大学、兰州大学、陕西师范大学、云南大学、东吴大学、阳明大学等的师生对我所作的与直觉相关的报告所提出的建议与意见！感谢厦门大学 2020—2024 年"实验哲学""哲学论文写作""西方哲学前沿问题研究"研究生课程的同学对本成果初稿所提出的批评与建议！感谢课题组成员、"知识论与认知科学研究中心"和哲学实验室的成员在资料收集上给予我的帮助！感谢我指导的十多名本科生和研究生创新课题组的成员，以及 3 名博士后为本书初稿修改提出的意见与建议！感谢美国普渡大学斯托耶普（Matthias Steup）教授的工作坊，与贝格曼（Michael Bergmann）教授的本科生课程"哲学导论"和研究生课程"知识论"对本书的启发。

本书能顺利出版，还要感谢厦门大学社科处领导对福建省社会科学基地"马克思主义的规范与认知理论研究中心"的大力支持,感谢中国社会科学出版社,感谢责任编辑张林老师对本书的出版付出的努力。

曹剑波
2024 年 9 月 18 日于厦大南光